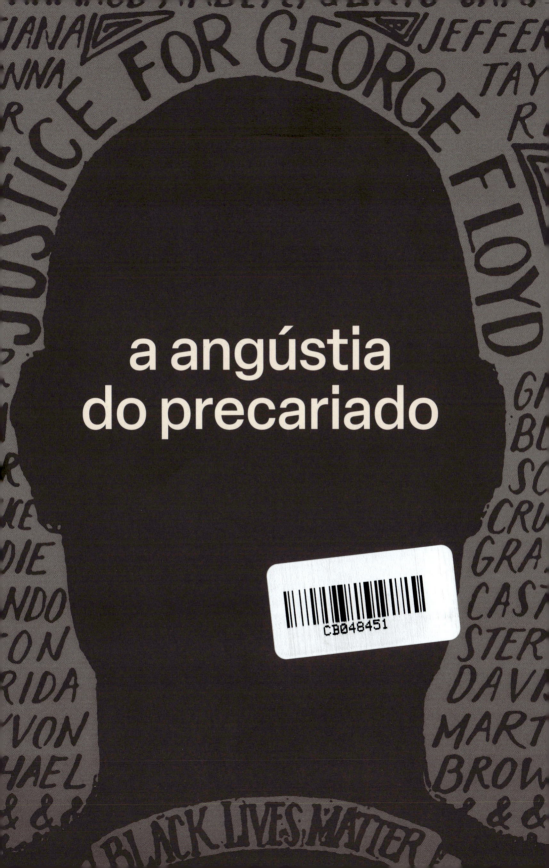

COLEÇÃO
Mundo do Trabalho

CAPITALISMO PANDÊMICO
Ricardo Antunes

CUIDADO: TEORIAS E PRÁTICAS
Helena Hirata

GÊNERO E TRABALHO NO BRASIL E NA FRANÇA
Alice Rangel de Paiva Abreu, Helena Hirata
e Maria Rosa Lombardi (orgs.)

ICEBERGS À DERIVA
Ricardo Antunes (org.)

OS LABORATÓRIOS DO TRABALHO DIGITAL
Rafael Grohmann

AS ORIGENS DA SOCIOLOGIA DO TRABALHO
Ricardo Festi

PARA ALÉM DO CAPITAL E PARA ALÉM DO LEVIATÃ
István Mészáros

A PERDA DA RAZÃO SOCIAL DO TRABALHO
Maria da Graça Druck e Tânia Franco (orgs.)

**SEM MAQUIAGEM: O TRABALHO DE UM MILHÃO
DE REVENDEDORAS DE COSMÉTICOS**
Ludmila Costhek Abílio

A SITUAÇÃO DA CLASSE TRABALHADORA NA INGLATERRA
Friedrich Engels

SUB-HUMANOS: O CAPITALISMO E A METAMORFOSE DA ESCRAVIDÃO
Tiago Muniz Cavalcanti

TEOREMA DA EXPROPRIAÇÃO CAPITALISTA
Klaus Dörre

UBERIZAÇÃO, TRABALHO DIGITAL E INDÚSTRIA 4.0
Ricardo Antunes (org.)

E mais 59 títulos, ver a lista completa em:
boitempoeditorial.com.br/vitrine/mundo-do-trabalho

Ruy Braga

a angústia do precariado

trabalho e solidariedade
no capitalismo racial

prefácio
Sean Purdy

© Boitempo, 2023

Direção-geral	Ivana Jinkings
Edição	Frank de Oliveira
Coordenação de produção	Livia Campos
Assistência editorial	Allanis Ferreira
Preparação	Tulio Kawata
Revisão	Daniel Rodrigues Aurélio
Capa	Maikon Nery
Diagramação	Antonio Kehl

Equipe de apoio Ana Slade, Davi Oliveira Elaine Ramos, Frederico Indiani, Glaucia Britto, Higor Alves, Isabella Meucci, Ivam Oliveira, Kim Doria, Luciana Capelli, Marina Valeriano, Marissol Robles, Maurício Barbosa, Pedro Davoglio, Raí Alves, Renata Carnajal, Thais Rimkus, Tulio Candiotto, Victória Lobo, Victória Okubo

CIP-BRASIL. CATALOGAÇÃO NA PUBLICAÇÃO
SINDICATO NACIONAL DOS EDITORES DE LIVROS, RJ

B795a

Braga, Ruy
A angústia do precariado : trabalho e solidariedade no capitalismo racial / Ruy Braga ; prefácio Sean Purdy. - 1. ed. - São Paulo : Boitempo, 2023.
(Mundo do trabalho)

ISBN 978-65-5717-294-0

1. Sociologia do trabalho. 2. Neoliberalismo - Aspectos sociais. 3. Trabalho - Aspectos sociais. I. Purdy, Sean. II. Título. III. Série.

23-85231   CDD: 306.36
         CDU: 316.334.72

Gabriela Faray Ferreira Lopes - Bibliotecária - CRB-7/6643

Este livro compõe a trigésima quarta caixa do clube Armas da crítica.

É vedada a reprodução de qualquer parte deste livro sem a expressa autorização da editora.

A publicação deste livro teve o apoio da Fapesp – Fundação de Amparo à Pesquisa do Estado de São Paulo

As opiniões, hipóteses e conclusões ou recomendações expressas neste material são de responsabilidade do autor e não necessariamente refletem a visão da Fapesp.

1ª edição: agosto de 2023

BOITEMPO
Jinkings Editores Associados Ltda.
Rua Pereira Leite, 373
05442-000 São Paulo SP
Tel.: (11) 3875-7250 / 3875-7285
editor@boitempoeditorial.com.br
boitempoeditorial.com.br | blogdaboitempo.com.br
facebook.com/boitempo | twitter.com/editoraboitempo
youtube.com/tvboitempo | instagram.com/Boitempo

Enquanto os trabalhadores brancos puderem ser induzidos a preferir a pobreza à igualdade com os negros, um movimento dos trabalhadores permanecerá impossível.

W. E. B. Du Bois, *Black Reconstruction in America*
(Oxford, Oxford University, 2014)

Para as companheiras e os companheiros da
Rede Emancipa de Educação Popular.
Ao mestre Peter Evans.

Sumário

PREFÁCIO, *Sean Purdy* 9
INTRODUÇÃO: *AMERICAN CIVILIZATION* 13
    O duplo *twist* carpado 15
    O que é o capitalismo racial? 20
    Testando a hipótese "thompsoniana" 26

PARTE 1. DISCIPLINANDO A SOLIDARIEDADE 31
1. SINDICALISMO: UMA BIOGRAFIA NÃO AUTORIZADA 33
    Centralizar o conflito, disciplinar o trabalho 37
    Trabalhadores na crise de lucratividade 40
    O mito do autoritarismo dos operários 46
    Trabalhadores negros: construindo as próprias organizações 50
2. O ATRASO DA VANGUARDA 56
    Explorando a agitação trabalhista 58
    Patco: o sindicato mais combativo da América 62
    Renovando a rebeldia: jovens, mulheres e negros 67
    A aposta melancólica 71
    Agitação trabalhista e restauração do capital 75
3. A ESPERANÇA EQUILIBRISTA 81
    Reformando o poder burocrático 82
    Justiça para os trabalhadores imigrantes 89
    Seiu: da esperança ao medo 94
    Depois do fim: os limites do reformismo sindical 97
4. HEGEMONIA ÀS AVESSAS 101
    Desafiando a opressão racial? 103
    Entre o reformismo e o corporativismo 107
    Rachando a federação 112
    Justiça social "pelo alto"? 114

PARTE 2. EXPROPRIANDO A SOLIDARIEDADE 119
5. A FALSIFICAÇÃO DA IRA 121
    Nacionalismo autoritário e precarização do trabalho 124

  A narrativa do ódio branco 128
  Política do ressentimento? 132
6. ELEGIA PARA UMA RE(LI)GIÃO 136
  Uma comunidade operária dos Apalaches 137
  Mapeando a crise sociorreprodutiva 141
  Enfraquecendo o espírito comunitário 144
  A chegada da peste 151
7. A NOSTALGIA DO FORDISMO 159
  "Pessoas comuns", "vidas simples" 161
  "O lugar mais barato da América" 165
  Racismo em uma cidade rural 167
  A fábrica de papel: "Eles não reconheceram minha experiência" ... 173
  "O sindicato até que não era uma ideia ruim" 175
  O medo da mudança 179
8. O ELO PERDIDO 184
  O pragmatismo dos pobres 187
  Flutuações eleitorais 192
  "Não confio em político" 195
  Renovando escolhas 200
  Comunidades agônicas 203
  Antirracismo em uma cidade rural 207

PARTE 3. EMANCIPANDO A SOLIDARIEDADE 213
9. OS DIREITOS DO ANTIVALOR 215
  Caminhos paralelos 218
  Entre expectativas frustradas e novas esperanças 221
  Comunidades insurgentes 227
10. A PULSÃO PLEBEIA 233
  "Cadê a justiça? Cadê a igualdade?" 235
  "Este é um movimento, não um momento" 238
  Formando novas coalizões 241
  O risco da fragmentação 245
11. OS CAVALEIROS DO ANTIAPOCALIPSE 249
  Interseccionalidade pelo alto 252
  Por que sindicalismo de justiça social? 257
  Entre o velho e o novo sindicalismo 260
12. A POLÍTICA DO PRECARIADO 264
  Cuidando uns dos outros 266
  "A Amazon me treinou para isso" 269
  Novo sindicalismo de justiça social: "Como podemos fazer isso aqui?" 274
CONCLUSÃO: A ERA DA INDETERMINAÇÃO 278
AGRADECIMENTOS 285

Prefácio

É especialmente apropriado que Ruy Braga tenha iniciado este belo estudo sobre a relação entre capitalismo racial, movimentos sociais e sindicalismo de justiça social nos Estados Unidos com uma citação do grande sociólogo e historiador afro-americano W. E. B. Du Bois. Se os trabalhadores brancos não superarem seu racismo em relação aos trabalhadores negros, afirma Du Bois, um movimento operário bem-sucedido permanecerá impossível. De fato, neste volume, Ruy se envolveu frontalmente com esse antigo imperativo categórico do movimento dos trabalhadores americanos: é fundamental superar as fronteiras raciais que dividem a classe trabalhadora a fim de construir uma luta multirracial bem-sucedida contra o capitalismo.

A angústia do precariado: trabalho e solidariedade no capitalismo racial é o último volume de uma trilogia sociológica consagrada à formação do precariado global, ou seja, aquele vasto contingente de trabalhadores aprisionados pela globalização neoliberal em ocupações inseguras e sub-remuneradas. O primeiro trabalho desta série, *A política do precariado: do populismo à hegemonia lulista* (2012), explorou de forma pioneira a relação entre precariado, empregadores e governos durante a hegemonia lulista, abarcando uma extensa história social da classe trabalhadora brasileira na segunda metade do século XX que dialogou criticamente com toda a tradição da sociologia do trabalho no país. O volume seguinte, *A rebeldia do precariado: trabalho e neoliberalismo no Sul global* (2017), nasceu de uma densa e inovadora pesquisa etnográfica dedicada às práticas políticas e às formas de mobilização do precariado no Brasil, na África do Sul e em Portugal, após o advento da crise econômica global de 2008.

De certa forma, a conclusão dessa trilogia representa também um recomeço para Ruy, uma vez que ele encarou o espinhoso desafio de interpretar o comportamento político do precariado racializado vivendo no ventre da fera capitalista, isto é, os Estados Unidos. Dois anos como pesquisador visitante na Universidade Estadual da Pensilvânia asseguraram a ele a oportunidade de diversificar seu arcabouço teórico e empírico, ampliando-o a fim de abarcar o capitalismo avançado.

Ainda assim, como em seus estudos anteriores, ele se apoiou numa interpretação marxista do mundo do trabalho balizada pelos estudos pioneiros de seu falecido mestre Chico de Oliveira, além da etnografia reflexiva praticada pelo sociólogo radical de Berkeley, Michael Burawoy. Isso sem mencionar sua firme ancoragem na recente literatura historiográfica inspirada nos trabalhos de E. P. Thompson e focada na relação entre a formação da classe trabalhadora americana, a reprodução do capitalismo racial e a emergência de movimentos sociais impulsionados por grupos subalternos racializados.

Ao articular "a reprodução social como condição da produção capitalista com a expropriação política como condição da exploração econômica", Ruy seguiu as pistas deixadas por Oliveira em sua crítica à razão dualista. Munido do arsenal marxista crítico latino-americano, ele decidiu acercar-se da fronteira racial no Norte global. E, a fim de preparar o terreno para sua etnografia dos trabalhadores precários vivendo em pequenas cidades no interior da Pensilvânia, Ruy decidiu mapear a história do movimento sindical na América desde o florescimento do sindicalismo industrial na década de 1930, passando pelo pacto fordista entre o capital e os trabalhadores que marcou a idade de ouro do capitalismo americano entre os anos 1940 e os anos 1970, até chegar à onda grevista dos anos 1960 e 1980 e, finalmente, às campanhas de organização sindical do precariado dos anos 1990 até hoje.

Para os leitores não familiarizados com a história do trabalho americano, o livro fornece uma introdução incrivelmente útil aos avanços e recuos do sindicalismo nas últimas cinco décadas, detendo-se em particular no racha ocorrido em 2005 entre diferentes sindicatos envolvidos com a organização do precariado (tais como o Service Employees International Union – Seiu, o Unite Here!, os Teamsters e o United Food & Commercial Workers International Union – UFCW) e a federação American Federation of Labor-Congress of Industrial Organizations (AFL-CIO). Ao revolver a formação de uma potente fração do sindicalismo de justiça social que procura mesclar a organização e a mobilização do precariado com uma vigorosa agenda orientada contra o racismo, a discriminação étnica, o sexismo e a homofobia, Ruy destacou, ao contrário da opinião corrente no Brasil – mesmo à esquerda do espectro político –, o potencial radical do sindicalismo nos Estados Unidos.

A segunda parte do livro compreende uma etnografia de um grupo abandonado tanto pela proteção fordista quanto pelo sindicalismo de justiça social: os trabalhadores precários espalhados por diferentes cidades rurais castigadas pela desindustrialização e localizadas na região central da Pensilvânia. Vale sempre lembrar que esse "estado pêndulo" foi decisivo para a vitória de Donald Trump em 2016 assim como para a eleição de Joe Biden em 2020. Ruy foi direto ao ponto: de acordo com inúmeros analistas, o racismo da classe trabalhadora branca vivendo em regiões desindustrializadas teria assegurado a escalada da extrema direita supremacista na América.

Aqui, vale observar que a presença da palavra "angústia" no título deste livro não é por acaso. De fato, as pequenas cidades rurais onde vivem os trabalhadores brancos sofreram – e ainda sofrem – profundamente com a decadência industrial e os efeitos deletérios decorrentes da crise de 2008 sobre seus empregos e seu modo de vida. Além disso, a combinação entre pandemia e epidemia de abuso de substâncias ilícitas gerou nas pequenas cidades rurais uma crise social sem precedentes. Ainda assim, poucos pesquisadores têm se dedicado a escutar esses trabalhadores pobres. Daí a importância da etnografia operária de Ruy. Com efeito, seus entrevistados nos contam uma história incomparavelmente mais complexa sobre a ascensão da extrema direita americana.

Criados numa tradição de solidariedade familiar e religiosa com forte identidade cultural e regional, os trabalhadores do interior da Pensilvânia tendem a desconfiar dos "forasteiros" cuja definição abrange governos, sindicatos e novos imigrantes, tanto brancos quanto racializados. Sem descartar a presença do racismo como uma possível variável interpretativa, Ruy demonstrou que a pequena presença de trabalhadores racializados (negros e latinos) na região somada à ausência de conflitos raciais explicitamente elaborados acabam desautorizando o racismo como explicação para a alienação da classe trabalhadora branca.

Dessa forma, por um lado Ruy logrou rebater a largamente disseminada narrativa do "ódio branco", salientando, por outro lado, como o movimento sindical dedicou poucos recursos à organização dos trabalhadores nas pequenas cidades do interior, preferindo se concentrar no precariado racializado dos grandes centros urbanos. Além disso, o Partido Democrata simplesmente abandonou a classe trabalhadora das pequenas cidades rurais atingidas pelo declínio dos empregos industriais. Não é à toa que os trabalhadores precários da região central da Pensilvânia manifestam relativamente pouco interesse em eleições que não mudam em nada suas vidas.

Apesar dessa sombria realidade, é possível vislumbrar alguma renovação da presença de sindicatos e de movimentos sociais na região. Por meio de sua observação participante, Ruy registrou algumas vitórias organizativas recentes do Seiu entre enfermeiras, além da formação na cidade de Tyrone de uma vibrante comunidade de ativistas predominantemente brancos que apoiaram o movimento Black Lives Matter (BLM) durante o impetuoso ciclo de protestos de 2020.

Assim, não é por acaso que Ruy tenha dedicado a parte final de sua pesquisa à relação entre o BLM e a recente onda de criação de novos sindicatos protagonizada, entre outros, pelos trabalhadores da Amazon, Apple, Chipotle, Geico, Home Depot, REI, Starbucks, Target e Trader Joe's. Criticando os limites do estilo sindical "de cima para baixo" presente mesmo nos sindicatos mais radicais, ele indicou como os levantes contra a brutalidade policial racista e contra o racismo estrutural estão visceralmente atados à bem-sucedida agitação trabalhista de um precariado multirracial explorado por gigantescas corporações globais.

Uma das principais lições contidas neste livro é que o desenvolvimento do "novo sindicalismo de justiça social" – ou seja, a organização dos trabalhadores não apenas ao redor de demandas centradas em salários e em condições de trabalho, mas contra as diferentes formas de opressão étnico-racial, de gênero e de orientação sexual – é um caminho inescapável para o fortalecimento da resistência dos trabalhadores aos efeitos da crise econômica e à discriminação racial e sexual, não apenas nos Estados Unidos, mas também no Brasil.

Logicamente, a angústia do precariado americano aparece com destaque no livro. No entanto, a esperança e o otimismo são igualmente centrais no momento de seu desfecho. E graças a este maravilhoso estudo, os leitores brasileiros poderão aprender com as ricas e variadas experiências coletivas da classe operária americana.

Sean Purdy
Professor do Departamento de História da
Universidade de São Paulo (USP)

Introdução
American civilization

> *Washington e Henry Ford são os símbolos da civilização americana.*
> *E, no geral, esse julgamento instintivo está correto.*
> C. L. R. James, *American Civilization*
> (Cambridge, Blackwell, 1993)

Desde o ataque ao Capitólio no dia 6 de janeiro de 2021, tornou-se lugar-comum afirmar que as instituições responsáveis pela regulação da democracia liberal encontram-se sitiadas por vândalos movidos a *fake news*. Ressalvadas as diferenças, a tentativa de golpe de Estado em Brasília provou dois anos depois que a ameaça autoritária não mais se contenta em desmantelar por dentro a ordem democrática liberal. Lá e cá, enquanto o compromisso da esquerda e da centro-esquerda com o socialismo democrático permaneceu silente, a extrema direita seguiu trombeteando seu desejo de abater o regime político liberal a tiros, pouco importando se de colecionador, atirador desportivo ou caçador.

Imediatamente após o fracasso da intentona bolsonarista, as opiniões se alinharam aos campos aglutinados pela polarização política vigente no momento. Enquanto muitos apontaram para o perigo do fascismo, outros tentaram atenuar a ação golpista evocando o sacrossanto direito à liberdade de expressão. Se os distúrbios em Brasília e em Washington não nos lançaram no abismo autoritário, ainda assim parece claro se tratar de dupla historicamente extraordinária, devendo ser tratada com a devida atenção.

Acompanhando Steven Levitsky e Daniel Ziblatt, diríamos que, quando as instituições da democracia liberal se mostram vulneráveis a ataques externos, é porque elas já sofrem um acelerado desmanche interno[1]. Outrora protagonistas da cena política, os partidos carecem de poder para implementar programas que respondam às angústias de seus constituintes. Em diferentes sociedades nacionais, é possível perceber que forças progressistas, a fim de ampliar seu contingente

---

[1] Ver Steven Levitsky e Daniel Ziblatt, *Como as democracias morrem* (Rio de Janeiro, Zahar, 2018).

eleitoral, têm avançado sistematicamente rumo ao centro, tentando atrair eleitores conservadores, enquanto enfrentam uma extrema direita cada dia mais racista e reacionária, capaz de amealhar inusual apoio nas classes subalternas[2].

O resultado dessa crise de hegemonia[3] pode ser observado por toda a América Latina: a consolidação de uma polarização assimétrica, que opõe um progressismo vacilante a seus determinados inimigos da extrema direita. Trata-se de um quadro bem diferente daquele verificado no passado recente. Entre 1998 e 2016, por exemplo, apesar das amarras neoliberais, um ciclo politicamente progressista favoreceu diferentes governos de centro-esquerda na América do Sul[4]. Empregando alguma "contabilidade criativa" seria possível incluir até mesmo os governos de Barack Obama nessa "onda rosa"[5].

No entanto, após a eleição de Donald Trump, a restauração conservadora tomou conta da região. Momento culminante da nova vaga, a vitória de Jair Bolsonaro em 2018 marcou igualmente seu ponto de inflexão. A partir de então, insurgências plebeias na Bolívia, no Chile, na Colômbia, em Honduras e no Peru impulsionaram vitórias eleitorais de forças progressistas no subcontinente, enquanto governos neoliberais fracassados na Argentina e no México ajudaram a revitalizar projetos centro-esquerdistas nesses países[6].

As vitórias de Joe Biden em 2020 e de Lula da Silva em 2022 sugerem que a "normalidade" política parece estar retornando às maiores democracias liberais do continente. No entanto, as estreitíssimas margens de suas respectivas vitórias anunciam que o fantasma da extrema direita seguirá assombrando as Américas por um bom tempo. No Chile, por exemplo, logo após a vitória de Gabriel Boric na eleição presidencial de 2021, a esmagadora derrota da esquerda no plebiscito constitucional em setembro de 2022 e a vitória em maio de 2023 da extrema direita

---

[2] Ver Aurelien Mondon e Aaron Winter, *Reactionary Democracy: How Racism and the Populist Far Right Became Mainstream* (Nova York, Verso, 2020).

[3] Vale observar que utilizamos a noção de *crise de hegemonia* no sentido gramsciano: por um lado, Gramsci percebeu no afastamento das classes subalternas dos grupos sociais dirigentes após a Primeira Guerra Mundial uma situação na qual podiam emergir "potências obscuras" trazidas à baila por lideranças carismáticas; por outro, essas situações também abriam a possibilidade de uma intervenção ativa das massas na história. Ver Antonio Gramsci, *Cadernos do cárcere*, v. 3 (trad. Luiz Sérgio Henriques, Marco Aurélio Nogueira e Carlos Nelson Coutinho, Rio de Janeiro, Civilização Brasileira, 2000).

[4] Ver Fabio Luis Barbosa dos Santos, *Uma história da onda progressista sul-americana (1998-2016)* (São Paulo, Elefante, 2018).

[5] Ver Nancy Fraser, *The Old Is Dying and the New Cannot Be Born* (Nova York, Verso, 2019). [Ed. bras.: *O velho está morrendo e o novo não pode nascer* (trad. Gabriel Landi Fazzio, São Paulo, Autonomia Literária, 2019).]

[6] Ver Pablo A. Baisotti (org.), *Problems and Alternatives in the Modern Americas* (Nova York, Routledge, 2021).

na votação para o novo conselho constitucional evidenciaram um cenário político volátil e sombrio. Os casos equatoriano e peruano avançam na mesma direção.

Onde ainda se encontram mais ou menos ativos, na Argentina, no Brasil, no México e, em menor medida, nos Estados Unidos, os sindicatos pesam cada dia menos nas decisões estratégicas dos partidos políticos. Outrora considerados as principais forças de ligação entre trabalhadores e lideranças políticas, eles enfrentam no mundo todo taxas de densidade declinantes sem aparentemente contar com um plano alternativo ao habitual apoio a políticos menos hostis às pautas corporativistas. Especializado em representar uma classe trabalhadora fordista em vias de desaparecer, o sindicalismo luta para se reinventar. Porém, sem saber exatamente como.

Não por acaso, o declínio trabalhista em escala global foi acompanhado pelo aumento da desigualdade entre as classes sociais, pelo crescimento da alienação política e pelo fortalecimento do chauvinismo. Ainda assim, com as exceções de Adam Przeworski e de Wolfgang Streeck, a esmagadora maioria dos diagnósticos a respeito da atual crise da democracia liberal desconsidera a importância da devastação das organizações de representação e de luta dos trabalhadores na compreensão da ameaça nacionalista autoritária[7].

Priorizando explicações institucionalistas para a escalada autoritária, essas análises desperdiçam a chance de inserir a ameaça da extrema direita no contexto das implicações socialmente devastadoras sobre as classes subalternas da crise da globalização neoliberal. Consequência previsível dos incessantes ataques ao maior responsável pela democratização das sociedades nacionais, isto é, o movimento organizado dos trabalhadores, a atual crise sociorreprodutiva das classes subalternas deveria estar no centro do debate sobre a crise da democracia. Nem de longe esse é o caso.

O duplo *twist* carpado

Daí a importância de recuperarmos a experiência coletiva do proletariado precarizado. Afinal, confinado nas dobras existentes entre a produção e a reprodução, esse "precariado" corresponde àquela fração da classe trabalhadora cuja observação permite revelar tanto o segredo da exploração econômica quanto a centralidade da expropriação política. Essa posição no interior da estrutura do conflito social capitalista faz com que o processo de reconstrução de suas identidades coletivas se transforme em uma ocasião mais que oportuna para a análise do atual processo de crise de hegemonia em escala global.

---

[7] Ver Adam Przeworski, *Crises da democracia* (trad. Berilo Vargas, Rio de Janeiro, Zahar, 2020); e Wolfgang Streeck, *Tempo comprado: a crise adiada do capitalismo democrático* (trad. Marian Toldy, Teresa Toldy e Luis Felipe Osório, São Paulo, Boitempo, 2018).

Na América Latina, foram os marxistas que insistiram na importância do trabalho precário para a caracterização das particularidades do capitalismo periférico por meio dos conceitos de "subproletariado", "massa marginal" e "força de trabalho superexplorada"[8]. Revisitar a história dessa tradição foge ao escopo desta apresentação. Velhos amigos têm se dedicado a essa tarefa decisiva de maneira realmente notável[9]. Há mais de uma década, eu mesmo cheguei a esboçar um contraste entre os conceitos de subproletariado e de precariado, e devo dizer que tenho muito mais acordos que desacordos com os usos desses conceitos para a análise da relação "estrutural" entre centro e periferia capitalistas[10].

No entanto, se insisto em utilizar um conceito emprestado da sociologia crítica francesa, ainda que retificado pela teoria marxista da superpopulação relativa de trabalhadores, é devido à vontade de explorar diferentes contribuições do marxismo para uma análise da crise da globalização neoliberal que destaque paralelamente a agência política dos subalternos no Sul e no Norte globais. Aqui está subentendido que décadas de hegemonia neoliberal degradaram as condições sociais de reprodução dos trabalhadores no Norte a ponto de capturá-los numa fratura social equivalente àquela vivenciada pelos trabalhadores do Sul[11].

Em regra, o marxismo latino-americano é associado à ideia da expropriação do Sul pelo Norte. Nesses termos, o Norte seria a região em que predominaria a troca de equivalentes e o Sul o espaço marcado pela pilhagem colonial e pela expropriação neocolonial. Aos nossos olhos, trata-se de uma tese largamente comprovada pela sociologia e pela historiografia econômica marxistas[12]. E mesmo autores decoloniais que contemporaneamente criticam de maneira áspera o marxismo parecem querer reter o núcleo dessa agenda investigativa, movendo-se da ênfase na pilhagem do trabalho e das riquezas naturais à preocupação com a expropriação epistemológica dos povos do Sul pela matriz colonial de poder oriunda do Norte[13].

---

[8] Ver Paul Singer, *Dominação e desigualdade* (São Paulo, Paz e Terra, 1981); José Luis Nun, *Marginalidad y exclusión social* (Buenos Aires, Fondo de Cultura Económica, 2001); e Ruy Mauro Marini, *Dialética da dependência* (Petrópolis, Vozes, 2000).

[9] Ver Claudio Katz, *Dependency Theory after Fifty Years: The Continuing Relevance of Latin American Critical Thought* (Leiden, Brill, 2022). [Ed. bras.: *A teoria da dependência: 50 anos depois* (trad. Maria Almeida, São Paulo, Expressão Popular, 2020).]

[10] Ver Ruy Braga, *A política do precariado: do populismo à hegemonia lulista* (São Paulo, Boitempo, 2012, coleção Mundo do Trabalho).

[11] Ver Paulo Arantes, *A fratura brasileira do mundo: visões do laboratório brasileiro da mundialização* (São Paulo, Editora 34, 2023).

[12] Ver Andre Gunder Frank, *Dependent Accumulation and Underdevelopment* (Nova York, Monthly Review, 1979). [Ed. bras.: *Acumulação dependente e subdesenvolvimento: repensando a teoria da dependência* (trad. Claudio Martins Marcondes, São Paulo, Brasiliense, 1980).]

[13] Ver Walter D. Mignolo, *The Darker Side of Western Modernity: Global Futures, Decolonial Options* (Durham, Duke University, 2011).

No entanto, o que aconteceria se o foco na análise da expropriação do Sul fosse deslocado para observar as relações sociais de produção e de reprodução do Norte? Ampliando a ideia da expropriação do Sul, somos capazes de perceber que o regime de acumulação no Norte cria sistematicamente seu próprio "Sul" a fim de transformá-lo em "objeto" de expropriação. Como sugeriu um autêntico representante do marxismo latino-americano, se a expropriação é condição da acumulação econômica, devemos concluir que não pode haver capitalismo sem que populações sejam submetidas à repetição da violência neocolonial[14].

Contra as interpretações predominantes nos anos 1950 que advogavam a existência de uma incompatibilidade entre os setores "moderno" e "atrasado" da estrutura econômica brasileira, Chico de Oliveira vislumbrou uma relação de determinação recíproca no interior de uma totalidade forjada por nossa condição periférica. A necessidade de compreender a particularidade dessa totalidade levou-o a realizar um "duplo *twist* carpado". A pirueta em torno de si mesmo aproximou-o das práticas sociais da reprodução. E o duplo mortal subsequente ajustou seu foco para a expropriação política.

Por um lado, ao refletir sobre *a reprodução como condição da produção*, Chico destacou o papel da pequena agricultura de subsistência como fonte geradora de parte do excedente disponível para o investimento capitalista num autêntico processo de repetição da acumulação primitiva, só que ocorrido entre os anos 1930 e 1960. Em seguida, ele mostrou como a reprodução de condições de vida degradantes nas comunidades onde viviam as famílias trabalhadoras brasileiras servia para comprimir os custos de reprodução da força de trabalho no país, assegurando os lucros repartidos entre capitais nacionais e multinacionais.

Em outras palavras, na semiperiferia do sistema, a persistência do "atraso" rural assegurava o desempenho da produção "moderna". De acordo com sua conhecida síntese:

> A expansão do capitalismo no Brasil se dá introduzindo relações novas no arcaico e reproduzindo relações arcaicas no novo, um modo de compatibilizar a acumulação global, em que a introdução das relações novas no arcaico libera força de trabalho que suporta a acumulação industrial-urbana e em que a reprodução de relações arcaicas no novo preserva o potencial de acumulação liberado exclusivamente para os fins de expansão do próprio novo.[15]

Por outro lado, ao avaliar *a expropriação como condição da acumulação*, Chico argumentou que a continuidade da acumulação supunha a expropriação mais ou menos permanente do fundo público representado pela legislação trabalhista. Esquematicamente, isso significava tanto o contínuo desrespeito à CLT por

---

[14] Ver Francisco de Oliveira, *Crítica à razão dualista/O ornitorrinco* (São Paulo, Boitempo, 2003).
[15] Ibidem, p. 60.

parte das empresas quanto a manutenção de um imenso contingente de trabalhadores aprisionados na economia informal – portanto, expropriados de seus direitos trabalhistas e previdenciários. Isso explicava não apenas a postura antissindical dos empresários como a violência política com a qual o governo tratava as agitações trabalhistas. Nessas condições, a "luta pelo acesso aos ganhos da produtividade por parte das classes menos privilegiadas transforma-se necessariamente em contestação ao regime, e a luta pela manutenção da perspectiva da acumulação transforma-se necessariamente em repressão"[16].

No Sul, a violência política é ela mesma uma estrutura econômica. A compressão subnormal dos custos de reprodução se soma ao assalto permanente ao fundo público: agricultura da subsistência, desrespeito aos direitos trabalhistas, favelização e informalidade tornam-se os condicionantes de um regime de acumulação incapaz de prescindir da violência política, que, por sua vez, alimenta um estado mais ou menos permanente de inquietação social entre os trabalhadores.

Nesse contexto, os direitos de cidadania convertem-se num campo minado e aqueles "caipiras" recém-chegados do atrasado mundo rural transformam-se na vanguarda política que busca fazer com que a promessa de uma sociedade salarial baseada na igualdade jurídica e no pagamento integral do valor da força de trabalho seja cumprida.

As modernas relações industriais fordistas e periféricas eram inerentemente autoritárias e, portanto, atrasadas. As tradicionais relações de solidariedade rural eram intrinsecamente igualitárias e, em consequência, modernas. Decorre daí que os empresários modernos eram autênticos representantes do atraso e os trabalhadores atrasados encarnavam a mais pura modernidade. Finalmente, o diagnóstico dos impasses do desenvolvimento brasileiro transformou-se em uma análise de como as tensões econômicas entre as classes sociais se transmutavam em um inclemente antagonismo político. No Brasil, o futuro "está marcado pelos signos opostos do *apartheid* ou da revolução social"[17].

Suspeitamos que, ao combinar a reprodução social como condição da produção capitalista com a expropriação política como condição da exploração econômica, Chico não apenas criou uma chave interpretativa capaz de decifrar os enigmas de uma sociedade capitalista semiperiférica como lançou luz sobre alguns traços constitutivos do capitalismo enquanto tal. Ao fim e ao cabo, o que ele sugeriu é que a sociedade capitalista não pode prescindir de relações de opressão e de exploração que permitam às empresas "driblarem" a troca de equivalentes com os trabalhadores por meio da expropriação das relações sociais tradicionais de solidariedade entre os subalternos e do recurso à pequena produção familiar.

---

[16] Ibidem, p. 119.
[17] Idem.

Inspirados por essa problemática, argumentamos que o neoliberalismo triunfante no século XXI precisou reinventar o processo de semiproletarização das classes subalternas como forma de assegurar a continuidade da acumulação capitalista, ainda que à custa da generalização de relações de troca de não equivalentes entre as classes sociais e, consequentemente, do recurso sistemático à violência política mais cruenta orientada contra as comunidades onde vivem e se reproduzem as famílias trabalhadoras[18].

Ao percebermos que o regime de acumulação contemporâneo depende do rebaixamento das condições de reprodução da classe trabalhadora em escala global, nos damos conta de que a expropriação sistemática de um "outro" ainda não mercantilizado integra o coração das relações capitalistas de produção[19]. Este livro é dedicado à agência desse "outro" marcado a ferro e fogo pelos signos opostos do *apartheid* ou da revolução social, pendulando continuamente entre o "atraso" e o "moderno", entre a exploração e a expropriação, entre a formalidade e a informalidade, entre a mercantilização e a desmercantilização.

Nossa expectativa é que um conhecimento das condições de reprodução e das formas de mobilização coletiva desse "outro" será capaz de revelar tendências vitais da complexa mistura de lutas sociais que têm conflagrado as sociedades nacionais desde 2008. Para tanto, devemos nos deslocar da transferência do valor para o capital por meio da troca de equivalentes para outro tipo de relação que simplesmente prescinde das sutilezas do contrato de trabalho em favor da violência política desavergonhada.

Ainda assim, a manutenção da diferença entre a exploração econômica e a expropriação política é central para a sociedade capitalista, pois permite classificar quem são os trabalhadores portadores de direitos da cidadania, separando-os dos semicidadãos e dos não cidadãos. Aos últimos, é negada a proteção contra a violência política sistemática. Em geral, os semicidadãos e os não cidadãos são racializados por Estados e mercados, tornando a separação entre exploração e expropriação largamente coincidente com a "globalização da linha de cor global"[20].

Não resta dúvida de que esse processo depende em larga medida do desempenho do modelo de desenvolvimento do capitalismo racial estadunidense:

> A opressão racial desempenhou um papel único na formação e no desenvolvimento histórico dos Estados Unidos. Desde que o encontro histórico dos hemisférios e o

---

[18] As "comunidades onde vivem e se reproduzem as famílias trabalhadoras" correspondem àquelas estruturas de relações interpessoais baseadas no "senso comum", com especial destaque para a religiosidade popular, que resultam da experiência ideológica e cultural fragmentada dos grupos sociais subalternos. Ver Antonio Gramsci, *Cadernos do cárcere*, v. 2 (trad. Luiz Sérgio Henriques, Marco Aurélio Nogueira e Carlos Nelson Coutinho, Rio de Janeiro, Civilização Brasileira, 2001).

[19] Ver Klaus Dörre, *Teorema da expropriação capitalista* (trad. Cesar Mortari Barreira e Iasmin Goes, São Paulo, Boitempo, 2022, coleção Mundo do Trabalho).

[20] Ver Nancy Fraser, *Cannibal Capitalism: How our System Is Devouring Democracy, Care, and the Planet – and What We Can Do about It* (Nova York, Verso, 2022).

início da escravização transatlântica foram os atos fundamentais da criação da raça, uma vez que lançaram um processo histórico global e mundial de "constituição de pessoas" que criou o mundo moderno, a raça tornou-se tanto o modelo da diferença quanto da desigualdade. Essa é uma afirmação histórico-mundial, mas, aqui, nós a desenvolvemos apenas no contexto dos Estados Unidos.[21]

A exemplo de outros países com um passado escravista, também na América os regimes racializados de acumulação moldaram a estrutura da distribuição dos recursos atribuídos ou negados aos indivíduos e aos grupos sociais, estabelecendo, assim, as fronteiras que demarcaram sua integração aos direitos da cidadania ou sua exclusão deles. Nesse sentido, a opressão racial se transformou num instrumento da reprodução das desigualdades, em especial das desigualdades entre as classes sociais[22].

O que é o capitalismo racial?

Quer estejamos nos referindo ao escravismo, ao industrialismo, ao fordismo ou ao neoliberalismo, a persistência da opressão racial na história do capitalismo levou diferentes autores marxistas negros, entre os quais Angela Davis, Cedric J. Robinson, C. L. R. James, Cornel West, Eric Williams, Stuart Hall e W. E. B. Du Bois, por exemplo, a argumentarem que não pode haver capitalismo sem racismo[23].

Mais recentemente, uma nova geração de marxistas negros formada, entre outros, por Barbara Ransby, Cedric Johnson, Keeanga-Yamahtta Taylor, Michelle Alexander e Ruth Wilson Gilmore, entre outros, procurou atualizar essa tese por meio de uma abordagem interseccional da opressão racial sob o neoliberalismo. O esforço teórico desses autores somou-se à dedicação militante de jovens ativistas antirracistas organizados desde o início dos anos 2010 na plataforma Black Lives Matter (BLM), revitalizando a principal indagação colocada pelo "marxismo negro", isto é, a tradição radical que assume a centralidade axiológica do conhecimento das populações racialmente oprimidas como eixo norteador da análise social: *seria o capitalismo necessariamente racista*[24]?

---

[21] Michael Omi e Howard Winant, *Racial Formation in the United States* (Nova York, Routledge, 2015), p. 106.

[22] Ver David Roediger, *The Wages of Whiteness: Race and the Making of the American Working Class* (Nova York, Verso, 1999).

[23] Ver Cedric J. Robinson, *Black Marxism: The Making of the Black Radical Tradition* (Chapel Hill, University of North Carolina, 2000). [Ed. bras.: *Marxismo negro: a criação da tradição radical negra* (trad. Fernanda Silva e Sousa, Caio Netto dos Santos, Margarida Goldsztajn e Daniela Gomes, São Paulo, Perspectiva, 2023).]

[24] Ver Michael Burawoy, "*The Making of Black Marxism: The Complementary Perspectives of W. E. B. Du Bois and Frantz Fanon*", em Aldon Morris et al. (orgs.), *The Oxford Handbook of W.E.B. Du Bois* (Oxford, Oxford University, 2022).

Para responder a essa pergunta, devemos evitar a noção de excepcionalismo negro que advoga a existência nas diferentes sociedades nacionais de uma comunidade homogênea que se reproduz de forma separada dos demais grupos sociais subalternos[25]. Na realidade, afirmar que o capitalismo é inerentemente racista implica compreender o papel que a racialização desigual, porém combinada, dos diferentes grupos sociais subalternos cumpre na acumulação do capital. Para tanto, é preciso partir da relação entre a exploração econômica e a expropriação política na reprodução das relações sociais de produção capitalistas.

Como observou Rosa Luxemburgo, o capitalismo depende da existência de grupos sociais e de riquezas materiais "não capitalistas" a fim de sustentar a acumulação. Debruçando-se sobre os esquemas de reprodução presentes em *O capital*, a revolucionária polonesa identificou indícios suficientemente consistentes para concluir que, na condição de um sistema evolvente em escala mundial, o capitalismo não seria capaz de assegurar o processo de acumulação de capital sem recorrer a fontes ainda não mercantilizadas de trabalho e de matérias-primas localizadas em territórios ainda não capitalistas[26].

Portanto, se a expropriação política é condição para a exploração econômica, o capitalismo precisa redefinir permanentemente as fronteiras que separam aqueles povos e territórios que estão "dentro" daqueles que estão "fora" do domínio da troca de equivalentes. Aos nossos olhos, a moderna instrumentalização capitalista das formas tradicionais de racialização dos povos atende às exigências da produção política desses grupos "exploráveis" e "expropriáveis" necessários à acumulação. Em outras palavras, estamos integralmente de acordo com a tese segundo a qual "o racismo fornece o sentido, a lógica e a tecnologia para a reprodução das formas de desigualdade e violência que moldam a vida social contemporânea. De tal sorte, todas as outras classificações são apenas modos parciais – e, portanto, incompletos – de conceber o racismo"[27].

Além da natureza estrutural do racismo, vale lembrar que classificar indivíduos e grupos sociais como "outros", com base em critérios étnico-raciais, religiosos, culturais e nacionais, é um fenômeno necessário à criação da própria identidade daqueles que classificam. Ou seja, definir quem somos "nós" depende de inventarmos a relação com os "outros". Tendo em vista os diferentes interesses dos

---

[25] Vale notar que nossa aproximação a esse tema foi originalmente inspirada por Antonio Sérgio Alfredo Guimarães, que, ao analisar as características do racismo brasileiro, concluiu se tratar de uma *estrutura social* de produção de hierarquias e de desigualdades sociais que opera articuladamente em três níveis: a crença na ideia de raça, a discriminação pela cor da pele e a reprodução da desigualdade econômica entre brancos e não brancos, especialmente saliente no mercado de trabalho. Ver Antonio Sérgio Alfredo Guimarães, *Racismo e antirracismo no Brasil* (São Paulo, Editora 34, 1999).

[26] Ver Rosa Luxemburgo, *A acumulação do capital* (Rio de Janeiro, Civilização Brasileira, 2021).

[27] Silvio Almeida, *Racismo estrutural* (São Paulo, Pólen, 2019), p. 8.

sujeitos que classificam, é compreensível que essa relação acabe justificando ou desafiando a reprodução de estruturas de desigualdade social e de dominação política já enraizadas na sociedade.

Em suma, quando falamos em racismo não estamos nos referindo simplesmente a crenças ou atitudes individuais. Aqui, vale lembrar a teoria do capitalismo racial e colonial desenvolvida por W. E. B. Du Bois segundo a qual a escravidão e o colonialismo foram essenciais para a ascensão do mercado mundial. Antes do capitalismo, argumentou o sociólogo estadunidense, as relações e as estruturas sociais na África seriam fluidas, evoluindo na ausência de uma rígida hierarquia enraizada em opressões raciais. Sem um sistema rígido de classificação dos povos, relações de produção vertebradas pela racialização dos produtores diretos teriam ficado subdesenvolvidas até o século XVII[28].

A ascensão do mercado mundial mudou radicalmente essa situação. A exemplo de Rosa Luxemburgo, Du Bois concluiu que o capitalismo seria desde sua origem um regime racializado de acumulação, ou seja, um sistema incapaz de se reproduzir sem reinventar permanentemente o racismo e o colonialismo. Para ele, não podemos imaginar a origem do capitalismo sem a violência política inerente à opressão racial que moldou o regime de trabalho compulsório nas grandes plantações coloniais. Ao lado da relação salarial, a escravidão emergiu como a estrutura fundamental da acumulação capitalista:

> A raça negra foi a base sobre a qual o sistema capitalista foi criado, a Revolução Industrial realizada e o colonialismo imperial estabelecido. Se nos limitarmos à América, não podemos esquecer que a América foi construída sobre a África. De mero ponto de parada entre a Europa e a Ásia, a América tornou-se, por meio do trabalho africano, o centro do império do açúcar, do reino do algodão e parte essencial da indústria e do comércio mundial que produziu tanto a Revolução Industrial quanto a dominação capitalista.[29]

Em outras palavras, exploração econômica e expropriação política não devem ser pensadas de forma separada, pois a própria estrutura de classes criada pela sociedade moderna já é originalmente racializada. Ao desafiar as fronteiras raciais *entre* e *intra* classes, as diferentes formas de mobilização coletiva dos trabalhadores expropriados pelo colonialismo e pela escravidão teriam se transformado para Du Bois na principal força política por trás das mudanças da sociedade capitalista[30].

Esta pode ser considerada a premissa de sua conhecida análise a respeito do curso da Guerra Civil nos Estados Unidos. Para ele, a rebelião dos negros escravizados que fugiram em massa das fazendas localizadas no Sul do país, a fim de se

---

[28] Ver W. E. B. Du Bois, *The World and Africa and Color and Democracy* (Oxford, Oxford University, 2007).

[29] Ibidem, p. 144.

[30] Idem.

juntarem aos exércitos nortistas, foi a razão que explicaria o resultado favorável do conflito para as forças da União:

> Não era apenas o desejo de parar o trabalho. Foi uma greve generalizada contra as condições de trabalho. Foi uma greve geral que envolveu no final talvez meio milhão de pessoas. Eles [trabalhadores escravizados] queriam parar a economia do sistema de plantação e, para isso, abandonaram as fazendas. [...] Foi o escravo fugitivo que fez os senhores de escravos encararem a alternativa: ou se rendiam ao Norte ou se rendiam aos negros.[31]

Ao se libertarem por meio de uma "greve geral" contra o regime escravista de acumulação, os trabalhadores negros desafiaram a fronteira racial que os separava dos trabalhadores brancos, impulsionando uma reação até certo ponto imprevista: os trabalhadores brancos do Sul do país alinharam-se às forças da opressão racial. Para Du Bois, a formação de uma subjetividade racista entre os trabalhadores explicaria tanto a relutância dos brancos em apoiar o movimento abolicionista, quanto o colapso do projeto de reconstrução dos Estados Unidos após a Guerra Civil.

Em suma, ao defenderem a fronteira racial que os separava dos negros escravizados, os trabalhadores brancos teriam subjetivado uma disposição social refratária à igualdade com os ex-escravizados, essencializando aquilo que Du Bois chamou de "salário público e psicológico" da branquitude:

> Devemos lembrar que o grupo formado por trabalhadores brancos, embora recebesse um salário baixo, era recompensado em parte por uma espécie de salário público e psicológico. Eles receberam a deferência pública e os títulos de cortesia porque eram brancos. [...] Por outro lado, o negro estava sujeito ao insulto público; tinha medo das turbas; estava sujeito às zombarias das crianças e aos medos irracionais das mulheres brancas; e foi compelido a se submeter continuamente aos incontáveis emblemas da inferioridade.[32]

Nesse sentido, a essencialização de uma subjetividade racializada entre os brancos pobres teria bloqueado a unidade política com os trabalhadores negros, assegurando, mesmo após o fim da escravidão, que as divisões raciais permanecessem inalteradas. Em suma, o regime racializado de acumulação resultante do fracasso do período da Reconstrução não apenas desestimulou o reconhecimento da existência da opressão racial pelos trabalhadores brancos como impulsionou os trabalhadores negros na direção das mobilizações por justiça racial.

Trata-se de um padrão histórico que perdura até os dias atuais. Trabalhadores negros, latinos e imigrantes sem documentos seguem desproporcionalmente representados na base social expropriada do regime de acumulação, vivendo nos bairros

---

[31] W. E. B. Du Bois, *Black Reconstruction in America* (Oxford, Oxford University, 2014), p. 59-60.
[32] Ibidem, p. 73.

e nas comunidades mais pobres e carentes do país. Além disso, esses trabalhadores são vitimados tanto pela violência interna direcionada às comunidades quanto pelo assédio policial, pela expropriação dos direitos políticos e pelo encarceramento em massa que há décadas alimenta o complexo industrial-prisional estadunidense[33].

No entanto, quando observamos os impactos da crise iniciada em 2008 nas comunidades e nas pequenas cidades rurais onde vive parte significativa da classe trabalhadora "branca", percebemos como suas condições gerais de reprodução aproximaram-se daquelas historicamente experimentadas pelos grupos racializados de trabalhadores nos Estados Unidos[34]. A combinação entre austericídio fiscal e desindustrialização redundou na diminuição dos empregos protegidos e ao mesmo tempo impulsionou a deterioração de infraestruturas sociais, como escolas, estradas e hospitais, deteriorando progressivamente o modo de vida tradicional dos trabalhadores outrora protegidos pelo pacto fordista.

À medida que a acumulação foi se tornando mais dependente da expropriação política, a precarização varreu o trabalho sindicalizado fazendo com que os salários caíssem abaixo dos valores socialmente necessários à reprodução normal da classe trabalhadora. Nesse sentido, a incorporação de grupos de trabalhadores brancos e nacionais ao precariado reciclou o regime racializado de acumulação capitalista.

Historicamente, é certo que o capitalismo jamais prescindiu de combinar exploração econômica e expropriação política. No entanto, até o final dos anos 1980, a história do capitalismo estadunidense foi marcada por uma fronteira bem definida separando trabalhadores nacionais explorados de grupos racializados expropriados.

Esquematicamente, os trabalhadores brancos, nacionais, masculinos, adultos e sindicalizados, eram submetidos à troca de equivalentes no mercado de trabalho e à exploração econômica nas fábricas. Os trabalhadores negros, latinos, imigrantes sem documentos, informais e as mulheres desorganizadas sindicalmente estavam sujeitos à troca de não equivalentes e às formas violentas de expropriação política. Nos Estados Unidos, o neoliberalismo redefiniu essa fronteira, aproximando os trabalhadores brancos e nacionais das condições de reprodução características dos grupos subalternos racializados.

---

[33] Ver Michelle Alexander, *A nova segregação: racismo e encarceramento em massa* (trad. Pedro Davoglio, São Paulo, Boitempo, 2018).

[34] Neste livro, utilizamos o adjetivo "branca" que qualifica "classe trabalhadora" entre aspas como forma de questionar seu uso corrente na literatura acadêmica que usualmente patologiza o comportamento dos grupos de trabalhadores majoritariamente brancos, atribuindo-lhes o papel de ameaçar por meio de sua suposta disposição política ressentida e autoritária a democracia liberal estadunidense. Quando necessário, empregamos a noção de "branquitude" para nos referirmos à discriminação positiva dos grupos de trabalhadores majoritariamente brancos em relação aos negros. Ver Helena Hansen, Jules Netherland e David Herzberg, *Whiteout: How Racial Capitalism Changed the Color of Opioids in America* (Oakland, University of California, 2023).

Na medida em que ocupam os postos de trabalho mais precários e são as principais responsáveis por desempenhar atividades reprodutivas não remuneradas, as mulheres trabalhadoras foram as mais afetadas por esse deslocamento. No entanto, os trabalhadores masculinos também perceberam suas condições de vida e de trabalho se deteriorando, o que, para muitos analistas, favoreceu o agravamento do antagonismo racial, sobretudo no Sul do país[35].

Aqui, vale lembrar que a expulsão de trabalhadores do pacto fordista não estimulou exclusivamente reações racistas ou xenofóbicas. Ela também favoreceu o reconhecimento por grupos de trabalhadores brancos de que seu destino depende em grande medida da superação do regime racializado de acumulação. Assim, uma aliança política entre trabalhadores negros e brancos tornou-se um objetivo mais plausível. Em certa medida, o projeto de autorreforma do sindicalismo estadunidense dos anos 1990 e 2000 condensou alguns dos principais alcances e limites para a construção dessa aliança política.

Conforme veremos adiante, dirigido por sindicalistas brancos e assentado em demandas por justiça social orientadas para mobilizar grupos racializados de trabalhadores, esse projeto chocou-se com a revitalização do poder burocrático que aliena as bases da liderança sindical, não sendo capaz de reverter a tendência de queda da taxa de densidade sindical nos Estados Unidos.

Quadro 1: Taxas de filiação sindical por setor público e privado (2000-2020)

Setor/Ano	Setor público	Setor privado	Total
2000	36,9%	9%	13,4%
2004	36,4%	7,9%	12,5%
2008	36,8%	7,6%	12,4%
2012	35,9%	6,6%	11,3%
2016	34,4%	6,4%	10,7%
2020	34,8%	6,3%	10,8%

Fonte: Bureau of Labor Statistics, U. S. Department of Labor, "A Look at Union Membership Rates Across Industries in 2020", *TED: The Economics Daily*, 25 fev. 2021; disponível em: <https://www.bls.gov/opub/ted/2021/a-look-at-union-membership-rates-across-industries-in-2020.htm>; acesso em: 20 jun. 2023.

Ainda assim, ao focar seus esforços organizativos em grupos racializados de trabalhadores usualmente responsáveis por atividades subalternas no setor de serviços, o projeto reformista conseguiu aumentar a influência dos sindicalistas sobre os governos do Partido Democrata. Além disso, o reformismo sindical opôs-se à Guerra do Iraque em 2003, foi o principal financiador da candidatura

---

[35] Ver Arlie Russell Hochschild, *Strangers in their Own Land: Anger and Mourning on the American Right* (Nova York, New, 2016). [Ed. esp.: *Extraños en su propia tierra: réquiem por la derecha estadounidense* (Madri, Capitán Swing, 2020).]

de Barack Obama à presidência em 2009 e apoiou os movimentos Occupy Wall Street, Dream e Black Lives Matter nos anos 2010[36].

Testando a hipótese "thompsoniana"

A reorientação estratégica do sindicalismo em direção aos grupos sociais racializados e a seus movimentos sociais acompanhou a mudança de foco do regime de acumulação estadunidense da exploração econômica para a expropriação política. Essa transição impulsionou a adoção por governos e empresas de políticas antissindicais que progressivamente desgastaram o padrão normal de reprodução da classe trabalhadora, ampliando sua borda precária e afastando um número crescente de trabalhadores do acesso aos direitos e benefícios trabalhistas. Isso acarretou uma série de ajustes na tradicional distribuição fordista dos trabalhadores entre setores explorados e expropriados.

Sob a hegemonia neoliberal, apesar de ser possível observar uma presença mais significativa de cidadãos negros entre os quadros profissionais, a identificação dos trabalhadores negros com o grupo expropriado permaneceu inalterada. No entanto, os trabalhadores brancos, tradicionalmente associados ao grupo explorado, passaram a experimentar um processo de expropriação política que aproximou as condições sociais de reprodução de suas comunidades daquelas verificadas nas comunidades negras.

Após o colapso do fordismo, a reelaboração das identidades coletivas dos grupos sociais subalternos, em especial a possibilidade do surgimento de uma aliança política bem-sucedida entre trabalhadores negros e brancos nos Estados Unidos, insere-se nesse contexto. Por isso, observando o período compreendido entre o início da crise da globalização neoliberal e o fim da pandemia do novo coronavírus, procuramos estudar a formação de dois tipos de comunidade de trabalhadores precários, a *agônica* e a *insurgente*, sublinhando a interação entre elas como um momento da eclosão de um potencial novo padrão de agitação trabalhista na América.

Há dez anos, quando comecei a estudar comparativamente a mobilização de trabalhadores precários na África do Sul, no Brasil e em Portugal, percebi que a

---

[36] Ver Doug Singsen, "Labor Unions Were Occupy Wall Street's Key, Forgotten, Conflicted Ally", *Jacobin*, 18 set. 2021; disponível em: <https://jacobin.com/2021/09/occupy-wall-street-ows-zuccotti-park-nyc-labor-movement-unions-collaboration>; acesso em: 20 jun. 2023; Ana Avendaño e Charlie Fanning, "Dreamers at Work: Immigrants and Unions Are Putting Movement Back into the Labor Movement", *Dissent*, 21 set. 2012; disponível em: <https://www.dissentmagazine.org/blog/dreamers-at-work-immigrants-and-unions-are-putting-movement-back-into-the-labor-movement>; acesso em: 20 jun. 2023; e Tim Schermerhorn e Lee Sustar, "The Movement for Black Lives and Labor's Revival", *Labor Notes*, 27 out. 2020; disponível em: <https://labornotes.org/2020/10/movement-black-lives-and-labors-revival>; acesso em: 20 jun. 2023.

crise da globalização neoliberal parecia sobrepor características dos dois principais padrões de agitação trabalhista identificados por Beverly J. Silver: as agitações "marxianas", ou seja, aquelas definidas pela formação de novas classes trabalhadoras a partir de conflitos nos locais de trabalho, estavam se entrelaçando às agitações "polanyianas", isto é, aquelas impulsionadas pelo desmanche de velhas classes trabalhadoras que reivindicavam proteção social dos governos[37].

A partir daí, aventei a hipótese de que um terceiro padrão poderia estar emergindo dos deslocamentos instigados pela crise da globalização neoliberal. Chamei esse padrão de "thompsoniano" a fim de não destacar nem o "fazer-se" marxiano, nem o "desfazer-se" polanyiano, e sim o "refazer-se" das identidades coletivas dos grupos sociais subalternos no decorrer de uma grande transformação social[38].

Quadro 2: Principais características dos padrões "marxiano", "polanyiano" e "thompsoniano" de agitação trabalhista

Padrões/características	Marxiano	Polanyiano	Thompsoniano
Regime racializado de acumulação	Fordismo	Neoliberalismo (progressista)	Neoliberalismo (autoritário)
Protagonista	Operariado	Salariado	Precariado
Espaço	Empresas	Ruas e praças	Empresas, ruas e praças
Organização	Sindicato	Movimento social	Sindicato e movimento social
Região	Sul global	Norte global	Sul e Norte globais
Alvos	Capitalistas	Governos	Capitalistas e governos
Mobilização	Ofensiva	Defensiva	Ofensiva e defensiva
Tática	Greve	Protesto	Ação direta
Defesa	Salário	Direitos	Comunidades
Momento	"Fazer-se"	"Desfazer-se"	"Refazer-se"

Fonte: Elaboração própria.

Todavia, meus achados de campo limitavam-se exclusivamente a países semiperiféricos. A ideia de analisar as metamorfoses do padrão de agitação trabalhista nos Estados Unidos nasceu do desejo de testar a plausibilidade da hipótese "thompsoniana" em uma escala mais ampla. Para tanto, dividimos o livro em três partes alinhadas grosseiramente aos momentos do "fazer-se", do "desfazer-se"

---

[37] Ver Beverly J. Silver, *Forças do trabalho: movimentos de trabalhadores e globalização desde 1870* (trad. Fabrizio Rigout, São Paulo, Boitempo, 2005, coleção Mundo do Trabalho).

[38] Ver Ruy Braga, "A 'Thompsonian' Pattern of Labour Unrest? Social Movements and Rebellions in the Global South", *Mundos do Trabalho*, Florianópolis, v. 12, 2020, p. 1-17; disponível em: <https://periodicos.ufsc.br/index.php/mundosdotrabalho/article/view/1984-9222.2020.e71404>; acesso em: 20 jun. 2023.

e, finalmente, do atual "refazer-se" das identidades coletivas dos grupos sociais subalternos capaz de sugerir a emergência do padrão thompsoniano.

Na primeira parte, elaboramos um balanço da evolução do sindicalismo estadunidense entre os anos 1950 e 2000. De saída, delineamos o nascimento do padrão de agitação trabalhista dominado por uma burocracia sindical masculina, branca, nacional e indiferente às angústias de mulheres e negros. Nossa hipótese é que a partir dos anos 1960 o fordismo como um regime de acumulação racializado foi sabotado "por cima" pelo abandono das gerências do compromisso de distribuição aos trabalhadores dos ganhos de produtividade, além de desafiado "por baixo" por um ciclo de rebelião das bases cujos setores mais insatisfeitos eram justamente formados por mulheres e negros.

O segundo capítulo explorou o destino histórico desse ciclo, destacando o movimento que simultaneamente encarnou seu apogeu e sua derrocada: a greve nacional dos controladores de tráfego aéreo conduzida em 1981 pela Organização Profissional dos Controladores de Tráfego Aéreo (Professional Air Traffic Controllers Organization – Patco). Essa greve unificou governo e empresas no intuito de destruir irreversivelmente o pacto fordista na América, inaugurando um novo modelo de desenvolvimento sobre a erosão do *sistema de solidariedades práticas*, ou seja, da experiência política e moral coletivamente construída e partilhada pelos trabalhadores, oriunda do fordismo. A partir de então, não apenas os rendimentos do trabalho nos Estados Unidos estagnaram em relação ao aumento dos lucros das empresas como a tendência de aumento da sindicalização foi revertida para não mais se recuperar.

O terceiro capítulo investigou uma das primeiras tentativas do sindicalismo de enfrentar essa grande tendência por meio da organização do precariado racializado do setor de serviços: a campanha nacional liderada pelo Sindicato Internacional dos Empregados do Setor de Serviços (Seiu) conhecida como "Justiça para os Faxineiros e Zeladores". Trata-se de uma estratégia de organização focada tanto nos locais de trabalho quanto nas comunidades onde vivem os trabalhadores precários, em sua maioria imigrantes sem documentos. Ademais, essa campanha influenciou diretamente o projeto de reforma sindical liderado por John Sweeney quando de sua eleição em 1995 para a presidência da federação AFL-CIO.

No quarto capítulo, avaliamos algumas tensões que levaram ao colapso do projeto de reforma sindical proposto por Sweeney. Para tanto, examinamos as razões do racha liderado por Andy Stern em 2005 na AFL-CIO e a subsequente criação de uma federação concorrente, batizada de Mudar para Vencer (Change to Win – CTW). Além disso, abordamos os alcances e os limites do modelo de organização sindical baseado nas fusões de sindicatos menores em maiores e na busca por recuperação de mercado desenvolvido por Stern no Seiu. Nosso argumento é que esse modelo renovou o velho sindicalismo de negócios estadunidense, porém sem reverter a tendência de queda da taxa de densidade sindical.

No decorrer da primeira parte do livro, destacamos as redefinições das fronteiras raciais impulsionadas pelo aumento da participação de grupos racializados na composição da classe trabalhadora estadunidense. Apontamos como o sindicalismo reagiu a essa mudança, adaptando-se ao aumento da diversidade étnico-racial de suas bases e apoiando-se na auto-organização dos trabalhadores em suas próprias comunidades. Sem dúvida, a aproximação dos setores mais dinâmicos do movimento sindical dos trabalhadores racializados representou um momento-chave da atual reconfiguração das identidades coletivas dos grupos sociais subalternos do país.

No entanto, esse foco nos trabalhadores racializados do setor de serviços vivendo em grandes centros urbanos não foi seguido por investimentos capazes de alavancar a organização sindical nas pequenas cidades rurais onde vivem os trabalhadores brancos da indústria. Objeto de vivos debates desde a eleição de Donald Trump em 2016, esse grupo subalterno foi largamente responsabilizado pela inflexão autoritária que acompanhou a vitória do político republicano. Os quatro capítulos que formam a segunda parte do livro ocuparam-se desse tema, recorrendo a uma pesquisa de campo etnográfica conduzida em pequenas cidades rurais na região central da Pensilvânia.

Na terceira parte do livro, focalizamos o movimento Black Lives Matter (BLM) como expressão de uma onda de protestos que se estendeu por toda a década de 2010, mobilizando grupos sociais subalternos, sobretudo jovens e racializados, em diferentes contextos nacionais. Além de analisar o processo de formação do movimento BLM, contextualizando seu desenvolvimento à luz da frustração das expectativas dos trabalhadores negros com o governo Obama, destacamos o aumento da violência nas comunidades negras decorrente do rebaixamento das condições de subsistência das famílias estimulado pela precarização do trabalho.

Finalmente, testamos nossa hipótese thompsoniana analisando a formação durante a pandemia de um novo sindicalismo de justiça social impulsionado pela luta contra a opressão racial dos trabalhadores "essenciais" e que não puderam se proteger apropriadamente do novo coronavírus. Ao investigarmos as bem-sucedidas campanhas de criação do Sindicato dos Trabalhadores da Amazon (Amazon Labor Union – ALU) e do Sindicato dos Trabalhadores da Starbucks (Starbucks Workers United – SWU), exploramos as diferenças entre o novo e o velho sindicalismo de justiça social surgido nos anos 1980 e 1990.

Além disso, buscamos identificar as conexões entre o movimento BLM e as campanhas de criação desses sindicatos independentes, ressaltando a importância do surgimento de uma nova geração de jovens ativistas sindicais cujas disposições políticas interseccionam identidades raciais e de gênero em torno da luta por justiça social nos locais de trabalho. Finalmente, argumentamos que o atual refazer-se classista impelido pela automobilização dos trabalhadores precários floresceu "de baixo para cima", estimulado pela onda global de protestos e relativamente indiferente ao sindicalismo estabelecido.

Com isso, não alegamos que as novas organizações sejam hostis ao movimento sindical. Ao contrário, elas têm se mostrado permeáveis à colaboração com os velhos sindicatos, desde que essa aproximação não atrapalhe o poder de decisão das bases. Se esse novo sindicalismo de justiça social irá ou não ajudar a solucionar a histórica crise do trabalho organizado nos Estados Unidos só o tempo dirá. Porém, uma coisa é certa: a atual convergência entre novos e velhos sindicalismos de justiça social abriu uma janela de oportunidades para a revitalização do movimento trabalhista no país como não acontecia desde o histórico ciclo de rebelião das bases dos anos 1960 e 1970.

E a observação dos tropeços do passado sugere que essa brecha somente será bem aproveitada caso um novo padrão interseccional desde baixo de agitação política se difunda entre os grupos subalternos com a força de um preconceito popular. O livro que se segue pretende contar uma pequena parte da história da formação desse padrão emergente.

Parte 1
DISCIPLINANDO A SOLIDARIEDADE

O poder da luta das classes proletárias não se apoia num pequeno núcleo organizado, mas sim na vasta periferia do proletariado com simpatias revolucionárias.

Rosa Luxemburgo, *Greve de massas, partido e sindicatos* (Coimbra, Centelha, 1974)

1
Sindicalismo
Uma biografia não autorizada

Quando Franklin Delano Roosevelt assumiu o governo dos Estados Unidos em março de 1933, o desemprego atingia 50 milhões de trabalhadores. Incontáveis pequenas fazendas estavam sendo tomadas por bancos, deslocando milhões de famílias rurais rumo à miséria urbana. Enquanto isso, os serviços públicos colapsavam devido ao aumento da demanda e à escassez de financiamento. O governo respondeu com um misto de reformas sociais e medidas emergenciais conhecido por New Deal: além de regular o sistema financeiro, subsidiar fazendeiros, socorrer bancos e refinanciar dívidas hipotecárias, essa política criou centenas de milhares de empregos em frentes públicas de trabalho, assegurando a subsistência de inúmeras famílias trabalhadoras[1].

Curiosamente, o auxílio emergencial instigou a inquietação trabalhista. Apenas seis meses após o início do governo de Roosevelt, uma onda grevista espalhou-se pelo país, fazendo com que a Federação Americana do Trabalho (AFL, na sigla em inglês) passasse de 750 mil associados em 1933 para mais de 3 milhões em 1934. Em 1935, os trabalhadores industriais da federação já representavam mais de um terço do total de filiados. Rendendo-se aos fatos, na década compreendida entre os anos de 1933 e 1943, o governo Roosevelt não teve alternativa a não ser reconhecer a legitimidade dos sindicatos, estabelecendo as bases do contexto político no qual a regulação trabalhista iria se firmar[2].

Na verdade, como argumentou Karl Polanyi, a história da regulação do trabalho nos Estados Unidos insere-se em um ambiente global marcado por tentativas

---

[1] Ver Eric Rauchway, *Why the New Deal Matters* (New Haven, Yale University, 2022).

[2] Ver Theda Skocpol, Kenneth Finegold e Michael Goldfield, "Explaining New Deal Labor Policy", *American Political Science Review*, v. 84, n. 4, dez. 1990, p. 1.297-315.

coetâneas de diferentes sociedades nacionais de regular a degradação do valor de uso do trabalho, das terras e do dinheiro, trazida pela onda de mercantilização nascida no século XIX[3]. No Brasil, por exemplo, assistimos nos anos 1930 à aprovação de diferentes leis trabalhistas, consolidadas em 1943. Tanto no Norte quanto no Sul globais, a regulação do trabalho surgida entre as guerras mundiais redefiniu os parâmetros do modelo de desenvolvimento capitalista, ajudando diferentes países a consolidar seu ciclo industrializante, controlar as agitações trabalhistas e consolidar mercados de consumo de massa[4].

No caso dos Estados Unidos, o ciclo grevista dos anos 1930, impulsionado pela mobilização de trabalhadores siderúrgicos, metalúrgicos, mineiros e elétricos, desaguou na criação do Congresso das Organizações Industriais (CIO, na sigla em inglês), federação que proporcionou um incremento histórico do poder sindical estadunidense, sobretudo devido à incorporação dos trabalhadores negros ao movimento sindical[5]. A combinação do ciclo grevista com a aceitação por parte do governo Roosevelt de facilitar o reconhecimento dos novos sindicatos industriais assegurou a aprovação da Lei Wagner, de 1935, que passou a regular os direitos de greve e de negociação coletiva[6].

Quadro 3: Os trabalhadores e o New Deal

ANO	EVENTOS
1933	Aprovação da Lei de Recuperação da Indústria Nacional, seção 7(a), que garantiu direitos aos trabalhadores de se organizar coletivamente e negociar livremente nos Estados Unidos.
1935	Aprovação da Lei Wagner, que reafirmou a seção 7(a) e criou o Conselho Nacional de Relações Trabalhistas (National Labor Relations Board – NLRB). Aprovação da Lei de Segurança Social que criou a política do seguro-desemprego, além de instituir benefícios para os trabalhadores idosos. A Federação Americana do Trabalho (AFL) criou o Comitê pela Organização Industrial, futuro Congresso das Organizações Industriais (CIO).
1936-1937	A organização pela base de várias greves com ocupação de fábrica ajudou a impulsionar a criação de sindicatos ligados ao CIO nas fábricas de vulcanização de borracha e nas montadoras de automóveis.
1937	As companhias General Motors e U. S. Steel concordaram em negociar com representantes do CIO.

---

[3] Ver Karl Polanyi, *The Great Transformation: The Political and Economic Origins of our Time* (Boston, Beacon, 2001). [Ed. bras.: *A grande transformação: as origens políticas e econômicas de nossa época* (trad. Vera Ribeiro, Rio de Janeiro, Contraponto, 2021).]

[4] Ver Michel Aglietta, *A Theory of Capitalist Regulation: The US Experience* (Nova York, Verso, 2001).

[5] Ver Philip S. Foner, *The Black Worker: From the Founding of the CIO to the AFL-CIO Merger, 1936-1955* (Filadélfia, Temple University, 1983).

[6] Ver Charles J. Morris, *The Blue Eagle at Work: Reclaiming Democratic Rights in the American Workplace* (Ithaca, Cornell University, 2005).

ANO	EVENTOS
1937	A Lei Wagner foi considerada constitucional pela Suprema Corte. Acontece o Massacre do Memorial Day no qual dez trabalhadores desarmados foram assassinados pela polícia de Chicago durante manifestações grevistas lideradas pelo CIO contra empresas siderúrgicas. As greves paralisaram um total de trinta diferentes usinas siderúrgicas pertencentes às empresas Republic Steel, Inland Steel e Youngstown Sheet and Tube Company, que empregavam cerca de 80 mil trabalhadores. Os sindicatos ligados ao CIO foram expulsos da AFL.
1938	A Lei de Padrões de Trabalho Justo instituiu o salário mínimo e a jornada de quarenta horas semanais de trabalho.
1941	A companhia Ford Motors reconheceu o Sindicato dos Trabalhadores das Montadoras de Carros (United Auto Workers – UAW). Ataque a Pearl Harbor e entrada dos Estados Unidos na Segunda Guerra Mundial. Os sindicatos prometeram ao governo que não organizariam greves enquanto durasse o conflito.
1942	O recém-criado Conselho Nacional do Trabalho de Guerra (National War Labor Board – NWLB) estabeleceu a "fórmula Little Steel" para aumentos salariais com base no custo de vida.
1943	Franklin Delano Roosevelt criou o Comitê de Práticas de Emprego Justo (Fair Employment Practices Committee – FEPC) que buscou combater a discriminação racial nas fábricas. Um ciclo de greves selvagens foi reprimido por uma intervenção federal em minas e em ferrovias em todo o país. A Lei Smith-Connally foi aprovada, restringindo as atividades grevistas dos sindicatos enquanto durasse a Segunda Guerra Mundial.
1946	Uma onda grevista liderada por sindicatos do CIO conquistou significativos aumentos salariais. Trabalhadores mineiros em greve conquistaram um fundo de assistência social e um seguro-saúde.
1947	O Congresso dos Estados Unidos aprovou a Lei Taft-Hartley, que restringiu as práticas sindicais, reforçando leis estaduais de "direito ao trabalho" cujo objetivo era dificultar a organização de novos sindicatos.
1949-1950	O CIO expulsou onze lideranças sindicais comunistas.

Fonte: Adaptado de Henry Pelling, *American Labor: History of American Civilization* (Chicago, University of Chicago, 1960).

Ainda assim, é importante observar que a regulação do trabalho nos Estados Unidos excluiu os trabalhadores agrícolas, domésticos e informais do direito ao salário mínimo, ao seguro-desemprego e à aposentadoria. Ou seja, mesmo com os avanços trazidos pela mobilização trabalhista, a fronteira que separava trabalhadores com e sem direitos sociais seguiu oprimindo, sobretudo as mulheres negras relegadas ao trabalho doméstico[7].

Consequentemente, a classe operária formada nos anos 1930 a partir da combinação das lutas pelo acesso aos direitos sociais e trabalhistas com a criação de novos sindicatos industriais era desproporcionalmente branca e masculina, ainda

---

[7] Ver Lane Windham, *Knocking on Labor's Door: Union Organizing in the 1970s and the Roots of a New Economic Divide* (Chapel Hill, University of North Carolina, 2017).

que, em muitas ocasiões, ela tenha se mostrado permeável ao proselitismo de lideranças socialistas e comunistas. Constituídos de descendentes de irlandeses, escoceses, alemães e poloneses, os operários estadunidenses souberam superar por meio de ações diretas, da organização de base e da independência de classe tanto a resistência das empresas em negociar com os sindicatos quanto a disposição dos governos locais em reprimir a ação sindical[8].

Em linhas gerais, a formação da classe operária fordista nos Estados Unidos foi marcada por lutas sociais que se afastaram das lideranças sindicais tradicionais, organicamente ligadas aos interesses dos artesãos e dos trabalhadores qualificados. De fato, nos anos 1930 e 1940, a redefinição das fronteiras de classe trazida pela industrialização ampliou as alianças entre grupos operários, territórios geográficos e comunidades de trabalhadores, abrindo uma janela de oportunidades para a criação de um partido dos trabalhadores que incluísse negros e brancos.

Evidências relativas à formação embrionária de uma frente política entre trabalhadores brancos e negros podem ser encontradas nas greves de 1933 e 1934 que precipitaram a reforma do Sindicato dos Trabalhadores Mineiros (United Mine Workers – UMW), na greve dos caminhoneiros de Mineápolis, em 1934, e, finalmente, nas greves dos metalúrgicos na cidade de Flint, em 1936 e 1937[9].

Porém, a entrada dos Estados Unidos na Segunda Guerra Mundial fomentou a perseguição das lideranças comunistas e socialistas, inaugurando um período de lutas intrassindicais pelo controle dos aparelhos. Além disso, as greves e as paralisações pressionavam as gerências, favorecendo a adoção de políticas antissindicais. Em 1947, finalmente, o conluio entre empresas e governo impôs aos trabalhadores uma contrarreforma trabalhista condensada na Lei Taft-Hartley.

O clima politicamente anticomunista criou a oportunidade para a reversão das tendências progressistas contidas no New Deal, limitando as táticas que amparavam a negociação dos trabalhadores com as empresas, como as greves de solidariedade e os boicotes, além de dificultar a aplicação de punições para as empresas que demitissem trabalhadores em vias de criar um sindicato. Ao mesmo tempo, os sindicatos influenciados pelos comunistas e socialistas foram expulsos do CIO, viabilizando sua fusão com a AFL em 1955. Como resultado, a agitação trabalhista foi sendo progressivamente dominada pela burocracia sindical, transformando os sindicatos em instrumentos de controle dos trabalhadores no chão de fábrica[10].

---

[8] Ver Bert Cochran, *Labor and Communism: The Conflict that Shaped American Unions* (Princeton, Princeton University, 1977).

[9] Idem.

[10] Idem.

Centralizar o conflito, disciplinar o trabalho

Esquematicamente, podemos dizer que a base sociológica para a transformação do sindicalismo militante dos anos 1930 e 1940 em um sindicalismo politicamente hostil ao controle democrático dos operários nos anos 1950 foi a divisão do trabalho no interior da própria classe trabalhadora. Com a institucionalização da negociação coletiva, uma numerosa camada burocrática formada por advogados e outros profissionais aflorou, especializando-se na negociação com as gerências[11]. E a consolidação do poder burocrático sindical nos Estados Unidos foi largamente favorecida pela federalização das negociações coletivas durante a Segunda Guerra Mundial:

> O Conselho Nacional do Trabalho de Guerra (NWLB), formado por representantes das corporações, dos sindicatos e do governo, percebeu a resistência das bases [às condições de trabalho impostas pelo esforço de guerra] como uma ameaça e buscou eliminá-la, abrindo o caminho para que lideranças sindicais comprometidas com as gerências e o governo iniciassem uma nova etapa da relação entre os sindicatos nacionais e seus sindicatos filiados.[12]

Ainda assim, mesmo durante a guerra, a resistência das bases à burocratização sindical impediu que as novas lideranças alienassem seu poder de barganha. Em diferentes setores industriais, como o siderúrgico, o metalúrgico, o mineiro e o elétrico, por exemplo, a aceleração do ritmo de novas filiações, prova do avanço na mobilização das bases, assegurou conquistas salariais e melhores condições de trabalho.

Em suma, o fortalecimento do poder da burocracia sindical apoiada pelo Estado alinhou-se à auto-organização operária criando uma tensão com as gerências que evoluiu no sentido do deslocamento das lideranças radicais para um plano secundário. De fato, quando o governo exigiu no final dos anos 1940 que os trabalhadores escolhessem entre sindicatos "vermelhos" ou "americanos", a maioria optou pela alternativa nacionalista[13].

Dessa situação de relativo equilíbrio de forças entre trabalhadores e burocracia sindical emergiu uma nova estrutura de regulação do trabalho que substituiu o sistema informal de acordos existente até 1942. Se, no velho sistema, o resultado da negociação era plasmado pela ameaça do confronto entre trabalhadores e gerência,

---

[11] Ver Ernest Mandel, *Power and Money: A Marxist Theory of Bureaucracy* (Nova York, Verso, 1992).

[12] Kim Moody, "Understanding the Rank and File Rebellion in the Long 1970s", em Aaron Brenner, Robert Brenner e Cal Winslow, *Rebel Rank and File: Labor Militancy and Revolt from Below during the Long 1970s* (Nova York, Verso, 2010), p. 110.

[13] Sobre os dilemas dessa escolha nas fábricas de Pittsburgh, ver Ronald W. Schatz, *The Electrical Workers: A History of Labor at General Electric and Westinghouse 1923-60* (Chicago, University of Illinois, 1983).

permitindo a eclosão de ondas grevistas, no novo sistema, os trabalhadores conquistaram um amplo reconhecimento de seus direitos e benefícios trabalhistas, mas viram sua margem de ação diminuir[14].

Após uma greve bem-sucedida na empresa General Motors, Walter Reuther, então líder do Sindicato dos Trabalhadores das Montadoras de Carros (UAW), apresentou o projeto de um sistema de aumentos salariais sem incremento nos preços dos carros baseado na negociação coletiva dos ganhos de produtividade assegurados pela inovação tecnológica. De acordo com a proposta, a negociação coletiva deveria incorporar o "direito" dos trabalhadores de compartilhar os frutos do progresso técnico trazidos pela indústria. A exploração econômica passava a ser legitimada pela cidadania salarial fordista. Nas palavras de Reuther: "A greve [da GM em 1946] era sobre duas questões: tratava-se do direito de um trabalhador de compartilhar – não apenas como uma questão de força da negociação coletiva, mas como uma questão de *direito* – os frutos do avanço da tecnologia. A segunda questão era: por que os trabalhadores deveriam ser vitimados por forças inflacionárias em relação às quais eles não tinham nenhum controle, e que corroíam seu poder salarial?"[15].

A aceitação da proposta de Reuther pelas gerências fortaleceu a disposição da burocracia sindical de evitar a mobilização dos trabalhadores em benefício das negociações coletivas sobre os ganhos de produtividade. Ainda assim, a intensificação do ritmo de trabalho inerente ao sistema seguia alimentando a tensão entre trabalhadores, gerência e burocracia sindical no chão de fábrica. Em 1955, por exemplo, contrariando a vontade das lideranças sindicais, a indústria siderúrgica experimentou um ciclo grevista que abarcou cerca de 400 mil trabalhadores[16].

Percebendo o aumento da inquietação nas fábricas, a burocracia decidiu entregar os locais de trabalho ao controle das gerências na esperança de que os ganhos de produtividade viabilizassem os aumentos salariais e moderassem a agitação trabalhista. Por outro lado, a burocracia apostou em sua habilidade de negociar benefícios trabalhistas como forma de legitimar seu domínio sobre o aparelho sindical. Assim, a regulação fordista conteve o conflito entre trabalhadores, gerências e sindicatos no interior de um regime de acumulação balizado pela legitimidade da exploração econômica.

Nesse padrão, a especialização existente entre representantes e representados acabou por sedimentar uma rígida hierarquia dominada por uma camada social movida por interesses egoístas. Politicamente, os sindicatos fordistas funcionavam como um pequeno partido controlado por burocratas. Nas palavras de Dave Beck,

---

[14] Ver Nelson Lichtenstein, *Labor's War at Home: The CIO in World War II* (Filadélfia, Temple University, 2003).

[15] Walter Reuther citado em Victor G. Reuther, *The Brothers Reuther and the Story of the UAW: A Memoir* (Boston, Houghton Mifflin Company, 1976), p. 62.

[16] Ver Philip Dray, *There Is Power in a Union: The Epic Story of Labor in America* (Nova York, Anchor, 2011).

presidente do Sindicato dos Caminhoneiros entre 1952 e 1957, os sindicatos estadunidenses teriam se transformado no pós-guerra em um "grande negócio"[17].

A afirmação de Beck não apenas capta a importância econômica do sindicalismo como revela a despolitização das relações classistas inerente à regulação fordista. Ao centralizar o conflito trabalhista, disciplinar a força de trabalho e reprimir a militância socialista, o compromisso entre Estado, empresas e burocracia sindical conseguiu bloquear a criação de um partido dos trabalhadores estadunidenses, ao estilo social-democrata ou soviético. Notoriamente, as lideranças sindicais desempenharam um papel central no processo de subordinação da representação dos trabalhadores ao liberalismo do Partido Democrata. Nas palavras cáusticas de C. Wright Mills: "A concentração de lealdade ao Partido Democrata é mais visível no Sul e no Oeste, onde cerca de sete em cada dez líderes sindicais são democratas afiliados. [...]. Para os liberais, o dirigente sindical é visto como alguém que segue uma política segura e confiável. Os liberais aceitam o *status quo* sindical. [...]. O centro liberal é o lar do trabalho"[18].

Na cena política mais ampla, os sindicatos fordistas transformaram-se em grupos de mobilização eleitoral em favor de candidatos democratas. Apesar de aceitar o *status quo* sindical, o Partido Democrata nunca assumiu compromissos de longo prazo com os sindicatos, nem integrou as lideranças dos trabalhadores em sua estrutura de poder[19]. Ao darem como certo o apoio eleitoral dos sindicatos, os democratas sentiram-se livres para apoiar políticas antitrabalhistas, caso da Lei Taft-Hartley, que restringiu as práticas sindicais, e das leis estaduais de "direito ao trabalho" que dificultaram a criação de novos sindicatos[20].

A relativa despolitização das relações trabalhistas produzida pela regulação fordista reforçou o mito ainda hoje prevalecente tanto na sociedade quanto entre sociólogos liberais segundo o qual após a Segunda Guerra os Estados Unidos teriam se transformado em uma sociedade de "classe média"[21]. Afinal, se os operários compravam suas casas e enviavam seus filhos para a faculdade, e os sindicalistas haviam se transformado em administradores especializados em negociações coletivas, não seria mais possível falar em exploração econômica ou em luta de classes[22].

---

[17] Dave Beck citado em Donald Garnel, *The Rise of Teamster: Power in the West* (Oakland, University of California, 1972), p. 85.

[18] C. Wright Mills, *The New Men of Power: America's Labor Leaders* (Nova York, Harcourt, Brace and Company, 1948), p. 175.

[19] Ver Mike Davis, *Prisoners of the American Dream: Politics and Economy in the History of the US Working Class* (Nova York, Verso, 1986).

[20] Idem.

[21] Ver David Roediger, *The Sinking Middle Class: A Political History* (Nova York, Or, 2020).

[22] Ver Daniel Bell, *O advento da sociedade pós-industrial: uma tentativa de previsão social* (trad. Heloysa de Lima Dantas, São Paulo, Cultrix, 1977).

O sucesso do regime de acumulação apoiado na negociação coletiva dos ganhos de produtividade revelou a premissa do fordismo: a economia deve crescer indefinidamente a fim de absorver o conflito entre o capital e o trabalho. Antes de tudo, tratava-se de assegurar o consentimento dos trabalhadores à racionalização do processo de trabalho cujo sentido consistia em aumentar a produtividade, incluindo aquela obtida por meio da intensificação do trabalho.

Não sem resistências, esse modelo de desenvolvimento expandiu-se até o início dos anos 1960, quando a queda da produtividade do trabalho passou a ser percebida pelas corporações estadunidenses como o grande obstáculo a ser superado. A estagnação econômica que se seguiu à Guerra da Coreia (1950-1953) fez com que a economia estadunidense experimentasse uma notável perda de dinamismo, levando os principais setores industriais a uma crise de investimentos já perceptível no final da década de 1950[23].

Como produto da combinação entre a desaceleração da produtividade decorrente da queda dos investimentos e a manutenção dos níveis salariais assegurados pela negociação coletiva entre gerências e sindicatos, as empresas estadunidenses entraram nos anos 1960 imersas em uma crise de lucratividade. Às gerências restava endurecer as negociações com os sindicatos, exigindo a imediata restauração de seu "direito de administrar". A determinação gerencial reavivou o conflito industrial traduzido no aumento do apetite grevista dos trabalhadores. Nesse contexto, a greve do setor siderúrgico ocorrida em Pittsburgh em 1959 anunciou a chegada da crise do fordismo[24].

Trabalhadores na crise de lucratividade

O ciclo grevista que evoluiu entre meados dos anos 1960 e início dos anos 1980 decorreu em larga medida do abandono do compromisso fordista pelas gerências e, posteriormente, pelo Estado. A despeito da pluralidade de atores políticos e de setores econômicos envolvidos, é possível perceber uma expansão da atividade grevista da mineração para a construção civil e, então, para os setores de portos, montadoras, transporte de carga, até chegar ao setor público, às escolas e aos hospitais.

Entre os movimentos paredistas do período com maior número de trabalhadores envolvidos, destacam-se as greves dos trabalhadores das ferrovias (1960), dos trabalhadores da General Motors (GM) (1967), dos trabalhadores de saneamento em Memphis (1968), dos trabalhadores da Chrysler (1973) e dos mineiros de carvão (1977). Além disso, é possível perceber que demandas defensivas foram progressivamente cedendo lugar às reivindicações mais ofensivas. A renovação do

---

[23] Ver Robert Brenner, "The Political Economy of the Rank-and-File Rebellion", cit.

[24] Ver Jack Metzgar, *Striking Steel: Solidarity Remembered* (Filadélfia, Temple University, 2000).

apetite grevista marcou sua presença, por exemplo, na histórica greve dos caminhoneiros que paralisou a cidade de Filadélfia em 1965[25].

De fato, os caminhoneiros mantiveram-se ativos durante todo o ciclo. Em 1974, a greve dos caminhoneiros autônomos produziu uma situação de caos econômico, levando o então recém-eleito governador da Pensilvânia, Milton Shapp, a alertar o presidente Richard Nixon sobre o risco de um "colapso econômico nacional"[26]. Mesmo com o apoio federal à repressão ao movimento, a greve durou doze semanas, forçando os empregadores em Chicago a conceder aumentos salariais expressivos aos caminhoneiros autônomos. A vitória foi ainda mais expressiva se considerarmos que desde o início o Sindicato dos Caminhoneiros hostilizou o movimento impulsionado pela base.

A fim de contextualizarmos o ciclo grevista, vale observar que os trabalhadores estavam reagindo aos ataques gerenciais motivados pela crise de lucratividade das empresas. Ou seja, a razão da desaceleração do ritmo da acumulação não era o aperto nos lucros imposto pelos aumentos salariais, mas a queda do investimento capitalista decorrente do endurecimento da competitividade industrial em escala internacional[27].

Aqui, vale lembrar que, mesmo no apogeu da hegemonia fordista nos Estados Unidos, o direito à negociação coletiva nunca foi plenamente aceito pelas gerências. Afinal, os sindicatos não apenas permaneceram afastados dos estados sulistas dominados pelo "direito ao trabalho", como jamais representaram muitos trabalhadores fora dos setores da construção civil, manufatura, mineração, transporte, serviços públicos e comunicações. Além disso, a mudança na composição industrial da economia no pós-guerra ajudou a enfraquecer a base industrial do trabalho organizado, impulsionando o declínio da taxa de densidade sindical.

Finalmente, a ofensiva antissindical das gerências levou ao colapso da negociação coletiva. Por algum tempo, o crescimento da representação sindical no setor público ajudou a desacelerar o declínio da taxa de densidade sindical. No entanto, a partir dos anos 1990, os trabalhadores do setor público também passaram a ser atacados pela privatização, pela redução dos orçamentos públicos, pela repressão sindical e pela terceirização[28].

Por sua vez, a crise de lucratividade foi se consolidando como uma condição permanente de uma estrutura social sufocada por baixas taxas de retorno sobre o capital investido e pelo crescimento econômico lento. Após duas décadas de

---

[25] Ver Jefferson Cowie, *Stayin' Alive: The 1970s and the Last Days of the Working Class* (Nova York, New, 2010).

[26] Idem.

[27] Ver Robert Brenner, "The Political Economy of the Rank-and-File Rebellion", cit.

[28] Ver Lawrence Richards, *Union-Free America: Workers and Antiunion Culture* (Chicago, University of Illinois, 2010).

dinamismo industrial impulsionado pela economia de guerra e pela reconstrução europeia, o fortalecimento de uma semiperiferia fordista especializada na fabricação de produtos mais competitivos que os estadunidenses gerou uma queda no investimento industrial doméstico. A consolidação do fordismo internacional no pós-Segunda Guerra deslocou o eixo da crise de lucratividade originalmente centrado no valor da força de trabalho para a sobrecapacidade internacional da indústria[29].

Impossibilitadas de aumentar seus preços em relação aos custos, as empresas estadunidenses decidiram internacionalizar suas operações a fim de buscar novas oportunidades de investimento rentável. A necessidade desse "ajuste espacial" da produção fez com que os investimentos externos dessas empresas subissem 10% ao ano nas décadas de 1950 e 1960, consolidando a integração de países como o Brasil, México, África do Sul e Coreia do Sul ao fordismo internacional. Somado à concorrência com Alemanha e Japão, o aumento das exportações industriais desses países exacerbou a crise de lucratividade doméstica, gerando uma onda de desindustrialização acompanhada pelo deslocamento do investimento para o setor de serviços e pela financeirização da economia[30].

A classe operária foi duplamente atingida pela crise de lucratividade. Por um lado, os empregos industriais mais bem pagos foram rareando devido ao fechamento das fábricas. Por outro, o ataque das gerências aos sindicatos rebaixou o nível dos contratos de trabalho, reduzindo salários e benefícios trabalhistas. A partir dos anos 1960, a taxa de densidade sindical, isto é, a proporção sindicalizada da força de trabalho em relação à população economicamente ativa, começou a declinar. Entre 1953 e 1965, o percentual da força de trabalho sindicalmente organizada na indústria caiu de 42,4% para 37,2%[31].

A resposta-padrão dos sindicatos burocratizados à ofensiva patronal foi moderar as reivindicações salariais, aceitar os cortes de benefícios e apoiar as iniciativas gerenciais relativas à reestruturação das fábricas e à intensificação dos ritmos de trabalho. A rendição da burocracia sindical reduziu as opções daqueles operários ainda dispostos a defender os antigos padrões de vida e de trabalho à mobilização independente. Quando o ritmo da acumulação desacelerou após o fim da Guerra da Coreia, os empregadores começaram a hostilizar o modo de regulação fordista, debilitando a legitimidade de uma burocracia sindical moldada quase exclusivamente para a prática da negociação coletiva.

O poder sindical se enfraqueceu no momento em que o controle do processo de trabalho se tornou objeto de intensas disputas entre gerentes e operários. Para os gerentes, tratava-se de restaurar os lucros por meio da compressão dos

---

[29] Ver Robert Brenner, "The Political Economy of the Rank-and-File Rebellion", cit.

[30] Ver David Harvey, *O enigma do capital e as crises do capitalismo* (trad. João Alexandre Peschanski, São Paulo, Boitempo, 2011).

[31] Ver Lawrence Richards, *Union-Free America*, cit.

custos operacionais das fábricas. Para os operários, tratava-se de defender salários e condições de trabalho. A partir dos anos 1970, o divórcio entre a acumulação econômica e a legitimação política criou um interregno entre o fordismo e o neoliberalismo no qual capital e trabalho se enfrentaram sem que nenhum dos oponentes pudesse decretar a vitória.

A fim de cortar custos, as gerências deslocaram as fábricas para longe das regiões onde as taxas de sindicalização eram mais altas e o sistema de solidariedades práticas entre os operários mais robusto. Logicamente, as comunidades onde vivem e se reproduzem as famílias trabalhadoras foram diretamente atingidas pelas decisões empresariais. O rebaixamento das condições de subsistência dos trabalhadores foi acompanhado pela radicalização nas fábricas do conflito operário com as gerências[32].

Os sindicatos simplesmente não estavam preparados para enfrentar uma nova conjuntura redefinida pela total falta de disposição das empresas para negociar e pela reação politicamente independente das bases operárias à ofensiva gerencial. Progressivamente, o modo fordista de regulação do trabalho foi sendo abandonado *pelo alto* pelas gerências que reivindicavam seu "direito de administrar" a fim de enfrentar a crise de lucratividade das empresas e *por baixo* pelos trabalhadores que exigiam seu direito de rejeitar negociações que sacrificavam suas famílias e comunidades.

A insatisfação dos trabalhadores pode ser medida, por exemplo, pelo aumento da rejeição dos contratos negociados pelos sindicatos. Em 1964, 8,4% dos acordos haviam sido rejeitados pelas assembleias de trabalhadores. Em 1970, esse número subiu para 16,3% de contratos rejeitados[33].

Imersos em uma renhida luta com os quadros gerenciais pelo controle dos locais de trabalho, os trabalhadores passaram a ter uma visão mais crítica em relação aos gerentes, especialistas e supervisores qualificados: segundo eles, os administradores não faziam nada, certamente nada que justificasse os salários altos que recebiam e o prestígio que conservavam. As funções desses grupos, como supervisão, gerenciamento, planejamento e inovação, eram consideradas imprecisas, erráticas e, na maior parte das vezes, simplesmente irrelevantes. Ao fim e ao cabo, os gerentes serviam apenas para ameaçar os trabalhadores abaixo deles. Nas palavras de Mike LeFevre, então operário de uma fábrica siderúrgica de Pittsburgh:

> O meu chefe é uma criança. Ele tem curso universitário. Pensa que é melhor que todo mundo. Estava me enchendo o saco e eu respondia: "Hum, hum, hum". Ele disse: "O que você quer dizer com isso? Diga 'sim, senhor'". Eu lhe disse: "Quem você pensa que é? Hitler? O que quer dizer essa merda de sim, senhor? Estou aqui para trabalhar, não para rastejar, existe uma porra de uma diferença?". [...]. Ele não sabia, mas estava a uns dois segundos de ir parar num hospital. [...]. Quem você vai socar? Você não

---

[32] Ver Jefferson Cowie, *Stayin' Alive*, cit.
[33] Ver Kim Moody, "Understanding the Rank-and-File Rebellion in the Long 1970s", cit.

pode socar a General Motors, você não pode socar ninguém em Washington, você não consegue socar o sistema. [...]. Você sabe o que eu escuto de mais de um cara no trabalho? "Se meu filho quiser trabalhar em uma fábrica, eu vou arrancar essa ideia da cabeça dele na base da pancada".[34]

A escalada das tensões no chão de fábrica decorreu diretamente da necessidade de a gerência endurecer o controle sobre os trabalhadores a fim de fazer frente à crise de lucratividade. Resumidamente, isso produziu o desmanche do sistema de reclamações assegurado pela regulação fordista, aprofundando o conflito entre operários e gerentes. Assim, o comportamento dos trabalhadores passou a ser considerado pelos setores profissionais como cada dia mais rude; afinal, era praticamente impossível para um operário chamar a atenção de um gerente sem recorrer a uma atitude considerada insubordinada[35].

Atacados pelas gerências e abandonados pelos sindicatos, os operários aproximaram-se de um repertório de ações alternativo ao padrão de negociação fordista. De fato, ao compararmos a onda grevista dos anos 1970 com as greves ocorridas nas décadas anteriores, algumas diferenças se destacam. Em primeiro lugar, é possível perceber a importância das assembleias de trabalhadores. Em seguida, cabe sublinhar a presença de uma pulsão plebeia resistente ao controle das direções burocratizadas dos sindicatos construída ao redor de grupos políticos formados majoritariamente por trabalhadores negros. Além disso, o feminismo de classe trabalhadora manifestou-se como uma nova força criativa no interior do movimento sindical. Finalmente, os funcionários públicos organizaram-se em escala nacional pela primeira vez na história americana, liderados por ativistas baseados em escolas, hospitais, correios, prefeituras e agências estatais[36].

Em síntese, a onda grevista dos anos 1970 destacou-se por desafiar as fronteiras que separavam as direções sindicais de suas bases, os trabalhadores brancos dos negros, os homens das mulheres, ampliando-se para além das fábricas na direção do próprio Estado. Certamente, a razão por trás do novo comportamento do movimento grevista estadunidense durante a crise do fordismo foi o histórico processo de luta pelos direitos civis e contra a Guerra no Vietnã conduzido ao longo dos anos 1950 e 1960 por estudantes e negros. Para Kim Moody:

> A crescente massa de cidadãos americanos contrária à Guerra do Vietnã inspirou os trabalhadores de base que imitaram as lutas pelos direitos civis dos negros, mobilizações

---

[34] Mike LeFevre citado em Studs Terkel, *Working: People Talk about What They Do All Day and How They Feel about What They Do* (Nova York, Pantheon, 1989), p. 3.

[35] Ver os relatos colhidos por Robert Coles, *The Middle Americans: Proud and Uncertain* (Nova York, Little, Brown and Company, 1971).

[36] Ver Brandon Weber, *Class War, USA: Dispatches from Workers' Struggles in American History* (Chicago, Haymarket, 2018).

massivas e táticas de ação direta. Quando o movimento pelos direitos civis se moveu para o Norte, estimulando rebeliões urbanas e tendências políticas radicais como o Poder Negro [Black Power], isto influenciou de maneira poderosa a consciência dos trabalhadores na base, em especial, é claro, os trabalhadores negros nas fábricas e escritórios que frequentemente lideraram essas revoltas.[37]

Ao chegar ao Norte do país, o movimento pelos direitos civis conseguiu fazer com que o problema da pobreza fosse reconhecido como merecedor da atenção do governo. Em 1962, por exemplo, no auge da afluência proporcionada pelo crescimento econômico, o livro *The Other America*, do sociólogo e fundador do partido Socialistas Democráticos da América (Democratic Socialists of America – DSA), Michael Harrington, tornou-se um dos mais vendidos do país. Entre seus leitores, destacavam-se o então presidente John F. Kennedy e o então senador Edward Kennedy, para quem, como é possível ler na apresentação do livro: "Mike Harrington deixou mais americanos desconfortáveis por mais boas razões do que qualquer outra pessoa que conheço. Para a maioria, isso já seria suficiente. Mas para Mike era apenas o começo – porque, quanto mais ele via o que havia de errado com a América, mais ele lutava para consertar os problemas"[38].

Se o modo de vida urbano baseado na construção de subúrbios afluentes havia ocultado dos grupos formados por gerentes, especialistas e supervisores qualificados, além dos setores médios tradicionais, a pobreza estadunidense, a repercussão nacional do movimento pelos direitos civis trouxe de volta a imagem de uma realidade mais comum do que se imaginava. Vale sublinhar que a pobreza era então associada aos grupos sociais não brancos[39]. Isso supunha considerar que os trabalhadores brancos eram parte da "classe média", ainda que suas condições de vida ou de trabalho muitas vezes os aproximassem dos trabalhadores negros[40].

Com a opressão racial unindo-se à pobreza, logicamente, lutar contra a última significava lutar em favor da integração dos negros à afluência proporcionada pelo modelo de desenvolvimento fordista. Compreensivelmente, essa noção de integração dos negros ao fordismo como forma de superar a pobreza nos Estados Unidos ajudou a aproximar o movimento pelos direitos civis do sindicalismo. Assim, a luta pelos direitos civis não desafiou apenas a opressão racial nos ônibus

---

[37] Kim Moody, "Understanding the Rank-and-File Rebellion in the Long 1970s", cit., p. 106.
[38] Edward Kennedy reproduzido em Michael Harrington, *The other America: Poverty in the United States* (Nova York, Scribner, 1997). [Ed. bras.: *A outra América: pobreza nos Estados Unidos* (Rio de Janeiro, Civilização Brasileira, 1964).]
[39] Ver Loïc Wacquant, *The Invention of the "Underclass": A Study in the Politics of Knowledge* (Cambridge, Polity, 2022).
[40] Ver Michael Zweig, "Six Points on Class", *Monthly Review*, v. 58, n. 3, jul.-ago. 2006.

e restaurantes do Sul, mas igualmente a discriminação nas fábricas, nas comunidades e nos bairros do Norte do país[41].

No entanto, que dizer da integração do negro à afluência econômica quando o modelo de desenvolvimento entra em crise? Ademais, que dizer da afluência fordista quando, ao contrário da percepção da burocracia sindical, durante as três décadas que sucederam a Segunda Guerra Mundial, independentemente da cor de sua pele, uma em cada quatro famílias estadunidenses experimentou uma condição tão severa de pobreza que a qualificava para a proteção social[42]?

A racialização da pobreza americana revelou-se uma forma de elidir o tema da luta de classes em um país que, segundo a celebração liberal, havia superado essa questão ao universalizar a classe média[43]. Aqui, nunca é demais lembrar que, nos Estados Unidos, dois terços da população considerada pobre é formada por trabalhadores brancos[44]. Ou seja, enquanto os "outros" são os negros e os latinos, a questão social permaneceu contida nos marcos da "cultura da pobreza", legitimando o controle burocrático das diferentes dimensões da vida dos trabalhadores precários por gerentes e especialistas brancos[45].

Além disso, o fordismo aproximou os grupos mais qualificados de trabalhadores brancos do estilo de vida desses quadros profissionalizados, mantendo-os afastados da pobreza das pequenas comunidades rurais e da miséria dos guetos urbanos. Em larga medida, a estabilidade política do fordismo dependia da convergência de interesses de grupos formados majoritariamente por brancos: planejadores urbanos, assistentes sociais, funcionários públicos, sindicalistas, gerentes e operários qualificados. Todos supostamente pertencendo a uma mítica "classe média universal".

O mito do autoritarismo dos operários

Todavia, o controle da classe operária branca das ocupações mais qualificadas, além do progresso social de seus filhos por meio do acesso à universidade, dependia da continuidade do crescimento econômico. A crise de lucratividade dos anos 1960 somada à radicalização do movimento de libertação dos negros e ao fortalecimento da resistência à Guerra do Vietnã nos *campi* universitários abalaram as bases sociais

---

[41] Ver Frances Fox Piven e Richard Cloward, *Poor People's Movements: Why They Succeed, How They Fail* (Nova York, Vintage, 2012).

[42] Ver Greg J. Duncan e Lindsay P. Chase-Lansdale (orgs.), *For Better and for Worse: Welfare Reform and the Well-Being of Children and Families* (Nova York, Russell Sage Foundation, 2001).

[43] Ver Daniel Bell, *O advento da sociedade pós-industrial*, cit.

[44] Ver Michael Zweig, "Six Points on Class", cit.

[45] Ver Loïc Wacquant, *The Invention of the "Underclass"*, cit.

e políticas do fordismo. Durante os anos mais agudos da crise, a classe operária branca decaiu socialmente, afastando-se cada dia mais do estilo de vida dos setores profissionais e aproximando-se da condição social dos demais brancos pobres e dos trabalhadores negros[46].

A crise do fordismo deixou de herança inúmeras comunidades de trabalhadores brancos ameaçadas pelo declínio dos empregos industriais. Repentinamente, os setores liberais estadunidenses perceberam que, ao contrário de se diluírem em uma classe média universal, os operários brancos estavam lutando como os outros pobres:

> A classe operária, como foi descoberta, era também branca. Na realidade, a classe operária americana, definida ampla e grosseiramente como as pessoas que recebem salários semanais em vez de mensais, estava se tornando uma classe crescentemente formada por mulheres, negros e hispânicos. Entretanto, as expectativas ditadas pela classe média era que os trabalhadores fossem brancos, assim como as pessoas pobres que não eram dos Apalaches eram comumente vistas como negras. Todos os estereótipos da classe operária que nós consideramos são imagens de homens brancos – um grupo que se imagina, algumas vezes, estar isento do peso do preconceito.[47]

Em 1963, o então presidente Lyndon Johnson visitou os Montes Apalaches, retornando a Washington determinado a lançar um amplo programa de combate à pobreza. Historicamente, os Apalaches, cadeia de montanhas que delimita a faixa costeira oriental dos Estados Unidos, concentram os pobres brancos do país. A visita de Johnson ajudou a consolidar a associação das pequenas comunidades de trabalhadores da região ao "atraso" rural. Quando a onda grevista explodiu no final dos anos 1960, muitos perceberam na mobilização coletiva dos operários a ameaça aos valores progressistas supostamente incorporados ao fordismo. Curiosamente, a clivagem entre a classe operária e os setores médios liberais havia sido anunciada na primeira metade dos anos 1960 pela sociologia.

Foi Seymour Martin Lipset quem primeiro sugeriu que, mesmo integrada às "democracias ocidentais, a classe operária conservaria disposições autoritárias que, sob certas circunstâncias, a inclinaria na direção do apoio a movimentos políticos e religiosos extremistas"[48]. Para ele, a identificação dessas disposições autoritárias entre os grupos sociais subalternos erodiria a base da argumentação marxista segundo a qual o proletariado seria uma força impulsionadora da liberdade, da igualdade racial e do progresso social.

---

[46] Ver Barbara Ehrenreich, *O medo da queda: ascensão e crise da classe média* (trad. Lucy Petroucic, São Paulo, Scritta, 1994).

[47] Ibidem, p. 118.

[48] Seymour Martin Lipset, *El hombre político* (México, Red Editorial Iberoamericana, 1993), p. 80. [Ed. bras.: *O homem político* (trad. Álvaro Cabral, Rio de Janeiro, Zahar, 1967, coleção Biblioteca de Ciências Sociais).]

Ao contrário, em todos os países onde as "camadas baixas da classe trabalhadora ou da população rural" mostram-se politicamente ativos, os valores democráticos são ameaçados por movimentos totalitários, sejam eles comunistas, fascistas ou nazistas. Isso ocorreria porque os setores mais explorados e dominados da classe operária, isto é, os grupos menos educados e prestigiados, seriam mais dispostos a interpretar a política de forma dicotômica, alinhando-se mais facilmente a agendas extremistas:

> Muitos elementos contribuem para a disposição autoritária dos indivíduos da classe baixa. Alguns dos mais importantes são: uma instrução deficiente, pouca participação nas organizações políticas voluntárias de qualquer tipo, poucas leituras, ocupações isoladas, insegurança econômica e normas familiares autoritárias. [...]. Possuímos uma evidência conclusiva de que o baixo grau de instrução formal, estreitamente relacionado com o prestígio social e econômico, está altamente relacionado com as atitudes antidemocráticas.[49]

Impedidos de adquirir as visões refinadas e complexas da vida política, os trabalhadores abraçariam visões simplistas dos conflitos sociais, pois seriam mentalmente incapazes de se afastar das experiências imediatas: "A vida da classe operária em conjunto destaca o concreto e o imediato"[50]. Assim, a divisão de mundo produzida pela classe operária entre "nós" e "eles" demonstraria sua incapacidade de enfrentar as questões abstratas e gerais.

A ênfase no "imediatamente perceptível" impediria que os trabalhadores compreendessem as consequências de suas ações, levando-os a seguir irrefletidamente líderes extremistas que atacam um modelo de desenvolvimento que os protege e os beneficia. E mesmo quando aceitam as normas democráticas, caso do "movimento sindical ocidental", os trabalhadores simplesmente não são capazes de entender suas implicações.

O mito do autoritarismo da classe operária contribuiu para impulsionar a interpretação segundo a qual os trabalhadores brancos, em especial os protestantes, teriam enfraquecido o padrão fordista de agitação trabalhista ao se isolarem dos trabalhadores católicos e não brancos[51]. No entanto, ao observarmos o comportamento político dos trabalhadores brancos ao longo dos anos 1960 e 1970, é possível verificar características opostas tanto ao autoritarismo quanto ao isolacionismo.

Inspirados pela luta contra a Guerra do Vietnã e pela radicalização do movimento negro estadunidense, os grevistas da novíssima planta da General Motors em Lordstown, Ohio, por exemplo, em sua maioria jovens operários brancos, enfrentaram no início dos anos 1970 a repressão da gerência em conluio com a

---

[49] Ibidem, p. 94.
[50] Ibidem, p. 122.
[51] Ver Seymour Martin Lipset, *Revolution and Counterrevolution: Change and Persistence in Social Structures* (Nova York, Routledge, 2017).

burocracia sindical. Nas palavras de Gary Bryner, jovem representante sindical da base: "Lordstown é a Woodstock dos trabalhadores"[52].

Com efeito, o comportamento desses trabalhadores estava entrelaçado a questões políticas mais amplas, como a justiça racial e o pacifismo, que, por sua vez, alimentou uma cultura política incomparavelmente mais democrática e universalista quando comparada à cultura burocrática própria ao sindicalismo de negócios. Os trabalhadores não estavam *aquém* das lideranças sindicais em termos democráticos, mas *além* de sua visão conservadora e maniqueísta. As novas referências culturais reveladas pela ação coletiva dos trabalhadores grevistas revelavam mudanças políticas, geracionais, raciais e de gênero na composição da classe operária: "Os jovens não aceitam mais as condições que seus pais aceitaram. Hoje em dia está muito mais difícil segurar os jovens negros na linha de montagem do que há trinta anos atrás"[53].

A modernização das fábricas e a mecanização das linhas de montagem proporcionaram às empresas a oportunidade de contratar trabalhadores mais jovens e menos qualificados. Ao apostar em plantas automáticas num contexto de crise de lucratividade, as empresas buscaram restaurar a capacidade de regular os salários conforme as variações dos preços do mercado, impondo aos sindicatos mais concessões durante as rodadas de negociações[54].

Entre 1955 e 1972, a força de trabalho negra remunerada por hora, isto é, o contingente mais precário de trabalhadores, aumentou de 8% para 30% nas principais montadoras[55]. O aumento da presença do precariado negro nas fábricas demonstrou a disposição patronal em comprimir o valor da força de trabalho. Dispensável dizer que, onde quer que estivessem empregados, esses trabalhadores enfrentavam a opressão racial. Eles não eram admitidos em ocupações qualificadas e, frequentemente, eram empregados nas atividades mais perigosas, realizando as tarefas monótonas e estressantes que geravam altas taxas de absenteísmo e de rotatividade[56].

O mesmo ocorria com as mulheres. Entre as décadas de 1950 e 1970, a participação feminina na força de trabalho saltou de 29% para 38%. De 1960 a 1974, 1,3 milhão de mulheres filiaram-se a sindicatos, representando um aumento de 37% no crescimento dos associados[57]. Ao entrarem no mercado de trabalho, as trabalhadoras levaram consigo novas aspirações quanto a direitos econômicos e trabalhistas:

---

[52] Ver Jefferson Cowie, *Stayin' Alive*, cit., p. 178.
[53] Sindicalista citado em William Serrin, *The Company and the Union: The "Civilized Relationship" of the General Motors Corporation and the United Automobile Workers* (Nova York, Alfred A. Knopf, 1973), p. 67.
[54] Ver Robert Brenner, "The Political Economy of the Rank-and-File Rebellion", cit.
[55] Ver Cal Winslow, "Overview: The Rebellion from Below, 1965-81", em Aaron Brenner, Robert Brenner e Cal Winslow, *Rebel Rank and File*, cit.
[56] Idem.
[57] Ver Lane Windham, *Knocking on Labor's Door*, cit.

O movimento feminista estava em pleno desenvolvimento no início dos anos 1970 e teve um impacto imediato e poderoso na vida econômica das mulheres. Os empregadores não podiam mais colocar anúncios de empregos separados para homens e mulheres; a Suprema Corte proibiu tais anúncios em 1973. Por muito tempo tendo empréstimos e créditos negados em seus próprios nomes, as mulheres ganharam um direito igual a cartões de crédito e hipotecas com a Lei de Igualdade de Oportunidades de Crédito em 1974. O crescente sentimento de esperança alimentou os esforços das mulheres para construir novos sindicatos e outras organizações baseadas no local de trabalho.[58]

O impulso organizativo no setor privado logo se repetiu no setor público, onde as mulheres entraram aos milhões durante os anos 1950 e 1960, transformando-se na espinha dorsal dos novos movimentos de professores. Nos anos 1970, com o crescimento da sindicalização no setor público, elas se tornaram a maioria dos novos sindicalizados[59].

A sindicalização de mulheres no setor público foi acompanhada de perto pela sindicalização de telefonistas, enfermeiras e cuidadoras. No caso das enfermeiras e cuidadoras, é possível perceber uma aproximação entre o sindicalismo e o movimento feminista na reivindicação por mais poder contra o autoritarismo médico[60]. Além disso, podemos identificar uma notável aproximação entre os movimentos negro e feminista no interior do sindicalismo de professores[61]. Ainda assim, apesar dos avanços organizativos dos negros e das mulheres, durante o fordismo, os sindicatos permaneceram controlados exclusivamente por homens brancos[62].

Trabalhadores negros: construindo as próprias organizações

A resistência das mulheres e dos negros às diferentes formas de opressão social não tardou a emergir nos locais de trabalho, refletindo a frustração desses setores com a incapacidade da burocracia sindical de responder aos ataques das gerências. Em 1972, a Coalizão de Sindicalistas Negros (Coalition of Black Trade Unionists – CBTU) foi criada em Detroit. As mulheres trabalhadoras também formaram suas próprias organizações. A mais conhecida foi a Aliança das Mulheres por Igualdade Salarial (Women's Alliance to Gain Equality – Wage), lançada em 1971. A Coalizão

---

[58] Ibidem, p. 35.
[59] Idem.
[60] Ver Karen Lucas Breda, "Professional Nurses in Unions: Working Together Pays Off", *Journal of Professional Nursing*, v. 13, n. 2, mar.-abr. 1997, p. 99-109.
[61] Ver Michael Charney, Jesse Hagopian e Bob Peterson, *Teacher Unions and Social Justice* (Milwaukee, Rethinking Schools, 2021).
[62] Ver Fernando E. Gapasin, "Local Union Transformation: Analyzing Issues of Race, Gender, Class, and Democracy", *Social Justice*, v. 25, n. 3, out. 1998, p. 13-30.

de Mulheres Sindicalistas (Coalition of Labor Union Women – Cluw) surgiu alguns anos depois no intuito de fortalecer a experiência associativa feminina em torno de uma agenda capaz de desafiar a inércia da burocracia sindical[63].

A rebelião das bases dos anos 1970 nutriu-se da experiência coletiva desses grupos que, por sua vez, levaram para os locais de trabalho as lutas por justiça racial e por igualdade de gênero[64]. Na ausência de um partido dos trabalhadores dos Estados Unidos, o foco da agitação operária concentrou-se no poder de compra dos salários, nas condições de segurança das fábricas e na opressão de mulheres e negros. A mobilização coletiva enfrentou tanto a opressão racial quanto o sexismo das gerências, reivindicando igualdade de acesso aos melhores postos de trabalho e às promoções[65].

Tendo em vista o fato de que nos anos 1970 um modelo de desenvolvimento alternativo não estava no horizonte, é possível interpretar esse período como um interregno entre o fordismo e o neoliberalismo no qual a luta de classes se intensificou nos locais de trabalho. Forçados a defender seus interesses contra a alienação do poder sindical, os trabalhadores, sobretudo jovens, mulheres e negros, recorreram à ação direta. Nos anos 1970, a rebelião das bases manifestou-se, em especial, por meio de um notável movimento de greves ilegais cuja eclosão se deu primeiramente entre trabalhadores metalúrgicos, dos portos, eletricitários, siderúrgicos e de usinas atômicas[66].

No final dos anos 1960, o número de greves ilegais havia saltado de cerca de 600 em 1965, para mais de 1.400, em 1969. Em 1970, por exemplo, 60 milhões de jornadas de trabalho foram perdidas durante 5.716 paralisações e mais de 17% dos trabalhadores sindicalizados participaram de alguma atividade grevista[67].

Em 1971 foram registradas 34 greves envolvendo mais de 10 mil pessoas: trabalhadores da construção civil em Kansas City, duas greves envolvendo 13 mil professores na cidade de Filadélfia, uma greve selvagem de mais de 25 mil trabalhadores nas minas de carvão da Pensilvânia, uma greve de 64 dias envolvendo 23 mil trabalhadores do setor extrativista de borracha, uma paralisação de 13 mil trabalhadores portuários em Nova Jersey, uma paralisação de 35 mil trabalhadores aeroviários e uma greve de 42 mil motoristas de táxi em Nova York. Em 1971, durante o auge do movimento grevista, 200 mil carteiros, 110 mil caminhoneiros, 50 mil eletricitários, 35 mil metalúrgicos da GM e 34 mil ferroviários cruzaram os braços[68].

A onda grevista dos anos 1960 e 1970 sobressaiu-se ao rejeitar tanto o burocratismo sindical quanto o despotismo gerencial. Alguns grupos de trabalhadores

---

[63] Ver Lane Windham, *Knocking on Labor's Door*, cit.
[64] Idem.
[65] Idem.
[66] Ver Jefferson Cowie, *Stayin' Alive*, cit.
[67] Ver Kim Moody, "Understanding the Rank-and-File Rebellion in the Long 1970s", cit.
[68] Idem.

menos qualificados, como os mineiros e os operários da construção civil, por exemplo, mostraram-se especialmente ativos nas greves ilegais durante todo o ciclo, sendo seguidos por metalúrgicos, caminhoneiros, carteiros e telefonistas. Forçados pela inflação que deteriorava o padrão de vida de suas famílias, além da intensificação que ameaçava suas condições de trabalho nas fábricas, os operários não encontraram outra solução a não ser decretar greves contra a orientação dos sindicatos: "Pro inferno com esta orientação [do sindicato]. Não fale para alguém na fábrica sobre um aumento salarial de 3,2% quando os lucros aumentaram 40%, a produtividade aumentou 6% e a inflação aumentou 10%. Por que os trabalhadores deveriam aceitar menos do que a indústria é facilmente capaz de pagar?"[69].

Vale lembrar que o aumento do custo de vida resultava especialmente da crise do petróleo, que, além de pressionar o preço dos combustíveis, também desestimulava os investimentos industriais. Em janeiro de 1974, os mineiros da Virgínia Ocidental decidiram, então, entrar em greve exigindo que o governador controlasse os preços dos combustíveis, citando o aumento dos custos das longas viagens para o trabalho[70].

Paralelamente, o Conselho de Caminhoneiros Independentes (CIT, na sigla em inglês) iniciou um movimento a fim de desafiar o governo Nixon e sua política energética. Os caminhoneiros bloquearam rodovias em Ohio e na Pensilvânia a fim de cortar as linhas de abastecimento da indústria. Poucas horas após o início dos bloqueios, a gerência da planta da GM em Lordstown interrompeu a produção, temendo o desabastecimento de peças. A greve dos caminhoneiros enfrentou uma violenta reação do governo, que usou a Guarda Nacional para reprimir o movimento[71].

Em março de 1974, enfermeiras, faxineiras e cuidadoras representadas pelo Seiu rejeitaram um acordo proposto pelos representantes patronais em São Francisco, iniciando uma greve que duraria várias semanas. O então governador da Califórnia, Ronald Reagan, ameaçou chamar a Guarda Nacional para reprimir os piquetes grevistas. No entanto, mesmo diante das ameaças, as grevistas não cederam. Em agosto de 1974, o movimento havia se espalhado para inúmeras outras categorias, como mecânicos de aeronaves, condutores de ônibus, caminhoneiros, garis, telefonistas, metalúrgicos, mineiros e funcionários públicos[72].

Em 1975, o crescimento do pós-Segunda Guerra havia se esgotado e o país entrou numa nova etapa histórica marcada por crescimento lento e crises econômicas periódicas. Os anos 1970 terminaram em uma profunda recessão e, apesar de a onda grevista ter se mantido estável até o final da década, os

---

[69] Operário citado em Kim Moody, "Understanding the Rank-and-File Rebellion in the Long 1970s", cit., p. 130-1.

[70] Ver Jefferson Cowie, *Stayin' Alive*, cit.

[71] Idem.

[72] Idem.

contextos político e econômico haviam mudado de maneira notável. Aos poucos, a continuidade da crise econômica minou a confiança dos trabalhadores, enfraquecendo seu apetite grevista.

As últimas batalhas daquele ciclo grevista começaram a ser travadas em 1978. Os mineiros, protagonistas do alvorecer da onda nos anos 1960, também marcaram presença em seu crepúsculo, sustentando contra a vontade do sindicato uma greve nacional que durou 110 dias e envolveu 160 mil trabalhadores. Ao longo da greve, os trabalhadores rejeitaram duas vezes o contrato negociado pelo sindicato, recebendo em troca de sua determinação uma violenta repressão policial, reforçada por tropas da Guarda Nacional[73].

O balanço do movimento foi trágico: três trabalhadores foram assassinados enquanto participavam de piquetes, centenas foram presos e milhares processados. Apesar de a greve ter inspirado manifestações de solidariedade em outros setores de trabalhadores, os mineiros estadunidenses lutaram sozinhos e, mesmo sem condições de sustentar a greve por mais tempo, ainda assim rejeitaram o acordo proposto pelo sindicato como forma de protesto[74].

Ao participarem da maior explosão grevista não oficial da história dos Estados Unidos, muitos trabalhadores chegaram à conclusão de que, se pretendiam superar o insulamento burocrático característico do padrão fordista de agitação trabalhista, eles necessitavam construir suas próprias organizações. De fato, em praticamente todas as maiores greves registradas durante os anos 1960 e 1970, ativistas de base liderados por militantes oriundos de diferentes agrupamentos socialistas procuraram criar algum tipo de instrumento organizativo capaz de enfrentar tanto o despotismo gerencial quanto o burocratismo sindical.

Pelo fato de ter sido a única oposição sindical a conquistar um sindicato nacional naquele período de mobilização dos trabalhadores, o Mineiros pela Democracia (Miners for Democracy – MFD) tornou-se o agrupamento mais conhecido. Tendo surgido após uma greve em fevereiro de 1969 que mobilizou 45 mil trabalhadores na Virgínia Ocidental, o MFD conquistou a aprovação de uma lei previdenciária estadual para proteger os operários que contraíssem silicose pulmonar. O sucesso do movimento estimulou outras organizações independentes de mineiros a reivindicar medidas semelhantes em outros estados produtores de carvão[75].

Se o MFD foi a organização mais conhecida, o Caminhoneiros por um Sindicato Democrático (Teamsters for a Democratic Union – TDU) foi o mais duradouro do ciclo grevista dos anos 1960 e 1970. Ao longo de dez anos, o TDU lutou pela democratização da Irmandade Internacional dos Caminhoneiros (International Brotherhood of Teamsters – IBT), sindicato mais conhecido como Teamsters,

---

[73] Ver Kim Moody e Jim Woodward, *Battle Line: The Coal Strike of '78* (Detroit, Sun, 1978).
[74] Idem.
[75] Ver Jefferson Cowie, *Stayin' Alive*, cit.

apoiando a criação em 1973 de diferentes agrupamentos, como o Caminhoneiros por um Contrato Decente (Teamsters for Decent Contract – TDC) e o UPSurge, movimento organizado por trabalhadores da empresa de entregas United Parcel Service (UPS). Nesses agrupamentos, os trabalhadores negros transformaram-se em verdadeiros pilares da luta pela democratização do sindicato internacional[76].

No caso dos metalúrgicos, a luta contra o despotismo gerencial e o burocratismo sindical convergiu na criação de organizações sindicais revolucionárias, como o Movimento Sindical Revolucionário da Dodge (Dodge Revolutionary Union Movement – Drum), fundado em maio de 1968, e que inspirou a auto-organização de trabalhadores negros em diferentes plantas automotivas de Detroit. A natureza marxista e revolucionária dessa organização, abertamente inspirada no Partido dos Panteras Negras (Black Panther Party – BPP), destacou-se entre os agrupamentos surgidos durante o ciclo grevista e, apesar de sua curta duração, cerca de sete anos, o Drum demonstrou a tenacidade dos operários negros em desafiar concomitantemente a opressão racial e a exploração econômica nas fábricas[77].

O cruzamento entre classe e raça marcou presença em praticamente todos os agrupamentos organizados para lutar contra o despotismo gerencial e o burocratismo sindical no início dos anos 1970. De fato, além de defender as condições de trabalho contra os ataques gerenciais, as oposições sindicais pretendiam democratizar os sindicatos por meio da mobilização da vasta periferia formada pelos trabalhadores precários. Nesse contexto, os operários negros mostraram-se os mais sensíveis à mensagem das oposições, pois percebiam a si mesmos como parte de um movimento internacional de emancipação negra que entrelaçava a descolonização africana à resistência à Guerra do Vietnã[78].

Infelizmente, apesar dos esforços do movimento revolucionário negro em propor ações conjuntas com os demais trabalhadores, o conflito racial entre negros e brancos dentro das fábricas nunca foi superado, impedindo a formação de um novo tipo de organização sindical autenticamente democrática. Nesse sentido, o apoio dos trabalhadores brancos mais velhos à Guerra do Vietnã contribuiu consideravelmente para o fracasso da formação de uma nova coalizão entre negros e brancos nas fábricas.

Na realidade, apesar de algumas importantes vitórias em sindicatos locais, a reprodução da fronteira que separava trabalhadores brancos e negros nos permite contextualizar melhor o fracasso, exceção feita ao MFD, das oposições sindicais em democratizar os sindicatos nos anos 1960 e 1970. Segundo Foner: "A revolta dos trabalhadores negros inspirou muitos, inclusive os trabalhadores brancos. No entanto, isso não conduziu a uma unidade política entre os negros e os brancos, como

---

[76] Ver Dan La Botz, *Rank and File Rebellion: Teamsters for a Democratic Union* (Nova York, Verso, 1991).

[77] Ver Max Elbaum, *Revolution in the Air: Sixties Radicals Turn to Lenin, Mao and Che* (Nova York, Verso, 2002).

[78] Idem.

muitos esperavam. Certamente, não na indústria automobilística. [...]. Essa aliança que não aconteceu, junto com o impacto do colapso econômico de 1974 sobre a produção de carros, resultou no fim da rebelião na indústria automobilística"[79].

Na segunda metade dos anos 1970, os resultados das eleições sindicais revelaram que esses agrupamentos não conseguiram superar o conluio entre o despotismo gerencial e o burocratismo sindical[80]. Os limites das negociações empresa a empresa características do fordismo frustraram a nacionalização do movimento grevista e a rebelião operária não conseguiu criar uma organização política capaz de unificar as diferentes pautas em disputa. E a fragmentação política favoreceu a reprodução do poder burocrático sindical, que permaneceu aceitando as condições impostas pelas gerências nas negociações coletivas.

Em meados dos anos 1970, quando a recessão se agravou, a fragmentação política do movimento operário ajudou a isolar os trabalhadores negros, sepultando sob os escombros da crise econômica e do desemprego o único setor da classe operária estadunidense com alguma vocação politicamente internacionalista. Se a taxa de desemprego nos Estados Unidos saltou de 4,9% em 1973 para 8,5% em 1975, entre os trabalhadores negros no mesmo período ela foi de 8,9% para 13,9%, decretando o início da reversão dos modestos incrementos ocupacionais que os trabalhadores negros haviam conquistado durante o fordismo[81].

A partir de 1977, o movimento sindical iniciou um longo período marcado pelo declínio das taxas de sindicalização, renovando a suposição elaborada por Mike Davis para captar a particularidade histórica da classe trabalhadora nos Estados Unidos: "*A ênfase no caráter 'temporário' dos obstáculos à consciência política de classe tendia a obscurecer justamente esse impacto cumulativo da série de derrotas históricas sofridas pela classe trabalhadora americana*. Como argumentarei, cada derrota geracional do movimento trabalhista americano o desarmou em algum aspecto vital antes dos desafios e batalhas do período seguinte"[82].

Curiosamente, se a eleição em 1932 de um político democrata oriundo de uma família aristocrática de Nova York marcou o início do fordismo, um período da história dos Estados Unidos mais permeável ao poder sindical, a vitória em 1980 de um ex-líder sindical do Partido Republicano significou o começo do desmanche neoliberal dos sindicatos americanos. Na realidade, o principal revés trazido pela agonia da rebelião operária dos anos 1960 e 1970 foi a formação de uma maioria politicamente conservadora agrupada ao redor da candidatura de Ronald Reagan à presidência do país.

---

[79] Philip S. Foner, *Organized Labor and the Black Worker, 1619-1973* (Chicago, Haymarket, 2018), p. 112.
[80] Ver Jefferson Cowie, *Stayin' Alive*, cit.
[81] Ver Kim Moody, "Understanding the Rank-and-File Rebellion in the Long 1970s", cit.
[82] Mike Davis, *Prisoners of the American Dream*, cit., p. 7, grifos do autor.

2
O atraso da vanguarda

Ao observamos a literatura a respeito da trajetória e do destino histórico da classe trabalhadora estadunidense nas últimas décadas, podemos verificar a importância atribuída pelos analistas à redução da participação, sobretudo, dos setores metalúrgico e siderúrgico no estoque geral de empregos. Conforme diferentes análises, a desindustrialização da estrutura social de países como os Estados Unidos, resultado da convergência entre competição com os produtos importados, terceirização da manufatura e celebração de tratados de livre-comércio, explicaria em larga medida a queda da taxa de sindicalização[1].

De fato, se em 1970 a manufatura industrial representava aproximadamente 25% do total de empregos americanos, em 2017 esse número havia diminuído para 8%[2]. Sem querer minimizar o impacto da globalização neoliberal sobre a quantidade de postos de trabalho, a tendência de declínio dos sindicatos dificilmente se explica pela diminuição do trabalho industrial. Aliás, apesar do deslocamento das fábricas para o exterior, a produção industrial doméstica aumentou a uma taxa constante desde a década de 1990, ainda que empregando um número menor de operários[3].

A presença de um perfil mais qualificado de emprego nas fábricas decorrente da reestruturação produtiva ocorrida nos anos 1980 e 1990, além do deslocamento

---

[1] Ver Steven High, "Deindustrialization and its Consequences", em Michele Fazio, Christie Launius e Tim Strangleman, *Routledge International Handbook of Working-Class Studies* (Londres, Routledge, 2020).

[2] Ver Kerwin Kofi Charles, Erik Hurst e Mariel Schwartz, "The Transformation of Manufacturing and the Decline in U. S. Employment", *National Bureau of Economic Research*, v. 33, n. 1, Working Paper n. 24.468, mar. 2018, p. 307-72.

[3] Ver Susan Houseman, "Outsourcing, Offshoring and Productivity Measurement in United States Manufacturing", *International Labour Review*, v. 146, n. 1-2, mar.-jun. 2007, p. 61-80.

da manufatura para o Sul dos Estados Unidos, região notoriamente antissindical, atingiram os sindicatos de forma equivalente ao recuo da oferta de empregos na indústria[4]. Ademais, devemos notar que a involução da sindicalização não se manifestou apenas nas fábricas.

No setor público, por exemplo, a densidade sindical mantém-se estagnada desde o início dos anos 1970, enquanto no setor privado de serviços ela acompanhou a derrocada da indústria, apesar do incessante aumento da oferta de empregos[5]. Em suma, para além da desindustrialização, a principal razão por trás da crise histórica do sindicalismo estadunidense parece ser o processo de *dessindicalização do emprego*. Ou seja, estamos diante de um fenômeno que combina aspectos econômicos e políticos, criando um contexto social marcadamente refratário ao trabalho organizado.

Particularmente, a legislação trabalhista estadunidense tem se revelado um obstáculo para a organização sindical, pois carece de sanções capazes de intimidar empregadores que desrespeitam de forma deliberada direitos dos trabalhadores. Logicamente, a falta de punições previstas em lei estimula o uso de táticas ilegais pelas gerências. Sem mencionar que a legislação trabalhista americana faz pouco esforço para proteger os trabalhadores imigrantes, temporários, intermitentes e terceirizados[6].

Além do mais, a regulação do trabalho americana permite que empresas substituam trabalhadores grevistas. No pós-Segunda Guerra Mundial, esse recurso raramente foi utilizado pelas gerências. No entanto, essa situação mudou drasticamente no início dos anos 1980, logo após o governo recém-eleito de Ronald Reagan ter declarado guerra ao sindicato dos controladores de voo durante a mais importante greve da história do país.

Como vimos no capítulo anterior, os anos 1960 e 1970 foram marcados por uma notável atividade grevista. Em meados dos anos 1980, contudo, as greves haviam praticamente desaparecido da cena política americana, substituídas por um movimento sindical focado em fazer concessões às gerências. Além da resiliência da cultura burocrática dos sindicatos, é necessário considerar a presença de outros fatores a fim de compreendermos a substituição do sistema de solidariedades práticas que prevaleceu durante o fordismo pelas disposições individualistas e competitivas características do "sujeito empresarial"[7].

---

[4] Ver Raymond L. Hogler, *The End of American Labor Unions: The Right-to-Work Movement and the Erosion of Collective Bargaining* (Santa Barbara, ABC-Clio, 2015).

[5] Ver Barry Eidlin, *Labor and the Class Idea in the United States and Canada* (Nova York, Cambridge University, 2018).

[6] Ver Charles J. Morris, *The Blue Eagle at Work: Reclaiming Democratic Rights in the American Workplace* (Ithaca, Cornell University, 2005).

[7] Ver Christian Laval e Pierre Dardot, *A nova razão do mundo: ensaio sobre a sociedade neoliberal* (trad. Mariana Echalar, São Paulo, Boitempo, 2016, coleção Estado de Sítio).

Explorando a agitação trabalhista

A história recente da cidade natal tanto da AFL quanto do CIO, Pittsburgh, revela, como poucos exemplos, o processo de dessindicalização do emprego nos Estados Unidos. Entre 1974 e 1993, a região de Pittsburgh perdeu 160 mil empregos industriais com bons salários, ou seja, pouco mais de 18% do emprego total da região. Em sua maioria, os trabalhadores demitidos eram sindicalizados e muitos culparam a intransigência dos sindicatos pelo declínio da indústria siderúrgica na região[8]. No entanto, os aumentos salariais no setor siderúrgico foram uma política elaborada pelas gerências que erroneamente imaginavam que, se a produção de aço não fosse prejudicada por greves, as importações seriam evitadas[9].

Quando a recuperação econômica trazida por investimentos no setor de serviços empresariais que contratam, por um lado, advogados e analistas financeiros, e, por outro, faxineiros, seguranças e teleoperadores, chegou a Pittsburgh, encontrou o sistema de solidariedades práticas do fordismo completamente esgarçado. Apartados dos sindicatos industriais, os trabalhadores chocaram-se com empregos, em sua maioria sub-remunerados, pouco qualificados e intermitentes:

> Meu marido e meu pai trabalharam para a Westinghouse. Sempre nos mantivemos bem. Daí meu marido foi demitido da Westinghouse anos atrás, quando minha filha ainda era pequena. Aqueles foram anos terríveis. Fiquei trabalhando em dois empregos e um deles era costurar por peça em uma fábrica. Eu odiava aquele trabalho. Finalmente, meu marido conseguiu um emprego na prisão. Ele ainda não ganha bem, mas pelo menos temos benefícios. Então, decidi largar um dos empregos [o trabalho de costura].[10]

A deterioração das condições gerais de reprodução dos trabalhadores americanos favoreceu a restauração, ainda que em um patamar historicamente rebaixado, da taxa média de lucros no país, ajudando a difundir no âmago da classe trabalhadora o ceticismo em relação às formas de organização coletiva medido pela densidade sindical declinante. Trata-se de uma desvalorização simbólica decorrente da derrota de largo alcance que deslocou os trabalhadores, em especial os trabalhadores brancos e sindicalizados, para uma posição de retaguarda na cena política estadunidense.

A partir dos anos 1990, muitos analistas perceberam nessa classe politicamente prostrada um resíduo passadista prestes a desaparecer em meio à afluência econômica trazida pela globalização neoliberal[11]. Os poucos grupos recalcitrantes seriam finalmente apartados dos valores progressistas, supostamente representados pelo

---

[8] Ver Steven Henry Lopez, *Reorganizing the Rust Belt: An Inside Study of the American Labor Movement* (Oakland, University of California, 2004).

[9] Idem.

[10] Ibidem, p. 53.

[11] Ver Alan Abramovitz e Ruy Teixeira, "The Decline of the White Working Class and the Rise of a Mass Upper-Middle Class", *Political Science Quarterly*, v. 124, n. 3, out. 2009, p. 391-422.

Partido Democrata, para se aproximar de uma visão social de mundo cada dia mais conservadora, se não abertamente reacionária.

Onde os liberais foram incapazes de imaginar um futuro, os conservadores identificaram a oportunidade para a construção de uma aliança. Para tanto, passaram a celebrar os valores tradicionais encarnados na classe trabalhadora, tentando atraí-la para longe do cosmopolitismo dos setores médios. Dessa maneira, a classe trabalhadora foi ressignificada no imaginário político estadunidense por meio do encontro entre o desprezo liberal e a nostalgia conservadora. Aos olhos dos trabalhadores, logicamente, a nostalgia conservadora era mais atraente do que o desprezo liberal.

Enquanto o desprezo liberal, incapaz de compreender as resistências da classe operária a um modelo de desenvolvimento supostamente moderno e progressista recolheu-se para o âmbito privado, a nostalgia conservadora tornou-se cada dia mais visível com a ascensão de uma nova direita ansiosa por explorar o divórcio litigioso entre operários e gerências. Nas palavras de um dos principais representantes dessa direita neoconservadora: "As noções liberais de justiça e igualdade econômica são apenas uma camuflagem para as ambições de uma elite social tacanha e egoísta"[12].

Alçada à condição de ideóloga do Partido Republicano, essa direita neoconservadora buscou redefinir as fronteiras entre as classes a partir de uma nova polarização política: de um lado, estariam os "aproveitadores" (*takers*), identificados à elite liberal em aliança com os pobres; de outro, os "produtores" (*makers*), ou seja, os empresários em aliança com os trabalhadores brancos[13].

Aos olhos dessa nova direita, todos os apoiadores do compromisso fordista, fossem eles professores universitários, assistentes sociais, planejadores urbanos ou estudantes radicais, estariam mancomunados com os pobres, isto é, os não brancos, a fim de explorar os produtores. O conluio serviria para assegurar que o gasto público na forma do pagamento de salários e de benefícios sociais fosse parar nos bolsos de quem não trabalha.

Ainda no final dos anos 1970, pretendendo atrair o apoio dos protestantes fundamentalistas, esses neoconservadores incorporaram a oposição aos direitos dos LGBTQIA+, à educação sexual e ao ensino da evolução, advogando o retorno do ensino religioso às escolas públicas. Tratava-se de uma agenda cultural alinhada às disposições sociais de moradores de pequenas comunidades rurais que ajudava a desviar a atenção da agenda econômica neoliberal contrária aos interesses das classes subalternas. Dessa forma, os neoconservadores esperavam popularizar suas ideias, atraindo grupos desorganizados da classe operária para perto do Partido Republicano.

---

[12] Irving Kristol, *The Neoconservative Persuasion: Selected Essays, 1942-2009* (Nova York, Basic, 2011), p. 136.

[13] Idem.

Para os neoconservadores, a assistência social seria excessivamente dispendiosa, servindo apenas para manter as famílias negras dependentes de uma burocracia controlada pelos liberais. Logicamente, esse pacto entre pobres e burocratas prejudicaria operários, fazendeiros e empresários que seriam obrigados a sustentar uma população sem interesse em trabalhar: "Os homens de negócios, os trabalhadores e os fazendeiros têm um interesse econômico comum ao limitar o crescimento voraz da classe não produtora"[14].

Os neoconservadores empenharam-se na construção de um bloco político alternativo ao cambaleante compromisso fordista explorando a reação dos operários ao desprezo dos gerentes, especialistas e supervisores qualificados. Da perspectiva dos valores tradicionais supostamente defendidos pelos neoconservadores, ou seja, o trabalho duro, a abnegação e a lealdade familiar, nada seria mais ofensivo do que o complô envolvendo a ambição dos burocratas e a preguiça dos pobres. Nessa narrativa, a ética do trabalho seria atributo de uma espécie de elite de colarinho azul explorada não por empresas e bancos, mas por aqueles que não querem trabalhar[15].

Por sua vez, a defesa neoconservadora dos valores tradicionais reforçou a ideia de que o empresário não confronta os interesses dos operários na medida em que compartilharia com eles seus valores. Não podendo atribuir ao capitalismo a responsabilidade pela deterioração das condições de vida das famílias trabalhadoras, os neoconservadores culpavam o setor público pela reprodução da pobreza. Para Rusher, por exemplo: "Os pobres legitimam a sede de poder da burocracia, assim como o proletariado legitima a sede de poder dos leninistas"[16].

Na visão neoconservadora, os pobres não seriam agentes de seu próprio destino, mas vítimas de uma cultura que os desencorajaria a trabalhar duro, sustentar suas famílias e honrar seus compromissos. Logo, a pobreza seria uma criação da previdência social e, naturalmente, para resolver a questão social bastaria eliminar a proteção aos pobres[17].

Impelidos a cortar gastos devido à crise fiscal do Estado, muitos governos estaduais e locais, sobretudo aqueles dominados pelo Partido Republicano, sentiram-se atraídos por essas ideias. E, no final dos anos 1970, o país estava prestes a substituir a guerra contra a pobreza de Lyndon Johnson pela guerra contra os pobres de Ronald Reagan. A lógica por trás dessa surpreendente mudança era bem simples: se o gasto público com a assistência social cria a pobreza, bastaria cortar

---

[14] William A. Rusher, "The New Right: Past and Prospects", em Robert W. Whitaker (org.), *The New Right Papers* (Nova York, St. Martin's, 1982), p. 22.

[15] Ver Paul M. Weyrich, "Blue Collar or Blue Blood? The New Right Compared with the Old Right", em Robert W. Whitaker (org.), *The New Right Papers*, cit.

[16] William A. Rusher, "The New Right: Past and Prospects", cit., p. 18.

[17] Ver Clyde N. Wilson, "Citizens or Subjects?", em Robert W. Whitaker (org.), *The New Right Papers*, cit.

esse gasto que a pobreza desapareceria. Indiferente à lógica neoconservadora, a pobreza agravou-se durante a era Reagan[18].

Nos anos 1980, o ataque aos pobres decorrente dos cortes previdenciários somou-se ao ataque das gerências aos trabalhadores e dos governos aos sindicatos. E o desmanche do compromisso fordista impulsionado pelo governo do Partido Republicano castigou tanto os operários brancos sindicalizados quanto os trabalhadores negros desorganizados. Na realidade, o austericídio fiscal enfraqueceu o poder operário ao tornar mais arriscado para o trabalhador ser demitido em uma greve. E quando milhões perderam o emprego na recessão de 1982-1983, os operários não podiam mais contar com uma rede de proteção social capaz de abrandar suas angústias. No fim das contas, a agenda neoconservadora ajudou a transformar antigos operários em novos pobres[19].

De fato, mudanças nos processos de entrada, permanência e saída da pobreza surgidas nos anos 1980 impuseram revisões àquela noção de pobre identificado ao negro incapaz de manter um emprego ou à mãe solteira supostamente dependente da previdência, a fim de acomodar os trabalhadores brancos subempregados[20]. Durante o governo de Reagan, a tendência ao aumento da participação dos rendimentos do trabalho na renda nacional verificada desde o New Deal foi abruptamente revertida. E a maioria dos grupos ocupacionais, incluindo pequenos fazendeiros e operários brancos, começaram a cair rumo à base da pirâmide de renda[21].

Ao fim e ao cabo, a reinvenção neoconservadora da estrutura social estadunidense a partir da luta entre empresários e operários contra pobres e liberais redundou na expulsão dos trabalhadores do sonho americano da classe média "universal". No meio dessa luta, Reagan não iria conceder nada aos sindicatos. Nem mesmo se o sindicato tivesse sido um dos poucos a apoiar sua candidatura presidencial, caso da Organização Profissional dos Controladores de Tráfego Aéreo (Patco).

---

[18] Ver Robert D. Plotnick, "Changes in Poverty, Income Inequality, and the Standard of Living in the United States during the Reagan Years", *International Journal of Health Services*, v. 23, n. 2, 1993, p. 347-58.

[19] Ver Mike Davis, *Prisoners of the American Dream: Politics and Economy in the History of the US Working Class* (Nova York, Verso, 1986).

[20] Ver Stephanie Riegg Cellini, Signe-Mary McKernan e Caroline Ratcliffe, "The Dynamics of Poverty in the United States: A Review of Data, Methods, and Findings", *Journal of Policy Analysis and Management*, v. 27, n. 3, 2008, p. 577-605; e Mary C. Daly e Robert G. Valletta, "Inequality and Poverty in United States: The Effects of Rising Dispersion of Men's Earnings and Changing Family Behaviour", *Economica*, v. 73, n. 289, fev. 2006, p. 75-98.

[21] Ver Robert D. Plotnick, "Changes in Poverty, Income Inequality, and the Standard of Living in the United States during the Reagan Years", cit.

Patco: o sindicato mais combativo da América

Se durante o fordismo o governo estadunidense tolerou a atuação dos sindicatos, assegurando negociações coletivas em setores estratégicos da economia, a vitória de Ronald Reagan nas eleições presidenciais de 1980 levou finalmente à restauração plena do "direito de administrar" sem a interferência dos sindicatos reivindicado pelas gerências desde os anos 1960[22]. Para tanto, Reagan precisou enfrentar o maior desafio contraposto a um governo por um sindicato em toda a história do país: a greve dos controladores de tráfego aéreo de 1981.

Por um lado, a greve do Patco não foi capaz de romper o isolamento da categoria, fracassando, igualmente, em superar as fronteiras entre brancos, negros e mulheres, apesar de esforços sinceros empreendidos nessa direção. Por outro, a greve apoiou-se na ação direta, na participação democrática das bases, na valorização das assembleias sindicais e na participação ativa das comunidades onde viviam as famílias trabalhadoras. Neste sentido, a destruição do sindicato por Reagan decretou o fim do grande ciclo grevista dos anos 1960 e 1970.

A greve desenvolveu-se em um contexto marcado tanto pela disposição antissindical do novo governo quanto pela resiliência da burocracia da AFL-CIO, que então contava com 20 milhões de filiados. Ademais, o movimento grevista nutriu-se da inquietação dos controladores com perdas salariais, despotismo gerencial, deterioração das condições de trabalho e leis que tornavam ilegal a greve do funcionalismo público. Tudo isso colaborou para que a mobilização dos controladores se transformasse no principal foco de tensão do primeiro mandato de Reagan.

Para que possamos compreender a importância desse movimento no imaginário político estadunidense, basta lembrar que em fevereiro de 2011, quase trinta anos após a destruição do Patco, o então governador republicano de Wisconsin, Scott Walker, invocou o confronto de Reagan com os controladores em seu discurso de apoio a uma lei que privava os funcionários públicos estaduais de seus direitos de negociação coletiva. A aprovação dessa lei antissindical motivou a ocupação do Capitólio em Madison, desencadeando, posteriormente, o movimento Occupy Wall Street (OWS)[23].

De fato, a reação de Reagan à greve dos controladores redefiniu o sentido da política antissindical no mundo todo. Afinal, em uma decisão inédita, logo após o início do movimento, mais de 12 mil controladores que orientavam aeronaves de e para mais de quatrocentos aeroportos do maior sistema aéreo do mundo foram demitidos sumariamente pelo governo federal. Ao deixarem seus postos de

---

[22] Ver Mike Davis, *Prisoners of the American Dream*, cit.
[23] Ver Erik Olin Wright e João Alexandre Peschanski, "Os protestos de Wisconsin", *Lutas Sociais*, n. 25-26: Lutas operárias e populares. Especial: Comuna de Paris, jul.-dez. 2010 e jan.-jun. 2011, p. 122-31.

trabalho, os controladores prometeram não retornar até que o governo aumentasse seus salários corroídos pela inflação e diminuísse sua jornada a fim de restabelecer padrões superiores de segurança[24].

A despeito da posição intransigente do governo Reagan, havia uma esperança nas bases e nas lideranças de que caso os trabalhadores se mantivessem unidos, o governo teria que reverter as demissões. Afinal, tratava-se de uma das forças de trabalho mais qualificadas e imprescindíveis do país. No caso de um prolongamento do movimento grevista, as lideranças sindicais estavam convencidas de que o sindicato conseguiria interromper o tráfego aéreo no país todo, gerando um efeito cascata mundial.

O impacto de uma greve assim deveria ser suficiente para forçar o governo a negociar com o sindicato. Ou, de acordo com Robert E. Poli, então presidente do Patco: "Reagan não pode demitir três quartos da força de trabalho dos controladores de tráfego aéreo e achar que será capaz de operar o sistema de transporte aéreo. Os americanos jamais aceitarão pagar muitos bilhões apenas para quebrar uma greve. É muito mais barato atender nossas reivindicações. Treinar 10 mil novos recrutas e reduzir os horários de voos nos próximos anos é um preço alto demais para o governo"[25].

Ainda assim, para o governo neoconservador, o que estava em jogo não eram concessões salariais ou melhores condições de trabalho, mas o fim do compromisso fordista que por três décadas havia apoiado o sonho americano da classe média "universal". Filhos e filhas de trabalhadores manuais que tinham ascendido a um emprego de classe média, os controladores de tráfego aéreo simbolizavam como poucos a realização desse sonho. Após passarem anos servindo em aeroportos militares, amiúde os controladores buscavam empregos na Administração Federal de Aviação (Federal Aviation Administration – FAA) atraídos pela estabilidade da carreira e pelos bons salários praticados no setor[26].

De fato, para um trabalhador sem diploma universitário, o controle aéreo oferecia a oportunidade da mobilidade social ascendente por meio de uma carreira segura e bem remunerada. Assim, muitos controladores perceberam a greve como um meio de proteger sua profissão da ameaça de desvalorização salarial em um momento de crise econômica. Além disso, os trabalhadores mostravam-se cada dia mais inquietos com decisões da FAA relativas ao prolongamento da jornada de trabalho e o consequente rebaixamento do padrão de segurança do controle aéreo: "Eu nem acho que os controladores deveriam ter o direito de fazer greve. [...]. Estamos atacando o governo federal agora porque há dez

---

[24] Ver Joseph A. McCartin, *Collision Curse: Ronald Reagan, the Air Traffic Controllers, and the Strike that Changed America* (Nova York, Oxford University, 2011).

[25] Robert E. Poli citado em Joseph A. McCartin, *Collision Curse*, cit., p. 13.

[26] Ver Joseph A. McCartin, *Collision Curse*, cit.

anos esgotamos todos os meios à nossa disposição com o governo. Neste ponto, fomos forçados a esta greve"[27].

Tendo em vista a formação militar dos controladores de tráfego aéreo, muitos deles com experiência em zonas de guerra, era compreensível que a decretação de uma greve fosse o último recurso da associação. Afinal, a disciplina militar proibia qualquer forma de insubordinação e, pela lei, nenhum funcionário público à época estava autorizado a participar de uma greve. A própria criação do Patco em 1968 foi uma atitude surpreendente, mesmo considerando a lei aprovada durante o governo de John Kennedy que autorizava a formação de associações de funcionários públicos a fim de negociar benefícios.

Aqui, é importante observar que a geração de controladores contratada pela FAA nos anos 1970 era formada por jovens brancos oriundos de famílias de classe trabalhadora que traziam uma sólida cultura sindical plasmada pelo sistema de solidariedades práticas, característico do fordismo. Além disso, vários controladores haviam servido na Guerra do Vietnã, retornando aos Estados Unidos convencidos de que o governo era seu adversário político. Ainda assim, os salários do setor eram atraentes e permitiam que os controladores ganhassem o suficiente para manter suas esposas distantes do trabalho no setor de serviços sub-remunerados[28].

Vale observar que, nos anos 1970, os controladores ainda conseguiam conservar certa autonomia no local de trabalho, apesar dos esforços de enquadramento dos supervisores[29]. Essa tensão reforçava a inserção desses trabalhadores no que Erik Olin Wright chamou de "localizações contraditórias de classe"[30]. As gravatas e os colarinhos brancos os aproximavam dos gerentes, enquanto sua subordinação à FAA e suas condições de trabalho estressantes os mantinham nas proximidades da classe trabalhadora.

Na realidade, o conflito entre controladores e supervisores da FAA em torno de questões ligadas às condições de trabalho esteve na origem da formação da associação. Quando a popularização das viagens aéreas começou nos anos 1960, os aeroportos ainda usavam equipamentos desatualizados, com consequências desastrosas. Entre 1962 e 1966, por exemplo, a FAA experimentou uma média de doze acidentes fatais por ano[31].

Logicamente, os controladores foram os primeiros a perceber os riscos inerentes à falta de investimentos em novos equipamentos. Nas palavras de um controlador: "Estamos tentando fornecer serviço a jatos de seiscentos nós com equipamentos

---

[27] Sindicalista citado em ibidem.
[28] Ver Joseph A. McCartin, *Collision Curse*, cit.
[29] Ver Michael A. Round, *Grounded: Reagan and the Patco Crash* (Nova York, Garland, 1999).
[30] Ver Erik Olin Wright, *Classes* (Nova York, Verso, 1998).
[31] Ver Michael A. Round, *Grounded*, cit.

de radar projetados há vinte anos para navios de combate de dez nós"³². E quando a iniciativa de criação de um sindicato de controladores começou a circular em 1968, a necessidade de uma organização parecia já ter amadurecido na consciência de muitos trabalhadores.

Entre um sindicato e um conselho profissional, os controladores de tráfego aéreo decidiram chamar sua instituição de Organização Profissional de Controladores de Tráfego Aéreo (Patco), sinalizando sua localização contraditória de classe. De muitas maneiras, a nova organização mostrou-se sincronizada com os tempos. Afinal, após a bem-sucedida onda de sindicalização do funcionalismo estadual, muitos apostaram na sindicalização do funcionalismo federal. E embora não tenha conseguido se estabelecer na região Sul dos Estados Unidos, a imediata criação de ramos locais da organização em cidades como Los Angeles, Mineápolis, Pittsburgh e São Francisco superou as expectativas de seus fundadores³³.

Logo após a criação do Patco começaram a surgir as primeiras ações de segurança aérea ao estilo operação-padrão. E a ênfase na questão da segurança fez com que muitos pilotos apoiassem o movimento dos controladores: "Sempre que falam de segurança, eles estão certos. [...]. Afinal, este é um aeroporto sobrecarregado de aviões. [...]. O que você pode fazer, ser contra a segurança?"³⁴.

Partindo do relativo sucesso das primeiras mobilizações, a nova organização convidou o sindicato dos pilotos, a FAA e as empresas aéreas para uma negociação sobre a modernização do sistema nacional de controle aéreo, legitimando suas pretensões de assumir a representação dos controladores perante a FAA. Em decorrência dessa negociação, a FAA voltou a contratar novos controladores, após anos de inatividade. Além disso, os controladores conquistaram a reclassificação na carreira que elevou os salários em algumas funções. Por fim, o Congresso suspendeu as restrições relativas ao pagamento de horas extras, beneficiando o conjunto da categoria.

Após o sucesso da negociação, o Patco passou a representar 85% dos controladores de tráfego aéreo do país³⁵. O ótimo desempenho da organização acompanhou o aumento da densidade sindical no setor público estadunidense no mesmo período³⁶. No entanto, é necessário destacar duas diferenças marcantes: os controladores enfrentavam uma autoridade aérea muito mais despótica e

---

[32] Controlador de tráfego aéreo citado em Joseph A. McCartin, *Collision Curse*, cit., p. 50.
[33] Ver ibidem.
[34] Piloto citado em ibidem, p. 83.
[35] Ver ibidem.
[36] Ver Richard B. Freeman, "Contraction and Expansion: The Divergence of Private Sector and Public Sector Unionism in the United States", *Journal of Economic Perspectives*, v. 2, n. 2, 1988, p. 63-88.

intransigente, além de condições de trabalho reconhecidamente mais estressantes que os demais setores do funcionalismo[37].

O sucesso inicial do Patco alimentou o apetite de mobilização da base. No entanto, em 1970, a nova operação-padrão fracassou, motivando uma dura repressão ao sindicato. Para as lideranças dos controladores, o autoritarismo do governo demonstrou a necessidade de transformar a organização em um verdadeiro sindicato.

Muito embora tenha redundado em uma derrota em termos reivindicativos, a operação-padrão de 1970 provou que em pouco tempo o Patco tinha se estabelecido como uma organização largamente alinhada ao ciclo da rebelião operária que se espalhava pelo país:

> Trabalhei com esses grevistas em Chicago e não os percebia muito diferentes de mim ou de qualquer outra pessoa que eu conhecesse. Se eles podiam lutar contra o governo, por que eu não poderia fazer o mesmo? [...]. A verdade é que, depois da paralisação, não se podia mais negar que nós tínhamos criado um sindicato. Não éramos nenhuma organização profissional tola, nenhuma sociedade benevolente ou algo assim. O Patco era um sindicato combativo como outro qualquer.[38]

De fato, a operação-padrão revelou lideranças comprometidas em fazer do Patco um sindicato combativo. Os controladores se sentiram inspirados por quem arriscou o próprio emprego na defesa da profissão. Após o fim do inquérito administrativo e da retomada do diálogo com a FAA, a readmissão dos demitidos causou grande impressão, em especial nos controladores mais jovens. Nesse momento, a transformação da associação em um sindicato era inevitável[39].

Após a certificação do Patco pelo Conselho Nacional de Relações Trabalhistas, o novo sindicato recebeu a filiação de 85% dos trabalhadores, transformando os controladores de tráfego aéreo na força de trabalho mais sindicalizada do país. Ao longo dos anos 1970, o Patco transformou a cultura militar do local de trabalho de uma agência federal hostil à negociação coletiva em uma cultura sindical militante, criando um grupo de líderes locais e nacionais de reconhecido talento[40].

Nos anos 1970, o Patco prosperou em um período de crise fiscal do Estado. Em resposta, os governos passaram a cortar gastos e a reduzir impostos. Logicamente, essa política austericida enfraqueceu os sindicatos de funcionários públicos, que, impedidos legalmente de organizar greves, podiam fazer pouco para assegurar empregos, salários e condições de trabalho aos seus filiados. Tendo em vista seu poder estrutural, sua coesão política e sua escala nacional, os controladores diferiam dos demais funcionários públicos. Mesmo ilegais, suas operações-padrão mostraram-se eficientes.

---

[37] Ver Michael A. Round, *Grounded*, cit.
[38] Controlador de voo citado em Joseph A. McCartin, *Collision Curse*, cit., p. 141.
[39] Ver ibidem.
[40] Ver Michael A. Round, *Grounded*, cit.

Em 1975, a exemplo do que ocorrera no início da década, quando a estagflação atingiu seus salários, os controladores voltaram a se inquietar: "Meus controladores estão com a síndrome do 'cachorro louco'"[41]. Pressionadas pelas bases, as lideranças sindicais foram obrigadas a apresentar um plano de recomposição dos salários. Diante da recusa da FAA em reclassificar para cima os controladores, o sindicato partiu para mais uma operação-padrão. Os atrasos de voos em todo o país forçaram o governo a conceder um aumento considerado aceitável pela direção do Patco. No entanto, o governo descumpriu o acordo, fortalecendo as lideranças de base mais críticas ao encaminhamento das negociações com o governo[42].

Mesmo após o novo governo de Jimmy Carter, que havia sido eleito com o apoio do sindicato, ter retomado o acordo descumprido por Gerald Ford, muitos ativistas do Patco não ficaram satisfeitos com a diferença de salários entre aeroportos menores e maiores, pois isso se chocava com o princípio da isonomia salarial defendido pelas bases. Em suma, o sindicato simplesmente não foi capaz de proteger igualmente seus filiados contra a inflação.

Renovando a rebeldia: jovens, mulheres e negros

A desigualdade salarial não era o único foco de tensão entre os controladores de tráfego aéreo. A exemplo do que acontecia em outros setores, sua composição social mudou entre 1968 e 1978 devido à contratação preferencial de jovens, mulheres e negros pela FAA. A essa mudança devemos somar um ambiente politicamente radical criado pela combinação entre os movimentos contra a Guerra do Vietnã, feminista e pelos direitos civis[43].

Em apenas dez anos, a homogeneidade predominante entre os controladores cedeu lugar a uma maior pluralidade social. Em 1981, segundo Joseph A. McCartin, cerca de 15% dos controladores de tráfego aéreo eram negros e mulheres[44]. Logicamente, isso trouxe a lume as contestações do sexismo e da opressão racial. E, a exemplo do movimento sindical no período, também o Patco falhou em lidar com os desafios trazidos pela mudança da composição social de sua base.

Após a crise gerada pela reclassificação das carreiras em 1976, a incapacidade do sindicato de construir um sistema de solidariedades práticas entre homens brancos, jovens, mulheres e negros aprofundou a crise de representação no interior do

---

[41] Domenic Torchia, representante do Patco da área da baía de São Francisco, citado em Joseph A. McCartin, *Collision Curse*, cit., p. 163.

[42] Ver ibidem.

[43] Ver Max Elbaum, *Revolution in the Air: Sixties Radicals Turn to Lenin, Mao and Che* (Nova York, Verso, 2002).

[44] Ver Joseph A. McCartin, *Collision Curse*, cit.

sindicato. Aos poucos, uma liderança branca, masculina e de meia-idade estranhou-se com uma base cada dia mais negra, feminina e jovem, fracassando em reconhecer o racismo e o sexismo que impediam o progresso funcional de mulheres e negros:

> Embora a maioria dos controladores afro-americanos tenha se juntado ao Patco em meados da década de 1970, a maioria nunca considerou o sindicato realmente comprometido com a justiça racial. [...]. Em vez de diminuir as tensões que existiam entre os controladores negros e brancos, o Patco as exacerbou. A decisão dos organizadores de Leesburg de realizar reuniões em um clube de campo apenas para brancos alienou naturalmente os controladores negros. Embora fossem convidados para as reuniões, os negros sabiam que não seriam bem-vindos para ficar depois para beber com os brancos no bar do clube. "Isso não vai funcionar, não queremos frequentar um espaço segregado", disse Rick Jones, um controlador negro.[45]

Ainda que o sindicato tenha falhado em enfrentar as opressões racial e de gênero, a mobilização coletiva dos controladores criou suas próprias lideranças negras e mulheres. Na convenção do Patco realizada em 1978, por exemplo, dez delegados sindicais eram negros[46]. No ano anterior, seis controladores negros haviam se reunido na cidade de San Diego para criar a Coalizão Nacional Negra de Empregados da Aviação Federal (National Black Coalition of Federal Aviation Employees – NBCFAE). Em 1980, mesmo sem contar com qualquer apoio da direção do sindicato, a primeira convenção nacional da NBCFAE reuniu cerca de 250 delegados na cidade de Oklahoma. E o processo de auto-organização dos controladores negros cresceria de forma acelerada até a greve de 1981[47].

Mesmo assim, desafiar as opressões racial e de gênero no sindicato não era tarefa fácil quando consideramos a cultura hierárquica e sexista dominante na categoria. A opressão das mulheres era ainda mais implacável. Afinal, se o recrutamento de controladores negros não era inusual devido à relação com as forças armadas, as controladoras tiveram que desafiar o senso comum mais enraizado da profissão segundo o qual o trabalho do controlador seria essencialmente uma atividade viril: "É um trabalho movido pelo ego. Isso não é trabalho para 'maricas'. É assim: 'O meu é maior que o seu e posso aguentar mais, posso mover mais latas do que você'. Isso vem dos meus tempos na marinha"[48].

Tendo em vista a formação dos controladores, não é surpreendente que a cultura sindical se impregnasse dos mesmos preconceitos verificados nas forças armadas. E a despeito de não existir razão para que as mulheres não controlassem o tráfego aéreo, as torres de comando eram espaços dominados por um sistema de solidariedades práticas

---

[45] Ibidem, p. 180.
[46] Idem.
[47] Ver Nina Mjagkij, *Organizing Black America: An Encyclopedia of African American Associations* (Nova York, Routledge, 2001).
[48] Controlador de tráfego aéreo citado em Joseph A. McCartin, *Collision Curse*, cit., p. 185.

inerentemente machista e sexista: "Ele [um sindicalista] me disse que mulheres não pertenciam ao controle de tráfego aéreo porque tomam empregos de homens que têm que sustentar suas famílias e que eu estava ali por ser uma minoria"[49].

Numa palavra, quando as mulheres começaram a ser recrutadas mais frequentemente pela FAA, seus problemas foram abertamente negligenciados por um sindicato que jamais assegurou a participação de uma única mulher em uma posição de liderança em nível nacional. Diante da resistência do sindicato em reconhecer a opressão de gênero, a organização das controladoras ocorreu por meio da formação de coalizões pela base.

A mais conhecida e ainda hoje ativa dessas organizações, Controladoras Profissionais (Professional Women Controllers – PWC), surgiu em 1978 e, logo em seguida, começou a publicar um jornal chamado *Boletim Feminino de Controle de Tráfego Aéreo* (*Women Air Traffic Controller's Hot Sheet – Watch*)[50]. Em 1980, a PWC foi oficialmente reconhecida pela FAA, conquistando o direito de negociar diretamente com a autoridade nacional as reivindicações específicas das controladoras de tráfego aéreo. Os dirigentes do Patco concluíram que a nova coalizão seria uma entidade criada pela FAA para enfraquecer o poder sindical e, a partir de então, passaram a hostilizar as reuniões da PWC[51].

Ao fracasso do sindicato em desafiar as opressões racial e de gênero devemos acrescentar a incapacidade de suas lideranças de encontrar uma solução para o potencialmente explosivo conflito geracional. Traumatizados pela experiência da Guerra do Vietnã, os controladores jovens eram acentuadamente menos tolerantes com os representantes do governo do que seus dirigentes[52]. Além disso, sua lealdade à profissão era considerada pelos sindicalistas frouxa e sua radicalidade inaceitável.

O conflito geracional envolveu ainda a desconfiança dos mais velhos em relação aos cabelos longos e às roupas desalinhadas dos mais jovens, servindo para reforçar a sensação de que a nova geração não respeitava nem a hierarquia militar nem a experiência dos sindicalistas. Quando os sindicatos locais controlados pelos mais jovens começaram a publicar o jornal independente *Poder da Torre* (*Tower Power*) para estimular a mobilização da base, os mais velhos sentiram que sua autoridade estava sendo atacada: "Eles – os jovens – odeiam o governo federal. Eles nos odeiam, pois odeiam qualquer tipo de autoridade. Eles querem mesmo é queimar as instalações"[53].

No final dos anos 1970, essas instalações passaram por uma modernização tecnológica que multiplicou a capacidade de monitoramento de aeronaves, levando

---

[49] Deborah Katz, controladora de voo de Nova York, citada em ibidem, p. 188.
[50] Ver Jennifer Lemmon, "History of PWC", *PWC*; disponível em: <https://www.pwcinc.org/>; acesso em: 12 mar. 2022.
[51] Ver Joseph A. McCartin, *Collision Curse*, cit.
[52] Idem.
[53] Sindicalista citado em ibidem, p. 193.

a um aumento do estresse nas torres de controle. Finalmente, a inflação alta diminuiu o poder de compra dos salários, atingindo mais duramente os controladores no início da carreira. Isolados, esses problemas poderiam ter sido resolvidos pela gerência ou pela burocracia sindical. Combinados, eles criaram a sensação de que a própria profissão de controlador de tráfego aéreo estava em risco.

Contraditoriamente, a combinação entre mudanças na composição da força de trabalho, modernização tecnológica e crise econômica aumentou a confiança dos controladores na força de sua mobilização coletiva. Afinal, se a maior parte das outras categorias do funcionalismo público não era capaz de se defender contra o ataque combinado do mercado e do Estado, a posição estratégica que o controle de tráfego aéreo ocupava na estrutura econômica nacional autorizava os controladores a considerar uma resposta mais radical para seus problemas: "Nós já abusamos das operações-padrão. Se é para fazer algo, vamos chamar de greve e pronto. Fechamos todo o país. É a única maneira de ganhar uma boa quantia de dinheiro e de benefícios. Não o que você pode negociar de acordo com a lei atual, mas dinheiro e benefícios de verdade, como uma semana de trabalho mais curta"[54].

O fracasso da negociação do contrato coletivo de 1978 fortaleceu a posição dos controladores mais jovens e radicais em favor da decretação de uma greve ilegal. Focado em controlar a inflação e cortar impostos para estimular a economia, o governo de Jimmy Carter, cuja campanha havia sido apoiada pelo Patco, deixou claro que, ao contrário do que havia prometido, não iria conceder aumentos salariais ou ampliar benefícios trabalhistas. A postura do governo incendiou as bases, forçando as lideranças a preparar um plano de greve.

Rapidamente, consolidou-se entre os controladores a avaliação de que apenas a ameaça de eclosão de uma greve seria capaz de pressionar o governo a realizar concessões. Os dirigentes sindicais avaliaram que, caso conquistassem a adesão de 80% da categoria, o Patco seria capaz de paralisar todo o sistema de transporte aéreo dos Estados Unidos, com notáveis impactos no mundo todo. Diante disso, o governo não poderia permanecer indiferente.

Ademais, em 1979, o número de paralisações com mais de mil trabalhadores no setor privado havia aumentado 7% em relação ao ano anterior, abarcando mais de 1 milhão de grevistas[55]. No setor público, uma onda de 545 greves ilegais liderada por professores afetou escolas em todas as regiões do país[56].

---

[54] Controlador de tráfego aéreo citado em ibidem, p. 221.

[55] Ver Bureau of Labor Statistics, "Annual Work Stoppages Involving 1,000 or More Workers, 1947: Present", *Subjects*, 22 fev. 2023; disponível em: <https://www.bls.gov/web/wkstp/annual-listing.htm>; acesso em: 2 maio 2022.

[56] Ver Dana Goldstein, *The Teacher Wars: A History of America's Most Embattled Profession* (Nova York, Anchor, 2015).

O exemplo dos grevistas encorajou os controladores e a radicalização política das bases precipitou mudanças na direção do sindicato. John Leyden foi substituído por Robert Poli na presidência do Patco prometendo criar um programa, conhecido como Choirboys, focado na preparação da greve. Em 1981, os jovens *choirboys* assumiram de fato o controle do sindicato[57].

Concomitantemente à preparação para a greve, crescia a compreensão entre os sindicalistas mais experientes de que o ambiente político estava se tornando mais hostil às reivindicações do funcionalismo público. Alguns sindicalistas envolvidos nos preparativos da greve chegaram a alertar a direção do Patco: "Devemos reconhecer que os tempos estão mudando. As teorias econômicas e políticas conservadoras estão ficando cada dia mais conhecidas. 'Afaste o funcionário federal' tornou-se um grito de guerra popular entre políticos e trabalhadores do setor privado"[58].

A aposta melancólica

Nessas circunstâncias, a decisão do Patco de apoiar a candidatura de Ronald Reagan para a presidência parece incompreensível. No entanto, Carter não era uma opção após quebrar sua promessa de ampliar os direitos trabalhistas dos controladores. Por outro lado, quando governador da Califórnia, Reagan mostrou-se um negociador elogiado pelos sindicatos ao não recorrer a sanções contra as greves do funcionalismo público. Além disso, ele fora presidente do sindicato dos atores de Hollywood, fato explorado pelos estrategistas de sua campanha para atrair os sindicatos descontentes com Carter. A estratégia deu certo: apesar da oposição ativa da federação AFL-CIO, Reagan (45%) praticamente empatou com Carter (47%) entre os trabalhadores sindicalizados[59].

Na opinião de Robert W. Searby, estrategista de Reagan para assuntos trabalhistas, a votação entre os trabalhadores sindicalizados revelou que: "O Partido Republicano está prestes a quebrar o monopólio da aliança entre os sindicatos e os democratas, delimitando um lugar compatível com uma era de domínio do conservadorismo republicano para o trabalho organizado na comunidade nacional"[60].

---

[57] Ver Richard W. Hurd, "Reflections on Patco's Legacy: Labor's Strategic Challenges Persist", *Employee Responsibilities and Rights Journal*, v. 18, n. 1, 2006, p. 207-14.

[58] Memorando da Comissão de Mobilização da Greve de 1981 citado em Joseph A. McCartin, *Collision Curse*, cit., p. 238.

[59] Ver Joseph A. McCartin, *Collision Curse*, cit.

[60] Robert W. Searby citado em Herbert R. Northrup, "The Rise and Demise of Patco", *Industrial and Labor Relations Review*, n. 37, jan. 1984, p. 176.

No interregno entre o fordismo e o neoliberalismo, o apoio a Reagan configurou uma aposta melancólica na negociação. Nesse sentido, a vitória do candidato republicano reforçou a ideia de que, em 1981, uma efetiva negociação aconteceria com o governo. Nesse contexto, a equipe de negociação do sindicato endossou uma pauta abrangente que incluía demandas como um aumento imediato de 10 mil dólares nos salários de todos os trabalhadores[61].

As expectativas da equipe de negociação se revelaram totalmente irrealistas. Ainda em recessão, os assessores republicanos acreditavam que os trabalhadores estadunidenses culpavam mais o Estado do que as empresas pela situação da economia americana. Logo, a popularidade do novo governo dependia de uma agenda focada no corte de gastos públicos e na recuperação do investimento privado. Finalmente, os conselheiros de Reagan sabiam que a oposição da AFL-CIO era limitada por sua posição radicalmente anticomunista, o que assegurava o apoio ativo da federação ao menos à política externa do novo governo[62].

Em fevereiro de 1981, quando começaram as tratativas com o governo, o Patco imaginava que as negociações seriam breves. No entanto, devido à resistência dos representantes do governo em fechar um acordo, elas se alongaram até o meio do ano. Os negociadores federais rechaçaram todos os esforços para discutir aumentos salariais, duração da semana de trabalho e outros benefícios trabalhistas: "Nós [sindicalistas] ficamos muito irritados e cogitamos uma greve. Mas pensamos que talvez fosse isso que o governo quisesse. Quando já estávamos no limite, após três meses muito frustrantes, eles vieram com uma proposta"[63].

Supostamente, a oferta de reajuste salarial seria facilmente aprovada pelo sindicato. Afinal, a capitulação do governo sinalizava que a estratégia sindical baseada na ameaça da greve fora acertada. Além disso, apesar da resistência inicial, ao longo do processo de negociação o sindicato obteve algumas pequenas concessões que, se ficavam aquém das expectativas mais otimistas, revelavam a prevalência de uma postura pragmática entre os negociadores federais.

Aos olhos da equipe de negociação do sindicato, aprovar a proposta do governo representava uma conquista histórica para os controladores de tráfego aéreo, pois, pela primeira vez, o governo estadunidense reconhecia o direito do sindicato de negociar um reajuste salarial. Pode parecer anômalo, mas, segundo a lei trabalhista vigente à época, os sindicatos do setor público podiam negociar apenas benefícios e condições de trabalho, mas não salários. Ou seja, apesar da resistência inicial do governo, os sindicalistas ficaram muito satisfeitos com o resultado final do processo de negociação[64].

---

[61] Ver Joseph A. McCartin, *Collision Curse*, cit.
[62] Ver Kim Moody, "Reagan, the Business Agenda and the Collapse of Labour", em Ralph Miliband, Leo Panitch e John Saville (orgs.), *The Socialist Register, 1986*.
[63] Sindicalista citado em Joseph A. McCartin, *Collision Curse*, cit., p. 263.
[64] Ver idem.

Porém, quando o contrato provisório começou a ser debatido pelos controladores, os ativistas do programa Choirboys que haviam preparado a greve em todo o país começaram a discutir a distância existente entre a expectativa das bases e a oferta do governo. Quando o conselho do sindicato, dominado por jovens representantes de base, rejeitou o contrato, os velhos sindicalistas perceberam que haviam perdido o controle do Patco e que a greve era inevitável.

Entre os membros do sindicato mais inclinados à greve, estavam os controladores da nova geração que trabalhavam nos aeroportos mais movimentados do país. Para eles: "É claro que é assustador enfrentar o governo e sei que estou infringindo a lei, mas não me sinto um criminoso. […]. Para mim, a FAA poderia ter aceitado todas as nossas reivindicações e, ainda assim, acho que entraríamos em greve de qualquer jeito. […]. Era algo que precisávamos provar para nós mesmos"[65].

Após a decretação da greve, o sindicato apostou suas fichas numa adesão acima de 90% dos filiados a fim de forçar uma retomada rápida da negociação. A longa e meticulosa preparação do movimento, a flagrante disposição militante das bases, em especial nos principais aeroportos, além da compreensão de que o pragmatismo havia prevalecido entre os representantes do governo, alimentavam a esperança de que ainda era possível alcançar uma negociação exitosa. Contudo, a esperança logo seria substituída por uma profunda sensação de angústia.

A reação de Reagan à decretação da greve do Patco não apenas surpreendeu os sindicalistas, como mudou a história dos conflitos trabalhistas. Em uma breve coletiva de imprensa, o presidente estadunidense comunicou que todos os controladores grevistas haviam sido demitidos e que quem não se apresentasse ao trabalho em 48 horas não seria recontratado pela FAA: "A lei é a lei. E a lei diz que eles não podem fazer greve […]. Tendo feito greve, eles deixaram seus empregos"[66].

O objetivo de Reagan era sinalizar para a opinião pública que o governo não estava diante de um conflito trabalhista trivial, mas de um levante ilegal contra o próprio Estado. Percebendo o estrago que a greve do Patco poderia causar ao movimento sindical, dirigentes da AFL-CIO passaram a pressionar o governo a rever sua posição e voltar à mesa de negociações. Nesse momento, representantes dos sindicatos dos pilotos e da Associação Internacional dos Maquinistas (International Association of Machinists and Aerospace Workers – IAM), cujos membros faziam a manutenção dos aviões, lamentaram que os controladores não tivessem coordenado com eles suas ações. Afinal, se os pilotos e os maquinistas parassem, nenhum plano de contingência elaborado pela FAA funcionaria[67].

---

[65] Sindicalista citado em ibidem, p. 286.

[66] Ronald Reagan, "Remarks on the Air Traffic Controllers Strike", *YouTube*, 3 ago. 1981; disponível em: <https://www.youtube.com/watch?v=Dc8brHWFZMY>; acesso em: 14 abr. 2022.

[67] Ver Joseph A. McCartin, *Collision Curse*, cit.

Esgotado o prazo dado por Reagan para o retorno ao trabalho, ficou claro que o governo havia feito do confronto uma questão de princípio: a obediência à lei. Por outro lado, os controladores estavam dispostos a enfrentar o governo afirmando outro princípio: a solidariedade classista. Ao estilo das greves ilegais organizadas pela rebelião das bases nos anos 1960 e 1970, os controladores estavam dispostos a "ficar juntos como um".

Apesar de cético em relação às chances de vitória da greve, Ed Meagher, filho de um trabalhador eletricista sindicalizado, não voltaria ao trabalho no prazo estipulado por Reagan: "Às vezes, você tem que escolher na vida. Escolher ao lado de quem você quer estar. E, como meu pai, eu sempre soube que jamais seria um maldito fura-greve"[68].

A determinação de Meagher ressoava a de milhares de controladores de voo espalhados pelo país que decidiram, contra a orientação dos dirigentes sindicais, recusar o contrato provisório negociado com a FAA e iniciar a greve. E quando o prazo dado pelo governo se esgotou, os grevistas não voltaram às torres de controle, reunindo-se em locais públicos a fim de mostrar sua rebeldia ao governo. Conforme o relato de um jornalista:

> As pessoas reunidas naquela manhã eram moradores de Long Island, membros da América suburbana e branca. Quase todos os homens são veteranos militares; muitos votaram no Partido Republicano na última eleição. No entanto, eles estão desafiando tanto a lei quanto o presidente dos Estados Unidos. [...]. E no momento em que o prazo expirou e eles deveriam ser demitidos por ordem do presidente, os controladores de voo e suas famílias ficaram em silêncio e, de repente, seus punhos direitos se ergueram no ar em referência à famosa saudação dos Panteras Negras.[69]

Ainda assim, apesar da identificação de parte da categoria com as formas de organização política mais radicais herdadas dos anos 1960, e mesmo considerando a adesão de parte significativa dos controladores negros e mulheres à greve, a verdade é que o Patco não conseguiu atrair as organizações negra e feminista para a greve. Muitos dos controladores que permaneceram trabalhando eram ativistas da Coalizão Nacional Negra de Empregados da Aviação Federal (NBCFAE) ou da Controladoras Profissionais (PWC). A complacência dos sindicalistas relativa à opressão de mulheres e de negros cobrou seu preço: "Sue Mostert e Rock Jone, que haviam sido decisivos no processo de organização dos controladores mulheres e negros, aconselharam seus colegas a não participar da greve"[70].

---

[68] Ed Meagher citado em Joseph A. McCartin, *Collision Curse*, cit., p. 295.
[69] Jimmy Breslin, "Hard to Get Emotional over 'Plight' of Striking Air Controllers", *Jackson Daily News*, 10 ago. 1981.
[70] Joseph A. McCartin, *Collision Curse*, cit., p. 303.

Agitação trabalhista e restauração do capital

Além das resistências internas, o grande desafio dos grevistas era como enfrentar o plano de contingência elaborado pelo governo. Em primeiro lugar, Reagan contava com o apoio das empresas do setor aéreo para absorver o impacto estimado de 1 bilhão de dólares por mês produzido pelo movimento. Diante de prejuízos dessa ordem, os grevistas imaginavam que o setor privado ajudaria a empurrar o governo de volta à mesa de negociações. No entanto, as companhias aéreas apoiaram incondicionalmente a posição do governo ao longo de toda a greve: "Enquanto eles sentirem que podem entrar em greve e vencer, continuarão a usar esse tipo de tática no futuro. [...]. Acredito que é melhor resolver esse assunto de uma vez por todas. [...]. Gostaria de agradecer ao presidente por restabelecer o respeito à lei e controlar a inflação, e, assim, criar um ambiente de negócios no qual as perdas temporárias que sofremos hoje podem ser mais do que totalmente recuperadas no futuro próximo"[71].

A partir do último anúncio de Reagan aos controladores, a greve do Patco assumiu uma visibilidade inédita. Nenhuma outra greve havia sido televisionada e transmitida ao vivo para todo o país ou causado impactos tão imediatos no cotidiano da sociedade estadunidense. Sem dúvida, nenhuma outra greve custou tão caro ao governo e ao setor privado para ser destruída: conforme uma estimativa realizada em 1982, apenas os gastos com o treinamento dos novos controladores chegaram a 2 bilhões de dólares. Além disso, o prejuízo das companhias aéreas foi estimado em 1 bilhão de dólares por mês. O custo final da greve ficou em cerca de 10 bilhões de dólares[72].

A fim de disciplinar os trabalhadores e colocar um ponto final na longa rebelião das bases iniciada na década de 1960, governo e empresas não mediram gastos. E o investimento valeu a pena: a imagem de uma liderança forte que não tolerava desafios à lei ligou-se a Ronald Reagan de maneira indelével, restaurando a força da instituição presidencial, em crise desde o assassinato de John F. Kennedy.

Além do mais, a repercussão negativa da intransigência do governo sobre o movimento sindical foi logo percebida. Apesar do apoio demonstrado aos controladores demitidos pela AFL-CIO durante a marcha do "Dia da Solidariedade" realizada em Washington em setembro de 1981, os sindicatos estadunidenses adotaram uma postura defensiva após a derrota imposta ao Patco pelo governo. Em razão disso, o número de paralisações caiu abruptamente, inaugurando a era do declínio da atividade grevista no país[73].

---

[71] Albert Vincent Casey, ex-presidente da American Airlines citado em Joseph A. McCartin, *Collision Curse*, cit., p. 304.

[72] Ver Willis Nordlund, *Silent Skies: The Air Traffic Controllers' Strike* (Westport, Praeger, 1998).

[73] Se em 1980 haviam sido registradas 187 paralisações de trabalhadores, em 1982, ou seja, um ano após a greve do Patco, o número tinha caído para 96. Entre 1982 e 1983, o número de

Quadro 4: Média de paralisações e de trabalhadores envolvidos no setor privado entre as décadas de 1960 e 2010 nos Estados Unidos

Década	Paralisações de trabalhadores no período	Trabalhadores envolvidos (em milhares)
1960	282	1.234
1970	317	1.488
1980	83	506
1990	34	270
2000	20	128
2010	15	147

Fonte: Bureau of Labor Statistics, "Annual Work Stoppages Involving 1,000 or More Workers, 1947: Present", cit.

Ao eclodir no momento em que a resistência das gerências às greves aumentava em todos os setores, o movimento liderado pelo Patco acabou se transformando em uma espécie de gatilho para a aglutinação de forças antissindicais ao redor do governo de Reagan, que aproveitou a oportunidade para transmitir uma mensagem indelével ao conjunto da classe trabalhadora estadunidense: os sindicatos estavam com os dias contados.

A demissão dos controladores revelou outras preocupações do governo. No plano externo, Reagan estava obcecado em vencer a Guerra Fria. No plano econômico, o desafio era difundir e consolidar o neoliberalismo. Nesse sentido, a destruição do Patco significou tanto uma exibição de força para a União Soviética, imersa numa crise sindical na Polônia, quanto uma recomendação de como conflitos trabalhistas deveriam ser tratados por outros governos capitalistas. Inspirando-se na intransigência de Reagan, Margaret Thatcher destruiu a greve dos mineiros britânicos pouco depois[74].

Nesse sentido, a derrota da greve dos controladores marcou o fim do interregno entre o fordismo e o neoliberalismo. Ao ciclo da rebelião das bases seguiu-se uma onda antissindical que desmanchou o sistema de solidariedades práticas e o compromisso político fordistas. A partir de então, o procedimento empresarial padrão em relação à negociação sindical mudou de maneira drástica, persistindo inalterado até hoje.

Em geral, a empresa inicia a negociação do próximo contrato coletivo fazendo uma "oferta" que sabe que o sindicato não poderá aceitar, por exemplo, um corte drástico nos salários ou cortes de benefícios, como o seguro-saúde. Assim, a empresa desafia o sindicato a entrar em greve. Se isso acontecer, os grevistas são

---

trabalhadores envolvidos em paralisações foi de 909 mil para 376 mil. Ver Bureau of Labor Statistics, "Annual Work Stoppages Involving 1,000 or More Workers, 1947: Present", cit.

[74] Ver Teresa Ghilarducci, "When Management Strikes: Patco and the British Miners", *Industrial Relations Journal*, v. 17, n. 2, 1986, p. 115-28.

substituídos por uma força de trabalho não sindicalizada e o sindicato é destruído. Caso o sindicato aceite a oferta, sua direção fica desmoralizada e é abandonada pelos trabalhadores[75].

Resumidamente, a única maneira de um sindicato enfrentar o desafio patronal durante a negociação coletiva é paralisando totalmente a empresa, um objetivo indiscutivelmente difícil de ser alcançado numa era dominada por grandes conglomerados globais. Daí a necessidade de ampliar o apoio aos sindicatos por meio da mobilização de diferentes movimentos de luta por justiça social a fim de pressionar as empresas a negociar de boa-fé[76].

Desde a destruição do Patco, o movimento sindical estadunidense não apenas perdeu poder de barganha como também observou sua capacidade de atrair novos membros diminuir drasticamente. Se, durante os anos 1970, o número de sindicalizados no setor público tinha aumentado continuamente, após a greve dos controladores esse crescimento estagnou. No setor privado, o desmanche do sindicato foi incomparavelmente mais impactante, tendo em vista a marginalização do principal recurso de mobilização coletiva disponível aos trabalhadores organizados, ou seja, a greve[77].

Logicamente, a reação de Reagan à greve dos controladores aéreos estava inserida em um contexto mais amplo. Mirando no enfraquecimento da economia soviética, a política comercial de Reagan, empenhada em fortalecer o valor do dólar, enfraqueceu as exportações estadunidenses, ajudando, entre 1979 e 1982, a vitimar 2,4 milhões de empregos industriais no país. Por sua vez, essa massa de trabalhadores desempregados passou a pressionar os salários dos empregados, desestimulando o surgimento de novos movimentos grevistas.

Das concessões das gerências aos trabalhadores passamos às concessões dos trabalhadores às gerências, um deslocamento que subverteu o regime de acumulação, inaugurando a era do "despotismo hegemônico" no âmbito das relações trabalhistas[78]. Sem dúvida, a reação de Reagan ao movimento dos controladores de tráfego aéreo significou o momento da reviravolta. A partir de então, as gerências passaram a qualificar as greves não como conflitos a serem evitados, mas como oportunidades para destruir os sindicatos.

---

[75] Ver Lawrence Richards, *Union-Free America: Workers and Antiunion Culture* (Chicago, University of Illinois, 2010).

[76] Ver Bill Fletcher Jr. e Fernando Gapasin, *Solidarity Divided: The Crisis in Organized Labor and a New Path Toward Social Justice* (Oakland, University of California, 2008).

[77] Ver Richard B. Freeman, "Contraction and Expansion: The Divergence of Private Sector and Public Sector Unionism in the United States", cit.

[78] Ver Michael Burawoy, *The Politics of Production: Factory Regimes under Capitalism and Socialism* (Londres, Verso, 1985).

A destruição do Patco no ano anterior parecia ter desencadeado uma demanda reprimida por serviços antissindicais e eu era o serviço mais procurado no norte de Ohio. Todo CEO parecia conhecer outro CEO que havia me usado para "resolver seu problema sindical" e, de repente, me vi conseguindo mais empregos do que jamais teria imaginado. [...]. Encorajadas pelas demissões do Patco, as gerências estavam substituindo impunemente os trabalhadores das montadoras em greve e recusando-se a contratá-los de volta.[79]

Finalmente, após uma longa batalha pelo controle dos locais de trabalho, o "direito de administrar" foi restaurado nas empresas. As gerências banalizaram a utilização de fura-greves, anulando o acordo implícito com os trabalhadores de não contratar substitutos para os grevistas. A substituição de todo um setor de trabalhadores considerado até então insubstituível provou definitivamente que era possível destruir uma greve com substitutos e fura-greves. Vale observar que, entre os países capitalistas avançados, os Estados Unidos são o único caso em que a gerência tem o direito legal de contratar substitutos permanentes em uma greve legal[80].

A partir da greve do Patco, a demissão e a substituição de grevistas se tornou regra nas relações trabalhistas nos Estados Unidos. Em 1983, por exemplo, a greve dos mineiros no Arizona foi derrotada com a ajuda de fura-greves, e o sindicato acabou descredenciado. O salário dos mineiros sofreu um corte de 5% e os substitutos dos grevistas passaram a receber salários ainda menores que os trabalhadores efetivos. Em 1985, a gerência decidiu reduzir os salários dos trabalhadores da indústria de processamento de carne de Minnesota em 23%. Após o início da paralisação, as empresas demitiram os grevistas, substituindo-os por trabalhadores temporários com salários 30% menores[81].

Em termos políticos, Reagan redefiniu a estrutura do conflito trabalhista nos Estados Unidos, associando a greve não a conquistas de direitos, mas à manutenção de privilégios. Para tanto, o governo empenhou-se em difundir a mensagem elaborada por economistas neoliberais segundo a qual, numa greve, os trabalhadores sindicalizados obtêm reajustes à custa dos não sindicalizados[82]. Afinal, o aumento dos custos decorrentes das conquistas da greve seria repassado aos serviços e às mercadorias, sacrificando quem não podia participar do movimento. Assim, ao destruir o sindicato, o governo estaria supostamente defendendo o interesse da maioria não sindicalizada dos trabalhadores[83].

---

[79] Marty Jay Levitt, *Confessions of a Union Buster* (Nova York, Crown, 1993), p. 248.
[80] Ver Erik Olin Wright e Joel Rogers, *American Society: How it Really Works* (Nova York, W. W. Norton & Company, 2010).
[81] Ver idem.
[82] Ver Kim Phillips-Fein, *Invisible Hands: The Making of the Conservative Movement from the New Deal to Reagan* (Nova York, W. W. Norton, 2009).
[83] Ver William Harold Hutt, *The Strike-Threat System: The Economic Consequences of Collective Bargaining* (Auburn, Ludwig von Mises Institute, 2009).

Por certo, a tese neoliberal não se sustenta em fatos. Afinal, entre os anos 1940 e 1970, durante a expansão dos sindicatos, 80% dos empregos assalariados do setor privado obtiveram ganhos reais de 60%, passando de 387 dólares por semana, em 1947, para 623 dólares por semana, em 1979. A partir dos anos 1980, com a crise da sindicalização, a tendência se inverteu: os ganhos médios semanais no setor privado passaram de 612 dólares por semana, em 1983, para 541 dólares por semana, em 1995. A renda familiar continuou a subir, ainda que em ritmo lento, devido ao assalariamento feminino. Assim, o neoliberalismo não apenas erodiu os rendimentos dos trabalhadores masculinos como aumentou a base da exploração incorporando mais mulheres à força de trabalho[84].

Com o ataque aos grevistas, o sindicalismo passou a explorar formas alternativas de mobilização e a AFL-CIO decidiu usar campanhas publicitárias destinadas a sensibilizar acionistas e opinião pública, pressionando determinadas empresas-alvo no sentido de facilitar a sindicalização dos trabalhadores. Assim, a greve como instrumento de pressão cedeu progressivamente espaço para campanhas focadas no constrangimento público das empresas perante seus consumidores[85].

Seguramente, o sindicalismo estadunidense teria experimentado grandes dificuldades, mesmo sem o desmantelamento do Patco. Nos anos 1960, as gerências começaram a resistir à negociação coletiva como forma de responder à crise de lucratividade e, nos anos 1970, os governos começaram a cortar gastos sociais a fim de enfrentar a crise fiscal do Estado. No início dos anos 1980, o endurecimento nas negociações já era uma realidade visível tanto no setor público quanto no setor privado. Ou seja, seria um erro grosseiro interpretar a greve do Patco como causa do declínio do trabalho organizado nos Estados Unidos.

Na realidade, o impacto da derrota da greve sobre o movimento trabalhista foi ao mesmo tempo político e psicológico. Afinal, no início dos anos 1980, pela primeira vez na história, a sociedade estadunidense assistiu em tempo real pela televisão a uma categoria profissional aparentemente indispensável para o funcionamento do país ser completamente substituída por seu empregador. Após duas décadas marcadas por greves ilegais, muitas delas vitoriosas, a rebelião das bases foi exemplarmente punida:

> O ataque aniquilou o sindicato dos controladores aéreos, paralisando todas as demais organizações sindicais ao destruir sua arma econômica mais poderosa, a greve. O que eu não sabia era que, poucos meses depois, Reagan tornaria o próprio Patco ilegal. Assim, em noventa dias, Ronald Reagan transformou o crime de destruição de sindicatos em um ato de patriotismo. Quando recebi a notícia da decretação da greve

---

[84] Ver Erik Olin Wright e Joel Rogers, *American Society*, cit.
[85] Ver Andrew W. Martin e Marc Dixon, "Changing to Win? Threat, Resistance, and the Role of Unions in Strikes, 1984-2002", *American Journal of Sociology*, v. 116, n. 1, jul. 2010, p. 93-129.

feita pelo sindicato local 47, eu sorri. Agora, conhecia os movimentos [para destruir o sindicato]. E eu começaria a colocá-los imediatamente em ação.⁸⁶

A mudança de comportamento de gerentes e de sindicalistas foi tão profunda que permaneceu na memória de todos por muito tempo após o fim da greve. Em 1997, por exemplo, quando os Teamsters organizaram uma greve nacional bem-sucedida de entregadores contra a empresa United Parcel Services (UPS), o então presidente do sindicato, Ron Carey, afirmou: "Finalmente, começamos a virar a página da grande derrota do Patco"⁸⁷.

---

⁸⁶ Marty Jay Levitt, *Confessions of a Union Buster*, cit., p. 217.
⁸⁷ Ron Carey citado em Brandon Weber, *Class War, USA: Dispatches from Workers' Struggles in American History* (Chicago, Haymarket, 2018), p. 437.

3
A esperança equilibrista

A partir do desmanche da regulação fordista impulsionada pelo governo de Reagan, as gerências adotaram uma postura ofensiva contra os trabalhadores que resultou no aumento da insegurança do emprego, na erosão do valor das pensões e dos benefícios médicos, na estagnação do nível dos salários e no enfraquecimento do poder dos sindicatos. De fato, após o desmanche do Patco, o movimento sindical estadunidense enfrentou uma avalanche de derrotas nos anos 1980. O fracasso das greves em empresas como Caterpillar, Eastern Airlines, Greyhound, Hormel, International Paper, Phelps-Dodge e Staley, por exemplo, assentou a decisão dos sindicalistas de concentrar recursos no apoio à eleição de candidatos do Partido Democrata em vez de campanhas de sindicalização.

Ademais, a greve dos controladores fixou na burocracia sindical a determinação de adotar uma abordagem ainda mais conciliatória com as empresas. O problema principal a ser equacionado pela burocracia sindical era como convencer as gerências a voltarem a aceitar os sindicatos. Com efeito, a AFL-CIO, sob a liderança de Lane Kirkland, passou os anos 1980 pleiteando que os sindicatos ajudariam as empresas a aumentar sua produtividade por meio do estímulo a relações mais colaborativas com os trabalhadores. A estratégia fracassou ao ficar visível que as empresas preferiam a coerção ao consenso nos locais de trabalho[1].

A maioria dos sindicatos já não era suficientemente forte para forçar as gerências a negociar ganhos de produtividade. Desse modo, o movimento sindical começou a se estranhar cada dia mais com suas bases sociais. Mesmo organizações historicamente democráticas e progressistas, como o Sindicato dos Trabalhadores Rurais (United Farm Workers –UFW), liderado por Cesar Chavez, por exemplo,

---

[1] Ver William Form, *Segmented Labor, Fractured Politics: Labor Politics in American Life* (Nova York, Plenum, 1995).

adotaram posturas centralizadoras e autoritárias a fim de proteger o controle do aparelho burocrático por suas direções. No relato de Marshall Ganz:

> Ver o que aconteceu foi um horror, pois estávamos trabalhando perto o suficiente para ver o que estava acontecendo. Pudemos assistir ao comportamento de Cesar. Quero dizer, eles simplesmente destruíram toda a operação de Salinas e foi um horror eu ter que assistir. Uma das coisas mais dolorosas que já vi. E foi muito difícil porque senti muita responsabilidade. Por outro lado, eu simplesmente não via como poderia realmente desafiar Cesar e o sindicato. Não tinha solução para a porra toda.[2]

De fato, em contraste com a pulsão democratizante dos anos 1960 e 1970, a chegada dos anos 1980 reforçou o poder da burocracia sindical sobre trabalhadores ameaçados pela desindustrialização, pelo desemprego e pela mercantilização do trabalho[3]. Esse cenário desalentador permaneceu inalterado até agosto de 1997, quando 185 mil trabalhadores organizados pelos Teamsters cruzaram os braços, interrompendo as entregas da empresa UPS em todo o país. Após duas semanas de paralisação, a gerência aceitou as demandas dos grevistas, selando, assim, a mais importante vitória do movimento sindical estadunidense em três décadas[4].

Para tanto, a mobilização liderada pela organização Caminhoneiros por um Sindicato Democrático (Teamsters for a Democratic Union – TDU) revelou-se decisiva ao impedir contratações de trabalhadores substitutos. Ao lado da habilidade dos grevistas em se comunicar com os consumidores, o forte apoio manifestado pelos demais trabalhadores da empresa aos motoristas foi um item fundamental para a vitória do movimento. Combinada à agitação das bases e apoiada na organização democrática do movimento, a renovação da liderança do sindicato provou ser outro fator crucial na retomada vitoriosa da mobilização dos trabalhadores estadunidenses[5].

Reformando o poder burocrático

Após mais de uma década colhendo derrotas, a renovação da liderança do movimento sindical nos Estados Unidos germinou do esgotamento da postura servil dos sindicatos em relação ao governo e às empresas. Antes de tudo, foi um processo de autorreforma. Em 1995, o então líder do Seiu, John Sweeney, venceu Tom

---

[2] Marshall Ganz citado em Frank Bardacke, *Trampling Out the Vintage: Cesar Chavez and the Two Souls of the United Farm Workers* (Nova York, Verso, 2011), p. 748.
[3] Ver William Form, *Segmented Labor, Fractured Politics*, cit.
[4] Ver Brandon Weber, *Class War, USA: Dispatches from Workers' Struggles in American History* (Chicago, Haymarket, 2018).
[5] Ver Dan La Botz, "The Fight at UPS: The Teamsters Victory and the Future of the 'New Labor Movement'", *Solidarity*, 10 dez. 2009.

Donahue, liderança ligada a Lane Kirkland, nas eleições da AFL-CIO. A eleição de Sweeney foi a primeira vitória de uma chapa de oposição em um século. Batizada de Nova Voz (New Voice), a chapa vitoriosa foi apoiada por Richard Trumka, então presidente do Sindicato dos Trabalhadores Mineiros (UMW), e por Ron Carey, o primeiro presidente dos Teamsters eleito pelo voto direto de seus filiados[6].

Indiscutivelmente, Carey e Trumka eram lideranças sindicais cujas trajetórias remontavam ao ciclo da rebelião das bases dos anos 1970. Trumka foi eleito presidente do UMW em 1982 enfrentando o ressurgimento da facção conservadora liderada por W. A. Tony Boyle. A exemplo do que ocorreu com os Teamsters no mesmo período, os trabalhadores mineiros conseguiram mudar a direção do sindicato nos anos 1980 graças, em grande medida, à democratização conquistada pela agitação das bases nos anos 1970[7].

A ascensão de John Sweeney revelou a existência de disputas no interior da burocracia sindical. Embora agrupamentos atuantes nos sindicatos exigissem mais democracia, não existia um movimento independente da liderança da federação capaz de impor ao poder burocrático mudanças mais profundas. Tendo em vista a relação de forças, a nova direção da AFL-CIO decidiu estimular a participação dos conselhos locais de trabalhadores na reorganização da federação, atraindo ativistas remanescentes da rebelião dos anos 1970, além de acadêmicos comprometidos com a democratização do movimento sindical[8].

A federação posicionou-se prontamente contra a Guerra do Iraque e a favor dos direitos dos trabalhadores imigrantes. Modelada na luta pelos direitos civis e contra a Guerra do Vietnã, a direção reformista buscou enfrentar o nacionalismo xenofóbico enraizado na federação por meio da criação do Centro de Solidariedade (Solidarity Center), uma organização criada para apoiar as campanhas internacionais da AFL-CIO. E, apesar de contar com financiamento federal, o centro manteve-se alinhado às políticas reformistas da federação[9].

Ainda assim, o grande desafio dos reformistas consistia em revitalizar a organização de base dos sindicatos. Antes de tudo, tratava-se de enfrentar a alienação burocrática legada pelo sindicalismo de negócios ao movimento por meio da valorização da experiência coletiva dos trabalhadores nos locais de trabalho. Nos

---

[6] Ver Taylor Dark, "Debating Decline: The 1995 Race for the AFL-CIO Presidency", *Labor History*, v. 40, n. 3, 1999, p. 323-43.

[7] Ver Steve Early, "The Enduring Legacy and Contemporary Relevance of Labor Insurgency in the 1970s", em Aaron Brenner; Robert Brenner e Cal Winslow, *Rebel Rank and File: Labor Militancy and Revolt from Below During the Long 1970s* (Nova York, Verso, 2010).

[8] Ver Kim Moody, "Up Against the Polyester Ceiling: The 'New' AFL-CIO Organizes – Itself!", *New Politics*, v. 6, n. 4, 1998.

[9] Ver George Nelson Bass III, *Organized Labor and U. S. Foreign Policy: The Solidarity Center in Historical Context* (tese de doutorado em ciências políticas, Fort Lauderdale, Nova Southeastern University, 2012).

anos 1960 e 1970, a rebelião das bases havia enfrentado essa forma de alienação sem, contudo, superá-la. Afinal, como ficou patente na greve do Patco, mesmo a combinação do poder estrutural dos controladores com seu poder associativo controlado pelas bases não foi capaz de romper o isolamento burocrático do sindicato no momento do conflito com Reagan.

Nesse sentido, as lideranças reformistas pareciam dispostas a aprender com as derrotas do passado e, durante o encontro da Organização Mundial do Comércio em Seattle em 1999, milhares de sindicalistas ligados à AFL-CIO marcharam ao lado de estudantes, ambientalistas e ativistas contrários à globalização neoliberal. E a maioria desses sindicalistas era ligada aos Caminhoneiros por um Sindicato Democrático (TDU) de Seattle. Assim, podemos dizer que o movimento da justiça global que se originou do Fórum Social Mundial (FSM) de certa forma se ligou à rebelião das bases dos anos 1960 e 1970 nos Estados Unidos[10].

Sem dúvida, a aproximação da AFL-CIO do movimento da justiça global foi incentivada pela direção reformista de John Sweeney. Ao contrário de seu antecessor, Lane Kirkland, para quem os sindicatos não poderiam se organizar sem o apoio prévio de uma reforma trabalhista, Sweeney sustentou que os antigos métodos estavam superados. E um novo modelo de organização deveria ser inspirado na experiência de seu antigo sindicato, o Seiu, que desde 1987 havia conseguido sindicalizar dezenas de milhares de zeladores e faxineiros em diferentes cidades do país[11].

Além dos sucessos da sindicalização dos zeladores e faxineiros, a campanha de organização das enfermeiras liderada pelo Seiu alcançou uma vitória histórica em fevereiro de 1999 ao sindicalizar 74 mil enfermeiras e cuidadoras de uma mesma empresa no sul da Califórnia. Esta foi a maior experiência de sindicalização isolada nos Estados Unidos desde 1937, quando o Sindicato dos Trabalhadores das Montadoras de Carros (UAW) filiou os 112 mil trabalhadores da General Motors[12].

Rejeitando a tradicional abordagem do sindicalismo de negócios, o eixo do sucesso do Seiu nos anos 1990 foi a mobilização das bases por meio de campanhas em defesa da justiça social para os trabalhadores precários e racializados. O modelo do Seiu foi seguido por outros sindicatos estadunidenses, como o Sindicato dos Trabalhadores em Telecomunicações dos Estados Unidos

---

[10] Ver John C. Berg (org.), *Teamsters and Turtles? U. S. Progressive Political Movements in the 21ª Century* (Nova York, Rowman & Littlefield, 2003).

[11] Ver Alyssa May Kuchinski e Joseph A. McCartin, "Persistence, Militancy, and Power: The Evolution of Justice for Janitors from Atlanta to Washington, D.C., 1987-1998", em Luís L. M. Aguiar e Joseph McCartin, *Purple Power: The History and Global Impact of Seiu* (Urbana, University of Illinois, 2023).

[12] Ver Benjamin L. Peterson, "From Flats to the White House: A Brief History of Seiu, 1910-2010", em Luís L. M. Aguiar e Joseph McCartin, *Purple Power*, cit.

(Communications Workers of America Union – CWA) e sua campanha de sindicalização dos teleoperadores, ou o Sindicato dos Trabalhadores de Hotéis e Restaurantes (Unite Here!) e sua campanha de sindicalização dos funcionários de hotéis e cassinos de Las Vegas[13].

Nesses diferentes casos, destacou-se um estilo de ação coletiva no qual as lideranças sindicais envolveram-se diretamente com os trabalhadores, empregando jovens voluntários para se conectar individualmente com potenciais novos filiados da organização. Além disso, esse modelo investiu na construção de coalizões entre trabalhadores precários e comunidades oprimidas a fim de fortalecer o sistema de solidariedades práticas nos bairros e mobilizar as redes de famílias trabalhadoras a fim de aumentar a pressão pública sobre as empresas[14].

Mesmo acumulando alguns importantes sucessos, os sindicatos que adotaram esse estilo de ação coletiva experimentaram dois sérios dilemas. Em primeiro lugar, as táticas de engajamento direto com os trabalhadores exigem uma transformação organizacional profunda, percebida como uma ameaça à reprodução do poder burocrático. Além disso, esse estilo de ação sindical deve ser capaz de enfrentar exitosamente a disposição das empresas de intimidar, ameaçar, punir e demitir os trabalhadores, sob pena de não assegurar o apoio dos trabalhadores às campanhas[15].

Não obstante os esforços reformistas, a AFL-CIO não foi capaz de reverter a tendência de declínio das taxas de sindicalização. Em 1981, ano da greve do Patco, a taxa de densidade sindical do setor privado nos Estados Unidos era de 18,7%. Em 1995, quando John Sweeney assumiu a liderança da federação, esse número tinha caído para 10,3%. Em 2009, no primeiro ano do governo de Barack Obama, a taxa era de 7,2%. Em 2016, quando Trump venceu a eleição presidencial, o número havia recuado para 6,4%[16].

Em parte, os insucessos do projeto de Sweeney decorreram da incapacidade da federação em articular iniciativas de cima para baixo capazes de criar uma mudança organizacional sustentada com a valorização de ações democratizantes de baixo para cima. Assim, a transformação da cultura dos serviços sindicais para a da ampliação da mobilização dos trabalhadores foi ficando cada dia mais dependente do voluntarismo das lideranças reformistas. Ao depender de funcionários em tempo integral, o reformismo reforçava contraditoriamente a própria burocracia sindical,

---

[13] Ver Lowell Turner e Richard W. Hurd, "Building Social Movement Unionism: The Transformation of the American Movement", em Lowell Turner, Harry C. Katz e Richard W. Hurd, *Rekindling the Movement: Labor's Quest for Relevance in the 21st Century* (Ithaca, Cornell University, 2001).

[14] Ver Bill Fletcher Jr. e Fernando Gapasin, "The Politics of Labour and Race in the USA", *Socialist Register*, v. 39, jan. 2003.

[15] Ver Alyssa May Kuchinski e Joseph A. McCartin, "Persistence, Militancy, and Power", cit.

[16] Ver Barry Eidlin, *Labor and the Class Idea in the United States and Canada* (Nova York, Cambridge University, 2018).

ainda que renovada por jovens recém-egressos de universidades. O paradoxo é que os esforços desses quadros eram necessários para romper a inércia burocrática, mas, frequentemente, os novos funcionários se transformavam no princípio e no fim da própria mudança organizacional[17].

Ainda assim, seria incorreto afirmar que o reformismo de Sweeney não trouxe mudanças para o sindicalismo no país. Apesar da resiliência do pragmatismo sindical, é necessário observar que, após sua eleição, a AFL-CIO passou a dar mais visibilidade às questões ligadas às desigualdades de raça e de gênero, além de ter mudado sua orientação em relação aos trabalhadores imigrantes, assumindo posições críticas à política externa estadunidense[18].

Todavia, no plano político nacional, Sweeney revelou-se subserviente aos governos de Bill Clinton, em especial quando o presidente democrata implementou a mais profunda contrarreforma do sistema de seguridade social da história recente do país, acabando com o caráter universal da assistência aos trabalhadores pobres e instituindo um novo programa batizado de Assistência Temporária para Famílias Necessitadas (Temporary Assistance for Needy Families – Tanf). O novo programa determinou que, para poder ter direito ao benefício assistencial, os trabalhadores precisavam provar que estavam procurando ativamente emprego.

Além de dificultar o acesso dos trabalhadores à seguridade social, o novo sistema desmantelou a noção do benefício como um direito da cidadania, reforçando o elo com o trabalho individual. Assim, a contrarreforma de Clinton golpeou as comunidades onde vivem as famílias trabalhadoras pobres, enfraquecendo a rede de seguridade social. Duas décadas após a adoção do novo programa, o número de famílias em situação de pobreza que recebia benefícios sociais caiu pela metade. Além disso, de 1996 a 2016, as transferências de assistência em dinheiro caíram de 34,3 bilhões de dólares para 7,4 bilhões de dólares, uma redução de 78%. Análises recentes demonstraram que a maior parte do declínio das transferências em dinheiro às famílias trabalhadoras pobres não se deveu à melhoria dos padrões de vida ou ao aumento do número de empregos[19].

Em suma, a contrarreforma previdenciária de Clinton teve um impacto devastador sobre os pobres, contribuindo para a institucionalização da condição de precariedade das famílias trabalhadoras no país. Além da subserviência política, a negligência da AFL-CIO em relação aos cortes nas transferências de recursos assistenciais às famílias trabalhadoras pobres revelou a presença de uma visão de

---

[17] Ver Cal Winslow, *Labor's Civil War in California: The Nuhw Healthcare Workers' Rebellion* (Oakland, PM, 2010).

[18] Ver Dan Clawson e Mary Ann Clawson, "What Has Happened to the US Labor Movement? Union Decline and Renewal", *Annual Review of Sociology*, v. 25, 1999, p. 95-119.

[19] Ver Zachary Parolin, "Decomposing the Decline of Cash Assistance in the United States, 1993 to 2016", *Demography*, v. 58, n. 3, 2021, p. 1.119-141.

mundo que exclui os que recebem assistência social, em sua maioria mulheres negras da classe trabalhadora[20].

Vale lembrar que o alinhamento de Sweeney ao governo de Clinton dificultou a participação da federação nas manifestações de 1999 contra a OMC em Seattle. Considerando a histórica defesa da AFL-CIO das políticas comerciais praticadas por diferentes governos estadunidenses, o apoio da federação aos protestos gerou muitas expectativas.

Porém, a presença de ativistas do Sindicato Internacional dos Estivadores (International Longshore and Warehouse Union – ILWU) e da organização Caminhoneiros por um Sindicato Democrático (TDU) nos conflitos não foi capaz de compensar o estrago político causado pela ausência da AFL-CIO[21]. Sem mencionar o apoio da federação à posição do governo Clinton, contrária à normalização das relações comerciais com a China. Diante disso, alguns analistas se perguntaram se a liderança sindical estadunidense não estaria atualizando o velho ativismo anticomunista que marcara o sindicalismo fordista após a Segunda Guerra Mundial[22].

Finalmente, a submissão de Sweeney ao governo Clinton transformou-se em paralisia estratégica quando a federação teve que enfrentar a crise política criada pela conturbada eleição de George W. Bush em 2000. A AFL-CIO simplesmente não tinha qualquer plano alternativo capaz de mobilizar os trabalhadores estadunidenses diante de um flagrante ataque ao sistema eleitoral.

Apesar de necessária, a reforma do sindicalismo por meio da renovação de suas lideranças não foi suficiente para impedir o declínio do movimento. Assim, não surpreende que jovens ativistas tenham deixado de considerar os locais de trabalho espaços de luta por justiça social, preferindo apostar na organização dos trabalhadores sem documentos que viviam nos bairros e nas comunidades de imigrantes[23].

Durante os anos 1990 e 2000, vários centros comunitários surgiram nos Estados Unidos visando assegurar aos trabalhadores sem documentos assistência legal, treinamento para a liderança comunitária, apoio para a organização dos bairros, além de um meio para defender publicamente suas demandas. Na primavera de 2006, esses centros de trabalhadores se revelaram cruciais na organização dos protestos

---

[20] Ver Alicia Schmidt Camacho, "On the Borders of Solidarity: Race and Gender Contradictions in the 'New Voice' Platform of the AFL-CIO", *Social Justice*, v. 26, n. 3, 1999, p. 79-102.

[21] Ver Jeff Engels, "Twenty Years Later, Remembering the Battle in Seattle", *Labor Notes*, 22 nov. 2019; disponível em: <https://labornotes.org/blogs/2019/11/twenty-years-later-remembering-battle-seattle>; acesso em: 21 jun. 2023.

[22] Ver Dean Frutiger, "AFL-CIO China Policy: Labor's New Step Forward or the Cold War Revisited?", *Labor Studies Journal*, v. 27, n. 3, set. 2002, p. 67-80.

[23] Ver Janice Fine, *Worker Centers: Organizing Communities at the Edge of the Dream* (Ithaca, EPI/Cornell University, 2005).

nacionais contra a proposta de contrarreforma da lei de imigração apresentada pelo governo de George W. Bush ao Congresso, transformando as referências políticas sobre imigração no país, em especial entre os jovens[24].

Ao focar em questões relacionadas à justiça social, os centros fortaleceram a defesa dos direitos dos trabalhadores imigrantes por meio de estratégias organizativas distintas das usadas pelo movimento sindical. Em vez dos locais de trabalho, a politização territorial das comunidades foi o eixo norteador da mobilização. E quando o Seiu decidiu lançar sua campanha nacional de sindicalização, conhecida como Justiça para os Zeladores e Faxineiros (Justice for Janitors – JfJ), na indústria de manutenção predial, os centros de trabalhadores se transformaram em aliados naturais do sindicato[25].

Paradoxalmente, o sucesso dos centros de trabalhadores nos anos 1990 e 2000 foi interpretado como um indício de que o ritmo lento das mudanças trazidas pela liderança reformista da AFL-CIO era insuficiente para reverter o declínio sindical. Mesmo diante dos esforços relativos ao desenvolvimento de novos programas e do investimento na organização dos trabalhadores desorganizados, a queda da taxa de sindicalização deixou algumas lideranças sindicais inquietas.

Andrew Stern, John Wilhem e Bruce Taylor, então presidentes do Seiu, do Here e do Unite, respectivamente, decidiram desafiar a liderança de John Sweeney por meio da criação de uma organização batizada Nova Unidade (NUP). Em junho de 2005, os NUPsters, como ficaram conhecidos, romperam com a AFL-CIO, criando uma federação rival, a Mudar para Vencer (CTW). Stern, Wilhem e Taylor foram acompanhados pelos Teamsters, pelo Sindicato dos Trabalhadores Rurais (UFW), pelo Sindicato dos Trabalhadores Comerciários e do Setor de Alimentação (UFCW) e pela Irmandade Unida dos Carpinteiros e Marceneiros da América (The United Brotherhood of Carpenters and Joiners of America – UBCJA)[26].

A nova federação pretendia explorar o peso dos sindicatos do setor de serviços, mais dinâmicos do que os sindicatos industriais, a fim de usar seu poder de negociação para desencorajar empresas que já possuíam trabalhadores organizados a dificultar o recrutamento de novos membros em filiais não sindicalizadas. Como o processo tradicional de organização de um sindicato depende de eleições vitoriosas nos locais de trabalho, o sindicato precisa ser capaz de criar um comitê interno de apoiadores a fim de convencer a maioria dos trabalhadores a assinar a ficha de filiação sindical.

---

[24] Ver Regina Branton, Valerie Martinez-Ebers, Tony E. Carey Jr. e Tetsuya Matsubayashi, "Social Protest and Policy Attitudes: The Case of the 2006 Immigrant Rallies", *American Journal of Political Science*, v. 59, n. 2, abr. 2015, p. 390-402.

[25] Ver Ruth Milkman, *L. A. Story: Immigrant Workers and the Future of the U. S. Labor Movement* (Nova York, Russel Sage Foundation, 2006).

[26] Ver Bill Fletcher Jr. e Fernando Gapasin, *Solidarity Divided: The Crisis in Organized Labor and a New Path Toward Social Justice* (Oakland, University of California, 2008).

No entanto, a regulação vigente nos Estados Unidos permite ao empregador adiar as eleições, criando a oportunidade para que as gerências intimidem os trabalhadores. Vale lembrar que, à medida que o sindicalismo foi se enfraquecendo, o mercado de trabalho estadunidense tornou-se menos regulado que na maioria dos países capitalistas avançados, incentivando a competição entre os trabalhadores e reduzindo seus direitos e benefícios. E a fragilidade da regulação trabalhista aumentou a importância do consentimento das empresas para o sucesso das campanhas de sindicalização[27].

A nova federação sindical imaginou poder usar sua capacidade de negociação para convencer as gerências das vantagens de uma força de trabalho organizada, relaxando, assim, a pressão sobre os trabalhadores. Evidentemente, trata-se de uma tática defensiva, na medida em que depende de um acordo com as gerências para que estas não ataquem a ação do comitê interno de apoiadores. Ademais, poucos sindicatos são suficientemente influentes nos setores onde atuam a ponto de garantir a indulgência das gerências.

Em um acerto tipicamente bem-sucedido entre a gerência e o sindicato, o escopo de novas unidades é definido em comum acordo e uma terceira parte, usualmente a Associação Americana de Arbitragem (American Arbitration Association – AAA), é encarregada de checar as assinaturas nas fichas de filiação. Além disso, o empregador aceita não contestar juridicamente a eleição. No entanto, esses acertos implicam, nas palavras de Stern, em:

> Abandonar qualquer vestígio de mentalidade de luta de classe. [...]. Percebemos que nosso principal objetivo estratégico se limitou a duas questões básicas. Em primeiro lugar, como poderíamos construir relações com os empregadores capazes de acrescentar valor tanto aos seus negócios quanto aos holerites de nossos trabalhadores? Em segundo lugar, com leis trabalhistas tão atrasadas, como poderíamos encontrar caminhos para os trabalhadores realizarem escolhas justas e livres a respeito da representação sindical sem precisar recorrer a um derramamento de sangue nos locais de trabalho.[28]

Justiça para os trabalhadores imigrantes

Nos anos 1990 e 2000, na contracorrente dos insucessos da AFL-CIO em enfrentar a tendência à queda da sindicalização, o Seiu parecia avançar em uma direção mais auspiciosa por meio da campanha JfJ. Focada em pressionar os verdadeiros empregadores por trás das empresas terceirizadas de limpeza e de segurança, ou seja, os proprietários de prédios comerciais, a campanha combinou ingredientes

---

[27] Ver Erik Olin Wright e Joel Rogers, *American Society: How it Really Works* (Nova York, W. W. Norton & Company, 2010).

[28] Andy Stern, *A Country that Works: Getting America Back on Track* (Nova York, Free, 2006), p. 90.

de liderança de cima para baixo com fatores de militância de baixo para cima. A maioria dos trabalhadores envolvidos na campanha era formada por imigrantes do México e da América Central, muitos deles sem documentos[29].

Desde os anos 1980, os latinos concentraram-se na indústria de conservação predial, atraídos pela abundância de empregos pouco qualificados. Ademais, a condição de trabalhador sem documentos dificultava seu acesso aos direitos trabalhistas e aos benefícios assegurados aos trabalhadores sindicalizados. Rapidamente, um numeroso precariado de serviços formou-se nos principais centros urbanos do país, abrigando trabalhadores imigrantes, sem documentos, terceirizados, desorganizados e racializados. O caso de Los Angeles resume uma tendência geral.

Quadro 5: Composição étnica da força de trabalho no setor privado de serviços prediais em Los Angeles (1980-1990)

Força de trabalho	Setor privado	
	1980	1990
Hispânicos		
Nativos	9%	7%
Estrangeiros	28,5%	61,5%
Asiáticos		
Nativos	0,3%	0,6%
Estrangeiros	4,7%	4,8%
Negros		
Nativos	30,6%	12%
Estrangeiros	0,7%	0,5%
Brancos		
Nativos	23,8%	11,4%
Estrangeiros	2,4%	2,2%
Total	**100%**	**100%**

Fonte: extraído de Roger Waldinger et al., "Helots No More: A Case Study of the Justice for Janitors Campaign in Los Angeles", *Working Paper Series*, n. 15, Lewis Center for Regional Policy Studies, Los Angeles, abr. 1996, p. 8.

A contratação terceirizada substituiu a negociação coletiva, deslocando os trabalhadores nativos, em especial os negros, para fora dos serviços prediais. Os imigrantes contratados recebiam menos do que os nativos e não contavam com nenhum benefício trabalhista. A campanha do Seiu mirou esse grupo territorialmente concentrado em Century City, um bairro comercial ocupado por hotéis, condomínios e escritórios onde trabalham, principalmente, executivos da indústria cultural.

---

[29] Ver Ruth Milkman, *L. A. Story*, cit.

Além de impulsionar a mobilização dos zeladores e faxineiros em outras cidades, a vitória em Los Angeles transformou o Seiu no sindicato mais influente da cidade. Comparado ao início dos anos 1980, os anos 1990 trouxeram uma mudança significativa no ambiente político impulsionada pela improvável mobilização de trabalhadores imigrantes.

A princípio, imaginou-se que a ausência de direitos da cidadania afastaria os trabalhadores imigrantes do movimento sindical. Porém, conforme os trabalhadores negros sindicalizados eram substituídos pelos latinos, o sindicato foi obrigado a apostar no novo grupo. Ademais, se os trabalhadores imigrantes pudessem ser organizados em Los Angeles, o impacto em outras regiões do país com presença semelhante de imigrantes ajudaria a mudar os rumos do sindicalismo estadunidense. A aposta do sindicato foi certeira e, em meados dos anos 2000, o Seiu já era o sindicato com o crescimento mais rápido do país:

> O espírito desafiador e exuberante das greves dos anos 1960 e início dos anos 1970 ressurgiu no setor mal pago dos serviços prediais. "Isso é guerra", cantam os zeladores latinos enquanto marcham por complexos formados por torres de escritórios chiques no centro da cidade e em Beverly Hills. Por dar aos trabalhadores imigrantes os recursos para revidar, a campanha Justiça para os Zeladores e Faxineiros do Seiu compartilha a mesma glória com o sindicato Local 11.[30]

Surpreendentemente, a revitalização sindical veio de um sindicato ligado à AFL, ou seja, o berço do sindicalismo historicamente hostil aos trabalhadores racializados. O sucesso do Seiu contrariou quem apostava no sindicalismo industrial, tradicionalmente mais sensível à demanda por justiça racial, como meio de reverter o declínio do trabalho organizado no país. Ainda assim, os antigos sindicatos da AFL posicionaram-se na vanguarda da resistência à expropriação dos trabalhadores imigrantes. Por outro lado, os sindicatos industriais pareciam cada dia menos comprometidos com a reversão da queda da taxa de sindicalização.

Alguns analistas argumentaram que o desmanche do fordismo teria enfraquecido os sindicatos industriais a ponto de inviabilizar sua capacidade de liderar a revitalização do movimento trabalhista. Além disso, o Seiu acertou ao acolher demandas por justiça racial e de gênero num setor formado majoritariamente por imigrantes e mulheres. Finalmente, os sindicatos do setor de serviços privados simplesmente não precisavam temer que os empregos fossem transferidos para locais com oferta mais barata de força de trabalho[31].

Se a terceirização empresarial atacou o poder sindical, o deslocamento dos empregos para os serviços privados favoreceu, por exemplo, a contratação de

---

[30] Mike Davis, *Magical Urbanism: Latinos Reinvent the U. S. Big City* (Nova York, Verso, 2000), p. 145.
[31] Ver Ruth Milkman, *L. A. Story*, cit.

motoristas de caminhão, instaladores de paredes e trabalhadoras da indústria da moda, ampliando a base a ser organizada pelos sindicalistas. Trata-se de um conjunto de setores com tradição organizativa que viveu uma rápida deterioração de suas condições de reprodução nos anos 1980 e 1990. Ao fim, o Seiu beneficiou-se da ampliação da oferta de empregos em setores em que o sindicato já atuava. E, diante do aumento da demanda por trabalho barato no sul da Califórnia, o sindicato precisou enfrentar o desafio do novo precariado do setor de serviços[32].

Inicialmente, os sindicalistas supunham que, tendo em vista o medo da deportação e a comparação com os baixos salários de seus países de origem, os trabalhadores imigrantes ficariam satisfeitos com condições de trabalho desprezadas pelos trabalhadores nativos: "A liderança não consegue interagir com os trabalhadores que estão chegando aqui. [...]. Eles [imigrantes] não têm educação. Eles não falam inglês. Eles vêm pra cá pegar o dinheiro e depois vão embora"[33].

No final dos anos 1980, o ceticismo entre os sindicalistas começou a se dissolver à medida que perceberam que os imigrantes eram mais fáceis de serem organizados que os nativos. Afinal, muitos deles não apenas traziam experiências sindicais de seus países de origem como viviam em comunidades interessadas na luta por justiça social:

> Todos os trabalhadores da indústria de congelamento de comida vivem e trabalham na mesma comunidade, frequentam as mesmas igrejas, jogam e assistem aos mesmos jogos de futebol nos mesmos parques. Muitos grevistas já se conheciam, eram membros das mesmas famílias ampliadas. Essas famílias estavam aptas a se ajudar mutuamente, pois enfrentavam as mesmas formas de discriminação, revelando um nível de cooperação praticamente inexistente na cultura metropolitana branca.[34]

De fato, as comunidades onde vivem os imigrantes desempenharam um papel central para o recrutamento de ativistas sindicais. Ao visitar as casas dos zeladores, porteiros e trabalhadores da limpeza, os sindicalistas encontravam grupos de trabalhadores atuando no mesmo setor, morando nos mesmos prédios e frequentando as mesmas igrejas. Assim, a tarefa dos sindicalistas se tornou mais fácil: "Embora Los Angeles não seja famosa por nenhuma comunidade específica, encontramos uma comunidade de zeladores pronta a nos apoiar"[35].

A segregação das comunidades latinas consolidou um sistema de solidariedades práticas capaz de aproximar os trabalhadores da mensagem de luta por justiça social difundida pelo Seiu. Nesse sentido, a experiência de viver em um ambiente

---

[32] Ver idem.
[33] Sindicalista citado em ibidem, p. 115.
[34] Frank Bardacke, "Watsonville: A Mexican Community on Strike", em Mike Davis e Michael Sprinker (orgs.), *Reshaping the U. S. Left: Popular Struggles in the 1980s* (Nova York, Verso, 1988), p. 171.
[35] Sindicalista citado em Roger Waldinger et al., "Helots No More", cit., p. 116.

hostil promoveu a formação de uma comunidade insurgente: "Ao demonizar e criminalizar latinos como 'outros' não integrados, assegurando que seu trabalho seja continuamente explorado com a máxima eficiência, os políticos e os empregadores involuntariamente ajudaram a criar um novo espaço social subnacional que propiciou a emergência de identidades sociais diaspóricas, enquadramentos culturais e discursos políticos potencialmente subversivos"[36].

Por fim, o medo da deportação dos trabalhadores sem documentos se revelou menos importante do que imaginado pelos ativistas do Seiu:

> Em El Salvador, você pode ser morto caso se ligue a um sindicato. Aqui, você se arrisca a perder um emprego que te paga quatro dólares por hora [salário mínimo à época da entrevista]. [...]. Nunca vi os oficiais da imigração por aqui. [...]. Tenho mais medo de ser atropelada que de ser presa pela "*migra*". Não estou preocupada com isso. [...]. Eles não vão te matar! A pior coisa que pode acontecer é te mandarem pra casa e daí eu volto após umas férias curtas.[37]

Nos anos 1990, Los Angeles tornou-se o centro mais dinâmico de inovação sindical do país, convertendo os trabalhadores precários em atores políticos estratégicos[38]. Mesmo considerando o revés causado pela contrarreforma da lei de imigração aprovada pelo governo de George W. Bush após os ataques do 11 de Setembro, o movimento dos trabalhadores imigrantes demonstrou sua força nacional nos protestos massivos apoiados pelos sindicatos e pelos centros de trabalhadores no dia 1º de maio de 2006[39].

Se o desmanche do fordismo nos anos 1980 levou ao colapso do sindicalismo de negócios, a luta por justiça social protagonizada pelo precariado nos anos 1990 delineou um padrão alternativo de agitação trabalhista. Apostando na força de atração da defesa da justiça social, a estratégia do Seiu evoluiu por meio do planejamento e da organização de campanhas de sindicalização em setores em que a multiplicação de empregos precários acontecia à custa da expropriação de trabalhadores imigrantes e racializados[40].

No primeiro momento, o sucesso alcançado nos anos 1990 e 2000 pela direção reformista do Seiu pareceu conseguir conciliar o protagonismo tipicamente fordista da liderança sindical com a importância da mobilização das bases característica dos

---

[36] David G. Gutiérrez, *Walls and Mirrors: Mexicans Americans, Mexicans Immigrants, and the Politics of Ethnicity* (Oakland, University of California, 1995), p. 25.

[37] Trabalhadora citada em Hector L. Delgado, *New Immigrants, Old Unions: Organizing Undocumented Workers in Los Angeles* (Filadélfia, Temple University, 1993), p. 78-9.

[38] Ver Mike Davis, *Magical Urbanism: Latinos Reinvent the US City* (Londres, Verso, 2000). [Ed. esp.: *Urbanismo mágico: los latinos reinventan la ciudade norteamericana* (Madri, Lengua de Trapo, 2012).]

[39] Ver Ruth Milkman, *Immigrant Labor and the New Precariat* (Cambridge, Polity, 2020).

[40] Ver Alyssa May Kuchinski e Joseph A. McCartin, "Persistence, Militancy, and Power", cit.

movimentos sociais. Em princípio, uma liderança sindical reformista seria capaz de promover inovações no nível local, enfraquecer o poder burocrático tradicional e impulsionar a participação das bases nas decisões do movimento. Com isso, aposta-se na habilidade do sindicalismo de superar suas limitações por meio da incorporação da experiência de outros movimentos sociais[41].

Seiu: da esperança ao medo

Por sua vez, o alcance e o limite do dinamismo da direção reformista dependeria da capacidade de jovens ativistas com diploma universitário fertilizarem organizações burocráticas com novas práticas e métodos. Desse modo, o desafio dos reformistas seria organizar o precariado, apesar das práticas burocráticas da antiga liderança, supostamente acomodada na prestação de serviços aos filiados. Em síntese, a revitalização do sindicalismo dependeria de recursos intelectuais localizados de preferência fora dos sindicatos. Afinal, as pesquisas das indústrias que balizaram as campanhas do Seiu foram realizadas por profissionais especializados, não pela velha burocracia[42].

Para a direção reformista do Seiu, o destino do sindicalismo estadunidense dependia principalmente da renovação de suas lideranças. Afinal, jovens vindos de fora do movimento sindical favoreceriam visões mais alinhadas ao novo programa de luta por justiça social moldado pelo ambientalismo, pelo antirracismo, pelo feminismo e pela pauta LGTBTQIA+.

Nos anos 1990, a necessidade de revitalizar o sindicalismo pela renovação de suas lideranças incluía um risco: substituir a mobilização dos trabalhadores pela iniciativa voluntariosa de jovens profissionais. Nos anos 2000, ao privilegiar escolhas táticas capazes de fortalecer a luta por justiça social, a direção reformista do Seiu acabou menosprezando a importância da democracia sindical na realização dos objetivos estratégicos do movimento trabalhista[43].

Afinal, nem mesmo a mais engenhosa pesquisa sobre a indústria de manutenção predial realizada por jovens quadros ligados à direção do sindicato seria capaz de compensar uma eventual falta de apoio dos trabalhadores imigrantes e suas comunidades à campanha JfJ. Não se trata de opor iniciativas "de baixo para cima" às ações "de cima para baixo", mas, simplesmente, de perceber que

---

[41] Ver Kim Voss e Rachel Sherman, "Breaking the Iron Law of Oligarchy: Union Revitalization in the American Labor Movement", *American Journal of Sociology*, v. 106, n. 2, set. 2000, p. 303-49.

[42] Ver idem.

[43] Ver Steve Early, "The Progressive Quandary about Seiu: A Tale of Two Letters to Andy Stern", *Working USA: The Journal of Labor and Society*, v. 12, n. 4, 2009, p. 611-28.

a implacável determinação do Seiu sob a liderança de Andy Stern de substituir velhos sindicalistas por jovens profissionais trazia o risco da revitalização do poder burocrático sobre as bases[44].

Não obstante, devemos reconhecer a lucidez do Seiu sob Sweeney ao recrutar em meados dos anos 1980 ativistas vindos do ciclo da rebelião operária dos anos 1960 e 1970 a fim de reforçar a organização dos trabalhadores precários. Aliás, ao longo dos anos 1990, o significativo investimento de recursos em organização de base foi um dos traços mais marcantes do Seiu. Além disso, o sindicato assegurava que cada escritório local tivesse liberdade para escolher seu diretor de sindicalização. Finalmente, os ativistas sindicais construíram alianças com as comunidades onde viviam os trabalhadores imigrantes. A combinação desses fatores foi crucial para o crescimento do sindicato após o colapso do fordismo[45].

A campanha Justiça para os Zeladores e Faxineiros (JfJ) tornou-se o retrato desse esforço organizativo do precariado do setor de serviços. Inicialmente, o objetivo de Sweeney era reconstruir a base do sindicato a partir da indústria de manutenção predial, cuja densidade sindical havia caído em todo o país nos anos 1980. Para tanto, era necessário compreender o processo de reestruturação dessa indústria. Tradicionalmente, zeladores e faxineiros eram contratados diretamente pelos proprietários dos prédios. Com a chegada da onda de terceirização em meados dos anos 1980, uma força de trabalho fortemente sindicalizada formada por negros foi substituída por imigrantes sem representação sindical.

Essa nova situação fez com que os sindicalistas focassem suas críticas nos proprietários dos prédios e não nas empresas terceirizadas de limpeza. Em Los Angeles, a pressão pública sobre proprietários dos prédios e políticos locais se revelou uma escolha acertada, assegurando a abertura de negociações com o sindicato: "Em 1990, logo após a polícia de Los Angeles atacar violentamente zeladores e faxineiros que marchavam em protesto pelas ruas do bairro de Century City, o sindicato, com o apoio da federação do trabalho local, contatou o então prefeito, Tom Bradley, que telefonou imediatamente para os maiores proprietários de prédios de Century City para manifestar sua preocupação com a situação dos trabalhadores"[46].

Por certo, os contatos políticos da liderança sindical foram úteis. Porém, sem a forte participação das comunidades latinas nas manifestações públicas, a razão do constrangimento dos proprietários dos prédios não existiria: "No coração e na alma, deve existir uma força de trabalho mobilizada. A razão de Los Angeles ser a estrela-guia do movimento sindical é que tivemos o maior percentual de

---

[44] Ver Steve Early, "Remaking Labor: From the Top-Down? Bottom-Up? Or Both?", *Working USA: The Journal of Labor and Society*, v. 11, n. 1, 2008, p. 171-8.

[45] Ver Larry Cohen e Steve Early, "Jobs with Justice: Mobilizing Labor-Community Coalitions", *Working USA*, v. 4, n. 1, dez. 1997, p. 49-58.

[46] Ruth Milkman, *L. A. Story*, cit., p. 158.

participação dos trabalhadores, o mais alto nível de participação em assembleias e o maior percentual de trabalhadores sendo presos e indo parar na cadeia"[47].

A ampla participação das comunidades dos trabalhadores na campanha não pressionou apenas os proprietários dos prédios. Alguns anos após o sucesso da campanha de 1990, a mobilização dos imigrantes ressurgiu contra a liderança local do Seiu. Em julho de 1995, uma rebelião das bases ao estilo dos anos 1960 e 1970 eclodiu, levando à eleição de Cesar Oliva Sanchez, um trabalhador de limpeza guatemalteco, para a vice-presidência do sindicato. Diante da recusa da direção local em reconhecer o resultado, a base formada majoritariamente por mulheres negras e latinas que trabalhavam em serviços de cuidados, saúde e limpeza, decidiu enfrentar a liderança masculina e branca do sindicato Local Seiu 399.

À época, o então presidente do sindicato, Jim Zellers, afirmou ao jornal *Los Angeles Times* que Sanchez não poderia assumir a vice-presidência, pois "ele não sabe falar inglês e não conseguiria conduzir negociações com os executivos"[48]. Na realidade, a crise no sindicato começou antes das eleições. Apesar de Zellers ter apoiado a orientação geral da campanha, estava disposto a reformar o sindicato apenas o suficiente para garantir que ele próprio permanecesse na presidência do sindicato. O controle da burocracia sindical estava fora de cogitação.

A chapa Aliança Multirracial liderada por Sanchez enfrentou uma feroz resistência. Seus apoiadores decidiram acampar em frente à sede do sindicato e alguns ativistas iniciaram uma greve de fome até que a vitória de Sanchez fosse reconhecida. Não apenas isso não aconteceu como o Seiu decidiu intervir no sindicato, nomeando diretores de fora do escritório local e mantendo a organização sob tutela por três anos[49]. A partir da crise gerada pela vitória de Sanchez, o Seiu passou a empregar rotineiramente esse recurso a fim de controlar ou forçar fusões entre sindicatos locais. Entre 1995 e 2004, de um total de 275 eleições em sindicatos locais, 40 experimentaram intervenções do sindicato internacional[50].

A orientação geral das intervenções consistia em assegurar a política de fusões de sindicatos menores, na esperança de que um crescimento quantitativo possibilitasse uma transformação qualitativa do movimento. Diferentemente do que havia acontecido durante o ciclo da rebelião operária dos anos 1960 e 1970, o reformismo dos anos 1990 e 2000 não pendeu para a democratização sindical e reforçou o controle do aparelho sindical por uma burocracia focada em resultados quantitativos[51].

---

[47] Sindicalista citado em ibidem, p. 159.
[48] Jim Zellers citado em Andrea Carney, "I Declined to Join the Staff", em Staughton Lynd e Alice Lynd, *The New Rank and File* (Ithaca, Cornell University, 2000), p. 219.
[49] Ver Andrea Carney, "I Declined to Join the Staff", cit.
[50] Ver Steve Early, "Reutherism Redux: What Happens when Poor Workers' Unions Wear the Color Purple", *Against the Current*, v. 19, n. 4, jun. 2004, p. 31-9.
[51] Ver idem.

Em 2000, durante a negociação dos novos contratos, a direção do sindicato percebeu que teria que alcançar um resultado melhor do que o acordo de 1995 a fim de evitar outra crise com a base. Nesse momento, os dirigentes ainda contavam com um amplo apoio da comunidade latina, da Igreja Católica, de outros sindicatos de Los Angeles e do Partido Democrata. Após o acordo inicial ser rejeitado, a combinação entre uma direção interessada em se legitimar e uma ampla mobilização da base provocou uma greve de três semanas que conquistou um aumento de 25% nos salários. Ademais, o acordo de 2000 permitiu filiar mais 5 mil zeladores e faxineiros ao sindicato local[52].

Em 2003, os zeladores e faxineiros alcançaram um resultado ainda melhor na negociação de seus contratos, dessa vez sem a necessidade de recorrer à greve. Apoiando-se no sucesso da experiência de Los Angeles, a liderança do Seiu alegou ter encontrado um modelo viável de revitalização do movimento sindical estadunidense. Afinal, a reestruturação empresarial baseada nas terceirizações e no trabalho imigrante provou ser uma tendência nacional. Concentrada na Califórnia até os anos 1990, a imigração de latinos espalhou-se por outras regiões nos anos 2000. Além disso, a desindustrialização ampliou a contratação de trabalhadores nos setores de cuidados, saúde e limpeza, favorecendo o Seiu.

Depois do fim: os limites do reformismo sindical

Independentemente dos rumos do reformismo do Seiu sob a liderança de Stern, tema que será explorado no capítulo seguinte, o fato é que as experiências exitosas dos anos 1990 e 2000 acumuladas pelo sindicato em Los Angeles demonstraram que o declínio do sindicalismo estadunidense após a destruição do Patco não era uma fatalidade. Em outras palavras, ainda era possível apostar em conquistas organizativas protagonizadas por trabalhadores precários.

Afinal, entre os anos 1990 e 2000, o Seiu de Los Angeles soube aproveitar o enraizamento social dos trabalhadores em suas comunidades a fim de fortalecer suas campanhas e negociações, sensibilizando um público mais amplo sobre a importância do vínculo entre trabalho e justiça social. No entanto, apesar do apoio das comunidades e da aliança com os centros de trabalhadores, os novos ativistas que se aproximaram do sindicato passaram a reclamar do afastamento das lideranças locais, da negligência em relação às questões de organização dos locais de trabalho e da ausência da participação das bases nas decisões do sindicato[53].

---

[52] Ver Christopher L. Erickson et al., "Justice for Janitors in Los Angeles: Lessons from Three Rounds of Negotiations", *British Journal of Industrial Relations*, v. 40, n. 3, set. 2002, p. 543-67.
[53] Ver Ruth Milkman, *L. A. Story*, cit.

Além da insatisfação da base, a pretensão do Seiu de revitalizar o movimento sindical sofreu um duro golpe com a chegada da crise da globalização neoliberal em 2008. O aumento do desemprego atingiu todos os setores da economia e a taxa de densidade sindical, estagnada desde 2005, experimentou uma abrupta queda: de 7,6% em 2008 para 6,7% em 2010. A crise castigou desproporcionalmente os trabalhadores imigrantes e sem documentos, sempre os primeiros demitidos, enfraquecendo o ativismo da base e facilitando a cristalização do poder burocrático no interior dos sindicatos.

Mesmo identificando méritos no modelo organizativo do Seiu, é vital reconhecer sua incapacidade em sustentar o interesse das bases pela vida cotidiana dos sindicatos. Ao estimular o voluntarismo das direções em detrimento da participação democrática das bases, esse modelo favoreceu o ressurgimento do agonizante sindicalismo de negócios. É possível perceber mais claramente o desenvolvimento dessa tendência nos anos 2000 e 2010 observando a atuação do Seiu na organização dos trabalhadores da saúde, sobretudo das cuidadoras.

Nos anos 2010, esse foi o setor de maior crescimento da sindicalização nos Estados Unidos. Por um lado, a preocupação em recuperar "participação de mercado" por meio do aumento do número de trabalhadores organizados revelou-se bem-sucedida. Entre 2005 e 2014, o Seiu pulou de 1,4 milhão de membros para 2 milhões de trabalhadores sindicalizados, transformando-se num dos poucos sindicatos nos Estados Unidos a aumentar seu número de filiados após a crise de 2008[54].

Apesar disso, esse aumento de participação no mercado exige que o sindicato faça diversas concessões às empresas a fim de convencê-las a não dificultar a sindicalização. Tais concessões são especialmente preocupantes naqueles setores em que os trabalhadores recebem baixos salários, caso, notoriamente, das cuidadoras. Os chamados "pactos de institucionalização" propostos pelo Seiu para seduzir as empresas não apenas pressupõem a moderação salarial como, sobretudo, que o sindicato trabalhe para que os governos aumentem seus gastos com serviços terceirizados de saúde[55].

Em síntese, o sindicato oferece seu apoio político para alavancar o dinheiro público em troca de a gerência facilitar a sindicalização. Os críticos do modelo argumentam que os ganhos para as cuidadoras são, na melhor das hipóteses, modestos, mantendo seus salários apenas levemente acima da linha de pobreza. Incapazes de perceber vantagens, as cuidadoras acabam se afastando do Seiu, passando a se relacionar com os sindicalistas como alguém que comprou um serviço. Além disso, a estratégia de fundir sindicatos menores também aumentou

---

[54] Ver Adrienne E. Eaton, Janice Fine e Allison Porter, "Becoming Purple: Organizational Change at Seiu during the Andy Stern Years", em Luís L. M. Aguiar e Joseph McCartin, *Purple Power*, cit.

[55] Ver Cal Winslow, *Labor's Civil War in California*, cit.

o estranhamento das bases, bloqueando a participação dos trabalhadores na vida do sindicato ao subordiná-los à estratégia de recuperação de mercado[56].

Após emergir como o sindicato mais inovador dos Estados Unidos e liderar uma das mais bem-sucedidas campanhas de sindicalização da história do país, o Seiu adotou nos anos 2000 uma relação com suas bases muito parecida com a do velho sindicalismo de negócios do fordismo. Ao empenhar-se em conservar a qualquer custo a colaboração com as empresas, intervindo sistematicamente nos sindicatos locais para assegurar sua fusão, o Seiu deu origem a uma crise incessante com seus próprios filiados.

Em 2005, o sindicato Local 250 fundiu-se ao sindicato do sul da Califórnia Local 399 para formar o Sindicato dos Trabalhadores da Saúde (United Healthcare Workers – UHW), passando a representar todas as categorias de trabalhadores da saúde em hospitais, asilos, clínicas e agências de cuidados, assim como as cuidadoras domiciliares. Durante a fusão, os sindicatos Local 250 e Local 399 acrescentaram 75 mil novos membros, concentrados, sobretudo, em hospitais, às fileiras do Seiu. A maioria dos novos membros era formada por mulheres negras e latinas, o que ajudou a impulsionar a militância na base[57].

O UHW nasceu como um dos sindicatos mais progressistas dos Estados Unidos, apoiando a luta dos negros e dos imigrantes, opondo-se ativamente à Guerra do Iraque e defendendo a criação de um sistema público e universal de saúde no país. Coerentemente, o sindicato não tardou a se chocar com a submissão do Seiu às empresas privadas de saúde, sofrendo em troca de sua rebeldia uma intervenção que destituiu sua direção democraticamente eleita. A resposta das bases do UHW veio na forma de uma campanha iniciada em 2009 em favor da desfiliação do UHW do Seiu[58].

Dezenas de milhares de trabalhadores se mobilizaram, chegando a ocupar a sede do sindicato na cidade californiana de Oakland. A violenta repressão aos manifestantes envolveu agentes privados de segurança contratados pelo Seiu, contando também com o apoio da polícia de Oakland. A batalha judicial pelo controle do UHW custou milhões de dólares, resultando na vitória do sindicato internacional que sempre dispôs de mais recursos financeiros do que o sindicato local. Alguns analistas consideram a violenta desocupação da sede do UHW em Oakland o desfecho do ciclo reformista burocrático liderado pelo Seiu e o início de uma nova era para o sindicalismo estadunidense[59].

---

[56] Ver idem.

[57] Idem.

[58] Ver Mark Brenner, "Service Employees Vote to Split United Healthcare Workers-West, Members Call for Disaffiliation", *Labor Notes*, 9 jan. 2009; disponível em: Mhttps://socialistregister.com/index.php/srv/article/view/5544>; acesso em: 22 jun. 2023.

[59] Ver Cal Winslow, *Labor's Civil War in California*, cit.

A repressão violenta às enfermeiras em Oakland coincidiu com o início da crise da globalização neoliberal cujos desafios impostos aos trabalhadores perduram até hoje. A partir daí, esforços reformistas "pelo alto", mesmo amparados "por baixo" por grupos racializados de trabalhadores, não seriam capazes de reverter o declínio do trabalho organizado na América. Em 2016, por exemplo, ano da eleição presidencial de Donald Trump, os sindicatos que atuam no setor privado organizavam apenas 6,4% dos trabalhadores. Trata-se de uma notável mudança quando comparada ao fordismo[60].

Em 1953, no ápice da taxa de densidade sindical, 32,2% dos trabalhadores americanos do setor privado eram sindicalizados e os sindicalistas alcançaram negociações pacíficas nas indústrias automobilística, de mineração de carvão e siderúrgica. Em junho, o Sindicato dos Trabalhadores Siderúrgicos (United Steelworkers – USW) assinou um acordo com as empresas que, além de um aumento de 8,5% nos salários, assegurou a eliminação de diferenças salariais geográficas em todo o país. As maiores montadoras de automóveis chegaram a acordos semelhantes com o Sindicato dos Trabalhadores das Montadoras de Carros (UAW)[61].

Apesar da reprodução das opressões racial e de gênero, a diminuição das desigualdades de renda entre os diferentes grupos de trabalhadores era uma importante tendência nacional. O contraste com a situação atual permite destacar o declínio histórico do trabalho organizado nos Estados Unidos. Quando um sindicato representa apenas uma pequena minoria de trabalhadores em uma indústria competitiva, os sindicalistas não apenas perdem a capacidade de pressionar as gerências, como deixam de criar uma referência para aquelas empresas que não usam força de trabalho sindicalizada.

Trata-se de uma verdadeira "corrida ao fundo do poço" cujo resultado mais previsível é o virtual desaparecimento dos sindicatos, a estagnação dos rendimentos do trabalho e o declínio dos benefícios trabalhistas até os mínimos previstos em lei. Em suma, o destino do movimento trabalhista estadunidense depende cada dia mais da habilidade dos próprios ativistas de criarem amplas coalizões de luta por igualdade e justiça social. Para tanto, o sindicalismo não pode se manter isolado apostando num modelo corporativista de recuperação de participação de mercado.

---

[60] Ver Barry Eidlin, *Labor and the Class Idea in the United States and Canada*, cit.

[61] Ver Ann J. Herlihy e Daniel P. Willis Jr., "Analysis of Work Stoppages during 1953", *Monthly Labor Review*, v. 77, n. 5, maio 1954, p. 501-6.

4
Hegemonia às avessas

No fordismo, a participação das bases no cotidiano dos sindicatos era sistematicamente vetada pelas lideranças. Como vimos no primeiro capítulo, o modelo de sindicalismo de negócios estabelecido nos anos 1940 assentou-se na iniciativa da burocracia, não na das bases. Eventualmente, quando conflitos entre sindicalistas e gerências eclodiam durante as negociações coletivas, os trabalhadores eram convocados a se manifestar. Daí ser possível detectar em diferentes países certa ambiguidade do poder sindical, ocasionalmente se deslocando da defesa da desmobilização para o apoio à agitação trabalhista e vice-versa[1].

Essa ambiguidade serve para iluminar não apenas a conjuntura do processo de organização sindical como também os traços gerais das diferentes relações de força vividas pelos trabalhadores. Após a Segunda Guerra Mundial, por exemplo, as lideranças sindicais reprimiam a mobilização das bases, pois imaginavam já ter assegurado uma participação definitiva na mesa de negociações do país. A principal razão dessa crença era a lealdade dos sindicatos ao governo dos Estados Unidos durante o período da Guerra Fria, ratificada, em 1950, pela expulsão das lideranças comunistas do CIO[2].

Ao anticomunismo dos sindicatos industriais se somou o histórico apoio da AFL ao imperialismo estadunidense, desde, ao menos, os tempos da Guerra Hispano-Americana de 1898. Na realidade, no início dessa guerra, a AFL temia que a expansão colonial militarizasse o governo, fortalecendo a repressão aos trabalhadores organizados. Contudo, a ampliação simultânea da produção industrial e

---

[1] Ver Ernest Mandel, *Power and Money: A Marxist Theory of Bureaucracy* (Nova York, Verso, 1992).
[2] Ver David Montgomery, "Workers' Movements in the United States Confront Imperialism: The Progressive Era Experience", *Journal of the Gilded Age and Progressive Era*, v. 7, n. 1, 2008, p. 7-42.

da filiação sindical trazida pelo conflito fez com que o medo da militarização fosse substituído pelo desejo de internacionalizar seu poder burocrático. Até a eleição de John Sweeney em 1995, a AFL, depois AFL-CIO, se manteve inalteravelmente fiel ao imperialismo estadunidense[3].

Como vimos no segundo capítulo, a política pró-imperialista da federação impediu uma oposição mais séria ao governo de Reagan, mesmo depois da destruição do Patco, do desmanche do pacto fordista e da subsequente ofensiva antissindical impulsionada por governos e empresas.

Conforme argumentado no terceiro capítulo, esse cenário desolador começou a mudar somente no início dos anos 1990. A partir de então, algumas campanhas relativamente bem-sucedidas de organização de trabalhadores do setor de serviços em Boston, Houston, Los Angeles e Miami começaram a sinalizar que a grande noite do sindicalismo podia estar chegando ao fim. Ainda assim, como observamos no capítulo anterior, o reformismo burocrático não foi capaz de assegurar o cumprimento das promessas democratizantes relativas à federação e aos sindicatos anunciadas pela direção reformista.

Após uma década de frustrações com o ritmo claudicante das mudanças, além da inquietação com o declínio ininterrupto da taxa de densidade sindical, de 10,3%, em 1995, para 7,8%, em 2005, uma crise violenta eclodiu na federação. De certa maneira, a crise havia sido anunciada em 2001, quando a Irmandade Unida dos Carpinteiros e Marceneiros dos Estados Unidos (UBCJA) se desfiliou da federação. Ainda assim, o processo que culminou no racha de 2005 tomou de surpresa muitos sindicalistas e nunca foi devidamente esclarecido pelos artífices da federação Mudar para Vencer (Change to Win – CTW)[4].

Aparentemente, a decisão de rachar a AFL-CIO já havia sido tomada antes mesmo do início do congresso que ocorreu em Chicago. Os presidentes do Seiu e dos Teamsters decidiram retirar seus delegados, não comparecendo à assembleia de inauguração do congresso. Nas semanas seguintes, eles foram seguidos pelo Sindicato dos Trabalhadores de Hotéis e Restaurantes (Unite Here!), pelo Sindicato dos Trabalhadores Comerciários e do Setor de Alimentação (UFCW), pelo Sindicato dos Trabalhadores Rurais (UFW) e pelo Sindicato Internacional dos Trabalhadores da Construção Civil e Pesada da América do Norte (Laborers' International Union of North America – Liuna). Dois meses depois, a nova federação foi oficialmente criada em St. Louis[5].

O perfil mais ligado ao setor de serviços desses sindicatos sugere que suas direções escolheram apostar no fortalecimento de uma força de trabalho menos

---

[3] Idem.
[4] Ver Bill Fletcher Jr. e Fernando Gapasin, *Solidarity Divided: The Crisis in Organized Labor and a New Path Toward Social Justice* (Oakland, University of California, 2008).
[5] Idem.

exposta à mobilidade do capital do que a organizada por sindicatos industriais cujas bases estavam sendo devastadas pela desindustrialização, pela globalização neoliberal e pela reestruturação produtiva. Desse modo, o racha acompanhou a velha divisão entre sindicatos de serviços (AFL) e sindicatos industriais (CIO). Todavia, uma mudança decisiva havia ocorrido na base dessas organizações desde a fusão conduzida por George Meany em 1957.

Desafiando a opressão racial?

Historicamente, os sindicatos ligados à antiga AFL emergiram entre grupos formados por artesãos cujo interesse consistia em conservar os segredos de ofício e, assim, manter o controle corporativista do mercado de trabalho. Os trabalhadores negros e imigrantes "de cor", caso dos chineses, filipinos e latinos, por exemplo, eram sumariamente excluídos da filiação a esses sindicatos. Para eles, restava organizar suas próprias associações ou simplesmente não participar de nenhuma. Desse modo, a separação entre brancos e não brancos tornou-se um eixo definidor da identidade política da antiga AFL[6].

Por outro lado, quando o Congresso das Organizações Industriais (CIO) foi criado em 1935 pela AFL, a estrutura econômica estadunidense já havia atravessado o ciclo da reestruturação fordista. A demanda por trabalho não qualificado nas indústrias atraiu milhares de negros da região Sul para as regiões Norte, Nordeste e, finalmente, para a Costa Oeste do país. Assim, uma classe operária fordista marcadamente negra foi se formando a partir da participação nas greves e da organização de sindicatos[7].

A história da formação do operariado fordista nos Estados Unidos foi, então, conduzida pela fronteira separando os trabalhadores nacionais explorados dos trabalhadores racializados expropriados. Ao excluir grupos numerosos de trabalhadores racializados do acesso aos direitos e benefícios trabalhistas, essa clivagem serviu antes de tudo para alastrar a competição no interior da classe operária. Esses conflitos decorrentes das lutas de fronteira ajudaram a reforçar estruturas de opressão racial herdadas da escravidão, renovando tanto a exploração econômica dos brancos quanto a expropriação política dos negros. Desde sempre, o fordismo foi um regime racializado de acumulação[8].

Esquematicamente, a criação do CIO, a participação dos trabalhadores negros nas greves dos anos 1930, a fusão entre a AFL e o CIO nos anos 1950,

---

[6] Ver Philip S. Foner, *Organized Labor and the Black Worker, 1619-1973* (Chicago, Haymarket, 2018).
[7] Idem.
[8] Idem.

além da nacionalização do movimento pelos direitos civis nos anos 1960, desafiaram a fronteira separando os negros dos brancos. Por um lado, os negros conquistaram o direito à sindicalização, ainda que a direção dos sindicatos fosse exclusivamente branca e usualmente insensível à reprodução da opressão racial. Por outro, eles seguiram ocupando os empregos mais precários e perigosos, pendulando continuamente entre o aumento da exploração econômica e a ameaça da expropriação política[9].

Mudanças ocupacionais impulsionadas pela globalização neoliberal, sobretudo o deslocamento do motor de criação de empregos para o setor de serviços, somadas ao aumento da diversidade étnica no país, deslocaram os trabalhadores não brancos para um setor de serviços cuja representação sindical tradicionalmente é ligada à AFL[10]. Paralelamente, considerando que os trabalhadores negros foram mais duramente atingidos pelo aumento do desemprego resultante da desindustrialização, os sindicatos historicamente ligados ao CIO foram se especializando na representação de uma força de trabalho cada dia mais branca[11].

Uma vez que os conflitos trabalhistas nos Estados Unidos sempre envolveram lutas de classificação racial, é lógico supor que a própria formação dos sindicatos parte de uma história marcada por vitórias e derrotas no que se refere à inclusão ou à exclusão dos trabalhadores racializados. Frequentemente, os imigrantes europeus precisavam se tornar "brancos" para serem aceitos nos sindicatos. Não haveria de ser diferente num país cuja classe dominante criou a categoria "raça branca" como forma de controle social e de exploração econômica, distribuindo "privilégios brancos" para determinados grupos aliados[12].

O movimento sindical estadunidense nasceu marcado pelas disputas em torno do acesso a esses privilégios. Mesmo hoje, apesar do aumento da diversidade étnico-racial da classe trabalhadora no país, os sindicatos seguem controlados por uma burocracia majoritariamente branca. A experiência do reformismo burocrático dos anos 1990 ensina que não é possível pensar a revitalização do sindicalismo nos Estados Unidos sem desafiar a fronteira racial que separa os trabalhadores[13].

À primeira vista, o racha da AFL-CIO e a criação da CTW, apesar de sua liderança branca, poderiam ser interpretados como passos nessa direção. Assim como o surgimento do CIO foi entendido como uma vitória sobre o supremacismo branco num meio sindical liderado por Samuel Gompers, a criação da CTW

---

[9] Idem.

[10] Ver Ruth Milkman, *L. A. Story: Immigrant Workers and the Future of the U. S. Labor Movement* (Nova York, Rusell Sage Foundation, 2006).

[11] Ver Bill Fletcher Jr. e Fernando Gapasin, *Solidarity Divided*, cit.

[12] Ver Theodore W. Allen, *The Invention of the White Race*, v.1: *Racial Opression and Social Control* (Nova York, Verso, 2012).

[13] Ver Bill Fletcher Jr. e Fernando Gapasin, *Solidarity Divided*, cit.

significaria a renovação da história da corrente defensora da inclusão racial fundada por Eugene Debs. De fato, a nova federação entoou uma retórica focada na justiça racial, reverberando positivamente no movimento trabalhista[14].

Alguns analistas chegaram a identificar uma chance, ainda que frágil e efêmera, de reconectar um presente sombrio à vibrante história liderada frequentemente por ativistas radicais da sindicalização dos trabalhadores negros nos anos 1930[15]. De fato, a hegemonia do pragmatismo sindical costuma apagar a história da esquerda do movimento trabalhista nos Estados Unidos:

> Lideranças pragmáticas como [Walter] Reuther aliaram-se com lideranças tradicionais em oposição à abordagem da luta de classes da esquerda no movimento sindical. Ao fazê-lo, eles inauguraram uma versão do sindicalismo que assegurou um aumento no padrão de vida para os setores sindicalizados dos trabalhadores brancos enquanto aceitavam restrições estreitas no exercício do poder sindical. O pacto social dos sindicatos com o capital do pós-Segunda Guerra foi simbolizado pelo assim chamado Acordo de Detroit em 1950, no qual a América corporativa recomprou a iniciativa gerencial e o controle do chão de fábrica em troca de aumentos salariais, planos de aposentadoria e planos de saúde patrocinados pelos empregadores. O preço foi o apagamento da memória das lutas passadas, o abandono da luta de classes contra as corporações estadunidenses e a posterior burocratização do movimento sindical.[16]

O preço também foi a repressão pela burocracia sindical das manifestações de descontentamento de trabalhadores com certos resultados frustrantes de negociações coletivas. Entre os diferentes grupos de trabalhadores, os negros, menos qualificados e com menor poder de barganha, frequentemente eram os mais insatisfeitos com uma burocracia sindical branca que desprezava sua pauta específica. Não causa assombro que, durante o fordismo, os negros estivessem entre os grupos de trabalhadores mais sensíveis aos proselitismos comunista e socialista[17].

Em suma, ainda que vocalizada por lideranças reformistas brancas, quando a retórica da justiça racial reapareceu no movimento trabalhista dos anos 1990, muitos imaginaram se tratar da manifestação de um compromisso autêntico com a transformação radical dos sindicatos. Se considerarmos a mudança da composição étnico-racial da classe trabalhadora estadunidense, uma reforma mais profunda se torna ainda mais premente. Mas a AFL-CIO não esteve à altura dessa urgência. Os debates que desembocaram no abandono da tradicional

---

[14] Idem.

[15] Ver Ruth Milkman, "Back to the Future? US Labour in the New Gilded Age", *British Journal of Industrial Relations*, v. 51, n. 4, dez. 2013, p. 645-65.

[16] Priscilla Murolo e A. B. Chitty, *From the Folks Who Brought You the Weekend: An Illustrated History of Labor in the United States* (Nova York, New, 2018), p. 192.

[17] Ver Philip S. Foner, *Organized Labor and the Black Worker, 1619-1973*, cit.

orientação chauvinista relativa aos direitos dos trabalhadores imigrantes, por exemplo, estenderam-se por sete anos[18].

Ainda assim, a federação mostrou-se inclinada a se aproximar dos imigrantes, em especial naquelas indústrias onde os sindicatos historicamente ligados à AFL tinham interesse em investir na organização desses trabalhadores. Em última instância, essa é a razão para a mudança da orientação chauvinista da federação em relação aos direitos dos trabalhadores imigrantes, sobretudo os sem documentos. Nesse caso, o longo debate acompanhou o ritmo lento da renovação ocorrida no interior dos diferentes sindicatos nacionais e internacionais[19].

Previsivelmente, o Seiu foi um dos sindicatos mais envolvidos na flexibilização da fronteira que exclui o trabalhador imigrante da participação na vida sindical. Desde meados dos anos 1980, o sindicato estava apostando em uma estratégia que consistia em organizar grandes partes de um mercado de trabalho específico. Para isso, a direção buscava identificar circunstâncias que pudessem favorecer a pressão para que as gerências não contestassem as campanhas de sindicalização, aceitando a filiação pela simples verificação da assinatura dos cartões sindicais.

Adaptada por outros sindicatos, a vantagem principal dessas campanhas consiste em evitar a organização de cada local de trabalho isoladamente, pois isso exige mobilizar uma considerável quantidade de dinheiro e militância para ser bem-sucedida. Por outro lado, a sindicalização de grandes seções de um mercado de trabalho específico depende da pressão do sindicato sobre as gerências que, por sua vez, depende da capacidade de envolvimento das bases ainda não organizadas nas campanhas de sindicalização.

Ao longo dos anos 1990 e 2000, a retórica da luta por justiça racial amplamente utilizada pela direção do Seiu cumpriu a função de aproximar os negros e os imigrantes dessas campanhas. Para tanto, apostou-se no engajamento das comunidades onde vivem e se reproduzem esses trabalhadores racializados, frequentemente territórios oprimidos pelo subinvestimento permanente em infraestruturas urbanas e pelo assédio policial sistemático. Vale observar que ao agredir as comunidades, desvalorizando as condições sociais de produção da força de trabalho, *a opressão racial se transforma em um instrumento do próprio regime de acumulação.*

---

[18] Ver Robin Jacobson e Kim Geron, "Unions and the Politics of Immigration", *Socialism and Democracy*, v. 22, n. 3, nov. 2008, p. 105-22.

[19] Ver David Bacon, "Immigrant Workers Ask Labor 'Which Side Are You On?'", *Working USA*, v. 3, n. 5, dez. 2000, p. 7-18.

Entre o reformismo e o corporativismo

A aproximação da federação da agenda da justiça social tentou corrigir a cegueira da liderança sindical nos anos 1980 a respeito do sentido do neoliberalismo advogado por Reagan. Quando o governo colocou o Patco na ilegalidade e destruiu a mais importante greve da história do país, seu projeto não era eliminar apenas um sindicato, mas deslegitimar por décadas todas as formas de organização coletiva dos trabalhadores. Num primeiro momento, essa ameaça foi negligenciada porque a burocracia sindical branca percebeu que eram os negros e os imigrantes aqueles mais castigados pela combinação entre recessão, desindustrialização, desemprego e ofensiva antissindical[20].

Deslocados para as margens da cidadania salarial, os trabalhadores racializados foram as principais vítimas da queda brusca da oferta de empregos sindicalizados nos anos 1980. O incessante aumento da desigualdade de renda entre brancos e negros registrado desde então sugere que as comunidades onde vivem esses trabalhadores se afastaram da igualdade anunciada pela conquista dos direitos civis nos anos 1960. Para a maior parte das famílias negras, o desaparecimento dos empregos fordistas significou a sedimentação e o aprofundamento da desigualdade social no país.

Ademais, a burocracia sindical branca não foi capaz de compreender que, além de ameaçar as formas coletivas de organização dos trabalhadores, o neoliberalismo fomentava igualmente a hostilidade dos setores profissionais brancos ao conjunto das políticas públicas relacionadas à proteção do trabalho. De fato, nos anos 1980, o aumento da preocupação da mídia e dos agentes públicos com a suposta ascensão de uma "subclasse" racializada cujo "comportamento antissocial" ameaçava a segurança das "classes médias" é parte fundamental da história do neoliberalismo nos Estados Unidos[21].

Em suma, a burocracia sindical branca não apenas se mostrou incapaz de compreender a magnitude da ameaça trazida pelo neoliberalismo, como seu apoio à política externa de Reagan a transformou em cúmplice dos ataques às formas de organização dos trabalhadores. Nos anos 1980, uma correção de rota por parte do sindicalismo era improvável e a revitalização da resistência trabalhista teve de se alimentar de novas experiências trazidas pelo florescimento de organizações semissindicais focadas nas necessidades dos setores mais precários da classe trabalhadora.

Conhecidos como centros de trabalhadores, essas organizações floresceram por algumas cidades, como Los Angeles, impulsionadas pelo ativismo dos trabalhadores

---

[20] Ver Bill Fletcher Jr. e Fernando Gapasin, *Solidarity Divided*, cit.
[21] Ver Loïc Wacquant, *The Invention of the "Underclass": A Study in the Politics of Knowledge* (Cambridge, Polity, 2022).

imigrantes. Em vez de se basear no local de trabalho, a maioria dos centros de trabalhadores concentrou territorialmente seu trabalho organizativo, enraizando-se numa região da cidade ou num bairro específico. Ao contrário dos sindicatos, o foco dos centros de trabalhadores não era a representação dos trabalhadores ante as empresas, mas sua mobilização em torno do reconhecimento e da ampliação de seus direitos sociais, humanos e trabalhistas[22].

Ainda assim, as questões trabalhistas não eram estranhas à atuação dos centros. Afinal, para criticar o impacto global das políticas antitrabalhistas e comerciais dos Estados Unidos, seus ativistas precisaram construir laços com comunidades de trabalhadores em outros países. Além disso, vários centros desenvolveram ligações com movimentos sociais dos países de onde os trabalhadores imigrantes provinham, fortalecendo suas campanhas internacionais e suas estratégias organizativas[23].

Nos anos 1990, os centros de trabalhadores se inclinaram logicamente na direção da denúncia dos baixos salários e das condições precárias do trabalho imigrante verificadas na indústria de manutenção predial. Então, eles buscaram aproximar essa denúncia da campanha pela reforma da lei de imigração, impulsionando uma agenda focada tanto na legalização dos indocumentados quanto na luta por salários, dignidade e acesso à saúde[24].

A força dos centros de trabalhadores atraiu a atenção de líderes reformistas da AFL-CIO responsáveis pela campanha nacional "Empregos com Justiça" (Jobs with Justice – JwJ). Essa campanha visava nacionalizar a experiência bem-sucedida de colaboração entre sindicalistas e lideranças comunitárias na formação em meados dos anos 1980 de uma coalizão progressista na cidade de Boston. Ao ampliar a experiência, a federação apostou na diversificação do repertório dos sindicatos locais, buscando atrair grupos de jovens ativistas atuando em bairros e universidades. Dessa forma, a campanha criou a oportunidade para que sindicalistas fizessem contato com setores distantes das burocracias sindicais[25].

Esquematicamente, a campanha JwJ foi a principal responsável pela aproximação entre os centros de trabalhadores e os sindicatos, proporcionando a oportunidade para que trabalhadores racializados ampliassem suas noções de direitos trabalhistas e, ao mesmo tempo, fortalecessem seu engajamento político local. Tendo em vista o potencial democratizante da campanha, não é surpresa que, enquanto o Seiu e o Sindicato dos Trabalhadores em Telecomunicações dos Estados Unidos (CWA), por exemplo, tenham investido dinheiro

---

[22] Ver Janice Fine, *Workers Centers: Organizing Communities at the Edge of the Dream* (Ithaca, Cornell University, 2006).

[23] Idem.

[24] Ver Celeste Monforton e Jane M. von Bergen, *On the Job: The Untold Story of America's Work Centers and the New Fight for Wages, Dignity, and Health* (Nova York, New, 2021).

[25] Idem.

e recursos na JwJ, a maior parte da burocracia sindical ignorou ou boicotou ativamente a iniciativa[26].

Ainda assim, a JwJ ajudou a consolidar a sindicalização de faxineiros e zeladores em cidades como Boston, Houston, Los Angeles e Miami[27]. Isto só foi possível devido à mobilização das comunidades onde vivem os trabalhadores imigrantes. Além da ampliação do público e da diversificação do repertório político dos sindicatos, a JwJ propagou uma cultura organizativa focada na luta por justiça social. Finalmente, projetos derivados da JwJ, como a criação do Conselho Nacional de Direitos dos Trabalhadores e do Projeto de Ação Trabalhista Estudantil, atual Lute por 15 dólares, uma campanha nacional em favor do aumento do salário mínimo, viraram eixos duráveis da revitalização sindical[28].

Mesmo considerando os limites impostos pela subordinação de Sweeney ao governo Clinton, o fator decisivo para a compreensão da crise da AFL-CIO no início dos anos 2000 foi a falta de compromisso dos sindicatos internacionais com o projeto reformista. A AFL-CIO é uma federação de sindicatos e não de trabalhadores. Portanto, a reprodução das rotinas burocráticas nos sindicatos é a grande razão do baixo investimento na organização dos trabalhadores desorganizados. Sem isso, a reversão da taxa de densidade sindical torna-se improvável[29].

O corporativismo também dificultou a efetivação de propostas apresentadas por Sweeney no final dos anos 1990, tal como o projeto batizado "Cidade Sindical", por exemplo, que buscavam ampliar territorialmente a organização dos trabalhadores tendo por base a formação de novas coalizões apoiadas pelos sindicatos locais[30]. As principais resistências verificadas no interior dos sindicatos nacionais e internacionais surgiram do desejo das lideranças de manter as rotinas sindicais focadas em seus respectivos setores. Nas palavras do então diretor de organização do Seiu: "Nós simplesmente não aceitaremos que nossos sindicatos locais fiquem nos pressionando para investir em lugares que não consideramos estratégicos"[31].

À luz do contínuo declínio da taxa de densidade sindical, a decisão da burocracia de focar nos mesmos setores, desconsiderando as reconfigurações territoriais da classe trabalhadora, ajudou a aprofundar a crise do trabalho organizado. Afinal,

---

[26] Ver Larry Cohen e Steve Early, "Jobs with Justice: Mobilizing Labor-Community Coalitions", *Working USA*, v. 4, n. 1, dez. 1997, p. 49-58.

[27] Idem.

[28] Idem.

[29] Ver Jane F. McAlevey, *No Shortcuts: Organizing for Power in the New Gilded Age* (Nova York, Oxford University, 2016).

[30] Ver Sarumathi Jayaraman e Immanuel Ness, "Models of Worker Organizing", em Sarumathi Jayaraman e Immanuel Ness (orgs.), *The New Urban Immigrant Workforce: Innovative Models for Labor Organizing* (Nova York, Routledge, 2005).

[31] Sindicalista citado em Bill Fletcher Jr. e Fernando Gapasin, *Solidarity Divided*, cit., p. 86.

com as terceirizações e os deslocamentos produtivos vividos nos anos 1990 e 2000, tornou-se usual que cidades ou regiões com forte presença de sindicatos perdessem empregos, enquanto outras sem tradição organizativa recebessem investimentos[32].

O exemplo típico é o da siderurgia, setor totalmente reestruturado pela combinação entre terceirização e novas tecnologias, que abandonou antigos centros industriais, como Pittsburgh, em favor de pequenas cidades rurais. A transferência de operações para áreas rurais não se limitou à produção de aço. Buscando evitar regiões sindicalizadas, a indústria automobilística nos anos 1980 e 1990 deslocou-se do Norte para o Sul do país, concentrando seus investimentos nas áreas rurais[33].

Como veremos nos próximos capítulos, o modo de vida das pequenas cidades rurais proporciona às gerências a oportunidade de explorar um sistema de solidariedades práticas que favorece a busca por soluções informais para os conflitos nos locais de trabalho. Além do mais, a produtividade das fábricas reestruturadas asseguram salários mais altos do que os praticados em outras atividades rurais[34]. Assim, os trabalhadores das pequenas cidades não se sentem atraídos pelos sindicatos, que, por sua vez, não se interessam em organizar pequenas unidades produtivas afastadas dos grandes centros urbanos. O círculo vicioso se fecha.

Em alguns setores econômicos emergentes também é possível observar um processo semelhante. Alinhando-se à decadência dos empregos industriais na região de Pittsburgh, a construção de novos hospitais e instalações médicas em cidades rurais no centro da Pensilvânia, por exemplo, é um fenômeno perceptível desde a década de 1980. A fim de evitar paralisações e greves lideradas por enfermeiras negras, muito comuns nos grandes centros urbanos nos anos 1960 e 1970, as gerências apostaram na contratação de uma força de trabalho branca facilmente acessível nas regiões rurais[35].

Novamente, ao substituir o sindicato pela comunidade como pilar do sistema de solidariedades práticas que une os trabalhadores, as gerências favoreceram acordos informais e fragmentados, evitando a negociação coletiva e a institucionalização de benefícios. Ademais, elas exploram o ambiente político conservador que floresce livremente no relativo insulamento rural, desencorajando o recurso a "forasteiros", tal como são classificados os sindicalistas.

Em Los Angeles, se as comunidades formadas por imigrantes tenderam a fortalecer a mobilização sindical, no centro da Pensilvânia, ao contrário, elas se transformaram num enigma de difícil solução para o sindicalismo. Em ambos

---

[32] Ver Stanley Aronowitz, *Just Around the Corner: The Paradox of the Jobless Recovery* (Filadélfia, Temple University, 2005).

[33] Ver idem.

[34] Idem.

[35] Ver Gabriel Winant, *The Next Shift: The Fall of Industry and the Rise of Health Care in Rust Belt America* (Cambridge, Harvard University, 2021).

os casos, no entanto, a reinvenção das identidades classistas evoluiu no interior dessas comunidades onde vivem e se reproduzem os trabalhadores. E, muito provavelmente, enquanto o movimento trabalhista permanecer afastado dessas comunidades, a taxa de densidade sindical seguirá numa trajetória descendente.

Durante os anos 1990 e 2000, isto é, durante a expansão da globalização neoliberal, coube aos sindicatos uma tarefa estratégica: amparar as comunidades de trabalhadores no desafio de enfrentar a chantagem gerencial do deslocamento produtivo. De fato, o medo de que um eventual desaparecimento dos empregos inviabilizasse a sobrevivência da comunidade faz parte do regime despótico hegemônico que suportou o desenvolvimento do neoliberalismo nos Estados Unidos[36].

No entanto, apesar da centralidade da tarefa, a trajetória do sindicalismo estadunidense sob a liderança de Sweeney avançou na direção oposta. Entre os anos 1990 e 2000, enquanto o Seiu seguiu mirando exclusivamente nas grandes concentrações de trabalhadores precários do setor de serviços, os sindicatos industriais não souberam enfrentar a estratégia gerencial concentrada na terceirização empresarial e no deslocamento industrial das fábricas, desenvolvendo uma atitude cada dia mais fatalista em relação às possibilidades de organização dos operários num contexto de globalização neoliberal.

Depois de campanhas vitoriosas apoiadas na mobilização das comunidades de trabalhadores imigrantes, o projeto reformista de Sweeney começou a ser minado por dentro pelo corporativismo e pelo fatalismo dos sindicatos estadunidenses, em especial os industriais. Afinal, para uma burocracia cujo interesse primário consiste em assegurar a sobrevivência de seu próprio aparelho, organizar fábricas cada dia mais espalhadas por regiões abertamente refratárias às práticas sindicais seguramente é um mau investimento.

A paralisia interna do projeto reformista de Sweeney foi coroada por uma catastrófica crise política criada pelo apoio da AFL-CIO à "guerra ao terror" declarada pelo governo de George W. Bush após os ataques de 11 de setembro de 2001. Afinal, a ofensiva militar externa foi acompanhada pela ofensiva antissindical interna contra os sindicatos de funcionários públicos, muitos deles, filiados à federação. Ademais, o clima politicamente chauvinista trazido pela guerra dificultou a organização dos trabalhadores imigrantes, descontentando o Seiu.

Imediatamente, o apoio da federação à guerra foi rechaçado pela Federação Estadunidense dos Empregados Municipais (American Federation of State, County and Municipal Employees – AFSCME), pelo Sindicato dos Trabalhadores dos Correios dos Estados Unidos (American Postal Workers Union – APWU), pelo Sindicato dos Trabalhadores em Telecomunicações dos Estados Unidos (Communications Workers of America Union – CWA), pelo Sindicato Internacional

---

[36] Ver Michael Burawoy, *The Politics of Production: Factory Regimes under Capitalism and Socialism* (Londres, Verso, 1985).

dos Empregados do Setor de Serviços (Service Employees International Union – Seiu), pelo Sindicato dos Trabalhadores Eletricitários (United Electrical Workers – UE) e pelo Sindicato dos Trabalhadores Rurais (United Farm Workers – UFW)[37]. E a ideia da criação de uma nova federação sindical nos Estados Unidos foi se tornando cada dia mais plausível aos olhos dos líderes sindicais descontentes.

Rachando a federação

A tarefa da criação de uma nova federação coube ao Seiu, um sindicato cuja base era formada majoritariamente por jovens trabalhadoras racializadas, imigrantes sem documentos e sem ensino universitário, mas, à época, liderada por homens brancos de meia-idade com diplomas universitários obtidos em instituições de prestígio. Em parte, a trajetória da liderança ajuda a compreender esse curioso contraste.

Nos anos 1960 e 1970, muitos estudantes universitários radicalizados pela luta pelos direitos civis e contra a Guerra do Vietnã aproximaram-se dos sindicatos durante o ciclo da rebelião das bases. Esses jovens faziam parte de uma nova esquerda radical que havia se formado atuando em diferentes organizações socialistas independentes, além de pequenos partidos políticos de orientação maoista e trotskista. Em seu conjunto, essas organizações asseguraram a sobrevivência de uma orientação politicamente concentrada na defesa da igualdade econômica e da justiça social. Sem experiência industrial prévia, os estudantes preferiram concentrar sua militância nos setores hoteleiro e público, assim como no sistema educacional[38].

Independentemente da liderança esquerdista do Seiu sob Andy Stern no racha de junho de 2005, coube a Douglas McCarron, presidente da Irmandade Unida dos Carpinteiros e Marceneiros dos Estados Unidos (UBCJA) e um sindicalista notoriamente conservador, anunciar em 2001 a crise da AFL-CIO. Após transformar a UBC em uma máquina burocrática orientada por metas corporativas de aumento de filiados, McCarron decidiu se desfiliar da federação, criticando o ritmo lento do crescimento da taxa de densidade sindical durante a presidência de Sweeney[39].

Malgrado suas enormes diferenças políticas, Stern e McCarron partilhavam a mesma orientação estratégica. Para ambos, o sindicalismo estadunidense deveria

---

[37] Ver Dianne Feeley, "Labor Speaking Out Against Bush's War", *Against the Current*, n. 103, mar.-abr. 2003; disponível em: <https://againstthecurrent.org/atc103/p651/>; acesso em: 22 jun. 2023.

[38] Ver Max Elbaum, *Revolution in the Air: Sixties Radicals Turn to Lenin, Mao and Che* (Nova York, Verso, 2002).

[39] Ver Ian Greer, "Business Union *vs*. Business Union? Understanding the Split in the US Labour Movement", *Capital & Class*, n. 30, n. 3, out. 2006, p. 1-6.

mimetizar uma corporação empresarial, mantendo seu foco na negociação coletiva em vez de investir em campanhas para filiar trabalhadores não organizados. Da mesma forma, eles convergiam quanto à principal tarefa tática. A fim de fortalecer seu poder de negociação com as gerências, os sindicatos menores deveriam se incorporar aos sindicatos maiores[40].

A concordância entre Stern e McCarron indica que o racha da AFL-CIO deve ser interpretado tendo em vista o desejo de alguns setores burocráticos de renovar o sindicalismo de negócios no país[41]. Desse modo, os sindicatos rebeldes pretendiam crescer por meio de fusões e aquisições de outros sindicatos, fortalecendo a centralização do poder burocrático nas mãos de poucos sindicalistas. Essa estratégia colidia com alguns programas descentralizadores defendidos por Sweeney que buscavam aproximar os sindicatos locais da federação internacional[42].

Com Stern, o Seiu passou a advogar que o número supostamente excessivo de sindicatos multiplicava sobreposições na representação dos trabalhadores, causando concorrência entre diferentes organizações. A fim de superar essa deficiência, o sindicalismo deveria se "consolidar", com os sindicatos locais se incorporando aos sindicatos maiores[43].

A proposta de transferir as tarefas de representação para poucos sindicalistas desconsiderou que vários sindicatos conservavam seu poder não por conta de sua quantidade, mas graças à qualidade estratégica dos trabalhadores organizados por eles. Além disso, o diagnóstico do Seiu esqueceu que a construção da solidariedade entre as diferentes organizações de trabalhadores é uma conquista política e não a consequência inevitável da execução de um plano bem arquitetado. Finalmente, a consolidação sindical frequentemente "dificulta a avaliação cuidadosa, metódica, sistemática e detalhada das estruturas de poder entre as pessoas comuns que já são parte ou podem ser trazidas para a luta. [...]. Além disso, a concentração dos sindicatos enfraquece tanto a análise da correlação de forças existente em cada setor quanto a identificação dos pontos de pressão por meio dos quais um sindicato pode alcançar vitórias organizativas"[44].

No entanto, o principal contratempo associado ao programa do Seiu foi preterir a organização dos trabalhadores não organizados. Ao fazê-lo, ele não apenas desprezou o fenômeno da proliferação dos subempregos como afastou o sindicato internacional das comunidades onde vivem e se reproduzem os trabalhadores

---

[40] Ver idem.
[41] Idem.
[42] Ver Victor G. Devinatz, "John Sweeney's Legacy and the Future of the AFL-CIO", *Working USA*, v. 13, n. 2, 2010, p. 281-96.
[43] Ver Bob Kirkman, "Mergers that Work: The Experience of Seiu", *New Labor Forum*, n. 10, 2002, p. 48-51.
[44] Jane F. McAlevey, *No Shortcuts*, cit., p. 44.

precários. Como resultado, a concentração do poder nas mãos de poucos burocratas tende a abandonar os que mais sofrem com o desaparecimento do trabalho protegido, ou seja, os grupos racializados[45].

Reverter esse quadro exige associar a solidariedade setorial aos princípios de justiça social enraizados nas comunidades onde vivem e se reproduzem os trabalhadores. Inspirada tanto no ciclo de sindicalização liderado pelo CIO nos anos 1930 quanto na aproximação entre sindicatos e movimentos sociais em favor dos direitos civis nos anos 1950 e 1960, Jane McAlevey acerta em cheio ao afirmar: "O poder de vencer está na comunidade, não na sala de reuniões"[46].

Ainda que sua avaliação da relação entre os sindicatos e as comunidades de trabalhadores possa parecer apressada, a abordagem desenvolvida por McAlevey a respeito da "organização total do trabalhador" claramente rompe com a noção usual nos Estados Unidos de que sindicatos são grupos de interesse que devem se limitar a fazer pressão sobre políticos e avança em pontos centrais relacionados aos dilemas atuais do trabalho organizado[47].

De fato, qualquer que seja a saída para a crise do sindicalismo estadunidense, ela necessariamente passará pela desconstrução da imagem do sindicalista como um lobista que vive em Washington adulando políticos. Se quiserem sobreviver, os sindicatos devem voltar a significar algo mais que organizações que vendem um serviço de representação para um consumidor interessado em melhorar seus benefícios salariais. Por isso, McAlevey tem razão ao alegar que, num mundo cada dia mais ameaçado pelo aumento da desigualdade entre as classes, o ativista sindical deve se inspirar nos exemplos da luta pelos direitos civis, transformando-se num campeão da luta por justiça social[48].

Justiça social "pelo alto"?

Apesar de o reformismo da AFL-CIO ter conquistado alguns ótimos resultados na segunda metade dos anos 1990, casos da nacionalização da campanha Justice for Janitors e da bem-sucedida greve de agosto de 1997 dos trabalhadores de entrega da empresa UPS, ele se limitou à revitalização da própria burocracia sindical. Na passagem dos anos 1990 para os 2000, tensões entre sindicatos nacionais e federação começaram a aflorar, evidenciando a debilidade do projeto de reforma. E o

---

[45] Ver William Julius Wilson, *When Work Disappears: The World of the New Urban Poor* (Nova York, Vintage, 1997).

[46] Jane F. McAlevey, *No Shortcuts*, cit., p. 27.

[47] Ibidem.

[48] Ver Jane McAlevey, *A Collective Bargain, Unions, Organizing, and the Fight for Democracy* (Nova York, Harper Collins, 2020).

racha de 2005 acabou favorecendo uma alternativa ainda mais centralizadora para a crise do sindicalismo estadunidense do que a advogada originalmente por Sweeney.

Principal arquiteto da expansão do Seiu nos anos 1990 e seu líder indiscutível até 2010, Andy Stern simbolizou como nenhuma outra liderança essa etapa. Antigo presidente do Seiu Local 668, o Sindicato dos Trabalhadores da Seguridade Social do estado da Pensilvânia, Stern foi nomeado para o Conselho Executivo Internacional do Seiu no início dos anos 1980, tornando-se um dos defensores mais determinados da renovação sindical por meio da fusão de organizações. Demitido após se chocar com Sweeney, ele voltou para a organização em 1996 como o mais jovem presidente da história do Seiu[49].

Da militância marxista na Universidade da Pensilvânia, onde se graduou em urbanismo, Stern tornou-se um ativo defensor da colaboração entre sindicatos e grandes corporações. Aos seus olhos, num contexto de globalização neoliberal, essa seria a única maneira de defender a competitividade econômica estadunidense e, consequentemente, preservar os empregos:

> Bem, nosso movimento sindical foi construído em torno de um tipo de economia industrial dos anos 1930. Era um tipo de sindicalismo de luta de classes, mas os trabalhadores na economia de hoje não querem sindicatos que causem problemas; eles querem que os sindicatos resolvam os problemas e isso significa que todos estejam dispostos a trabalhar juntos. Precisamos de uma América que funcione para todos, precisamos reconhecer o trabalho dos trabalhadores americanos e assegurar que eles continuem vivendo o sonho americano. [...]. Precisamos de parcerias com as empresas e com os governos. Vivemos um período em que a liderança da economia americana está sendo seriamente desafiada pela globalização neoliberal.[50]

Rendendo-se ao peso dos trabalhadores terceirizados no Seiu, Stern abraçou a terceirização empresarial como um instrumento necessário para a mitigação dos riscos econômicos trazidos pela globalização. Sua defesa da privatização das casas de repouso e dos hospitais municipais seguiu um raciocínio semelhante. Diante da inevitabilidade da privatização, o sindicato deveria aproveitar ao máximo as oportunidades criadas pelo aumento do número de trabalhadores terceirizados[51].

Essa defesa da mercantilização do trabalho não deixa de surpreender. Afinal, Stern fez parte de uma geração de estudantes que se moveu das universidades para o mundo do trabalho a fim de desafiar o velho sindicalismo de negócios fordista. Muitos desses estudantes foram influenciados por uma visão marcadamente anti-burocrática e anticorporativista do movimento sindical. Ou, conforme o esboço do

---

[49] Ver Leon Fink e Jennifer Luff, "An Interview with Seiu President Emeritus Andy Stern", *Labor*, v. 8, n. 2, maio 2011, p. 7-36.

[50] Andy Stern citado em ibidem, p. 11.

[51] Ver Andrew L. Stern, "Labor Rekindles Reform", *American Journal of Public Health*, v. 93, n. 1, jan. 2003, p. 95-8.

manifesto fundador da organização Estudantes por uma Sociedade Democrática (Students for a Democratic Society – SDS), cujos ativistas se tornariam presidentes do Seiu, do Unite Here! e do CWA:

> Essas ameaças e oportunidades apontam para uma crise profunda: ou o trabalho continua a declinar como força social ou deve se constituir como uma força política de massa exigindo não apenas que a sociedade reconheça seus direitos de organização, mas também um programa que vá além da legislação trabalhista desejada e melhorias de bem-estar. Necessariamente, este último papel exigirá o envolvimento das bases. Isso deverá incluir mais autonomia e poder para as coalizões políticas nos vários sindicatos locais, em vez do atual domínio estupidificante e centralizador exercido pelos sindicatos internacionais.[52]

Nos anos 1960, os ativistas do SDS julgavam que a burocracia operária, ainda que à frente de greves e paralisações, não tinha interesse em ampliar a participação dos trabalhadores no cotidiano dos sindicatos. Para tanto, eles advogavam a adoção de medidas democratizantes, como a redução dos salários das lideranças sindicais ou a adoção do rodízio de cargos executivos. Dessa maneira, imaginavam que as fronteiras burocráticas que separavam bases e lideranças seriam progressivamente mitigadas, tornando as organizações mais abertas à participação dos trabalhadores. Praticamente toda a direção do Seiu dos anos 1980 originou-se desse ambiente político, compartilhando o mesmo passado de referências radicais[53].

Considerado pelo *Wall Street Journal*, após a eleição de Barack Obama, "o sindicalista mais poderoso da América"[54], Stern estava entre os muitos críticos da velha burocracia sindical quando se filiou nos anos 1970 ao Sindicato dos Assistentes Sociais da Pensilvânia (Pennsylvania's Social Service Employees Union – PSSU). E, em 2005, ele se transformou na principal força por trás da ruptura com a AFL-CIO que criou a federação Mudar para Vencer (CTW). Ao assumir a liderança da nova organização, Stern contou com o apoio daqueles que também haviam se entusiasmado com o projeto reformista de Sweeney. E sua origem política radical o ajudou a se aproximar de uma nova geração de ativistas recém-saídos das universidades.

Herman Benson expressou da seguinte maneira o entusiasmo com o qual a notícia da criação da nova federação foi recebida pelos setores progressistas nos Estados Unidos:

> O Seiu costuma fazer mais que melhorar suas estatísticas de filiação. Ele aumenta os salários dos imigrantes, mulheres e minorias que trabalham como faxineiros, zeladores,

---

[52] Students for a Democratic Society (SDS), "Port Huron Statement Draft", *SDS*, 23 abr. 2006; disponível em: <https://www.sds-1960s.org/PortHuronStatement-draft.htm>; acesso em: 11 maio 2022.

[53] Ver Sharon Smith, *Subterranean Fire: A History of Working-Class Radicalism in the United States* (Chicago, Haymarket, 2018).

[54] Ver Matthew Kaminski, "Let's 'Share the Wealth': America's Most Powerful Union Boss Says Europe Offers a Good Economic Model", *Wall Street Journal*, 6 dez. 2008.

varredores e trabalhadores de manutenção semiqualificados e mal pagos. Foi esse aspecto que impressionou os radicais mais velhos e deu aos jovens idealistas a oportunidade de fazer algo socialmente útil. E agora uma nova federação sob a liderança de Stern se volta exatamente para os setores mais oprimidos dos trabalhadores![55]

As credenciais antiburocráticas de Stern eram incomparáveis. Quando assumiu a presidência do Seiu em 1996, ele enfrentou a resistência da antiga burocracia sindical fordista que incluía dirigentes poderosos, como Gus Bevona, então presidente do sindicato Local 32B-32J de Nova York, um tipo ideal de liderança sindical burocrática e autoritária: "No prédio do Seiu em Nova York, Gus mandou colocar um busto em sua honra. Kim Il Sung teria ficado muito orgulhoso. 'Este edifício é dedicado a Gus Bevona, por seus esforços incansáveis, blá, blá, blá'. Depois que assumi a presidência, Gus teve que sair. Assim como toda a velha guarda. Os sindicatos eram muito masculinos, pálidos e obsoletos. E isso estava matando o trabalho organizativo"[56].

Em sua luta contra a velha dominação burocrática, Stern usou o instrumento da intervenção do sindicato internacional no sindicato local, indicando interventores recrutados diretamente das universidades. Essa jovem militância liderou uma série de projetos focados na luta por justiça social, aproximando o sindicato dos trabalhadores precários do setor de serviços. Além disso, é necessário reconhecer que o Seiu foi um dos poucos sindicatos internacionais que investiram na renovação e na diversidade de seus quadros dirigentes.

Por um lado, essa renovação mudou o perfil do comitê executivo, promovendo a diversidade étnica, racial, de gênero e de orientação sexual entre os diretores. Por outro, ela eliminou a presença dos próprios trabalhadores na direção do sindicato, fazendo com que os novos membros do comitê executivo dependessem das indicações de Stern.

Em suma, nos anos 1990 e 2000, o sindicalismo de justiça social renasceu nos Estados Unidos apoiado em uma inédita centralização do poder burocrático. E o sucesso alcançado por esse projeto reformista somado ao declínio da taxa de densidade sindical contribuíram para a transformação da exceção em regra: entre 1996 e 2010, período em que ficou à frente do Seiu, cerca de um quarto dos sindicatos locais passaram por intervenções do sindicato internacional[57].

---

[55] Herman Benson, "After Twelve Years: Where Is that Labor-Intellectual Alliance?" *New Politics*, v. 11, n. 4, 2008, p. 109.

[56] Andy Stern citado em Bradford Plumer, "Labor's Love Lost: Will Andy Stern Save Unions, or Destroy them?", *New Republic*, 23 abr. 2008; disponível em: <https://newrepublic.com/article/63885/labors-love-lost>; acesso em: 22 jun. 2023.

[57] Ver Steve Early, *The Civil Wars in U. S. Labor: Birth of a New Workers' Movement or Death Throes of the Old?* (Chicago, Haymarket, 2011).

Sucintamente, o modelo que balizou a criação da federação Mudar para Vencer condensou algumas características marcantes. Em primeiro lugar, está o apoio à diversidade da liderança, mesmo que à custa da participação dos próprios trabalhadores na direção dos sindicatos. Em seguida, destaca-se a preocupação em fortalecer o poder de negociação com as empresas por meio da fusão de sindicatos menores em maiores. O foco na ampliação do trabalho organizativo em setores já sindicalizados, usualmente formados por trabalhadores terceirizados e racializados. Finalmente, uma forte centralização do controle do sindicato nas mãos de poucos dirigentes.

O destino da CTW demonstra que esse modelo não representou uma solução para a crise do sindicalismo nos Estados Unidos. Em 2009, a Irmandade Unida dos Carpinteiros (UBC) se desfiliou da federação, sendo acompanhada pelo Unite Here!, pelo Sindicato Internacional dos Trabalhadores da Construção Civil e Pesada da América do Norte (Liuna) e pelo Sindicato dos Trabalhadores Comerciários e do Setor de Alimentação (UFCW). Em 2014, o Seiu, o CWA e o UFW decidiram substituir a federação por um centro de inovação sindical chamado Centro Organizador Estratégico (Strategic Organizing Center – SOC) e dedicado a apoiar os trabalhadores, sobretudo nos setores de alimentação, comércio, comunicações, logística e transporte[58].

Ativo na campanha pelo aumento do salário mínimo nacional para quinze dólares por hora e conhecido por liderar a organização das trabalhadoras de *call center*, um grupo majoritariamente formado por jovens mulheres negras, no Sul do país, o SOC apoiou algumas experiências recentes de criação de sindicatos independentes em empresas como a Amazon, a Eletronic Arts e a Starbucks. No entanto, focado na organização dos setores não organizados, no apoio à mobilização dos próprios trabalhadores e na criação de sindicatos democraticamente controlados pelas bases, o modelo de organização do SOC não poderia estar mais distante daquele advogado por Andy Stern.

---

[58] Ver Joseph A. McCartin, Katie Corrigan e Jennifer Luff, *Bargaining for the Future: Rethinking Labor's Recent Past and Planning Strategically for its Future* (Washington, Kalmanovitz Initiative for Labor and the Working Poor/Georgetown University, 2014); disponível em: <https://lwp.georgetown.edu/wp-content/uploads/sites/319/uploads/Bargaining-for-the-Future.pdf>; acesso em: 22 jun. 2023.

Parte 2
EXPROPRIANDO A SOLIDARIEDADE

Do vale do Monongahela
à cordilheira de ferro Mesabi,
Até as minas de carvão dos Apalaches,
A história é sempre a mesma,
Setecentas toneladas de metal por dia,
Agora, senhor, você me diz que o mundo mudou,
Uma vez que eu o fiz rico o suficiente,
Rico o suficiente para esquecer meu nome.

Bruce Springsteen, "Youngstown" (1995)

5
A falsificação da ira

A trajetória da luta pela democratização "desde baixo" do movimento trabalhista nos Estados Unidos sofreu um duríssimo golpe em dezembro de 2007. A chegada da Grande Recessão representou para inúmeras comunidades trabalhadoras americanas o colapso dos últimos vestígios de estabilidade proporcionados pela reprodução de sua economia moral. Esquematicamente, vale observar que essa noção remete às relações econômicas que são reguladas por valores derivados de um sistema de solidariedades práticas organizado pelo direito à existência[1].

Entre 2008 e 2011, o aumento das demissões nas fábricas e o estímulo ao deslocamento das operações para regiões onde o preço da força de trabalho é mais competitivo dizimaram mais de 2 milhões de empregos industriais[2]. Após décadas de competição entre os partidos Democrata e Republicano para saber qual governo era capaz de cortar mais impostos dos ricos e recursos de programas assistenciais para os pobres, a devastação neoliberal da classe trabalhadora atingiu seu ponto culminante. A Grande Recessão não apenas arruinou a renda das famílias trabalhadoras. Acima de tudo, ela estrangulou suas expectativas quanto ao futuro de seu modo de vida, multiplicando comunidades de angústia por todo o país[3].

Resultado da desregulamentação do setor bancário iniciada pelo governo de Ronald Reagan, o aumento irracional de ativos financeiros gerou um ambiente

---

[1] Ver E. P. Thompson, *Costumes em comum: estudos sobre a cultura popular tradicional* (trad. Rosaura Eichenberg, São Paulo, Companhia das Letras, 1998).
[2] Ver Greta R. Krippner, *Capitalizing on Crisis: The Political Origins of the Rise of Finance* (Cambridge, Harvard University, 2011).
[3] Ver Ann Owens e Robert J. Sampson, "Community Well-Being and the Great Recession", em David B. Grusky e Jasmine Hill (orgs.), *Inequality in the 21ª Century: A Reader* (Nova York, Routledge, 2018).

econômico estruturalmente dependente do endividamento das famílias trabalhadoras. No início dos anos 1980, após o governo eliminar a regulação da taxa de juros cobrada do consumidor, o crédito tornou-se significativamente mais caro, proporcionando lucros inéditos aos bancos[4].

Desde então, as orgias promovidas pela financeirização do capital foram bancadas pelas suadas poupanças das famílias trabalhadoras, antes protegidas pela regulação fordista. Além de enquadrar o fluxo internacional de capital, esse sistema limitava o escopo das atividades financeiras, obrigando os bancos a focar em operações pouco rentáveis, como empréstimos de longo prazo. No entanto, a desregulamentação dos anos 1980 e o progresso das tecnologias computadorizadas dos anos 1990 combinaram-se a fim de mudar esse cenário.

Daí em diante, uma inédita massa de capital financeiro acumulada passou a pressionar o sistema bancário a buscar novas fontes de capitalização financeira. Concentrando-se no setor de habitação popular, mais atraente do ponto de vista da remuneração do risco, os financiamentos bancários desregulados avolumaram-se nos anos 2000 produzindo uma crise habitacional que gerou uma perda de 2 milhões de residências para os bancos. O caos financeiro provocou uma crise econômica, elevando repentinamente a taxa de desemprego[5].

A combinação entre aumento do desemprego e dos despejos golpeou sobretudo os trabalhadores negros, cuja modesta elevação dos rendimentos conquistada em décadas de luta por justiça racial foi revertida em poucos anos[6]. E o governo de Barack Obama jamais se mostrou à altura de assegurar qualquer alento às famílias trabalhadoras, em especial às negras, castigadas pela Grande Recessão. Ao contrário, a promessa de repatriação dos empregos industriais feita pelo primeiro presidente negro da história não apenas tardou a acontecer como se mostrou incapaz de compensar as perdas acumuladas após 2008.

Na realidade, os poucos milhares de empregos industriais trazidos de volta por empresas como Master Lock, Nike e Target, por exemplo, resultaram menos de estímulos políticos e fiscais assegurados pelo governo e mais da combinação do aumento dos salários chineses com a queda dos salários estadunidenses, após décadas de cortes de benefícios trabalhistas e ajustes inflacionários. Em suma, a capacidade das grandes corporações estadunidenses de explorar as cadeias globais de fornecedores em busca de salários cada vez mais baratos jamais foi desafiada pelo governo de Barack Obama[7].

---

[4] Ver Greta R. Krippner, *Capitalizing on Crisis*, cit.

[5] Ver idem.

[6] Ver Jake Rosenfeld e Meredith Kleykamp, "Organized Labor and Racial Wage Inequality in the United States", *American Journal of Sociology*, v. 117, n. 5, mar. 2012, p. 1.460-502.

[7] Ver Mark Anner, "Worker Resistance in Global Supply Chains: Wildcat Strikes, International Accords, and Transnational Campaigns", *International Journal of Labour Research*, v. 7, n. 1-2, 2015, p. 17-34.

Entre 2008 e 2014, a perda líquida de 5 milhões de empregos não apenas exacerbou desigualdades sociais como revoltou inúmeros trabalhadores, afastando-os do governo Obama. A incapacidade do presidente democrata de reverter o declínio dos empregos industriais – ou simplesmente de favorecer a proteção dos ainda empregados – acabou fortalecendo a alienação política dos grupos operários tradicionalmente mais próximos do Partido Democrata.

Tanto o apoio a Bernie Sanders contra Hillary Clinton nas primárias democratas quanto a grande abstenção observada no dia da votação nos antigos bastiões operários do Cinturão da Ferrugem revelaram a alienação política dos trabalhadores industriais em 2016. Decisivos para a eleição de Trump, Michigan, Ohio, Pensilvânia e Wisconsin apresentaram taxas mais elevadas de abstenção do que a média nacional. Em suma, o apoio democrata no Cinturão da Ferrugem colapsou devido ao não comparecimento dos operários aos locais de votação[8].

Vale observar que o fim do fordismo, cujo pacto uniu trabalhadores sindicalizados e políticos democratas, deslocou o Partido Democrata na direção dos setores médios e profissionais das grandes cidades. Politicamente, os democratas negligenciaram as angústias da classe trabalhadora relacionadas ao declínio industrial a tal ponto que, durante um evento de campanha em Ohio, Hillary Clinton afirmou: "Sou a única candidata que tem uma política para trazer oportunidades usando energia renovável limpa como solução para a questão do carvão. Porque vamos acabar com muitos mineiros e empresas de carvão"[9].

Ao contrário de sua adversária, Trump abordou as preocupações da classe trabalhadora do Cinturão da Ferrugem argumentando que a globalização neoliberal vitimara os empregos industriais, devastando as comunidades de trabalhadores em benefício das elites políticas e econômicas. Além disso, ao contrário de candidatos republicanos do passado, ele atacou abertamente cortes na saúde e na previdência, denunciando a estagnação salarial e prometendo transformar o Partido Republicano num verdadeiro "partido dos trabalhadores". Dessa forma, Trump alinhou sua campanha a trabalhadores politicamente disponíveis dado o colapso do apoio a Hillary Clinton[10].

---

[8] Konstantin Kilibarda e Daria Roithmayr, "The Myth of the Rust Belt Revolt", *Slate*, 1º dez. 2016; disponível em: <https://slate.com/news-and-politics/2016/12/the-myth-of-the-rust-belt-revolt.html>; acesso em: 22 jun. 2023.

[9] Hillary Clinton citada em David Roberts, "Hillary Clinton's 'Coal Gaffe' Is a Microcosm of her Twisted Treatment by the Media", *Vox*, 20 set. 2017; disponível em: <https://www.vox.com/energy-and-environment/2017/9/15/16306158/hillary-clinton-hall-of-mirrors>; acesso em: 22 jun. 2023.

[10] Ver Luke Savage, "What Was Maga Nationalism?", *Jacobin*, 15 fev. 2023.

Nacionalismo autoritário e precarização do trabalho

A precarização do trabalho nos Estados Unidos foi impulsionada pela combinação entre o crescimento de empregos sub-remunerados no setor de serviços e a estratégia de terceirização empresarial. Após o início da Grande Recessão, a oferta de empregos cresceu onde predomina a presença de mulheres e de trabalhadores racializados. Além disso, a reprodução de um sistema de saúde baseado na aquisição de seguros para trabalhadores em tempo integral estimulou a contratação de trabalhadores temporários[11]. Embora o fenômeno do trabalho temporário ainda esteja concentrado nos serviços, esse modelo avançou para setores especializados, como informática e saúde, ajudando a corroer alguns importantes bastiões do emprego em tempo integral.

Quadro 6: Mudança percentual no emprego em ocupações selecionadas, trabalhadores temporários e trabalhadores em tempo integral, 2010-2018

Ocupações	Trabalhadores temporários	Trabalhadores em tempo integral
Trabalhadores de processamento de alimentos	604,3%	20,3%
Desenvolvedores de aplicativos	483,4%	80,9%
Técnicos de ciências da vida	154,2%	17,8%
Trabalhadores de cargas e estoques de materiais	104,3%	42,9%
Operadores de caminhões e tratores industriais	102,6%	16,5%

Fonte: Bureau of Labor Statistics, "What Happened to Temps? Changes since the Great Recession", *Monthly Labor Review*, fev. 2021, p. 8-9; disponível em: <https://stats.bls.gov/opub/mlr/2021/article/pdf/temp-help.pdf>; acesso em: 22 jun. 2023.

Tendo em vista a grande variedade de definições e uma certa ausência de dados confiáveis sobre novos grupos temporários de profissionais e de trabalhadores, quantificar a precariedade laboral nos Estados Unidos é uma tarefa espinhosa. No entanto, em 2015, um estudo realizado pelo Escritório de Responsabilização do Governo dos Estados Unidos (Government Accountability Office – GAO) observou que trabalhadores temporários e terceirizados constituíam mais de um terço do total da força de trabalho nos Estados Unidos. O estudo estimou ainda que, em média, esses trabalhadores recebiam metade do salário daqueles diretamente contratados[12].

---

[11] Ver William E. Even e David A. Macpherson, "The Affordable Care Act and the Growth of Involuntary Part-Time Employment", *ILR Review*, v. 72, n. 4, set. 2018, p. 955-80.

[12] U. S. Government Accountability Office (GAO), "Contingent Workforce: Size, Characteristics, Earnings, and Benefits", *GAO*, Washington, 20 abr. 2015; disponível em: <https://www.gao.gov/products/gao-15-168r>; acesso em: 22 jun. 2023.

O aumento das ocupações temporárias aproximou alguns diferentes grupos profissionais das condições de reprodução do precariado. Nesse sentido, é razoável supor que os trabalhadores da rede de supermercados Walmart compartilhem com os trabalhadores da educação interesses comuns de acesso a direitos e benefícios trabalhistas. Isoladamente, essa convergência não é capaz de gerar formas de ação coletiva, pois faltam condições decisivas, como a presença de ativistas de base, para que os interesses coletivos se aglutinem em formas de consciência de classe trabalhadora. A formação de identidades classistas esbarra ainda na política antissindical das gerências, que abusam de demissões injustificadas dos ativistas de base.

Após acumular experiências como trabalhadora da rede Walmart, Barbara Ehrenreich relatou como o maior empregador do país conseguia manter os sindicatos distantes dos trabalhadores:

> O tema das tensões ocultas, superadas pelo pensamento correto e pela atitude positiva, prossegue na fita de doze minutos intitulada *Você escolheu um lugar maravilhoso para trabalhar*. Aqui vários associados testemunham o "sentimento fundamental de família pelo qual a Walmart é tão conhecida", levando à conclusão de que não precisamos de sindicato. Certa vez, há muito tempo, os sindicatos tiveram seu lugar na sociedade americana, mas eles "não têm mais muita coisa a oferecer aos trabalhadores", e é por isso que as pessoas os estão abandonando "aos magotes". A Walmart está crescendo; os sindicatos estão murchando: julgue por si próprio. Mas fomos avisados de que "os sindicatos vêm atacando a Walmart há anos". Por quê? Pelo dinheiro das mensalidades, é claro. Pense no que você perderia com um sindicato: primeiro, a mensalidade, que pode ser de até 20 dólares por mês "e às vezes muito mais". Segundo, você perderia "sua voz", porque o sindicato insistiria em falar por você. Finalmente, você pode perder até seu salário e os benefícios, porque estariam todos "em risco na mesa de negociações". [...]. Há outras maneiras mais diretas – além do plano de divisão dos lucros e do patriotismo da empresa – de manter em seu lugar os empregados de baixa renda. As regras contra "fofocas" ou mesmo "falar" tornam difícil desabafar suas queixas com os colegas ou, caso haja tamanha ousadia, alistar outros trabalhadores num esforço grupal para provocar mudanças, por meio de um esforço para organizar um sindicato, por exemplo. Os que saem da linha costumam enfrentar pequenas punições inexplicadas, como ter sua escala ou suas tarefas no trabalho alteradas unilateralmente. Ou a pessoa pode ser despedida; os trabalhadores de baixa renda que não têm contrato firmado pelo sindicato, que são a grande maioria, trabalham "à vontade", ou seja, à vontade do empregador, e estão sujeitos à demissão sem explicações.[13]

Por essa razão, o ambiente de trabalho do precariado americano lembra uma ditadura. As constantes ameaças das gerências, somadas às táticas antissindicais, não apenas mantêm os salários dos trabalhadores precários sempre próximos à linha oficial da pobreza como corroem os valores associativos que conformam a base da

---

[13] Barbara Ehrenreich, *Miséria à americana: vivendo de subempregos nos Estados Unidos* (trad. Maria Beatriz de Medina, São Paulo, Record, 2004), p. 238.

solidariedade classista. Nas palavras de Ehrenreich: "Quando se entra no local de trabalho de baixa renda [...], você deixa suas liberdades civis na porta, abandona os Estados Unidos e tudo o que o país supostamente representa e aprende a fechar a boca durante toda a jornada"[14].

Donald Trump empenhou-se em instrumentalizar a sensação angustiante criada pela generalização desse tipo de emprego precário, alegando defender os trabalhadores comuns contra a ganância de uma elite econômica liberal. Para tanto, seria necessário recuperar os valores tradicionais americanos, isto é, a liberdade, a família, a religião e o trabalho duro, corrompidos pela globalização neoliberal[15].

A narrativa-padrão a respeito da ascensão de Trump afirma que o medo da derrocada social latente entre os trabalhadores brancos foi sequestrado por um discurso populista especializado em culpar as elites econômicas e políticas pela crise econômica. E esse populismo direitista teria conseguido colher os frutos eleitorais de uma longa batalha travada pela mídia reacionária e por políticos conservadores contra o progresso civilizatório assegurado pelos governos de Barack Obama[16].

Assim, a estratégia de Trump teria conseguido articular os principais setores da direita nacionalista branca com o conservadorismo cristão, criando uma aliança entre moralistas, autoritários e supremacistas em torno do projeto de restaurar os bons tempos do fordismo. Em suma, a angústia gerada pela perda de confiança na supremacia americana estaria levando os trabalhadores brancos a golpear as instituições democráticas. E a percepção de que o trumpismo "sangrou diretamente da ferida do privilégio destronado que a branquitude, a cristandade e a masculinidade garantiam àqueles que não eram nada nem ninguém" rapidamente se transformou no novo senso comum liberal[17].

Para os liberais, o nacionalismo autoritário transformou a imagem idealizada de um passado dominado por famílias heterossexuais, minorias raciais obedientes, vizinhanças seguras e uma branquitude orgulhosa de seu poder, em uma aspiração política de massa. Ou seja, todos aqueles que temessem os imigrantes ou odiassem os beneficiários dos programas sociais do governo poderiam participar dessa aspiração votando em Trump. Poucas vezes se falou tanto em "fascismo" nos Estados Unidos quanto nos últimos anos[18].

Sem querer minimizar a importância do debate que mobilizou parte considerável da intelectualidade liberal, social-democrata e marxista estadunidense em

---

[14] Idem.

[15] Ver Luke Savage, "What Was Maga Nationalism?", cit.

[16] Ver Wendy Brown, *Nas ruínas do neoliberalismo: a ascensão da política antidemocrática no Ocidente* (trad. Mario Marino e Eduardo Altheman C. Santos, São Paulo, Politeia, 2019).

[17] Ibidem, p. 13.

[18] Ver Anthony R. DiMaggio, *Rising Fascism in America: It Can Happen Here* (Nova York, Routledge, 2021).

torno da questão de se Trump seria ou não um político "fascista", "neofascista", "protofascista" ou "criptofascista", acompanho a análise realizada por Dylan Riley. Ao comparar o contexto geopolítico, a natureza da crise econômica, a relação de dominação de classe, o caráter da sociedade civil e a natureza dos partidos políticos, ele concluiu que o governo de Trump não seria bem caracterizado pela analogia com o fascismo, optando pelo conceito weberiano de patrimonialismo:

> A forma extrema de hibridismo que ele [Trump] incorpora sugere que é inútil atribuir a ele qualquer classificação geral, tais como fascismo, autoritarismo ou populismo, mesmo que exiba traços pelo menos do terceiro, se não do segundo – assim como nacionalismo, racismo e sexismo. Oportunista desde a origem, essa forma de governo é um composto muito instável para ter ampla capacidade de sobrevivência. Não há ideologia ou "causa" trumpista com a qual seus leais seguidores possam se comprometer quando ele deixar o cargo. [...]. A noção de governo de Trump é precisamente patrimonial, nesse sentido. Para ele, a relação da equipe com o líder não é um compromisso impessoal com o cargo de Estado, mas "uma lealdade de servo, baseada em uma relação estritamente pessoal". [...]. As eleições intermediárias de 2018 sublinharam essa fraqueza. Mesmo com as vantagens de um clima econômico extraordinariamente favorável e a impressionante manipulação dos distritos eleitorais pelos republicanos, as eleições intermediárias mostraram um significativo enfraquecimento de Trump em estados cruciais, como Wisconsin, Michigan e Pensilvânia, além de uma forte erosão de seu apoio no Arizona e no Texas.[19]

Ainda que possamos debater o alcance do conceito de patrimonialismo para explicar o governo de Trump, o fato é que Riley não se rendeu ao novo senso comum liberal que atribuiu ao ressentimento dos trabalhadores brancos a razão para a guinada direitista do Partido Republicano, após uma imaginária era de progresso na qual "os americanos brancos ricos aprenderam a olhar com simpatia a vida dos pobres, negros e LGBTQ, ignorando a classe trabalhadora branca precisamente no momento em que sua sorte econômica estancou"[20]. Análises que descartam a classe trabalhadora como sujeito de sua própria história tendem a transformar os trabalhadores em objetos da benevolência dos formuladores de políticas públicas.

Em acréscimo, a substancialização racial da classe trabalhadora dificulta a interpretação de seu comportamento político para além de estereótipos como o "ódio branco" insuflado contra os grupos sociais oprimidos e racializados por políticos oportunistas[21]. Frequentemente, essa substancialização aparece atada ao

---

[19] Dylan Riley, "What Is Trump?", *New Left Review*, n. 114, nov.-dez. 2018, p. 25-6; disponível em: <https://newleftreview.org/issues/ii114/articles/dylan-riley-what-is-trump>; acesso em: 22 jun. 2023.

[20] Joan C. Williams, *White Working Class: Overcoming Class Cluelessness in America* (Boston, Harvard Business Review, 2017), p. 3.

[21] Ver Tex Sample, *Working Class Rage: A Field Guide to White Anger and Pain* (Nashville, Abingdon, 2018).

aparente desejo dos trabalhadores brancos de restaurar a sacralidade dos valores patriarcais frente às ameaças trazidas pelo progresso dos direitos das mulheres e dos grupos LGBTQIA+[22].

Ao se empenhar em restaurar o patriarcalismo por meio do voto em um reconhecido misógino como Trump, a classe trabalhadora "branca" estaria na realidade ajudando a fortalecer o objetivo neoliberal de fragmentar a sociedade em unidades de produção e de consumo submetidas às leis de mercado e distantes dos direitos da cidadania. Desse modo, o neoliberalismo transformar-se-ia num projeto de desmanche do Estado social em nome dos valores familiares tradicionais presumidamente defendidos pelos trabalhadores brancos. E o "atraso" subalterno legitimaria o autoritarismo trumpista[23].

A narrativa do ódio branco

Em resumo, o senso comum liberal propôs interpretar o trumpismo por meio do ódio à igualdade social gerado pela perda dos privilégios da branquitude, da masculinidade e do nativismo. Trata-se de um diagnóstico concentrado na manipulação política daqueles que se veem acuados pelo progresso do reconhecimento dos grupos historicamente oprimidos.

Esse tipo de diagnóstico condensa dois contratempos frequentes nos estudos sobre a classe trabalhadora "branca". Por um lado, percebemos a *substancialização* da classe, isto é, a atribuição *a priori* de certas características comportamentais a um agregado de indivíduos. Por outro, verificamos a *alienação* da classe, ou seja, sua manipulação por interesses alheios. Amiúde, as opiniões dos trabalhadores brancos a respeito de sua própria dominação desaparecem dessas análises.

Dessa maneira, o senso comum liberal expropria o conteúdo racional do senso comum popular, substituindo-o pela adjudicação de paixões, tais como o ódio ao imigrante, o racismo e a misoginia, a trabalhadores que nunca são realmente ouvidos. Isso não quer dizer que os trabalhadores em geral e os brancos em particular não manifestem comportamentos racistas, xenofóbicos ou sexistas. Sabemos que a visão social de mundo das classes subalternas é fragmentada e contraditória, amalgamando disposições igualitárias e preconceituosas.

Todavia, a substancialização e a alienação não permitem explorar as *contradições do senso comum*, muito menos alcançar aquilo que Antonio Gramsci chamou de "bom senso" popular, ou seja, o núcleo racional e crítico da concepção de mundo

---

[22] Ver Wendy Brown, *Nas ruínas do neoliberalismo*, cit.
[23] Idem.

dos subalternos[24]. Quando supomos a manipulação populista dos trabalhadores brancos só resta concluir que eles não são capazes de enxergar através de sua própria dominação, estando condenados a reproduzi-la. O corolário dessa análise é o niilismo que degrada as conquistas do progressismo estadunidense:

> Para eleitorados angustiados com a decadência de sua posição e de seus privilégios nada reconforta mais que a arrogação sexual crassa de Trump com todas as mulheres, o contratualismo cru de seu casamento e, nesse sentido, toda a sua conduta crua e ostentatória da lei e dos protocolos da presidência. [...]. A grosseria e o rompimento das regras por Trump, longe de estarem em desacordo com os valores tradicionais, consagram a supremacia branca masculina no seu âmago, cujo declínio é um incentivo crucial para o apoio a Trump.[25]

Assim, a frustração do privilégio branco e masculino teria ajudado o trumpismo a transformar os trabalhadores brancos em "novos sujeitos do ressentimento". Um sujeito que "abomina a democracia" e que deseja derrubá-la à medida que decai socialmente. Apoiado pela "classe trabalhadora branca com gritos de guerra alegres e vingativos", Trump representaria um sistema moral organizado pelo desejo de vingança daqueles que num mundo altamente competitivo foram deixados para trás. Para estes, restaria lutar pela restauração de seus antigos privilégios solapados pela combinação entre avanço dos valores igualitários e mercantilização do trabalho:

> A vingança anima o impulso de revogar todas as conquistas da era Obama, dos pactos climáticos ao acordo com o Irã, mas também o de destruir aquilo que essas políticas visavam proteger ou preservar: a Terra e suas muitas espécies, os direitos e as proteções dos vulneráveis (LGBT, mulheres, minorias) e a saúde dos americanos assegurada pelo Obamacare. [...]. Sofrimento, humilhação e ressentimento não sublimado tornam-se uma política permanente da vingança, do ataque àqueles culpados por destronar a masculinidade branca – feministas, multiculturalistas, globalistas, que tanto os destituem quanto desdenham deles.[26]

Quais os limites desse tipo de análise que substancializa e aliena a classe trabalhadora "branca", transformando-a num sujeito prestes a sacrificar a democracia no altar do racismo e da misoginia? Se nos parece apropriado ampliar a noção de neoliberalismo a fim de abarcar sua relação com o nacionalismo autoritário, não haveria uma outra dimensão da ordem moral que escaparia ao senso comum liberal? Fenômenos aparentemente econômicos, tais como cortes na segurança social, desigualdade crescente, desindustrialização, queda da taxa de densidade sindical, também não abrigariam uma essência moral?

---

[24] Ver Antonio Gramsci, *Cadernos do cárcere*, v. 2 (trad. Luiz Sérgio Henriques, Marco Aurélio Nogueira e Carlos Nelson Coutinho, Rio de Janeiro, Civilização Brasileira, 2001).
[25] Wendy Brown, *Nas ruínas do neoliberalismo*, cit., p. 213-4.
[26] Ibidem, p. 215.

Ao pressupor a moralidade religiosa como esteio popular do nacionalismo autoritário, o senso comum liberal descartou o papel vertebrador que princípios de justiça, de igualdade e de reciprocidade desempenham nas comunidades onde vivem os trabalhadores brancos. Na realidade, quando essas comunidades surgem é apenas para ilustrar o ressentimento dos que se agarram a um "gramado devastado pelas secas e enchentes do aquecimento global, entulhado com a parafernália de analgésicos viciantes e próximo de escolas desmoronando, fábricas abandonadas e futuros terminais"[27].

Parece inegável que a combinação entre desindustrialização e epidemia de opioides castigou de forma assustadora as comunidades rurais onde vivem muitos trabalhadores estadunidenses. Aliás, a correlação entre o declínio do emprego na indústria e o aumento da dependência de opioides entre trabalhadores tem bases estatísticas sólidas[28]. Além disso, a defesa de Trump dos empregos na mineração, siderurgia, construção pesada e produção de energias poluentes, atividades econômicas abraçadas por pequenas comunidades, notoriamente seduziu os trabalhadores brancos[29].

Ainda assim, o ódio branco como causa da ascensão do nacionalismo autoritário exige ser problematizado com base em evidências empíricas. E tendo em vista a importância para a interpretação liberal das antigas regiões industriais e das pequenas cidades rurais onde vivem os trabalhadores brancos, parece conveniente focar em sua economia moral. O expressivo apoio eleitoral recebido por Trump nos condados localizados nos Montes Apalaches transformou a região em uma escolha insuspeita.

Em 2016, enquanto Trump visitava fábricas localizadas em cidades rurais dos Apalaches, Hillary Clinton abriu mão de empreender qualquer esforço consistente na região. A negligência em lutar pelos eleitores das regiões industriais e das cidades rurais, decisão provavelmente influenciada pela marginalização dos sindicatos industriais no interior do Partido Democrata, mostrou-se desastrosa. Entre os eleitores brancos da classe trabalhadora de Obama que mudaram de lado em Ohio e na Pensilvânia, por exemplo, assegurando a vitória de Trump, o discurso democrata pareceu etéreo diante da promessa republicana de repatriar as fábricas deslocadas para a China[30].

---

[27] Ibidem, p. 228.
[28] Ver Kerwin Kofi Charles, Erik Hurst e Mariel Schwartz, "The Transformation of Manufacturing and the Decline in U. S. Employment", *National Bureau of Economic Research*, v. 33, n. 1, Working Paper n. 24.468, mar. 2018, p. 307-72.
[29] Ver Mike Davis, "The Great God Trump & the White Working Class", *Catalyst*, v. 1, n. 1, 2017, p. 151-71.
[30] Idem.

Não resta dúvida de que essa promessa veio embalada por uma retórica racista e xenofóbica. Ainda assim, Trump alcançou praticamente a mesma votação entre os brancos que Mitt Romney em 2012, capturando apenas 8% dos votos outrora obtidos por Obama. Em compensação, o declínio do apoio eleitoral ao Partido Democrata foi bastante visível. Os eleitores brancos de classe trabalhadora preferiram ficar em casa no dia da votação. Por essa razão, não é óbvia qual foi a importância do racismo e da misoginia na vitória republicana[31].

Castigados por décadas de subinvestimento público de governos dos dois partidos, antigos bastiões democratas localizados nos Montes Apalaches realmente optaram pela promessa de reindustrialização de Trump. No entanto, a erosão do apoio democrata na região que concentra a maior parte da pobreza branca americana é anterior. Nos anos 2000, quando o Partido Democrata decidiu ampliar a "guerra ao carvão", seus representantes locais já haviam sido sacrificados em favor de partidos independentes, caso do Partido da Montanha da Virgínia Ocidental. E, mesmo diante dos protestos dos sindicatos industriais, o Partido Democrata continuou apoiando o fechamento de empresas ligadas ao carvão na região[32].

Em 2016, o programa de Hillary Clinton não enfrentou nem a questão do declínio dos empregos industriais nem a epidemia de opioides que devastou as comunidades rurais da região[33]. Na memória dos trabalhadores ficou a gafe: "Vamos acabar com muitos mineiros e empresas de carvão". Isso nos ajuda a entender por que na Virgínia Ocidental, único estado localizado totalmente nos Apalaches, Clinton tenha recebido 54 mil votos a menos na eleição presidencial do que havia conquistado nas primárias democratas, quando Bernie Sanders derrotou-a por uma margem de 125 mil votos, vencendo em todos os condados[34].

A incapacidade de convencer seus eleitores das primárias a votar na eleição presidencial evidencia a impopularidade da candidata democrata nas regiões mais pobres dos Estados Unidos. Os condados dos Apalaches também foram fundamentais para a derrota da candidata democrata na Pensilvânia: 52 dos 67 condados, isto é, 44% do total de votos do estado, preferiram o candidato republicano[35]. Nesse sentido, a erosão do apoio democrata nas comunidades dos Apalaches não revela o "atraso" dos operários, mas décadas de reconfiguração das alianças do partido, priorizando os interesses dos setores médios e profissionais das grandes metrópoles.

---

[31] Idem.

[32] Idem.

[33] Ver Anne Case e Angus Deaton, "Rising Morbidity and Mortality in Midlife among White Non-Hispanic Americans in the 21st Century", *Proceedings of the National Academy of Sciences*, n. 49, 2015, p. 15.078-83.

[34] Ver Mike Davis, "The Great God Trump", cit.

[35] Idem.

Aqui vale lembrar que, durante a primeira metade do século passado, os mineiros dos Apalaches transformaram por meio de seus esforços organizativos e de suas greves selvagens o moderno operariado fordista no país num ator político capaz de desafiar governos e empresas, mesmo em tempos de guerra:

> O impacto da heterogeneização da força de trabalho dependia da existência ou não da contraforça unificadora do sindicalismo. Em 1905, nos campos carboníferos da Pensilvânia, por exemplo, os mineiros organizados industrialmente conseguiram, após longas lutas, transformar uma força de trabalho poliglota em uma associação militante. [...]. Diante de uma greve selvagem particularmente determinada dos mineiros de antracito da Pensilvânia em 1943, Lewis foi forçado a liderar o sindicato em uma rebelião aberta contra suas próprias promessas de não entrar em greve [durante a guerra]. Depois de quatro greves desafiando as ameaças de Roosevelt de recrutar grevistas para a guerra e enviar o exército para reprimir os carvoeiros, os mineiros conquistaram suas demandas. Embora cruelmente caluniada pela imprensa, a vitória do UMW eletrizou os trabalhadores de base nas indústrias ligadas ao esforço de guerra.[36]

Política do ressentimento?

Por certo, a narrativa padrão a respeito da vitória de Trump é conveniente para os dois partidos. Em nome da defesa da democracia, os democratas exaltam as conquistas de Obama enquanto alegam enfrentar a vingança de uma plebe atrasada. Em nome da restauração da grandeza nacional, republicanos celebram o espírito nativista encarnado nos trabalhadores brancos cujos valores tradicionais declaram defender. Resta saber o que pensam os trabalhadores a respeito da ascensão do trumpismo. Trata-se de uma questão empírica. A nosso juízo, a investigação mais bem-sucedida sobre as motivações que levaram à aproximação entre Trump e esses trabalhadores foi realizada por Arlie Hochschild[37].

Investigando o porquê de a poluída Luisiana ser tão resistente à regulação ambiental, Hochschild percebeu que vítimas da mercantilização do trabalho e da natureza prefeririam focar seu ressentimento político nos negros e nos imigrantes em vez de no governo ou nas empresas. Esquematicamente, a aproximação dos trabalhadores ao Tea Party, um movimento de cariz conservador organizado no interior do Partido Republicano em defesa de cortes nos gastos públicos, é interpretada como uma reação ao progresso dessas minorias:

---

[36] Mike Davis, *Prisoners of the American Dream: Politics and Economy in the History of the US Working Class* (Nova York, Verso, 1986), p. 79.

[37] Ver Arlie Russell Hochschild, *Strangers in their Own Land: Anger and Mourning on the American Right* (Nova York, New, 2016). [Ed. esp.: *Extraños en su propia tierra: réquiem por la derecha estadounidense* (Madri, Capitán Swing, 2020).]

Os membros do Tea Party se sentiam como pessoas esperando pacientemente na fila, vivendo vidas estáveis que exigiam trabalho duro e autodisciplina, apenas para "ver pessoas entrando na fila à sua frente! Você está seguindo as regras. Eles não estão" [...]. Alguns são negros. Por meio de planos de ação afirmativa, empregos, assistência social e almoços grátis. [...]. Praticamente todos aqueles com quem conversei sentiam-se em terreno econômico instável. [...]. Depois da crise de 2008, alguns ficaram ricos, outros ficaram pobres. E você não vai querer que o governo fique escolhendo seus favoritos por cima disso tudo.[38]

O ressentimento político redundaria da combinação entre uma ardente defesa da religião, uma profunda repulsa ao pagamento de impostos e uma sensação de perda da honra associada ao empobrecimento econômico. E, na base da convergência desses sentimentos, encontraremos uma economia moral ameaçada pelo "grande governo": "Quando eu era criança, você colocava o polegar na beira da estrada e ganhava uma carona. Ou, se você tinha carro, dava carona. Se alguém estava com fome, você o alimentava. Você tinha comunidade. Você sabe o que está prejudicando tudo isso? O grande governo"[39].

A defesa do retorno aos "velhos e bons tempos" por Trump teria instigado o ódio aos grupos cujo progresso ameaçaria a restauração da comunidade imaginária. Nesse sentido, os trabalhadores brancos da Luisiana teriam depurado a angústia decorrente da erosão de seu modo de vida tradicional, transformando-a em uma apaixonada mobilização em favor do candidato republicano. Ou seja, em vez de reivindicar mais regulação estatal, eles teriam preferido seguir uma liderança política capaz de vocalizar seus desejos de vingança:

"Sou um homem teimoso", explica Lee, "e se você me contrariar, nunca esqueço". Ele queria se sentir vingado, assim como se sentiu contra as acusações de absenteísmo feitas pelo pessoal da PPG (Pittsburgh Plate Glass Industries) ou quando um membro do Comitê de Rescisão apareceu na assembleia da empresa no Burton Coliseum. Ele também queria se vingar daquele funcionário do governo e, de fato, da fonte de todos os impostos: o governo. E ele se vingou. Ele tinha feito outro Burton Coliseum. Ele se juntou ao Tea Party.[40]

A repulsa à assistência social também alimentaria a vontade de se vingar dos supostos responsáveis pela erosão da economia moral das comunidades de trabalhadores. Conforme o sentimento de autodeterminação que orienta essa visão, não haveria necessidade de intervenção do Estado caso as comunidades assumissem o controle de seu destino:

Estou cansado do governo se metendo no meu negócio. Quando eu estava lutando e precisávamos de ajuda, nunca fui pedir nada ao governo. Você sabe para onde eu fui?

---

[38] Ibidem, p. 67.
[39] Trabalhador aposentado citado em ibidem, p. 4.
[40] Ibidem, p. 36.

Procurei a minha igreja. Procurei a minha comunidade. Quero dizer, quem construiu os hospitais neste país? Quando você olha para trás, percebe que o Hospital Nossa Senhora de Lourdes não é do governo, concorda? E todos aqueles hospitais batistas no Meio-Oeste? E os hospitais católicos da Costa Leste? Nenhum é do governo. Aquilo era gente ajudando gente. As respostas pros nossos problemas estão aqui em lugares como Rayne.[41]

Ainda que frequentemente recorram ao argumento da autodeterminação, o aspecto mais surpreendente das entrevistas é o fato de os trabalhadores brancos se mostrarem dispostos a sacrificar tanto o meio ambiente quanto sua própria saúde em nome da manutenção de seus empregos industriais:

Muitos trabalhadores nas plantas petroquímicas eram republicanos conservadores e ávidos caçadores e pescadores que se sentiam presos numa enrascada terrível. Eles amavam seu magnífico mundo selvagem. Eles se lembravam disso desde a infância. Eles sabiam e respeitavam isso. Mas seus empregos eram em indústrias que poluíam – muitas vezes ilegalmente – esse mesmo mundo selvagem que eles tanto amavam. Mas tinham filhos para cuidar e evitavam apoiar qualquer movimento ambientalista ou ação do governo federal que pudesse prejudicá-los.[42]

Para Hochschild, a solução para a enrascada dependeria de trabalhadores brancos abandonarem seu apego a empregos industriais decadentes, abrindo-se para a economia verde. Em suma, o impasse seria solucionado caso os trabalhadores assumissem uma agenda progressista para a crise ambiental, reconhecendo ao mesmo tempo que a integração e a tolerância às diferenças são valores tão americanos quanto a liberdade exaltada por eles:

À medida que você conhece os progressistas, descobrirá que eles também têm uma história profunda, paralela à sua, e que você pode a estar interpretando mal. Nessa história, as pessoas ficam ao redor de uma grande praça pública dentro da qual estão museus de ciências criativas para crianças, programas de arte e teatro públicos, bibliotecas, escolas – uma infraestrutura pública de última geração disponível para uso de todos. Eles se sentem ferozmente orgulhosos disso. Alguns deles construíram essa infraestrutura. E os de fora podem se juntar aos que estão ao redor da praça, já que muitas pessoas que hoje estão do lado de dentro, estavam do lado de fora no passado.[43]

Sem dúvida, a imagem de uma grande praça com uma "infraestrutura pública de última geração" como representação das promessas progressistas aos trabalhadores é generosa. No entanto, pode também parecer elitista para uma classe que, conforme demonstrado por Hochschild, percebe suas condições sociais de reprodução ameaçadas pela combinação entre a precarização do trabalho e a degradação do meio ambiente.

---

[41] Trabalhador citado em ibidem, p. 58.
[42] Ibidem, p. 51.
[43] Ibidem, p. 235.

Concentrando-se nas razões por trás da *mobilização política* dos trabalhadores em favor de Trump, o relato de Hochschild pode eventualmente dificultar a compreensão das razões por trás da *alienação política* que ajudou a afastar os trabalhadores de Clinton, assegurando a vitória do candidato republicano. Essas razões estão ligadas tanto às escolhas estratégicas do Partido Democrata quanto à decadência das pequenas comunidades industriais e rurais onde vivem inúmeros trabalhadores brancos.

Hochschild estudou a região de Lake Charles, na Luisiana, uma área cuja população supera 210 mil habitantes. No entanto, a chamada América rural é composta de comunidades significativamente menores: dos 19 mil condados dos Estados Unidos, 18 mil têm uma população inferior a 25 mil habitantes. Destes, 14 mil estão localizados longe de um centro urbano. Estamos falando de cidades entre 2 mil e 5 mil habitantes, muitas delas originárias de assentamentos coloniais e que permanecem tão essenciais para trabalhadores e pequenos fazendeiros no presente quanto foram há três séculos[44].

A mobilização de trabalhadores brancos pelo Tea Party pode sugerir que esse mundo é formado por um bloco homogêneo capaz de se deslocar com rapidez numa direção politicamente reacionária. Seguramente, quando comparado aos grandes centros urbanos, o mundo das pequenas cidades rurais é mais conservador. No entanto, é preciso compreender melhor os diferentes contextos e sentidos desse conservadorismo popular. Caso contrário, ainda que nossas intenções sejam as melhores possíveis, correremos o risco de dificultar o diálogo com esses grupos subalternos.

Com efeito, após catorze meses conversando com moradores de pequenas cidades no centro da Pensilvânia, posso afirmar com algum grau de certeza que a imagem "de pessoas ao redor de uma grande praça pública" dentro da qual se encontra "uma infraestrutura pública de última geração disponível para uso de todos" pareceria intimidante para quem aprecia a familiaridade das interações sociais, o ritmo arrastado dos dias e o acesso livre a uma vida natural exuberante que costumam moldar o modo de vida rural.

---

[44] Ver John Cromartie, *Rural America at a Glance (2018 Edition)* (Estados Unidos, Department of Agriculture, 2018); disponível em: <https://ageconsearch.umn.edu/record/282512/>; acesso em: 19 jun. 2022.

6
Elegia para uma re(li)gião

> *Até suas angústias finais, as comunidades tecelãs mais antigas ofereciam um modo de vida que evidentemente seus membros preferiam aos padrões materiais mais elevados da cidade industrial.*
>
> E. P. Thompson, *Making of the English Working Class*
> (Londres, Penguin Books, 2013)

O sociólogo Erik Olin Wright gostava de ilustrar o antagonismo dos interesses de classe existente entre capitalistas e trabalhadores usando a "parábola do shmoo", referência a uma história em quadrinhos publicada nos anos 1940 e protagonizada por Ferdinando. Morador de Dogpatch, uma pequena comunidade montanhosa, Ferdinando encontrou acidentalmente um shmoo, criatura extraordinária capaz de satisfazer as necessidades materiais básicas das famílias trabalhadoras ao se transformar em bens de subsistência, como leite, manteiga e ovos[1].

Paralelamente, uma empresa escolheu Dogpatch para instalar sua nova fábrica de enlatados exatamente por se tratar do lugar considerado o mais pobre dos Estados Unidos. Ao visitar o lugarejo a fim de recrutar trabalhadores, o gerente descobriu atônito que seus moradores não se interessavam pela oferta dos empregos industriais. Afinal, eles tinham shmoos para proteger seu modo de vida rural. No desenrolar da trama, um capanga da empresa conseguiu destruir uma quantidade significativa de shmoos, compelindo finalmente os trabalhadores a um salário humilhante.

Além de ilustrar os antagonismos classistas, a metáfora proposta pelo cartunista Al Capp, criador do personagem Ferdinando, revela igualmente o papel cumprido pela violência política na acumulação capitalista. A fim de rebaixar as condições de subsistência dos moradores de Dogpatch a ponto de fazê-los aceitar a exploração na indústria, a empresa recorreu ao extermínio dos shmoos. Nesse

---

[1] Erik Olin Wright, *Class Counts: Comparative Studies in Class Analysis* (Cambridge, Cambridge University, 1997).

caso, a expropriação política assegurou a exploração econômica, impedindo que a economia moral simbolizada pela simpática criatura protegesse seu tradicional modo de vida.

Ao criar Dogpatch, Al Capp combinou alguns traços tipicamente caipiras presentes na região dos Montes Apalaches, cordilheira que se estende dos estados do Alabama ao Maine e onde historicamente a pobreza branca dos Estados Unidos está concentrada. Apinhado de pequenas comunidades caipiras, os condados dos Apalaches apresentam, em sua maior parte, população inferior a 25 mil habitantes e estão localizados longe de um centro urbano.

Na região central da cordilheira, entre dezembro de 2021 e fevereiro de 2023, observei algumas de suas pequenas comunidades rurais por meio de entrevistas com assistentes sociais, atendentes de restaurantes, uma cantora, cozinheiros, enfermeiras, operárias de uma fábrica de doces, antigos operários de uma fábrica de papel, faxineiras, uma jornalista, um ex-prefeito, sindicalistas, trabalhadores de manutenção de telhados e zeladores. Ao todo, foram 39 conversas que duraram cerca de uma hora e meia cada, em seis pequenas cidades e lugarejos localizados nos condados de Blair, Clearfield e Centre County: Bellefonte, 6.276 moradores, Grazierville, 665 moradores, Millheim, 522 moradores, Osceola Mills, 1.268 moradores, Port Matilda, 652 moradores, e Tyrone, 5.182 moradores.

Uma comunidade operária dos Apalaches

A maior parte das entrevistas foi feita com moradores de Tyrone, cidade que por diferentes razões se revelou muito apropriada para minhas observações. Como muitas cidades da região central da Pensilvânia, Tyrone foi fundada em meados do século XIX por imigrantes procedentes do norte da Irlanda atraídos para a região dos Apalaches pela mineração, sobretudo de carvão, e, posteriormente, de ferro, alumínio e sílica. O primeiro assentamento, com cerca de 150 famílias, foi estabelecido no início do século XIX como um entreposto comercial em auxílio ao escoamento da produção de carvão de povoados localizados na região de Clearfield[2].

No último quartel do século XIX, em decorrência do ciclo de industrialização da Pensilvânia impulsionado pela incorporação de trabalhadores qualificados vindos da Escócia e da Irlanda, algumas indústrias se estabeleceram em Tyrone, como a American Eagle Paper Mill, fundada em 1880, e especializada na produção de papel, e a Gardners Candies, uma fábrica de doces criada em 1897. Na década de 1950, a cidade acolheu outras indústrias especializadas na fabricação

---

[2] Ver Peter E. Gilmore, *Rebels and Revivals: Ulster Immigrants, Western Pennsylvania Presbyterianism and the Formation of Scotch-Irish Identity, 1780-1830* (tese de doutorado em história social e cultural, Pensilvânia, Carnegie Mellon University, maio 2009).

de rebites, a Chicago Rivet & Machine Company, e ferramentas, a Die Makers Manufacturing. Nos anos 1960, uma empresa de produção de uniformes, a Big Yank, instalou sua operação na cidade[3].

Muitas pequenas cidades da região central da Pensilvânia receberam investimentos industriais durante a chamada "Era Dourada" ("Gilded Age"), período que se estendeu entre 1870 e 1900. Nesse momento, o pragmatismo dos trabalhadores foi o traço mais marcante do movimento operário na região. Uma vez que as empresas se moviam para controlar os mercados de carvão e os sindicatos procuravam centralizar suas organizações a fim de controlar suas bases, os trabalhadores se aproximavam do lado que lhes oferecesse a melhor vantagem momentânea[4].

Com a construção de quatro ferrovias – Pensilvânia, Clearfield, Lock Haven e Lewisburg –, a cidade tornou-se um entroncamento ferroviário importante na região central do estado, desenvolvendo-se rapidamente até os anos 1920, quando chegou a contar com 10 mil moradores. Nesse período, Tyrone ficou conhecida pelo apelido de "Cidade das Ferrovias", chegando a registrar algumas greves nos anos 1870, 1920 e 1930 contra a companhia de trens[5].

Durante as três primeiras décadas do século passado, a cidade floresceu com as construções de vários prédios de tijolos vermelhos de quatro ou cinco andares ainda hoje existentes em seu distrito histórico. Além disso, trilhos e novas estradas convergiam para a cidade vindos de todas as direções. Nessa época, conforme relatos de alguns moradores mais velhos, imaginava-se que o progresso não iria cessar e a cidade continuaria a crescer de maneira ininterrupta:

> A família McKee teve cerca de dez filhos que viveram até a idade adulta, incluindo meu avô, Lynn McKee. Nos anos 1900-1910, à medida que as crianças cresciam e iam trabalhar, eles seguiram direções diferentes com casamentos e negócios. Meu avô Lynn mudou-se para Tyrone e foi trabalhar para a Pennsylvania Railroad como operário de manutenção. [...]. Os McKee eram todos velhos republicanos e meu avô Lynn tornou-se maçom. Tudo o que a família fazia era ditado pelos empregos que tinham ou poderiam conseguir. [...]. Por volta de 1920, meu avô McKee se casou com Anna Blett, uma garota alemã da Pensilvânia que morava em Huntingdon e trabalhava na fábrica de comprimidos JC Blair. [...]. Meu avô sempre dizia que aqueles foram os melhores anos de Tyrone, quando as ferrovias estavam em expansão e muitas pessoas estavam se mudando para lá. Ele ficou, pois acreditava que seria sempre assim.[6]

---

[3] Ver Blair Companies, "Building Businesses for over Seven Decades"; disponível em: <www.blaircompanies.com>; acesso em: 12 maio 2022.
[4] Ver Dana M. Caldemeyer, *Union Renegades: Miners, Capitalism, and Organizing in the Gilded Age* (Urbana, University of Illinois, 2021).
[5] Ver Michael Bezilla e Jack Rudnicki, *Rails to Penn State: The Story of the Bellefonte Central* (Mechanicsburg, Stackpole, 2007).
[6] Chris Townsend, sindicalista, entrevistado em 3 fev. 2023.

No entanto, após alcançar 9.084 moradores no início dos anos 1930, a população começou a diminuir. O número atual de moradores, 5.182, é menor, por exemplo, do que o registrado em 1900, 5.847. Vale observar que o declínio populacional mais pronunciado ocorreu entre os anos 1960 e 1990, quando a região passou a viver os dilemas ligados ao colapso das atividades de mineração:

> Eu tinha parentes do lado da minha mãe e do meu pai morando em Tyrone. Minha mãe e meu pai foram os primeiros filhos de qualquer família a se formar no ensino médio. Meu pai ingressou na Marinha no final de 1949 para evitar ser convocado para o Exército e ter que ir lutar na Coreia. [...]. Quando meu pai voltou da Marinha em 1955, ele não tinha dinheiro, mas, como tinha fama de bom atleta, conseguiu ser contratado como professor de educação física nas escolas da cidade. No entanto, as escolas não tinham seu próprio programa atlético, por isso ele foi contratado pela YMCA [Young Men's Christian Association – Associação Cristã de Moços] para desenvolver os programas esportivos das escolas. [...]. O salário de meu pai na YMCA era miserável, mas não havia demissões, então parecia um trabalho melhor do que a média para ele. A essa altura, os empregos na ferrovia estavam diminuindo, mas existiam muitas fábricas em Tyrone. Fábricas de calçados, confecções, uniformes de trabalho, doces e muitas marcenarias que usavam árvores das florestas locais. Havia também as minas de carvão a oeste e ao sul de Tyrone. [...]. Quando nasci em 1961, as coisas começaram a mudar. Metade da cidade foi demitida e ninguém sabia se seria chamado de volta. [...]. A maioria das fábricas estava em paralisação prolongada ou fechando. O trabalho do meu pai na YMCA era seguro, mas era demais para um homem cobrir. Em 1963, ele olhou em volta e percebeu que precisava tirar todos nós de lá. Demorou até o início de 1964, mas fez um curso para ser fiscal de sinistros e nos mudamos em outubro de 1964 para um pequeno vilarejo ao sul de Lancaster. Ele queria que vivêssemos no campo e não em outra cidade imunda, poluída e decadente.[7]

Sem dúvida, a poluição ambiental sempre foi uma das principais características de Tyrone. Afinal, o maior empregador privado da cidade era a fábrica de papel American Eagle Paper Mill. Chegando a contar com cerca de oitocentos operários nos anos 1940, a fábrica despejava seus rejeitos químicos diretamente no rio Juniata e no riacho Bald Eagle, comprometendo o abastecimento de água da região:

> Tyrone naquela época era dominada pela American Eagle Paper Mills, uma grande fábrica de papel instalada bem no centro da cidade. A cidade inteira cheirava a enxofre em decorrência do processo de branqueamento de papel. [...]. A American Eagle funcionou em ciclos de expansão e contração, até que o sistema de água da cidade foi declarado impróprio para beber por causa dos rejeitos químicos. Mas a prefeitura não tinha fundos para consertá-lo. Então, você apenas fervia, coava com um pano, e torcia para que não saísse da torneira água cor de laranja. [...]. A poluição foi ficando tão insuportável que, no final dos anos 1960, a fábrica fechou

---

[7] Idem.

a produção de celulose. O cheiro da cidade melhorou e o rio também, mas isso custou uns duzentos empregos.[8]

Ainda assim, enquanto outras empresas fecharam definitivamente suas portas e o tráfego de trens continuou diminuindo devido à queda da mineração de carvão, a American Eagle seguiu empregando por volta de quatrocentos trabalhadores. A relativa estabilidade dos empregos na fábrica de papel fez com que Tyrone fosse identificada aos olhos de seus moradores como uma comunidade operária:

> Quase todo mundo trabalhava em alguma fábrica. Eu me lembro do cheiro de enxofre do ar, daquela fuligem que irritava os olhos, da enorme fábrica de papel e das fábricas de produtos químicos. Lembro-me das luzes das fábricas acesas dia e noite. Lembro-me dos trens carregados de carvão atravessando a cidade. Lembro-me que tudo ficava sempre sujo devido à fuligem industrial. Nossa casa era aquecida com carvão. Aliás, todo mundo na cidade queimava carvão ou óleo combustível de baixa qualidade, então havia uma névoa constante no pequeno vale. Minha mãe sempre comentava que, se você pendurasse roupas para secar em Tyrone, elas secavam, mas ficavam sujas novamente antes mesmo de você usá-las.[9]

Nem mesmo a melhoria das condições ambientais conseguiu reverter o declínio econômico. A cidade foi largamente superada pelo crescimento da vizinha Altoona, que atraiu os investimentos em grandes supermercados, *shoppings centers* e prédios de escritórios. De certa maneira, sediar uma fedorenta operação de produção de papel e celulose ajuda a explicar tanto a resiliência como o declínio econômico de Tyrone. Afinal, até o final dos anos 1990, seu principal empregador privado era a fábrica de papel. Em 2001, a empresa foi desativada, voltando a operar com produção de papel reciclado em 2003. Nessa etapa, a planta passou a empregar cerca de 140 trabalhadores, ou seja, cinco vezes menos do que no seu auge.

A exemplo do que aconteceu com outras cidades operárias, a partir de meados dos anos 2000 o principal empregador privado da cidade passou a ser a Tyrone Regional Health Network[10]. Empregando cerca de 350 profissionais e trabalhadores da saúde, essa rede é formada por um hospital comunitário de 25 leitos que oferece serviços médicos e cirúrgicos gerais, três consultórios de atenção básica de saúde e uma casa de repouso. Em 2015, a rede passou a ser administrada por uma empresa de seguro de saúde ligada à Universidade Estadual da Pensilvânia[11].

---

[8] Idem.

[9] Idem.

[10] Ver Gabriel Winant, *The Next Shift: The Fall of Industry and the Rise of Health Care in Rust Belt America* (Cambridge, Harvard University, 2021).

[11] Ver "Tyrone Regional Health Network Joins Penn Highlands Healthcare", *Daily Herald*, 5 nov. 2020; disponível em: <https://www.huntingdondailynews.com/daily_herald/news/tyrone-regional-joins-penn-highlands-healthcare/article_55434ec7-8d9e-52c5-93be-4e77cc4f8808.html>; acesso em: 22 jun. 2023.

Mapeando a crise sociorreprodutiva

Tyrone é formada por um pequeno núcleo urbano ladeado por bairros menores. Trata-se de uma cidade rural onde vivem trabalhadores, alguns poucos profissionais e funcionários públicos. Os fazendeiros costumam manter uma residência na cidade. Apesar de pequena, a cidade possui agência de correio, farmácia, loja de doces, lojas de conveniência, padaria, postos de gasolina, restaurantes e sorveteria, além de muitas igrejas. O sistema escolar vai até o ensino médio e a escola mantém equipes esportivas que representam a cidade na Conferência Atlética da Montanha. Os programas de futebol americano e de beisebol são os mais populares. A mascote das equipes é a "Águia Dourada".

Nos anos 1970, a decadência industrial de Tyrone coincidiu com a construção da autoestrada 220, possibilitando que desempregados buscassem empregos em State College e em Altoona. A partir de então, a cidade se transformou em uma espécie de dormitório para trabalhadores que viajam diariamente pela região. Enquanto os homens costumam ser contratados por empresas de manutenção predial, renovação de telhados e construção civil, as mulheres são empregadas em hotéis, restaurantes, salões de beleza e supermercados. A maior parte dos empregos é informal (*under the table*), remunerando entre 7,5 dólares, isto é, o salário mínimo da Pensilvânia, e 15 dólares por hora.

Apesar de o ritmo da diversidade racial ter dobrado entre os anos 2000 (3,2%) e 2010 (6,6%), a composição étnica do condado de Blair onde está localizada Tyrone, a exemplo dos condados vizinhos de Clearfield e Centre County, mantém-se firmemente homogênea, com 94,4% da população formada por brancos, 2% por negros, 0,7% por asiáticos e 1,3% por latinos[12]. Trata-se de uma população comparativamente mais uniforme que a da Pensilvânia, cuja composição étnica consiste em 75,3% de brancos, 10,9% de negros, 3,8% de asiáticos e 8,1% de latinos[13].

Um aspecto curioso a respeito da classe trabalhadora na região é que, segundo dados do censo, a região central da Pensilvânia é a que apresenta a maior proporção de moradores que se identificam como "americanos" em termos de ascendência do país[14]. Provavelmente, isso se deve ao fato de a imigração irlandesa para o estado ser muito antiga, datando do início do século XVIII[15].

---

[12] "How Has the Population Changed in Blair County?", *USA Facts*, disponível em: <https://usafacts.org/data/topics/people-society/population-and-demographics/our-changing-population/state/pennsylvania/county/blair-county?endDate=2020-01-01&startDate=2010-01-01>; acesso em: 20 mar. 2022.

[13] Idem.

[14] Idem.

[15] Ver Wayland F. Dunaway, *The Scotch-Irish of Colonial Pennsylvania* (Chapel Hill, University of North Carolina, 1997).

Na década de 2000, Tyrone sofreu com o fechamento da fábrica de papel, viu os empregos migrarem para os serviços de saúde e viveu um aumento das expectativas econômicas após a reabertura da American Eagle, agora como uma empresa de economia "verde" fabricando papel a partir de materiais reciclados. Além disso, a cidade convive com problemas causados pela epidemia de opioides que assolou muitas cidades nos Estados Unidos, em especial na região dos Apalaches. Segundo relatos colhidos em campo, o consumo de substâncias ilícitas aumentou após a crise de 2008 e se intensificou durante a pandemia.

Em dezembro de 2004, o clube YMCA, inaugurado em 1913, foi fechado após danos causados por uma inundação. O prédio foi demolido logo depois. O clube social The Moose Fraternity, estabelecido em 1927, também fechou suas portas três anos mais tarde, após relatos de venda de substância ilícitas envolverem o antigo gerente. Apesar de rumores sobre a reabertura do clube, o edifício continuava fechado em fevereiro de 2023.

De acordo com alguns moradores, a questão das substâncias ilícitas se agravou após o declínio da prescrição legal de oxicodona pelos médicos no início dos anos 2010. Alguns moradores passaram a consumir heroína e, atualmente, percebe-se um aumento de consumo de drogas sintéticas, como o fentanil, por exemplo, produzido no exterior e vendido ilegalmente nos Estados Unidos. Alguns entrevistados também relataram conhecer moradores que produzem metanfetamina. Consultando o jornal local, *The Daily Herald*, e o perfil do Facebook da Polícia de Tyrone, é fácil perceber uma intensa atividade policial de repressão à produção e ao comércio de substâncias ilícitas na cidade.

Descobri Tyrone casualmente, entrevistando Jonathan Light, presidente do sindicato Teamsters Local 8. Ao saber de meu interesse por comunidades rurais dos Apalaches, ele sugeriu que eu visitasse sua cidade natal, colocando-me em contato com quatro faxineiras de lá que trabalham no *campus* da Universidade Estadual da Pensilvânia em State College. Por sua vez, elas me colocaram em contato com parentes e vizinhos, gerando uma amostragem em bola de neve.

Apesar de todos os entrevistados consentirem em ter seus nomes revelados, mantive apenas os nomes de Chris Townsend (sindicalista), Jimmy Yurick (assistente social), Jimmy Killmartin (pastor, ex-prefeito e empresário), Jonathan Light (sindicalista), Melanie Zeigler (cantora) e Richie Bonsell-Walter (operário). Como são figuras públicas na região, pareceu-me não haver problema em revelar seus nomes. Em relação aos trabalhadores, decidi substituir os nomes verdadeiros tendo em vista a presença de opiniões e informações sensíveis nas entrevistas e ligadas às condições de trabalho e ao conhecimento dos entrevistados a respeito do consumo de drogas em Tyrone. Mesmo que remota, a chance de constrangê-los ou prejudicá-los de alguma maneira convenceu-me a mudar seus nomes.

Do conjunto dos entrevistados, apenas as quatro faxineiras eram filiadas ao sindicato, recebendo aproximadamente o dobro do salário mínimo da Pensilvânia, cerca de 15 dólares por hora, ou aproximadamente 30 mil dólares anuais, o que as torna elegíveis para receber ajuda de políticas assistenciais do estado da Pensilvânia. Em apenas um caso houve relato de uso da assistência social. Como trabalhadoras sindicalizadas, elas contam ainda com alguns benefícios, como um seguro-saúde que as ajuda a cobrir parcialmente gastos hospitalares e é administrado por uma empresa controlada pela universidade.

Por meio de uma das entrevistadas, consegui estabelecer contato com um operador de empilhadeira da ativa que me indicou dois ex-operadores de máquinas da fábrica. Dessa forma, consegui entrevistar três trabalhadores de diferentes idades e com experiências relacionadas tanto ao período anterior ao fechamento da fábrica de papel em 2001 como ao momento posterior à reabertura em 2003.

Além disso, por meio de Jonathan Light, contatei a gerência de recursos humanos da fábrica e, assim, tive a oportunidade de realizar uma breve visita à planta industrial, além de entrevistar informalmente um gerente de produção e uma assistente da área de recursos humanos da empresa. Três trabalhadores moram em Tyrone e um na cidade de Bellefonte.

Com exceção do gerente da fábrica e da assistente de recursos humanos, que não autorizaram o registro da conversa alegando que era uma política da empresa, todas as demais entrevistas foram gravadas. Apenas um operário aceitou minha oferta de pagamento de vinte dólares por hora gravada de entrevista. Por outro lado, muitos dos que foram entrevistados durante seus intervalos de almoço aceitaram que, em retribuição pela conversa, eu pagasse por suas refeições.

Em Millheim, vale destacar a entrevista com Melanie Zeigler, uma mulher branca que tem dois filhos mestiços. Ativista e coordenadora do grupo chamado 3/20 Coalition e ligada ao movimento Black Lives Matter (BLM), Zeigler atua no comitê coordenador das escolas de Millheim, desenvolvendo programas educacionais antirracistas. Conheci Melanie ao participar das reuniões presenciais e virtuais do grupo 3/20 Coalition.

Em State College, conversei com Jimmy Yurick, um assistente social especializado em desenvolver programas para jovens na região central da Pensilvânia. Como não conhecia absolutamente nada a respeito de como funcionam os programas assistenciais no país, essa entrevista foi muito útil para entender a relação entre os interesses políticos locais das prefeituras e o subfinanciamento da proteção social das famílias mais carentes da região.

Em acréscimo às entrevistas, estabeleci contato com Jullia White, editora assistente do jornal local. Assim, pude acessar informações mais apuradas de casos policiais locais ligados ao tráfico de ecstasy, fentanil, heroína e metanfetamina. Finalmente, minha amostra acolheu ainda cinco atendentes de restaurantes, uma cabeleireira, dois cozinheiros, um empreiteiro da construção civil, um encanador, quatro enfermeiras, um ex-militar, seis trabalhadores de manutenção de teto e duas operárias da fábrica de doce, totalizando 39 entrevistas.

Apesar de todas as entrevistas terem contribuído para enriquecer minha compreensão a respeito da experiência vivida dos trabalhadores brancos da região central da Pensilvânia, nem todas foram aproveitadas no livro. Por diferentes razões, selecionei algumas tendo em vista, principalmente, a relevância dos fatos relatados. Em alguns casos, as opiniões convergiam a tal ponto que decidi simplesmente destacar a opinião de um dos entrevistados como representativa de um pequeno conjunto. Por fim, alguns trabalhadores não se mostraram interessados o bastante para se engajar nas entrevistas.

Em primeiro lugar, é importante destacar que durante as entrevistas busquei interpelar as experiências dos trabalhadores a respeito de mudanças ocorridas em suas comunidades entre o início da crise econômica de 2008 e o advento da pandemia do novo coronavírus. Para tanto, foquei em três parâmetros: condições de trabalho, proteção social e vida em comunidade. Isso significa que o problema principal não foi tentar entender as preferências eleitorais ou partidárias, mas interpretar a maneira como esses trabalhadores atribuem sentido ao processo de reprodução de suas famílias e comunidades por meio de seu trabalho.

Secundariamente, busquei abordar os valores mobilizados pelos trabalhadores para interpretar a relação entre suas escolhas políticas, especificamente as decisões relativas a votar ou não, participar da vida política ou não, e as condições gerais de reprodução de suas famílias e comunidades. Em suma, nosso foco foi compreender empaticamente qual era o sentido atribuído pelos entrevistados às suas trajetórias individuais e coletivas durante o longo período de crise social que se estende desde 2008.

Aos nossos olhos, os deslocamentos políticos ocorridos durante esse período nas comunidades investigadas revelam transformações mais amplas relacionadas à precarização do trabalho, ao subfinanciamento da proteção social e à deterioração da solidariedade local. Se subestimamos a tendência profunda à crise sociorreprodutiva vivida por essas comunidades, os deslocamentos políticos simplesmente perdem sentido, animando interpretações politicamente interessadas sobre o suposto ressentimento dos trabalhadores brancos como principal ameaça à democracia no país.

Enfraquecendo o espírito comunitário

É notório que, desde a eleição de Trump, o interesse pelos trabalhadores brancos aumentou consideravelmente nos Estados Unidos, tendo por base, sobretudo, a suposta defesa étnico-nacionalista e reacionária de sua "branquitude". Com frequência, as análises patologizam o comportamento político da classe trabalhadora "branca", enfatizando exclusivamente suas aparentes contradições e eliminando qualquer resíduo de bom senso em suas atitudes. Os interesses políticos dos democratas em se reconectar com sua tradicional base de apoio eleitoral aparentemente sequestrada pelo populismo autoritário também balizam as análises[16].

Em certa medida, esse fenômeno pode ser comparado ao florescimento entre os anos 1970 e 1990 dos estudos sobre a "subclasse" cujo comportamento supostamente "anômico" despertava, segundo Wacquant, "o medo e o desgosto pela intrusão material e simbólica do precariado negro nos espaços mentais e físicos da classe média"[17].

Assim como a rebelião dos negros pobres nos anos 1960 e 1970 semeou o medo na classe média dos grupos marginalizados, uma suposta rebelião eleitoral dos brancos pobres está mudando o senso comum liberal sobre as comunidades rurais americanas: de espaços onde vivem pobres ordeiros a viveiros de criação de supremacistas brancos prestes a atacar as instituições democráticas. Parafraseando Wacquant, o medo e o desgosto pela intrusão política do precariado branco nos espaços mentais e físicos da classe média parece estar revigorando o medo da classe média pela ação dos trabalhadores pobres. Independentemente da cor de sua pele.

Mas, afinal, existe realmente motivo para tanto medo? Responder a essa pergunta implica considerar aquilo que tive oportunidade de perceber muito vivamente ao longo da pesquisa de campo: trabalhadores que vivem em pequenas cidades rurais são orientados por um profuso sentimento de pertencimento a uma comunidade. Com frequência, os entrevistados recorreram a alguma elaboração a respeito da lealdade pessoal que sentem em relação a seus conterrâneos e suas comunidades.

Aparentemente, trata-se de um conjunto de pessoas que "sempre" viveram na região onde "conhecem todo mundo". Diferentes fatores explicam esse sentimento: a cultura local fortemente influenciada por tradições rurais, os laços familiares que vertebram as pequenas cidades, a histórica presença de atividades extrativistas e industriais na região, além do relativo isolamento das comunidades devido ao relevo montanhoso dos Apalaches[18].

A presença do tradicionalismo criou uma identidade caipira pouco apreciada por moradores dos grandes centros urbanos. Não é incomum que forasteiros se refiram ao centro da Pensilvânia usando a expressão "Pennsyltucky", combinação

---

[16] Ver Stanley Greenberg et al., *Democrats and the White Working Class* (Washington, Democratic Strategist, 2017); Tasha R. Dunn, *Talking White Trash: Mediated Representations and Lived Experiences of White Working-Class People* (Nova York, Routledge, 2018); Tex Sample, *Working Class Rage: A Field Guide to White Anger and Pain* (Nashville, Abingdon, 2018); Thomas J. Gorman, *Growing up Working Class: Hidden Injuries and the Development of Angry White Men and Women* (Nova York, Palgrave Macmillan, 2017).

[17] Loïc Wacquant, *The Invention of the "Underclass": A Study in the Politics of Knowledge* (Cambridge, Polity, 2022), p. 122.

[18] Ver Samuel A. MacDonald, *The Agony of an American Wilderness: Loggers, Environmentalists, and the Struggle for Control of a Forgotten Forest* (Nova York, Rowman & Littlefield Publishers, 2005).

dos nomes dos estados da Pensilvânia e do Kentucky. Evidentemente, é uma maneira de sugerir que a região se identifica mais com o "atraso" do Sul que com a "modernidade" do Norte. A expressão desdenhosa oculta uma verdade. Estejam no norte, no centro ou no sul dos Apalaches, as cidades rurais partilham um modo de vida bem diferente daquele observado nos grandes centros urbanos.

Esse modo de vida organiza-se em torno das noções de pertencimento e de intimidade. Na realidade, a ideia de que em cidades rurais todos se conhecem confunde-se com a noção de que todos conhecem as normas do lugar. Trata-se de uma sensação relacionada ao fato de que os moradores são frequentemente membros de famílias extensas. Frequentemente, os trabalhadores e as trabalhadoras entrevistados durante a pesquisa de campo relataram ter se casado com alguém da mesma cidade. É óbvio que isso favorece o sentimento de intimidade entre os moradores. Ao contrário dos grandes centros urbanos, a vida nas pequenas cidades é marcada pela pessoalidade:

Não, não nasci aqui [Tyrone]. Nasci no hospital em Huntingdon, mas sempre vivi em Tyrone. [...]. Minha família é daqui. Meu bisavô [materno] trabalhou para a estrada de ferro. [...]. Meu avô [materno] trabalhou com carvão em Clearfield, mas sempre morou aqui. [...]. Meu avô paterno mudou-se para Dickson City, também para trabalhar com carvão, mas precisou retornar após alguns anos por conta dos pulmões e ficou aqui o resto da vida. [...]. Após ser demitido [da fábrica de papel], ele resolveu trabalhar como caminhoneiro. Era empregado de uma empresa que prestava serviços para fábricas de várias cidades da região. [...]. Minhas avós eram mulheres muito fortes. Trabalhavam em casa fazendo de tudo para os filhos. Elas moravam a uma quadra de distância uma da outra. [...]. Tenho muitos primos e primas que nunca saíram de Tyrone. Eu mesma jamais saí do estado. [...]. Meus pais também trabalharam em fábricas. Minha mãe trabalhou por alguns anos fazendo faxina na Gardners Candies. Meu pai trabalhou em fábricas aqui e depois criou a própria empresa. Ele montou uma oficina mecânica e deixou para meu irmão cuidar depois que ele se aposentou. [...]. Meu marido cresceu em Rebersburg, mas toda a família dele é daqui. [...]. Viver em Tyrone era muito bom quando eu era criança e adolescente, pois a gente conhecia todo mundo, frequentávamos os clubes sociais, tinha muito baile e festa, e todo mundo se encontrava na piscina. [...]. Meus primos estavam espalhados por todo canto e você tinha a sensação de que nada de mal podia te acontecer.[19]

Em geral, os trabalhadores entrevistados ligam sua identidade pessoal ao destino da cidade. Um problema mencionado com alguma frequência diz respeito à preocupação com o declínio populacional. À medida que a população diminuiu, aumentou a pressão para fundir serviços públicos, como escolas e infraestruturas urbanas, com outras cidades próximas. Isso atinge o prestígio da comunidade e mitiga o orgulho associado a integrar uma comunidade estável. Além disso, a

---

[19] Lindsey Frank, faxineira, entrevistada em 28 fev. 2022.

fusão de serviços públicos aumenta o sentimento de impotência da comunidade decorrente da perda do poder dos representantes locais de decidirem sobre o futuro da comunidade. O declínio do espírito comunitário implica uma diminuição do orgulho em relação à "sua" cidade:

> Nossa cidade está ficando cada dia menor. Por isso, eles fecharam as classes finais do ensino fundamental e do ensino médio, mandando nossos jovens para Philipsburg. Ficamos apenas com o ensino fundamental. [...]. Percebi que nossa comunidade precisava reagir quando começaram a falar em fechar a nossa piscina e mandar nossos recursos para Philipsburg. [...]. Eles [administradores] não percebem os problemas que nos causam. Dizem que é para melhorar os serviços. Mas é só para economizar dinheiro e, agora, podemos ficar sem a piscina.[20]

O fato de as escolas permanecerem abertas ou fechadas é um dos indícios mais claros a respeito de como os moradores percebem o desempenho de sua comunidade. Moradora de Osceola Mills, Tammy lembra-se do barulho das crianças durante os intervalos das aulas e de como esse barulho ecoava por toda a cidade. O silêncio durante o dia é um sinal de que a cidade atravessa um momento sombrio: "Quando mandaram os jovens para estudar em Philipsburg foi como se tivessem matado parte da alegria de nossa cidade. [...]. As ruas ficaram mais silenciosas e sem vida"[21].

É relativamente fácil registrar esse tipo de opinião que articula medo e raiva nas entrevistas com trabalhadores da região central da Pensilvânia. O medo se relaciona ao provável colapso do sistema de solidariedades práticas existente entre famílias que sabem que precisarão umas das outras em algum momento da vida. À medida que as relações que agregam tradicionalmente as comunidades rurais são sobrecarregadas por decisões tomadas por burocratas e políticos de fora da comunidade, a preocupação tende a se transformar em angústia. Além disso, a combinação entre crise econômica de 2008 e pandemia castigou duramente as pequenas cidades rurais, fechando negócios e obrigando os trabalhadores a buscar empregos em outros lugares.

Da reflexão a respeito de como resolver os problemas, passamos a uma busca pela raiz dos problemas enfrentados pelas cidades rurais:

> Nossos representantes não fazem nada. Eles não têm poder. Alguns têm boa vontade. [...]. Muitas vezes eu penso que se nós nos juntássemos poderíamos salvar nossos negócios e ajudar nossa cidade a passar por isso. [...]. Mas, hoje em dia, não sinto que nossa cidade conseguirá se juntar. Há muita desconfiança. Não é como no passado, quando ninguém trancava a porta à noite. [...]. Hoje é diferente. Você não pede mais para um vizinho tomar conta de seu filho para você poder trabalhar durante as férias escolares. [...]. Todo mundo viaja para State College e para Altoona para poder

---

[20] Tammy Miller, faxineira, entrevistada em 24 mar. 2022.
[21] Idem.

trabalhar e ninguém tem tempo para mais nada. [...]. Eu queria participar das ações [de assistência social] da minha igreja, mas não tenho tempo.[22]

Muitas vezes, o senso de obrigação moral aparece em frases que revelam tanto o receio de se tornar um peso para seus familiares ou vizinhos quanto o desejo, muitas vezes frustrado, de poder ajudar quando possível. Notoriamente, a crise sociorreprodutiva pela qual passa a cidade rural não é recente. Muitos dos entrevistados lembram-se de como suas famílias sofreram nos anos 1980 e 1990, quando toda a região foi castigada pelo declínio das atividades de mineração e pelo fechamento de fábricas. No entanto, na opinião dos moradores, a cidade conseguiu se recompor em torno dos negócios restantes.

Os dois clubes sociais de Tyrone permaneceram abertos e as escolas seguiram funcionando com bons programas educacionais. Além disso, não havia a preocupação com o consumo de substâncias ilícitas. A população diminuiu num ritmo mais acelerado do que no passado, mas, ainda assim, a cidade conseguiu preservar suas feições originais. Até que o fechamento da fábrica de papel anunciou aos moradores que o risco do desmanche de seu modo de vida era iminente:

> A antiga gerência colocou a fábrica de joelhos. Não foram profissionais. Existia muito "apadrinhamento", pois você não era avaliado pelo seu mérito, mas por ser mais ou menos amigo de um gerente. [...]. Na minha opinião, eles foram deixando a fábrica ficar desatualizada, as máquinas eram velhas. [...]. Só quem era da cidade é que queria trabalhar lá, pois não precisava viajar. E como Tyrone é uma cidade barata, os salários eram bem ok, bem acima do mínimo. Os benefícios eram normais, mas pelo menos você tirava cinco dias de folga por mês. [...]. Sempre tinha essa conversa de fechar a fábrica, mas quando eles anunciaram o fechamento foi uma surpresa. [...]. Todo mundo conhecia alguém ou tinha algum parente trabalhando para a fábrica. Quando fechou foi um choque para todo mundo.[23]

O fechamento da American Eagle Paper Mill em 30 de agosto de 2001 devido a decisões administrativas tomadas por sua antiga controladora, a empresa Westvaco, significou a demissão imediata de 370 trabalhadores e é lembrado pelos moradores como uma espécie de 11 de Setembro: "Primeiro, veio o fechamento [da fábrica] e dias depois os ataques em Nova York. Parecia que o mundo estava acabando. [...]. Minha irmã ficou desempregada e meus sobrinhos, também"[24]. Maior empregador privado da cidade, a fábrica estava operando desde o último quartel do século XIX, tornando-se parte da identidade coletiva da região. Suas instalações dominam a região nordeste de Tyrone e suas chaminés podem ser facilmente avistadas de diferentes pontos da cidade.

---

[22] Lindsey Frank, cit.
[23] James Snyder, ex-operador de empilhadeira, entrevistado em 5 maio 2022.
[24] Lindsey Frank, cit.

Diante de um problema dessa magnitude, as expectativas de muitos moradores se voltaram para a própria comunidade. Após algumas reuniões envolvendo antigos gerentes, investidores locais e empresários da região, um plano para a reabertura da fábrica foi anunciado no início de 2002 e, um ano depois, a fábrica foi reaberta para a produção de papel reciclado. Porém, as expectativas criadas com a reabertura foram logo frustradas pelo anúncio do número de postos abertos: apenas 140 em comparação com os 370 empregos que haviam sido perdidos:

> Poucos foram recontratados. O pessoal mais velho ficou quase todo de fora. [...]. Eu estava entre os mais jovens. Saí em 2016, quando eles inauguraram a nova caldeira a gás. [...]. Não fiquei chateado, pois já queria sair e abrir meu próprio negócio. [...]. Se você é da cidade ou é muito jovem e quer pegar alguma experiência em fábrica, quer aprender ou aperfeiçoar suas habilidades, acho que a American Eagle é um bom lugar para se trabalhar. Todos se conhecem e o ajudam. Eu recomendaria. [...]. Mas o trabalho é pesado e é raro alguém da produção passar dos 20 dólares a hora. [...]. Quando eu saí, percebi o que a gerência estava fazendo. Na fábrica, você começa ganhando 11 ou 12 dólares como aprendiz. Você só recebe 15 ou 16 dólares quando é contratado em definitivo. Mas agora eles estão contratando via uma agência de trabalho [temporário]. [...]. Daí, quando você está perto de fazer noventa dias, eles te demitem e contratam outro para não ter que pagar pelo aumento e pelo seguro-saúde.[25]

O emprego terceirizado é apenas uma entre muitas fontes de apreensão. Frequentemente, os trabalhadores de Tyrone manifestam preocupação com o envelhecimento da cidade. De fato, de acordo com o censo, entre 2010 e 2020, a população com mais de 65 anos aumentou de 17,7% para 21,7%. Na maior parte das vezes, essa inquietação aparece associada à ausência de oportunidades para os jovens e ao fechamento dos pequenos negócios na cidade. Além disso, alguns moradores citaram a falta de tempo para se envolver em atividades assistenciais, sobretudo aquelas ligadas às iniciativas das igrejas, como uma fonte de preocupação relacionada à sobrevivência da cidade. É importante destacar que, em vez do Estado, em se tratando de assistência social, a igreja é a instituição com a qual os trabalhadores contam prioritariamente quando precisam de alguma ajuda:

> Sempre que preciso de algo, costumo procurar minha igreja. Meu pastor é uma ótima pessoa e tem muitos contatos. [...]. Quando fiquei desempregada, eu falei com ele, que logo me ajudou a encontrar um emprego temporário de faxineira antes de eu começar aqui [na pizzaria]. [...]. Quando eu me separei do meu ex-marido, eu não conseguia pagar o aluguel e fiquei morando de graça em um pequeno apartamento da igreja. [...]. Eu trabalho [na igreja] como voluntária todo final de semana. A gente distribui alimentos e organiza a coleta e a doação das roupas. Nosso bazar de roupas é o melhor da cidade. Mas também ajudamos as pessoas a encontrarem empregos. E

---

[25] Jason Krug, ex-operador de máquinas, entrevistado em 19 maio 2022.

estamos sempre ajudando as pessoas a preencherem os papéis da assistência social. Nós fazemos a nossa parte, mas o governo tem que fazer a parte dele.[26]

A importância da religião na proteção social da comunidade é claramente perceptível nas entrevistas. As igrejas são parte essencial das relações sociais da cidade rural e apoiá-las em ações e campanhas significa agir em seu próprio benefício, na medida em que elas reproduzem a solidariedade da qual a maioria depende ou irá um dia depender. Nesse sentido, as igrejas reforçam os valores tradicionais, tais como solidariedade, trabalho duro, sinceridade e honestidade, lembrando permanentemente os moradores da importância de cuidar de seus vizinhos e familiares. Além disso, as igrejas respondem por uma parte significativa da proteção aos pobres e necessitados, com programas de distribuição de alimentos e outras ações assistenciais, muitas vezes relacionadas ao acolhimento de mulheres vítimas de alguma violência ou abuso doméstico.

O pastor Jimmy Killmartin era o prefeito de Tyrone em 2008 quando começou a Grande Recessão. Morando atualmente em Altoona, cidade onde lidera tanto uma igreja, a Center City Church, quanto uma empresa de terceirização de serviços de limpeza predial, a Pinnacle Cleaning, o pastor Jimmy considera que sua vocação como prefeito surgiu de seu trabalho como pastor:

> O apelo nasceu na própria igreja. Veio da vontade de servir a comunidade. Entendi que era hora de eu aceitar o desafio e tentar fazer mais por nossos conterrâneos. [...]. Somos uma municipalidade com poucos recursos e dependemos da submissão de projetos ao governo estadual. Isso tudo é muito trabalhoso e exige muito conhecimento técnico. [...]. Entendo que a linha de frente [assistencial] é a própria comunidade. Somos famílias cuidando de famílias. [...]. As igrejas são centrais nesse trabalho [assistencial]. O município entra como uma espécie de linha auxiliar às igrejas, pois estamos mais focados nas escolas, na limpeza, em atrair e apoiar negócios, na segurança pública [...]. Enfrentamos a questão das drogas sem nenhuma experiência. Nunca havíamos passado por isso antes. Era óbvio que o problema era mais complexo do que o simples tráfico. Mas precisávamos apoiar nossos policiais. [...]. Hoje em dia, sabemos que não vamos muito longe apenas na base da repressão. As famílias estão sofrendo com isso e as igrejas são a melhor solução. Nosso trabalho pastoral em Altoona visa fortalecer a família, para que a família fortaleça o indivíduo. E fortalecer a família significa conhecer a palavra de Nosso Senhor e Libertador. [...]. Penso existirem casos que exigem a intervenção da polícia. Não podemos ser complacentes com traficantes que vêm de fora do condado trazendo a violência para cá. Porém, uma coisa é certa. A atuação do pastor fortalecendo as famílias é muito mais eficiente do que a simples repressão.[27]

De fato, apoiado nas entrevistas realizadas, não é difícil concluir que os moradores de cidades rurais preferem contar com as igrejas, mais próximas e mais

---

[26] Donna Stroup, atendente de restaurante, entrevistada em 26 jul. 2022.
[27] Jimmy Killmartin, pastor e ex-prefeito, entrevistado em 12 jan. 2023.

responsivas, quando se trata de alguma ação de assistência social, do que acessar os programas públicos, muitas vezes excessivamente burocráticos e impessoais, ainda que eu tenha percebido que uma das ações de apoio aos moradores necessitados promovidas pelas igrejas fosse exatamente auxiliar moradores mais velhos a preencher os formulários eletrônicos com pedidos de assistência pública. De qualquer maneira, em diferentes ocasiões, os trabalhadores lamentaram não ter mais tempo livre para se envolver com a caridade local e com o voluntariado liderados por suas igrejas.

Trata-se de um lamento comprovado por diferentes pesquisas de opinião. Segundo essas enquetes, 90% dos americanos declararam acreditar em Deus. Além disso, uma porcentagem muito reduzida da população acreditava na validade científica da evolução biológica. Uma pesquisa realizada em 2009 constatou que 12,4% dos entrevistados concordavam que os seres humanos evoluíram sem qualquer orientação divina, contra 42% que disseram que os humanos evoluíram, mas com orientação de Deus, e 42% que rejeitavam sumariamente a evolução biológica. A frequência à igreja também é maior nos Estados Unidos do que em qualquer país europeu[28].

A chegada da peste

A relação da comunidade com o Estado se manifestou por meio de opiniões conflitantes. Por um lado, os trabalhadores reclamaram que o governo deveria estar mais presente, investindo mais nas escolas e nas infraestruturas públicas. Além disso, consideravam que o governo nada tinha feito para ajudar as famílias a enfrentar a epidemia ligada ao abuso de substâncias psicoativas. Sentindo-se abandonados, muitos ainda aguardavam algum tipo de auxílio do governo no processo de reabilitação de seus parentes viciados.

Por outro lado, os moradores frequentemente afirmaram que o governo se intromete demais em suas vidas, aumentando impostos e impondo regulações incompreensíveis. Em algumas ocasiões, as opiniões dos entrevistados convergiram para a ideia segundo a qual as decisões políticas tomadas em Washington são totalmente indiferentes às necessidades mais essenciais de suas comunidades:

> Em 2019, os negócios estavam se recuperando e tudo piorou, novamente. O que fez o governo? Nada. Em vez de cortar os impostos para que nossos negócios sobrevivessem por nossa conta, manteve tudo do mesmo jeito. [...]. Eu sei que o governo mandou os cheques, mas não é isso que a gente realmente precisa. Nossos negócios precisam pagar menos impostos para que eu tenha condições de contratar mais pessoal. [...]. Meu primo

---

[28] Ver Erik Olin Wright e Joel Rogers, *American Society: How it Really Works* (Nova York, W. W. Norton & Company, 2010).

trabalha comigo quando eu estou muito ocupado, mas apenas informalmente [*under the table*]. Ele tem muitos problemas de saúde e não consegue largar a heroína. [...]. Sinto que o governo deveria ajudá-lo, pois ele é uma boa pessoa e sempre trabalhou duro até o acidente [que feriu suas costas]. Mas o governo nunca fez nada por ele.[29]

O primo de Stephen Beckwith é filho de Samantha Melius, uma moradora de Tyrone que trabalha desde 2001 como faxineira na Universidade Estadual da Pensilvânia. Trata-se de um emprego que lhe assegura uma renda pouco acima de 30 mil dólares por ano. Além do salário, ela recebe da universidade alguns benefícios, como o seguro-saúde. Por ser um trabalho sindicalizado, a cada três anos os benefícios e os salários são renegociados em um novo contrato. Samantha pareceu satisfeita com a representação proporcionada pelo sindicato local: "O Jonathan [Light, presidente do sindicato Teamsters Local 8] é meu vizinho e é muito acessível. Acho que o sindicato tem feito seu trabalho. Não tenho reclamações"[30].

Ainda assim, Samantha é obrigada a complementar sua renda com um emprego em tempo parcial em uma das unidades do Walmart de State College. Filha de um operário que trabalhou por muitos anos em uma fábrica de tijolos da região, Samantha afirma gostar de trabalhar, porém, com o passar dos anos, ela está se sentindo cada vez mais cansada.

Ao perguntar-lhe a razão de manter o segundo emprego nos fins de semana, ela respondeu se tratar da vontade de "escapar dos problemas". Conta ter um filho viciado em heroína que, após a separação da ex-esposa, voltou a morar em sua casa e o dinheiro extra ajuda a pagar algumas despesas de sua netinha de oito anos que mora com a mãe em Grazierville. Indagada sobre a condição de saúde do filho, ela respondeu:

> É muito difícil, [...] porque ele precisa fazer uma cirurgia na coluna. Ele trabalhou numa empresa de transporte descarregando caminhões e isso machucou as costas dele. [...]. Quando está com dor, ele não consegue fazer nada. E, como a cirurgia é muito cara, acabou se tratando com analgésicos [opioides]. [...]. Mas, hoje em dia, os médicos não estão mais receitando e ele está usando heroína. [...]. Uma vez eu consegui uma vaga para ele em uma clínica de reabilitação em Centre Hall, mas ele se recusou a ir. [...]. Há alguns anos ele se qualificou para o benefício por invalidez que o governo paga. [...]. Acho que é por isso que eu trabalho tanto. Assim, nunca fico em casa.[31]

Quando perguntei se ela tinha alguma expectativa a respeito do governo em relação ao caso de seu filho, ela respondeu:

> Ele está recebendo o benefício por invalidez há mais de dois anos e poderia ir atrás do Medicare [seguro-saúde subsidiado pelo Estado] e eu o ajudaria a pagar o resto do

---

[29] Stephen Beckwith, encanador, entrevistado em 11 jan. 2022.
[30] Samantha Melius, faxineira, entrevistada em 15 fev. 2022.
[31] Idem.

valor da cirurgia. Mas não acho que ele irá atrás disso. Agora, só pensa em uma coisa. Não sei mais o que fazer. [...]. Acho até que seria melhor se ele não estivesse recebendo nada do governo, pois estaria pensando seriamente na cirurgia e em como se ajeitar na vida. [...]. Mas a culpa é dele, não do governo.[32]

Samantha rejeita o apoio da rede de segurança social na crença de que o sofrimento ajudaria a recuperar seu filho. Ela entende que evitar o sofrimento, culpar os outros por seu infortúnio e fugir da responsabilidade só a torna mais vulnerável. Condenar seu próprio filho por sua incapacidade de superar a dor serve como uma maneira de se sentir no controle. Ainda assim, ao trabalhar em dois empregos todos os dias da semana, Samantha demonstra o quanto se preocupa em apoiar financeiramente sua família, mantendo-a longe da ajuda dos vizinhos. Além, é claro, de tentar se isolar dos problemas do filho. Ela gostaria de voltar a frequentar a igreja e participar de ações de caridade, mas simplesmente não lhe sobra tempo algum para isso.

Finalmente, ela está preocupada com a escola da neta: "Não concordo com o sistema atual de ensino. É tudo muito lento. Olho as atividades escolares de minha neta e fico assustada. Parece que as crianças de hoje em dia não aprendem nada"[33]. Durante nossa conversa, o único momento que percebi que Samantha elevou o tom de sua voz foi quando falou sobre a escola da neta:

> Sempre que posso, eu converso com algumas mães sobre o que está acontecendo na escola. Antes, você tinha vários programas que aos poucos foram cortados. Quando meu filho estudava no oitavo ano, por exemplo, você podia escolher entre alemão ou francês. Eu aprendi um pouco de holandês com uma antiga professora que gostava de nos ensinar fora de sala o idioma da família dela. Isto tudo mexia com nossas cabeças. Hoje em dia é só espanhol. Muitos programas foram cortados, sem colocarem nada no lugar. Parece que só tem dinheiro para o time de futebol [americano]. A qualidade das aulas piorou e estou muito preocupada com a educação de minha neta.[34]

A indignação em sua fala combinou duas preocupações. Em primeiro lugar, o futuro de sua neta. Em segundo lugar, o futuro de sua comunidade. Samantha compreende que de certa forma o modo de vida de Tyrone depende da escola e a suposta queda de qualidade da educação ameaça sua comunidade. Ela sabe que a escola está enfrentando problemas com o consumo estudantil de substâncias ilícitas. E essa é uma realidade que ameaça a sensação de estabilidade que ela tanto aprecia em Tyrone:

> A polícia prendeu recentemente alguns rapazes do ensino médio vendendo drogas. Esses jovens vão ficar marcados para sempre. Como vão conseguir empregos com uma ficha criminal? [...]. Éramos uma cidade pacata, nunca tivemos problemas assim. Agora é

---

[32] Idem.
[33] Idem.
[34] Idem.

tudo sobre drogas. [...]. Os jovens não querem mais ficar aqui, pois não temos opções de lazer. Eles não querem ficar. E também não conseguem ir embora. Para onde iriam? Então, preferem ficar por aí se drogando. Penso muito em minha neta e isso me deixa realmente apavorada. Qual é o futuro desses jovens?[35]

Sarah Mills concorda com Samantha. Ao longo dos anos, a cidade foi perdendo os espaços de convivência que mantinham as famílias entretidas. Colega de Samantha na mesma equipe de faxina da universidade, ela lamenta o que aconteceu com a Associação Cristã de Moços (YMCA) de Tyrone:

> Após a inundação de 2004, o prédio ficou muito danificado e ficaria caro demais reformar o espaço. É triste. Quando aconteceu a demolição, eu não acreditei. Ficou aquele vazio. [...]. Passei minha juventude lá. Usava a piscina, assistia aos jogos de basquete. [...]. Conheci meu primeiro marido num baile lá. Meus pais também frequentavam a associação. O prédio era parte de nossa história. [...]. O que os jovens podem fazer hoje em dia? A cidade não oferece nada. Se eu fosse jovem, não iria querer ficar em Tyrone. [...]. Mas concordo com Samantha, para onde ir quando você não tem um diploma universitário? [...]. Penso que Tyrone é uma cidade boa só para os velhos. É por isso que os jovens estão se drogando.[36]

Quando conversamos com moradores de pequenas cidades rurais, é comum ouvir que o modo de vida no interior é mais seguro do que o das grandes cidades. A expectativa é que as famílias permaneçam protegidas da exposição às drogas e distantes da violência associada ao tráfico. No entanto, a circulação de drogas na região central da Pensilvânia tem se revelado um problema persistente há muitos anos. Além disso, frequentemente o consumo de substâncias ilícitas vem acompanhado pelo aumento da delinquência juvenil e por pequenos roubos que alarmam as famílias e contribuem para a sensação de insegurança que deixa os trabalhadores cada dia mais angustiados:

> Nos anos 1990, o problema [das drogas] apareceu com o consumo de metanfetamina. Alguns pequenos laboratórios se espalharam pela região e houve muita repressão pela força-tarefa [policial]. Mas não dá para comparar com a situação atual. Hoje temos um amplo leque: cocaína, heroína, metanfetamina, fentanil [...]. Muitas vezes, as ligações familiares em uma cidade pequena acabam facilitando a compra e a venda de drogas. Não vamos ter muitas pessoas por aqui que vão denunciar. [...]. [Ainda assim] a cidade tem sofrido bastante. Temos feito a cobertura das prisões e é muito triste, pois percebemos que alguns jovens estão sendo presos por tráfico e as famílias não sabem o que fazer.[37]

Em lugares como Tyrone, os traficantes e os viciados são conhecidos pela comunidade. Muitas vezes, o envolvimento de um parente com o tráfico ou o

---

[35] Idem.
[36] Sarah Mills, faxineira, entrevistada em 15 fev. 2022.
[37] Jullia White, jornalista, entrevistada em 2 ago. 2022.

consumo de substância ilícitas transforma-se em um estigma para as famílias, desorganizando sua vida social:

> Eu não vou mais à igreja, pois sinto vergonha do vício do meu filho. Também converso pouco com meus vizinhos. Minha irmã faleceu há alguns anos e meus primos se afastaram da gente. [...]. Sim. Foi por conta do meu filho. É claro que sinto falta dos encontros e das festas. [...]. Sabe? Quem quer se envolver com um problema assim? Tenho apenas a turma do trabalho para conversar. Prefiro ir para State College e chegar em casa tarde da noite. Assim, não preciso ver ninguém.[38]

Mesmo quando os moradores não são diretamente atingidos pelos problemas trazidos pelo consumo de substâncias ilícitas, a sensação de aumento da insegurança é facilmente perceptível: "Sempre ouço as pessoas falando que tem muita heroína por aí. Conheço a mãe de um rapaz que foi preso pela polícia. Pobre mulher. Ela virou um fantasma"[39].

Com frequência, os crimes ligados ao tráfico e ao consumo de substâncias ilícitas são interpretados pelos moradores como mais uma prova da desmoralização de sua comunidade. Ou seja, as drogas são percebidas como uma resposta inadequada aos dilemas de pessoas que já se sentiam sem perspectiva antes mesmo de esse problema surgir. Ainda assim, para os moradores entrevistados, a ameaça vem sempre de fora da comunidade: "Os traficantes trazem as drogas de Altoona para vender aqui. Nossa polícia deveria estar mais atenta"[40].

Parte da força-tarefa antidrogas do condado de Blair, a polícia do distrito de Tyrone registra na realidade um número notável de operações para reprimir a circulação de drogas na região. Basta uma consulta rápida ao jornal da cidade para nos darmos conta de que a polícia vem realizando sistematicamente prisões em Bellwood, Hollidaysburg, Logan e Tyrone. A maioria das apreensões reportadas são de cocaína, fentanil, heroína e metanfetamina.

De acordo com os registros policiais, os traficantes compram drogas na Filadélfia e revendem na região. Além do uso de informantes, as operações policiais empregam técnicas de compra monitorada para prender os traficantes. Um caso recente ajuda a ilustrar os dilemas enfrentados pelas famílias de Tyrone:

> Cobri a prisão de Richard Allen Ewing em maio [2022]. Richard perdeu uma filha há alguns anos e passou a consumir heroína. Segundo apurei com seu irmão, William, ele passou a traficar a fim de sustentar seu vício. Richard é casado e tem filhos pequenos. A família Ewing é muito numerosa e ele é bastante querido pelos familiares. Richard havia sido detido em Altoona no ano passado por estar no carro com uma sobrinha que tinha fumado maconha. Um delito menor. Ele foi solto sob fiança, mas, a partir

---

[38] Samantha Melius, cit.
[39] Sarah Mills, cit.
[40] Idem.

daí, Richard virou alvo da força-tarefa e foi preso em sua casa, que fica a quatrocentos metros da redação do jornal. Estava com algumas gramas de metanfetamina, além de cogumelos de psilocibina. Deve pegar uns cinco anos após ser condenado. [...] Infelizmente, essa é uma história que está se tornando muito comum por aqui.[41]

Sobre a associação entre as drogas e a chegada de forasteiros à cidade atraídos pelo preço dos aluguéis, Jullia considera que alguns moradores acreditam que foram eles que trouxeram o problema. Porém, a maioria sabe que se trata de uma questão local: "Os presos são conhecidos. É claro que eles trazem muitas drogas de outras cidades para revender aqui. Mas todos sabem que os traficantes são locais. Aqui, ninguém compraria droga de um desconhecido"[42].

Visivelmente, o aumento da circulação de substâncias ilícitas está relacionado à falta de oportunidades de progresso ocupacional. Contudo, como ilustra o caso do filho de Samantha, essa questão decorre, sobretudo, da epidemia de opioides que castiga há mais de duas décadas as comunidades rurais nos Estados Unidos[43].

Trata-se de uma crise produzida tanto pela negligência da regulação federal dos analgésicos quanto pelos poderosos interesses da indústria farmacêutica. Ainda assim, ninguém culpou a negligência da regulação federal pela epidemia de drogas. Em geral, os trabalhadores interpretam a situação como resultado da combinação entre o lento declínio da comunidade e algum infortúnio pessoal. Aqui, vale lembrar que os custos dos tratamentos médicos em um país sem cobertura universal de saúde favorecem o abuso de analgésicos: "Tenho mais de sessenta anos e trabalho todos os dias em pé. Não conseguiria terminar meus turnos sem analgésicos. [...]. Meu maior receio é não poder mais trabalhar e perder meu seguro-saúde. [...]. Não conseguiria pagar pelo seguro e teria que depender da ajuda do governo para isso"[44].

E o medo de depender da ajuda do governo é logo seguido pela manifestação de contrariedade em relação à assistência social:

> Comecei a trabalhar aos catorze anos de idade e nunca mais parei. Mas, aqui em Tyrone, eu sei que tem muita gente que vive de SNAPs [Programa de Assistência à Nutrição Suplementar, financiado pelo governo federal, mas administrado pelos governos estaduais] ou do aluguel social e não quer trabalhar. Inclusive gente jovem. Acho isso muito errado. Se você não trabalha e fica sem fazer nada o dia todo em casa, vai começar a pensar em se drogar. Se você realmente precisa de ajuda, procure a igreja e converse com o pastor. Esse é um assunto nosso [da comunidade]. O governo não deveria se intrometer nisso.[45]

---

[41] Jullia White, cit.
[42] Idem.
[43] Ver Beth Macy, *Dopesick: Dealers, Doctors, and the Drug Company that Addicted America* (Nova York, Little, Brown and Company, 2018).
[44] Samantha Melius, cit.
[45] Idem.

Tammala Leeper, auxiliar de enfermagem do hospital comunitário de Tyrone, concorda com Samantha. Moradora de Tipton, sua família mudou-se no início dos anos 2000 para a região, vinda da área metropolitana de Pittsburgh. O pai de Tammala trabalhou em uma usina siderúrgica durante cerca de vinte anos e conseguiu se aposentar relativamente jovem, mudando-se em seguida para Bellefonte, atraído pelos baixos preços dos imóveis. Após terminar o ensino médio, Tammala conseguiu um emprego como auxiliar de escritório no sistema correcional estadual, passando a trabalhar na prisão de Rockview localizada no município de Benner. No sistema prisional, teve contato com os serviços de enfermaria e decidiu fazer um curso técnico de auxiliar de enfermagem.

Após deixar o trabalho no sistema correcional, Tammala trabalhou alguns anos em uma clínica especializada em reabilitação de viciados localizada no município de Centre Hall e, posteriormente, foi contratada pelo hospital comunitário de Tyrone. Durante o período em que trabalhou em Rockview, Tammala afirma ter visto muitos casos de detentos que tinham se aposentado por invalidez, porém, "assim que entram no sistema [correcional] passam para o programa de trabalho prisional para encurtar a pena. É claro que estavam jogando com o sistema quando foram aposentados. [...]. Muitas vezes, o governo estimula isso, facilitando a aposentadoria deles. É por isso que acho que o governo é parte do problema e não da solução da questão da criminalidade. O governo paga para eles cometerem crimes"[46].

Tammala afirmou ainda que, apesar de não gostar do trabalho em Rockview, considerava os benefícios compensadores. Como ela vem de uma família de trabalhadores sindicalizados, durante o período que trabalhou na prisão ela apoiou a Associação de Agentes Penitenciários do Estado da Pensilvânia (Pennsylvania State Corrections Officers Association – PSCOA): "Meu pai conseguiu se aposentar graças ao Sindicato dos Metalúrgicos (USW). Meu avô foi membro do Sindicatos dos Mineiros dos Estados Unidos (UMWA). Hoje em dia, sinto falta de ter um sindicato atuando no hospital [...]. Sim. Eu apoiaria a criação de um sindicato no hospital onde trabalho"[47].

Desde o deslocamento de serviços médicos da Filadélfia e de Pittsburgh para o centro do estado ao longo dos anos 2000 e 2010, o sindicato Local 668 do Seiu tem investido na organização de hospitais e clínicas médicas de cuidados e de internação psiquiátrica na região central da Pensilvânia. No dia 6 de abril, participei de uma manifestação em apoio à campanha de sindicalização das enfermeiras da clínica psiquiátrica The Meadows, localizada em Center Hall, uma pequena cidade de cerca de 1.200 moradores, famosa na região por sua tradicional feira da granja.

A manifestação acolheu cerca de sessenta pessoas, que permaneceram por horas em frente ao portão principal da clínica, porém do outro lado da rodovia

---

[46] Tammala Leeper, auxiliar de enfermagem, entrevistada em 14 jun. 2022.
[47] Idem.

Earlystown, em uma área pública. Ativistas do partido Socialistas Democráticos da América (Democratic Socialists of America – DSA), políticos locais do Partido Democrata, como Paul Takac, por exemplo, além de sindicalistas do Conselho Central do Trabalho da AFL-CIO baseado em Bellefonte revezaram-se ao microfone.

As dezesseis enfermeiras da clínica que participavam do comitê interno de mobilização mostraram-se confiantes e o clima geral era de muito otimismo, apesar do anúncio da demissão ilegal de Tami Kraynak e Dawn Taylor, enfermeiras da The Meadows ligadas ao Seiu. Ao contrário do que se poderia esperar de um protesto bem no meio da Pensilvânia rural, a diversidade racial e linguística fez-se presente, gritando palavras de ordem com diferentes sotaques.

No entanto, aproximadamente um mês após essa bem-sucedida manifestação, a campanha sofreu um importante revés. A proposta de sindicalização da The Meadows foi recusada por pequena margem na votação oficial. O sindicato seguiu contestando as demissões ilegais das duas enfermeiras, porém sem muita esperança de reverter a decisão arbitrária da gerência. Talvez essa história sirva para ilustrar o estado atual do movimento trabalhista na região.

Diferentemente do passado recente, a disposição para a organização dos trabalhadores é palpável, contando com o apoio de uma considerável rede formada por associações estudantis, partidos e sindicatos. As organizações Estudante Trabalha na Penn State (Student Works at Penn State – Swaps) e Estudantes Unidos contra Oficinas de Trabalho Precário (United Students Against Sweatshops – Usas) têm participado dessa rede, animando as reuniões preparatórias e engrossando o número de manifestantes. Alguns dos manifestantes mais animados militavam nos coletivos estudantis LGBTQIA+ da Universidade Estadual da Pensilvânia.

No final, porém, as gerências seguem impondo derrotas doloridas aos trabalhadores. As batalhas decisivas são perdidas por pouco. A reversão desse quadro exigiria um investimento consideravelmente maior de recursos por parte das organizações. E não há segurança de que os sindicatos custearão esses investimentos devido ao fato de que o número de trabalhadores envolvidos nessas campanhas em cidades rurais é relativamente pequeno quando comparado aos centros urbanos. O círculo vicioso se fecha.

7
A nostalgia do fordismo

Ainda que opiniões desfavoráveis a respeito de direitos sociais possam soar conflitantes com a organização coletiva dos trabalhadores, os moradores de Tyrone frequentemente se manifestaram a favor dos benefícios negociados pelos sindicatos. Ao contrário de países onde o sindicato é parte de uma estrutura burocrática integrada ao aparelho de Estado, nos Estados Unidos os sindicatos são habitualmente percebidos como organizações que vendem serviços de representação de interesses para os contratantes. Ou seja, trata-se mais de um assunto privado do que de um direito social.

Além disso, a criação de um sindicato depende da qualidade dos laços de solidariedade existentes entre os trabalhadores nos locais de trabalho. Por sua vez, esses laços dependem de valores enraizados nas comunidades onde eles vivem. Ou seja, em princípio, como demonstra a própria história do sindicalismo mineiro na região, não existiria nenhum obstáculo insuperável impedindo a organização dos trabalhadores de pequenas cidades rurais[1]. Ainda assim, o investimento dos sindicatos estabelecidos na organização dos trabalhadores precários na região central da Pensilvânia é inacreditavelmente modesto.

Somado à renovação das direções de sindicatos nacionais e internacionais dos últimos anos, o recente aumento da atividade sindical independente ocorrido durante a pandemia parece estar começando a revitalizar os sindicatos estabelecidos da região. Apesar da prevalência das rotinas burocráticas, novas perspectivas sobre as possibilidades de organização dos trabalhadores ameaçam aflorar no interior do movimento trabalhista.

---

[1] Ver Mike Davis, *Prisoners of the American Dream: Politics and Economy in the History of the US Working Class* (Nova York, Verso, 1986).

Jonathan Light é presidente do sindicato Local 8 da Irmandade Internacional dos Caminhoneiros e é o principal responsável por negociar o contrato coletivo dos funcionários que não exercem funções de chefia da Universidade Estadual da Pensilvânia (PSU) em todo o estado. Além de visitar com frequência os diferentes *campi* da universidade, ele se diz muito ativo nos debates que têm acontecido no interior do sindicato internacional desde que Sean O'Brien, uma jovem liderança politicamente radical, assumiu no início de 2022 a presidência dos Teamsters:

> Fiquei muito feliz com a eleição de Sean. Não só porque ele derrotou a chapa apoiada pelo Hoffa, mas porque eu o conheço há mais de quinze anos, desde os tempos em que ele era presidente do sindicato Local 25. Temos a mesma idade e compartilhamos os mesmos valores. Eu também sou parte dessa renovação [da liderança sindical]. Depois que ele se tornou o encarregado dos Teamsters da Costa Leste nós passamos a trabalhar juntos em algumas frentes. [...]. Ele é um negociador duro e tem muito compromisso com a ampliação do número de filiados. Eu acredito que a liderança de Sean está sendo muito importante para colocar o sindicato num bom caminho.[2]

Jonathan é filho de um operário de manutenção de máquinas que trabalhou muitos anos para uma empresa metalúrgica em Tyrone, cidade onde ele nasceu e vive até hoje. Além de trabalhar como operário, o pai de Jonathan cortava lenha, caçava animais e consertava carros nas horas vagas para que sua mãe não precisasse trabalhar fora de casa e se dedicasse a cuidar dos filhos. A família de Jonathan sempre foi ligada à igreja metodista local e a combinação entre os exemplos de trabalho duro de seus pais e a vontade de ajudar pessoas necessitadas fez com que ele se sentisse atraído pela atividade sindical. Após trabalhar em empregos não sindicalizados na Carolina do Sul e na Filadélfia, foi contratado em 1998 como técnico de instalação e de manutenção de sistemas de ar condicionado por uma empresa em Harrisburg. Esse foi seu primeiro emprego sindicalizado: "Em Harrisburg tomei gosto pelo sindicato. Aprendi que sem o sindicato não temos uma voz. Somos obrigados a aceitar tudo aquilo que a empresa manda fazer, sem discussão. Ficamos calados. Ocorre que muitas das decisões que eles tomam são inúteis. Eles não sabem de tudo. Por isso um sindicato é tão importante, pois, nós, trabalhadores, devemos ser ouvidos nas decisões que eles tomam sobre nossas vidas"[3].

Em 2000, a empresa onde ele trabalhava foi contratada pela universidade para instalar sistemas de ar condicionado em uma ala recém-ampliada do estádio de futebol americano. A partir dos contatos profissionais que fez trabalhando nesse período, Jonathan foi convidado a atuar como técnico de manutenção no setor de alimentação da universidade, sendo admitido em janeiro de 2001. Na universidade, foi chamado por Pat Evelyn para juntos montarem uma chapa para concorrer às

---

[2] Jonathan Light, sindicalista, entrevistado em 3 fev. 2022.

[3] Idem.

eleições do sindicato local, desafiando a antiga direção, que se mantinha à frente do sindicato desde os anos 1970. Em 2005, quando a chapa de Jonathan e Pat venceu as eleições, ele tinha apenas 31 anos de idade, tornando-se o presidente mais jovem da história do sindicato Local 8.

"Pessoas comuns", "vidas simples"

Jonathan atribuiu sua vitória ao fato de a antiga direção estar envelhecida e a nova liderança ter conseguido mostrar aos trabalhadores da universidade que "eles eram pessoas comuns", isto é, que compartilhavam as mesmas preocupações de todos. Além disso, conseguiram visitar mais *campi* do que a direção derrotada e, consequentemente, organizar um número maior de apoiadores no Estado: "Você precisa entender o que as pessoas querem que o sindicato faça. Para isso, é preciso conversar com todo mundo. Olho no olho. Não adianta ficar sentado aqui na sede atrás de uma mesa. Precisa estar disposto a viajar"[4].

Para Jonathan, o maior desejo dos trabalhadores é viver com dignidade por meio de seu próprio trabalho. O sindicato é uma ferramenta que assegura não apenas melhores contratos, mas sobretudo o reconhecimento que os trabalhadores esperam de seu empregador. Se há algum conflito com a gerência, "não adianta ficar reclamando pelos cantos, o melhor é chamar o sindicato para interceder". Ao mesmo tempo, Jonathan diz que:

> É claro que uma relação de colaboração com a universidade é preferível ao conflito. Isso favorece o interesse de nosso afiliado. Queremos manter uma relação madura com a universidade. É isso que fazemos aqui. [...]. A última greve ocorreu em 1978 e, apesar do esforço e da coragem dos grevistas, foi derrotada. Por isso, nossa abordagem é diferente. Se necessário, negociamos duramente com a universidade para conseguir o melhor contrato possível. Mas sem recorrer a paralisações que possam prejudicar os trabalhadores.[5]

Para ele, os trabalhadores do centro da Pensilvânia não são "liberais", ou seja, progressistas, "como em Pittsburgh ou na Filadélfia". Em geral, eles são mais "pragmáticos" e preferem se manter focados nos benefícios: "Aqui, não dá para fazer um discurso mais radical, como faz o Sean [O'Brien]. Eu até gostaria [rindo]. Mas tem que entender o que o trabalhador espera do próximo contrato e brigar por um bom acordo na mesa de negociação. As pessoas na Pensilvânia central vivem vidas simples e não gostam de perder tempo com muita conversa. Preferem a segurança do benefício que nós podemos garantir"[6].

---

[4] Idem.
[5] Idem.
[6] Idem.

Jonathan afirma que os membros do sindicato, em geral, moram em pequenas cidades rurais, como Tyrone, e que não compartilham dos valores liberais presentes nas grandes cidades. Um meio social "mais conservador", em sua opinião, significa que os trabalhadores são "muito ligados à família, à igreja e à vizinhança"[7].

Como atrair esse trabalhador para a vida sindical? Jonathan diz já ter treinado o time de futebol americano do ensino médio da cidade e, como seu pai, aprecia caçar animais silvestres durante a estação. Ele é muito ativo na igreja metodista nos fins de semana. Além disso, devido às ótimas instalações, a sede do sindicato é muito procurada para a celebração de festas e churrascos na região. Dessa forma, os trabalhadores estão sempre próximos dos sindicalistas. Em parte, a intimidade com os problemas vividos pelos trabalhadores favorece a relação de proximidade assegurada pelo modo de vida das pequenas cidades rurais. O fato de os sindicalistas compartilharem os mesmos valores de seus representados ajuda a fortalecer a organização. Finalmente, os trabalhadores da região seriam muito orgulhosos de sua autonomia pessoal: "Somos muito austeros e as pessoas gostam disso. Nossa equipe é formada por apenas quatro pessoas. Nunca esbanjamos dinheiro dos afiliados como outros sindicatos fazem. As pessoas reconhecem nossos valores. [...]. Se você quer comer uma boa carne e não tem dinheiro, basta fazer como meu pai fazia [caçar]. Não precisa ficar esperando o governo te enviar um cheque. É isso que pessoas comuns fazem"[8].

Jonathan insistiu bastante no fato de que os moradores de Tyrone consideram uma vergonha receber ajuda da assistência social: "Na cidade existe muita pobreza, mas, se você for usar seus SNAPs, é melhor fazer suas compras em Altoona para que ninguém o veja"[9]. Trata-se de uma afirmação que vai ao encontro de pesquisas de campo realizadas com trabalhadores em cidades rurais localizadas em outras regiões dos Estados Unidos.

Na zona rural da Califórnia, por exemplo, Jennifer Sherman percebeu que o vale-refeição e o Tanf (Assistência Temporária para Famílias Necessitadas) desencadeavam "forte desgraça social". O estudo revelou como um profundo sentimento de autoestima associado ao trabalho árduo faz com que os trabalhadores empobrecidos rejeitem qualquer tipo de dependência do Estado: "Quando conversei com a classe trabalhadora, descobri que eles eram muito mais propensos do que os pobres a rejeitar os benefícios do governo aos quais eram elegíveis, pelo menos até que fosse absolutamente necessário para sobreviver. Eles percebiam a ajuda como uma afronta à sua dignidade. [...]. 'Não quero esmola do governo; posso fazer isso sozinho'"[10].

---

[7] Idem.

[8] Idem.

[9] Idem.

[10] Jennifer Sherman, *Those Who Work, Those Who Don't: Poverty, Morality, and Family in Rural America* (Mineápolis, University of Minnesota, 2009), p. 181.

Entre 2012 e 2019, a taxa de pobreza nos Estados Unidos caiu de 15% para 11,4%. Na Pensilvânia, ela foi de 14% para 8,7%. Porém, em Tyrone, ela apenas oscilou de 16,9% para 16,3%. As mulheres entre 18 e 24 anos constituem o maior grupo de pobres, seguidas pelos homens entre 18 e 24 anos, e pelas mulheres entre 25 e 34 anos. Ademais, os brancos constituem 95,8% dos pobres da cidade. Em suma, a pobreza em Tyrone não apenas é feminina, como também é jovem e branca. Finalmente, vale lembrar que, em 2019, o rendimento médio anual das famílias na cidade (43.305 dólares) era muito inferior não apenas à média nacional (62.843 dólares), como também à média estadual (61.744 dólares)[11].

Apesar de ser formalmente fácil distinguir os trabalhadores precários dos trabalhadores classificados como "pobres" nos Estados Unidos – para tanto, bastaria perguntar quem, no momento da entrevista, havia recebido dinheiro por meio do programa de Assistência Temporária para Famílias Necessitadas (Tanf) –, o fato é que, com exceção de uma atendente de restaurante trabalhando informalmente e mãe de uma criança de cinco anos, ninguém na pesquisa de campo relatou ter recebido esse tipo de assistência social – e não cabia a mim verificar a veracidade dessa informação.

Na ausência desse óbvio recurso classificatório, resolvi desconsiderar a linha burocrática separando os trabalhadores precários dos pobres por observar que em cidades rurais na região central da Pensilvânia esses grupos compartilham condições equivalentes de precariedade laboral. Trata-se de um dos principais efeitos da recuperação econômica em ritmo lento experimentada na região e que não apenas dificulta a absorção das famílias pobres como também aproxima os trabalhadores precários da condição oficial da pobreza.

Induzido pelas entrevistas a borrar a linha que separa os trabalhadores precários dos pobres, senti-me ainda mais à vontade para recorrer ao conceito marxista de precariado segundo o qual este seria formado pela fração mais precária e mal paga da classe trabalhadora em contínuo trânsito entre, por um lado, o aprofundamento da exploração econômica e, por outro, a ameaça da expropriação política[12].

Além de aproximar esses dois grupos de trabalhadores, a lenta recuperação econômica experimentada após a crise de 2008 também fomentou o aumento da desigualdade econômica entre as classes sociais. A título de comparação, em 2012, por exemplo, 20,4% dos moradores de Tyrone viviam em lares com renda

---

[11] Ver Tyrone em "Population & Diversity", *DataUSA*; disponível em: <https://datausa.io/profile/geo/tyrone-pa/?fbclid=IwAR1h8v5Xopt6KbwjO1t5VHd2aLwyQksObGuwX2D6qFQF0WIocaYISJo9EPo#:~:text=In%202019%2C%20the%20median%20age,Tyrone%2C%20PA%20residents%20was%2037>; acesso em: 9 ago. 2022.

[12] Ver Ruy Braga, *A política do precariado: do populismo à hegemonia lulista* (São Paulo, Boitempo, 2012, coleção Mundo do Trabalho); e também *A rebeldia do precariado: trabalho e neoliberalismo no Sul global* (São Paulo, Boitempo, 2017, coleção Mundo do Trabalho).

de até 25 mil dólares por ano e 1,3% em famílias com renda de mais de 150 mil dólares. Por sua vez, em 2020, enquanto 20,9% das famílias da cidade viviam em lares que percebem uma renda de até 25 mil dólares por ano, 3% viviam em famílias cuja renda supera os 150 mil dólares[13].

De fato, em Tyrone, não apenas vive uma pequena burguesia endinheirada que não é atingida da mesma forma que os trabalhadores e os pobres pelos efeitos da decadência econômica, como ela tem aumentado. Sarah Mills chama esses indivíduos de "os velhos". Evidentemente, não vamos encontrar uma burguesia multimilionária entre os moradores da cidade. No entanto, a desigualdade social é visível quando observamos a qualidade das casas e dos carros que circulam por Tyrone. Aliás, é fácil perceber a presença de uma classificação social espontânea na fala dos entrevistados.

Em geral, os marcadores sociais derivam da estrutura ocupacional. Totalizando 45 moradores, encontramos, no topo da hierarquia local, os proprietários de fazendas, dos postos de gasolina, das lojas de conveniência, da franquia de *fast-food*, além dos dois médicos e dos três advogados que moram na cidade. Logo a seguir, aparecem os funcionários administrativos que trabalham nos escritórios, 209 moradores, no serviço público, 85 moradores, na área da saúde, 82 moradores, na área da informática, 69 moradores, além dos professores e dos bibliotecários, 59 moradores. A maior parte dessa elite econômica tem diploma universitário[14].

Abaixo dos funcionários, vêm os trabalhadores assalariados. Trata-se de um grupo formado por trabalhadores fabris, 315 moradores, trabalhadores do setor de transporte de materiais, 196 moradores, trabalhadores do setor de limpeza e manutenção predial, 179 moradores, trabalhadores de restaurantes, 155 moradores, trabalhadores da construção civil, 145 moradores, trabalhadores do setor de cuidados, 125 moradores, trabalhadores da área de reparos e instalações, 130 moradores, e trabalhadores da área da saúde, 93 moradores. Poucos têm diploma universitário. E logo a seguir aparecem os pensionistas, isto é, os aposentados ou semiaposentados que vivem com renda de investimentos ou da previdência social, 547 moradores[15]. É possível perceber que muitos recebem rendimentos escassos e auxiliam seus familiares nos cuidados com as crianças.

Finalmente, encontramos os trabalhadores pobres, ou seja, os assalariados que recebem menos de um salário mínimo da Pensilvânia, isto é, 7,25 dólares

---

[13] Ver "Percent of People in Poverty", *USA Facts*; disponível em: <https://usafacts.org/data/topics/people-society/poverty/poverty-measures/poverty-rate-of-all-persons/>; acesso em: 2 jul. 2022; e US Census Bureau, "Tyrone, Pennsylvania (PA) Poverty Rate Data", *Census Reporter*, 2021; disponível em: <https://datausa.io/profile/geo/tyrone-pa>; acesso em: 2 jul. 2022.

[14] Idem.

[15] Idem.

por hora, os desempregados, os subocupados, os trabalhadores intermitentes, os trabalhadores aposentados por invalidez, as famílias qualificadas para a assistência pública, as famílias qualificadas para o aluguel social ou que moram em habitações rurais precárias. Esse grupo é formado majoritariamente por brancos, 2.992 moradores, além de um pequeno número de latinos, 54 moradores, empregados nas fazendas da região[16].

Vale observar que, apesar de os filhos desses imigrantes frequentarem a escola pública, muito raramente se percebe a presença deles na cidade. Com base nos dados do censo, além de minhas entrevistas e observações de campo, estimo que o precariado em Tyrone corresponda aproximadamente à totalidade dos pobres e a dois terços dos trabalhadores assalariados.

"O lugar mais barato da América"

Judi Frischknecht mora há dois anos em um pequeno condomínio que aceita o aluguel social localizado cerca de dois quilômetros além do limite da cidade. Judi não é da região, mas tem parentes em Tyrone. Há dois anos, ela decidiu sair de sua comunidade rural na Virgínia Ocidental devido a problemas relacionados ao consumo de alguma substância ilícita que preferiu não mencionar. Ela trabalha em uma pizzaria cujo proprietário é seu tio, recebendo um salário "por fora" ("*under the table*"), e diz ganhar 11 dólares por hora, portanto acima do salário mínimo da Pensilvânia.

Porém, trata-se de um emprego intermitente e sua renda é imprevisível. Judi afirmou estar "de passagem", tentando se recuperar do vício "por ela mesma": "Estou bem melhor e, assim que for possível, quero me mudar para a Filadélfia"[17]. Disse que, além de seus parentes, conhece poucas pessoas em Tyrone, afirmando que a cidade é muito "fechada" e que o fato de morar em um condomínio que aceita aluguel social não facilita sua integração na comunidade. Fora do restaurante, as poucas pessoas com quem conversa são seus vizinhos, em sua maioria, trabalhadores brancos que se mudaram há poucos anos para a cidade atraídos pelos preços dos aluguéis. Pergunto-lhe se se sente de alguma maneira discriminada vivendo em Tyrone e ela respondeu:

> Venho de uma cidade menor que Tyrone e sei como é. É difícil você fazer amizades. Aqui no condomínio todos vieram de fora. Tem gente de Pittsburgh e tem uma família de Baltimore. A maioria está só de passagem. Eu ainda tenho meus tios e meu primo, mas as pessoas por aqui não têm nenhum parente na cidade. Acho que se mudaram porque o aluguel é muito barato. [...]. É muito fácil arranjar um emprego por aqui, mas

---

[16] Idem.
[17] Judi Frischknecht, atendente de restaurante, entrevistada em 28 jul. 2022.

tem que viajar para outras cidades da região. Sinto que o pessoal de Tyrone olha para a gente como se não fôssemos ficar. Por isso, não vale a pena fazer amizade. Pretendo ir embora, então, não ligo.[18]

A respeito do preço atraente dos aluguéis, Judi comenta: "Aqui é o lugar mais barato da América para se viver. Eu vi na internet. Tipo 'Os dez melhores lugares baratos para se viver'. Como você consegue arrumar emprego na região, penso que é por isso que eles se mudaram para cá. Tem gente que diz que não conseguiria sobreviver em nenhum outro lugar"[19].

O condomínio onde Judi mora acolhe três famílias latinas que trabalham nas fazendas: "Acho que alguns moradores [de Tyrone] olham para a gente com desconfiança. Devem pensar que não fazemos nada o dia todo, mas não é verdade. O pessoal daqui trabalha duro"[20]. Pergunto se ela percebe que esse preconceito está relacionado com o fato de existirem moradores latinos e ela responde: "Eu já ouvi dizer que os meninos estão sofrendo *bullying* na escola. [...]. Deve ser por conta da raça. Mas acho que também é porque eles são de fora"[21]. Tyrone parece não escapar à regra da discriminação racial. Evidentemente, trata-se de um problema que não pode ser ignorado.

A imigração de trabalhadores latinos, em sua maioria sem documentos, para cidades rurais nos Estados Unidos é perceptível há várias décadas. Em 1980, os brancos compunham 91,3% da população nacional de todas as pequenas comunidades rurais com população total inferior a 25 mil moradores. Em 2010, a proporção de brancos havia diminuído para 86,5%. Ao longo desses trinta anos, a proporção de negros permaneceu constante em 6%. A população de latinos mais que dobrou durante esse período, passando de 2,5% para 6,1%. Em suma, os imigrantes da América Latina estão presentes em cerca de 40% das comunidades rurais nos Estados Unidos e esse número tem aumentado[22].

Ainda assim, segundo a última estimativa do censo, 98,1% da população de Tyrone é branca e apenas 1,9% é latina: "Frequentemente escuto reclamações sobre os imigrantes chegando a Tyrone e me espanto. Mas onde é que eles estão?"[23]. Judi Frischknecht diz conhecer algumas famílias hondurenhas que trabalham informalmente para fazendeiros na região. Segundo ela, os imigrantes cuidam de plantações de milho, operam máquinas de ordenha e limpam as instalações onde

---

[18] Idem.

[19] Idem.

[20] Idem.

[21] Idem.

[22] Ver Daniel T. Lichter, "Immigration and the New Racial Diversity in Rural America", *Rural Sociology*, v. 77, n. 1, mar. 2012, p. 3-35.

[23] Jonathan Light, cit.

o gado fica confinado. Para Judi, os imigrantes são pessoas que deixaram para trás situações difíceis onde não tinham oportunidades a fim de buscar condições de vida mais dignas para seus filhos: "Na minha opinião, eles merecem um prêmio"[24].

Jonathan Light destaca a contradição entre viver em uma cidade que se orgulha de sua herança irlandesa, mas que se inquieta com a chegada de imigrantes latinos:

> Tyrone é uma comunidade construída por imigrantes irlandeses, gente que veio trabalhar duro na mineração, na estrada de ferro e na agricultura. Nós celebramos o tempo todo nossas raízes. Por que temer os novos imigrantes? [...]. Se você não quer trabalhar no confinamento de gado limpando todo aquele esterco, cheirando aquele fedor o dia inteiro por cinco dólares a hora, bom para você. Mas não reclame na minha frente se tem um imigrante que faz o serviço que você não quer fazer, ganhando um salário que é menos da metade do seu.[25]

Pergunto-lhe se ele compreende que os moradores de Tyrone são preconceituosos em relação à raça. Ele reflete um pouco e responde:

> Não posso dizer que jamais escutei comentários racistas em Tyrone. E tinha um antigo morador que adorava colocar uma bandeira confederada na frente de sua casa. [...]. Por outro lado, nosso sindicato abraçou as duas campanhas de Obama. Fizemos muitos *botons*, cartazes, e fomos uma referência aqui na região. [...]. Fiquei muito identificado com Obama e muitas vezes as pessoas me abordavam para dizer que ele era um socialista, um liberal maluco ou um presidente que não sabia o que estava fazendo. Porém, nunca ouvi ninguém dizer que não gostava dele pela cor de sua pele.[26]

Racismo em uma cidade rural

Isso significa que os trabalhadores da região central da Pensilvânia não são "racistas"? Claro que não. Quando expressam opiniões que rebaixam o comprometimento moral dos trabalhadores negros e latinos com o trabalho árduo ou pressupõem que os moradores negros vivem sem trabalhar, enganando a previdência social, eles revelam seus preconceitos raciais. Além disso, a associação entre os negros e o crime, comum em um país onde uma indústria prisional bilionária se expandiu à custa do encarceramento em massa de jovens negros, devastando inúmeras comunidades pobres pelo país, inevitavelmente fortalece opiniões racistas: "Na verdade, temos poucas 'pessoas de cor' na cidade. Tive contato com 'homens de cor' no meu dia a dia apenas quando estava trabalhando na prisão. [...]. Outro dia tive que ir até Hollidaysburg para resolver um problema burocrático e vi dois

---

[24] Judi Frischknecht, cit.
[25] Jonathan Light, cit.
[26] Idem.

rapazes negros saindo da escola. Eles estavam vestidos como se estivessem em Nova York e me espantei. Parecia que não se encaixavam na paisagem"[27].

Da mesma maneira, opiniões que associam os moradores negros da região à assistência social tendem a desembocar em preconceitos raciais:

> É comum escutar essas histórias: negros comprando comida para cachorro com SNAPs, negros vivendo à custa da assistência social, sem vontade de trabalhar etc. Ouvi a mesma história muitas vezes. Aquela de assistir impotente enquanto as pessoas empilhavam sacos e sacos de caranguejo congelado ou lagosta em seus carrinhos de compras ou casualmente compravam bifes caros com seus SNAPs. Aqueles que dizem isso não sabem como é difícil você se manter no sistema tendo que provar sistematicamente que está à procura de trabalho. [...]. Mas, sim, é verdade. Existe essa desconfiança difusa que associa a dependência do sistema com a falta de vontade de trabalhar.[28]

Jonatas Veiga é um imigrante brasileiro que vive com a família em Houserville, nas proximidades de State College, e trabalha em uma empresa de manutenção predial localizada em State College cujas equipes são formadas em sua maioria por jovens moradores de Tyrone. Jovem negro nascido na Bahia, cabelos trançados no estilo rastafári, Jonatas trouxe para a Pensilvânia central muita bagagem política dos tempos em que militou no movimento estudantil em Salvador. Há um ano trabalhando como técnico em manutenção predial, perguntei-lhe se ele tinha sofrido discriminação racial no ambiente de trabalho:

> Sou o único negro no meio daquele monte de gente branca. Tudo branquinho com aquela barba vermelha. Acho que eles nunca viram nada igual a mim antes. São todos de Tyrone. [...]. Quando comecei, eles chegavam até mim e me faziam perguntas racistas do tipo: "Como você faz para lavar seu cabelo?". Apesar de eu já não reagir mais com raiva como no passado, confesso que esse tipo de situação ainda me deixa incomodado. [...]. Mas sei me impor. Um dia um colega deixou deliberadamente a arma entre ele e eu na caminhonete. Eu disse: "Olhe pra mim. Isso está errado. Se você vai deixar sua arma à mostra, ela não pode estar carregada. É contra a lei". E tirei as balas da arma dele, sem ele me contestar. Depois disso, não fez mais gracinhas. [...]. Não penso que tenho sido discriminado pelo meu patrão. Na verdade, sou novo na empresa e já recebi uma promoção. Hoje, eu lidero a equipe. [...]. Não posso reclamar do salário: tenho feito cerca de quatro mil e quinhentos dólares por mês e nem preciso trabalhar muito. Tenho liberdade no meio da jornada e almoço todos os dias em casa.[29]

Apesar de saber da existência dessas opiniões racistas, confesso não ter conseguido registrar essas manifestações nas entrevistas com os moradores de Tyrone. Isso pode estar relacionado ao fato de eu mesmo ser latino. No entanto, minha principal desconfiança é que a homogeneidade étnica e a inexistência de trabalhadores

---

[27] Tammala Leeper, auxiliar de enfermagem, entrevistada em 14 jun. 2022.

[28] Jimmy Yurick, assistente social, entrevistado em 29 jul. 2022.

[29] Jonatas Veiga, técnico em manutenção predial, entrevistado em 12 jan. 2023.

negros na cidade mitigaram a presença desse tópico nas conversas. Aqui, vale destacar que o que W. E. B. Du Bois chamou de "salário público e psicológico" da branquitude, isto é, a noção de que, mesmo mal pagos, os trabalhadores brancos seriam recompensados com a deferência pública, enquanto os negros permaneceriam humilhados, não parece ter muita aderência em uma cidade onde 98,1% dos moradores são brancos e, em sua maioria, pobres.

Em outras palavras, a desigualdade social e salarial entre trabalhadores brancos e negros dificilmente é perceptível quando praticamente todos os trabalhadores, especialmente os mais pobres, são brancos. Além disso, a mudança demográfica trazida pelos imigrantes latinos é muito lenta e a presença desses trabalhadores concentra-se exclusivamente na área rural, em ocupações que não atraem os trabalhadores brancos. Portanto, não há propriamente uma competição entre diferentes grupos de trabalhadores capaz de fortalecer sentimentos nativistas ou supremacistas.

Na verdade, apesar de ter ouvido histórias sobre a existência de uma seção local da famigerada Ku Klux Klan (KKK) em Philipsburg, ou sobre uma suposta presença de membros da Klan no Departamento de Polícia de State College, não consegui confirmar nenhuma dessas suspeitas por meio de uma fonte confiável. No *Daily Herald*, é possível identificar anúncios pagos nos anos 1920 convidando para reuniões da KKK em Tyrone, além de uma matéria publicada no dia 3 de abril de 1981 relatando os esforços dessa organização em atrair novos membros na região.

Existem algumas matérias dos anos 1980 a respeito de uma possível infiltração da Klan no Departamento de Polícia de Harrisburg. Também ouvi relatos sobre uma tentativa frustrada da KKK de marchar em Bellefonte nos anos 1990. Evidentemente, não estou afirmando que não existam grupos supremacistas na região. Na realidade, ao visitar um parque estadual próximo a Philipsburg, observei algumas bandeiras confederadas decorando *trailers* de acampamento. Posso dizer apenas que, ao longo de quinze meses, não consegui registrar nas entrevistas uma menção a grupos racistas organizados em Tyrone.

Também não fui capaz de identificar nas conversas com trabalhadores precários aquele sentimento de orgulho por fazer parte da "raça dominante" que caracteriza o supremacismo. Além disso, não constatei aquele "medo de pessoas de pele escura" que alguns analistas costumam citar a fim de explicar o apelo popular do projeto autoritário e racista de Trump. Isso não implica dizer que o medo associado à ameaça trazida de fora por traficantes supostamente negros e latinos não esteja presente em Tyrone. No entanto, as opiniões racistas de alguns moradores registradas em Tyrone simplesmente não servem para distinguir a cidade do resto do país.

Em relação ao nacionalismo, o quadro é diferente. Em Tyrone, muitas casas ostentam bandeiras dos Estados Unidos nas fachadas ao lado de bandeiras do corpo de fuzileiros navais. Aliás, durante as entrevistas, não foi difícil perceber que o Exército conta com um elevado prestígio em toda a região. Segundo Jonathan Light:

O Exército, os fuzileiros e a Aeronáutica recrutam muito por aqui. Além disso, você tem vários centros da reserva do Exército espalhados pelas cidades próximas. [...]. Você sabe, aqui você encontra muitos pobres. E nas forças armadas, seja na ativa ou na reserva, você sempre pode contar com serviços médicos, creches, essas coisas. [...]. Na verdade, para muitos rapazes, os oito anos de contrato com o Exército são a única oportunidade que existe para você conseguir uma graduação na Universidade Estadual da Pensilvânia. E muitas famílias se sentem gratas ao Exército pelo diploma dos filhos.[30]

De certa maneira, é possível dizer que o nacionalismo se sobrepõe ao privilégio branco de quem se sente orgulhoso por poder viajar sem medo de ser parado nas estradas ou se tornar alvo da violência policial. Sabemos que esse tipo de privilégio facilita a contratação de empréstimos bancários, seguros de saúde e toda sorte de serviços pessoais, fortalecendo o sentimento nacionalista na cidade. Ademais, os brancos conservam seus empregos com mais frequência do que os negros nas crises econômicas. Demitidos, são os primeiros a serem recontratados nos momentos de recuperação. O fato de serem brancos coloca os moradores de Tyrone numa estrada onde se trafega em uma velocidade diferente da dos negros.

Ainda assim, não se sentem privilegiados por serem brancos. O fato de a maioria deles ser formada por trabalhadores não qualificados e semiqualificados com pouco ou nenhum controle sobre suas condições e horários de trabalho desencoraja a sensação de usufruir de alguma vantagem. Todavia, em diferentes momentos, percebi a presença mais ou menos elaborada de duas visões conflitantes que talvez nos ajudem a interpretar os diferentes matizes do preconceito racial nas cidades rurais da região central da Pensilvânia.

Por um lado, é possível perceber a presença de uma forte concepção de *igualdade* nos comentários dos moradores: "Como diz o meu pastor: 'Todos nasceram com a mesma chance na vida'. Se você está disposto a trabalhar duro e a cuidar de sua família, irá aproveitar bem essa chance. Não interessa a cor de sua pele"[31]. Por outro lado, também apareceu igualmente nas falas a presença da noção de *exclusão*: "Penso que os democratas querem compartilhar nossas coisas boas com todo o mundo. E os republicanos querem compartilhar essas coisas apenas conosco. Hoje em dia, existem poucas coisas boas que sobraram para ser compartilhadas. Portanto, prefiro que tenhamos preferência sobre eles"[32].

Ou ainda: "Sinto que o pessoal de Tyrone olha para a gente como se não fôssemos ficar. Por isso, não vale a pena fazer amizade. Eu pretendo ir embora, então, não ligo"[33]. Desde que esteja disposto a trabalhar duro e a cuidar de sua família, você poderá ser considerado parte da comunidade. Porém, essa mesma

---

[30] Jonathan Light, cit.
[31] Tammala Leeper, cit.
[32] Nick McGuee, operário da construção civil, entrevistado em 18 jan. 2023.
[33] Judi Frischknecht, cit.

comunidade deseja ter preferência sobre outros e vê com desconfiança aqueles que estariam apenas de passagem, em especial os imigrantes: "É raro você encontrar com eles [imigrantes] na cidade. Só mesmo as crianças na escola"[34].

Em resumo, é difícil ignorar que o preconceito racial em Tyrone está sobredeterminado pelo tradicional sentimento de unidade existente entre os moradores de uma cidade etnicamente tão homogênea. Na realidade, como é comum encontrar famílias extensas, existe uma clara separação entre "nós" e "eles". "Nós" nos conhecemos e somos parecidos exatamente porque excluímos "eles". Seguramente, essa exclusão é pior para quem não fala a mesma língua que "nós". No entanto, ela se manifesta em relação a qualquer forasteiro.

Ou seja, "eles" são aqueles que não são de Tyrone, os que não se encaixam muito bem, os pobres vindos de outras cidades que recebem aluguel social e não querem trabalhar e todos aqueles que não falam bem o inglês. Mas podem ser também os adolescentes cujos nomes aparecem nos boletins de ocorrência publicados pela polícia da cidade no Facebook.

Na realidade, os moradores de pequenas cidades rurais não percebem a diversidade racial da mesma forma que os moradores dos centros urbanos. Não se trata de reconhecer como a variedade de grupos sociais pode produzir impulsos criativos, enriquecendo os contatos pessoais, a culinária, a cultura local e a produtividade do trabalho. Apesar de não se revelarem hostis às inovações trazidas por um ambiente culturalmente mais plural, os seus moradores parecem mais empenhados em conservar seu modo de vida tradicional do que em buscar novas experiências sociais.

Melanie Zeigler é uma cantora nascida e criada em Pittsburgh. Seu pai foi trabalhador gráfico e sua mãe montou uma creche informal em sua casa, cuidando de crianças de seu bairro. No final dos anos 2000, Melanie mudou-se para State College quando seu primeiro marido e pai de seus dois filhos passou a trabalhar para uma empresa de tecnologia que mantinha um contrato com a administração do distrito municipal. Após se separar de seu primeiro marido, casou-se novamente com um morador de Millheim, mudando-se para uma casa na área rural da cidade.

Millheim é um pequeno distrito do condado central com uma população estimada pelo censo de 831 habitantes. Segundo Melanie, os únicos moradores negros da cidade são seus dois filhos de 13 e 15 anos. Ela relatou ser muito ativa no conselho da escola de seus filhos e, após alguns incidentes de *bullying* envolvendo os rapazes, decidiu apresentar um projeto de educação para a diversidade nos moldes de um programa desenvolvido nas escolas de State College, cidade onde trabalha como cantora.

> Mudei-me de State College para Millheim, pois meu segundo marido é da região e nós compramos uma casa bem confortável aqui. O preço dos imóveis é incomparavelmente

---

[34] Idem.

mais baixo e achei que seria uma boa ideia. Além do mais, meu marido trabalha em casa e a escola me pareceu muito boa. [...]. Após os incidentes [de *bullying*], conversei com a diretora, que decidiu convocar uma reunião do conselho escolar. Apresentei o projeto que trouxe de State College, mas os demais pais não se convenceram. [...]. O principal argumento foi que a escola não devia gastar dinheiro contratando um programa que iria beneficiar apenas duas crianças. [...]. Daí eu disse para essa mãe: "Esse programa vai beneficiar todas as crianças. Imagine que seus filhos decidam viver na Filadélfia ou em Nova York. Eles vão precisar de habilidades ligadas ao reconhecimento da diversidade". E ela me respondeu: "Meus filhos jamais irão sair de Millheim". [...]. No fim, o projeto foi recusado. [...]. Sinto que meus filhos saíram prejudicados da discussão. Mas a diretora é ótima e sempre se mostrou muito empenhada em coibir o *bullying* contra meus filhos. [...]. No final, os pais se esconderam atrás do argumento conveniente da falta de orçamento.[35]

Aparentemente, o relato de Melanie pode reforçar a tese presente na literatura segundo a qual os moradores da América rural percebem a promoção da diversidade como uma intrusão indevida do governo em suas comunidades[36]. No entanto, vale lembrar que a escola talvez seja a instituição mais importante para a reprodução do modo de vida rural. Ou seja, mudanças nas rotinas escolares são um tema bastante sensível para a comunidade que, normalmente, se mostra resistente às novidades trazidas "de fora".

A centralidade da escola em pequenas cidades rurais faz com que praticamente todas as famílias se envolvam em seus assuntos, transformando o ambiente escolar em um território em negociação permanente. Em Tyrone, por exemplo, os prédios mais bem cuidados são, sem dúvida, as escolas. É perceptível que o distrito investe recursos consideráveis nas instalações escolares, que, frequentemente, acolhem atividades sociais, encontros, feiras, apresentações de bandas e debates. As escolas são espaços onde as questões mais propriamente políticas são apresentadas e debatidas.

Além disso, os estádios de futebol americano e de beisebol recebem grande atenção dos moradores. Os cidadãos de Tyrone frequentam os jogos do ensino médio em grande número e as equipes representam toda a comunidade nos torneios regionais. Uma vitória dos rapazes locais sobre o time de Philipsburg deixa todos muito animados. Uma derrota abate os ânimos da comunidade. Esse clima de "nós" contra "eles" no ambiente escolar tende a desestimular o avanço da pauta da diversidade, tida como desagregadora. Assim, a diversidade está mais associada à defesa da unidade da comunidade do que à intromissão do governo.

Além disso, o relato de Melanie também evidencia uma outra questão central para entendermos o conservadorismo social das cidades rurais. Muitos pais

---

[35] Melanie Zeigler, cantora, entrevistada em 6 abr. 2022.
[36] Ver Robert Wuthnow, *The Left Behind: Decline and Rage in Rural America* (Princeton, Princeton University), 2018.

simplesmente não veem motivos para que seus filhos se mudem da cidade quando terminam o ensino médio. Afinal, o ensino superior é caro e continuar os estudos significa parar de trabalhar na fazenda. Considerando as poucas chances que os filhos de pequenos fazendeiros e de trabalhadores têm de cursar universidades prestigiadas, entrar em uma universidade local muitas vezes não representa um diferencial atraente para as famílias rurais. Aliás, conversando com moradores de Tyrone, é possível perceber que, se trabalhar na fazenda de sua família, você seguramente receberá mais que qualquer trabalhador de escritório.

Em suma, em cidades onde "todos se conhecem" e as relações de parentesco são sempre muito presentes no cotidiano das famílias, o sistema de solidariedades práticas tende a fortalecer um sentimento difuso de igualdade. No entanto, essa igualdade é compartilhada apenas por aqueles que são "como você", ou seja, que fazem parte da mesma comunidade. Aqueles que estão "de passagem", simplesmente não participam dessa ordem social que deve ser capaz de recompensar o trabalho duro e a responsabilidade pessoal dos moradores com uma vida simples, porém digna e previsível.

A fábrica de papel: "Eles não reconheceram minha experiência"

De fato, ao conversamos com moradores de pequenas cidades rurais, é perceptível a expectativa de que suas comunidades reconheçam por meio de certos privilégios seus "direitos de cidadania". Don Fenton, por exemplo, é um ex-operador de máquinas que, apesar de ter passado a maior parte de sua vida adulta morando em Tyrone, decidiu se mudar para uma pequena casa localizada na área rural de Bellefonte após ser demitido da fábrica de papel. Atualmente, ele trabalha como faxineiro e a maior parte de seus clientes vive em State College.

Originalmente, a família de Don morava no noroeste da Pensilvânia, em uma região rural próxima à cidade de Titusville. O pai de Don trabalhou muitos anos para uma empresa de extração de petróleo, porém morreu em um acidente de moto quando ele tinha apenas quatro anos. A mãe de Don casou-se novamente com um morador de Erie e, em meados dos anos 1970, a família se mudou para Bellefonte, onde o padrasto de Don arrumou emprego em uma fábrica de ferramentas. Após a separação do casal, a mãe de Don se mudou com os três filhos para Tyrone a fim de trabalhar na fábrica de doces. Don já havia circulado por alguns empregos temporários em fábricas em Erie e em Bellefonte quando foi contratado em tempo integral pela fábrica de papel onde trabalhou por dezoito anos. Em 2000, foi demitido da fábrica e decidiu criar sua própria empresa de limpeza, mudando-se para Bellefonte devido à proximidade com State College:

> Quando fui contratado em definitivo [pela fábrica de papel], eu já tinha alguma experiência em fábricas, mas como ajudante de serviços gerais, ou seja, na maior

parte do tempo eu fazia a limpeza das instalações. Na época, a fábrica tinha uns 450 funcionários e era administrada por pessoas da cidade [Tyrone]. Comecei a trabalhar no armazém. Fiquei alguns anos e decidi que iria aprender a operar a máquina de corte de papel. Na verdade, não era nada difícil, mas você sempre precisa de alguma orientação. Meus companheiros me apoiaram e quando surgiu a oportunidade fui para a produção. Fiquei por lá uns treze anos. [...]. Muitos culpam os antigos gerentes. Mas penso que não é bem assim A fábrica precisava de investimentos, máquinas novas e os gerentes fizeram o possível para mantê-la funcionando. O problema é que os proprietários não queriam investir no negócio. [...]. Eu gostava de trabalhar lá. O salário era bom, podíamos fazer hora-extra e tínhamos benefícios. [...]. Além disso, todos se ajudavam. Se você precisasse faltar, alguém sempre cobria sua ausência. Os gerentes compreendiam. Tínhamos boas folgas e eu podia escolher meu turno. [...]. Fui demitido em 2001, um pouco antes da fábrica anunciar que iria fechar. Muita gente ficou surpresa com o fechamento, mas eles já estavam fechando partes da operação seis meses antes do anúncio oficial. Eu não fiquei surpreso.[37]

Ao saber da reabertura da fábrica, Don procurou a empresa interessado em voltar a trabalhar. No entanto, a nova gerência apresentou condições que ele considerou pouco atraentes:

Propuseram doze dólares a hora. Eu disse: "Mas trabalhei aqui muitos anos, não sou nenhum aprendiz". Eles não reconheceram minha experiência e eu fui embora. Pensando bem, sempre tolerei a fábrica. Então, eu já havia montado minha empresa de limpeza e estava fazendo mais do que o dobro do salário mínimo. Por que eu voltaria pra lá? Um trabalho pesado, muitas vezes, perigoso. Pensei: "Já consegui ótimos clientes, vou continuar assim". [...]. Descobri que gosto de viajar e trabalhando na fábrica eu não conseguiria. Hoje, economizo e viajo por um, dois meses.[38]

Quando a fábrica abriu os portões produzindo papel reciclado, o número de trabalhadores empregados tinha caído para menos da metade daquele observado nos tempos em que Don foi admitido. Não apenas a empresa havia passado por uma profunda reestruturação, como as máquinas mais modernas dispensavam a necessidade de muitos operadores. A adaptação para a "economia verde", foco do novo plano de negócios que orientou os investidores locais, modernizou a planta, modificando o antigo regime fabril. Salários e benefícios foram afetados. E o número de trabalhadores contratados não voltou àquele dos anos 1980. Além disso, com um maquinário mais moderno, é possível substituir trabalhadores mais rapidamente, tendo em vista a diminuição do tempo de treinamento: "Acho que ninguém mais vai ficar por lá dezoito anos como eu. Tenho poucas informações da fábrica, mas não parece ser como antes, quando as pessoas se ajudavam. Aquele

---

[37] Don Fenton, ex-operador de máquinas, entrevistado em 18 abr. 2022.
[38] Idem.

meu amigo que foi recontratado, saiu logo. Ele se mudou para Harrisburg e hoje trabalha como zelador em um prédio de escritórios"[39].

A história da modernização da fábrica de papel revela um outro dilema enfrentado por cidades rurais como Tyrone. Com o lento e aparentemente irreversível declínio populacional, associado à desindustrialização das pequenas comunidades, o crescimento dos principais centros urbanos é a tendência predominante na região. Os trabalhadores das cidades rurais percebem que o eixo dos empregos se deslocou para as cidades maiores e que os "bons e velhos tempos" dos empregos estáveis não irão voltar.

A diminuição do número de bons empregos representa não apenas a queda dos rendimentos do trabalho, a perda de receita tributária ou o fechamento dos negócios locais, mas, sobretudo, a migração de amigos e familiares para as cidades maiores. Algo que preocupa as famílias de trabalhadores tendo em vista a dissolução do sistema de solidariedades práticas que assegura os cuidados dos mais velhos, das crianças e, consequentemente, a reprodução da própria comunidade.

"O sindicato até que não era uma ideia ruim"

Melody Wills mora em Philipsburg, trabalhando como faxineira em Bellefonte e em State College. Mora com sua filha mais nova e seus dois netos. Quando não está trabalhando, Melody cuida das crianças para que sua filha possa trabalhar como cabeleireira em um salão de State College. A família de Melody se estabeleceu na cidade nos anos 1920, quando seu bisavô paterno emigrou da Alemanha para a região central da Pensilvânia, conseguindo um emprego na ferrovia. Os avós paternos de Melody, assim como seu pai, nasceram e viveram a vida toda em Philipsburg. Seus avós maternos e sua mãe nasceram em Clearfield, uma cidade da mesma região.

O pai de Melody trabalhou com instalação de cabos de televisão por muitos anos e, após divorciar-se de sua mãe, mudou-se para Iowa, onde montou uma pequena loja de ferragens em Cedar Rapids. Sua mãe não se casou novamente, trabalhando em empregos temporários e criando os filhos com a ajuda dos parentes. Com dezenas de familiares espalhados pela região, Melody nunca havia pensado em se mudar de Philipsburg. No entanto, após trabalhar em alguns restaurantes e lojas de conveniência, ela foi contratada juntamente com sua mãe pela Murata Electronics, uma fábrica de componentes eletrônicos que operava em State College.

Entre 1996 e 2007, Melody trabalhou na linha de produção de vidros para telas de televisão em jornadas de doze horas por três dias, com três dias de folga. Esse sistema era conveniente pois lhe permitia uma combinação dos dias de folga

---

[39] Idem.

com sua mãe a fim de cuidar de suas duas filhas. Na fábrica, trabalhou em diferentes departamentos, até chegar à linha de produção de capacitores cerâmicos para aparelhos celulares. Em 2007, um ano após sua chegada, a empresa decidiu transferir essa linha para o Japão e Melody foi demitida. Sua mãe havia saído da empresa pouco antes.

Melody considera que esses onze anos foram os melhores anos de sua vida como trabalhadora, pois recebia um bom salário, cerca de 33 dólares por hora, ou seja, quase cinco vezes o salário mínimo da Pensilvânia, além de poder usufruir de um generoso pacote de benefícios assegurado pela empresa. Ela gostava do sistema de turnos de três dias por três de folga e morar em State College garantia que suas filhas tivessem acesso às ótimas escolas de uma cidade universitária. Além disso, fez amizades com outras trabalhadoras e diz nunca ter tido problemas com a gerência. Por tudo isso, Melody afirmou que nunca pensou em participar da criação de um sindicato:

> Eu achava que o sindicato iria nos atrapalhar. Que se eu fosse filiada a um sindicato poderia perder alguns benefícios e que isso iria prejudicar meu futuro na empresa. [...]. Quando me demitiram, mantive o seguro-saúde por seis meses. Mas fiquei com a sensação de que talvez não tenha recebido o que mereça por tantos anos de dedicação. O que eu podia fazer? Nessa hora, percebi que o sindicato até que não era uma ideia ruim.[40]

Após sua demissão, Melody e sua mãe voltaram para Philipsburg onde ela resolveu abrir uma empresa de limpeza. Desde então, tem trabalhado em várias cidades da região, além de fazer a limpeza de uma fábrica de tampas de carroceria em Philipsburg. No início dos anos 2010, sua mãe adoeceu, morrendo logo em seguida. Além disso, sua filha mais velha ficou grávida e sua neta nasceu em 2015. Desde então, Melody equilibra-se entre as faxinas e os cuidados de suas duas netas. Para tanto, conta muitas vezes com a ajuda do namorado, também morador de Philipsburg, mas que não mora na mesma casa que ela, sua filha e suas netas:

> Eu fui mãe solteira e, agora, minha filha também é mãe solteira. Tive minha mãe comigo me ajudando e cuidei dela até o fim. Minha mãe me ajudou a criar as minhas filhas, assim como eu ajudo minha filha a criar as filhas dela. Família é assim. Uns cuidam dos outros. Mas, agora, minha filha quer se mudar para Pittsburgh, pois seu namorado conseguiu um trabalho por lá. Ela nunca soube ao certo o que queria fazer. Trabalhou em restaurantes e fez curso de auxiliar de enfermagem, mas nunca exerceu a profissão. Depois, frequentou uma escola que ensina a programar computadores e ficou animada quando começou a trabalhar com seguros de saúde, mas já desistiu. Por isso quer se mudar. É claro que eu a apoio, mas ela não terá mais minha ajuda com as meninas e não terei mais ela por perto quando eu precisar. Sei que esse dia podia chegar, mas fico um pouco angustiada com essa mudança. [...]. Quando voltei para

---

[40] Melody Wills, faxineira, entrevistada em 24 mar. 2022.

cá, a cidade parecia que estava indo bem, mas agora vejo que não há oportunidades para os jovens. [...]. Minha filha não quer um trabalho manual e, sem um diploma universitário, é difícil encontrar bons empregos na região. [...]. Você precisa viajar cada dia para mais longe para arrumar um emprego. Os jovens desapareceram da cidade. Eu só vejo gente da minha idade andando pelas ruas.[41]

A filha de Melody formou-se em uma faculdade local com fins lucrativos que a deixou endividada por vários anos. Além disso, os empregos que conseguiu com sua educação pós-secundária simplesmente não a habilitaram a receber mais do que alguém que apenas completou o ensino médio: "Trabalhando com seguros ela estava fazendo treze dólares por hora, que é o que qualquer um trabalhando no Walmart ganha. Só que ela ficou dois anos na faculdade. [...]. Eles diziam [na faculdade] que ela receberia vinte dólares no mínimo quando terminasse o curso. Mas isso nunca aconteceu"[42].

A frustração de sua filha com os empregos que não são capazes de garantir um futuro promissor para sua família somou-se à angústia de Melody com o enfraquecimento dos laços familiares que asseguram os cuidados essenciais à reprodução das condições de produção da própria classe trabalhadora, como os cuidados infantis e o cuidado dos idosos. Afinal, aquilo que as famílias ricas adquirem no mercado, como o serviço de uma creche ou de uma casa de repouso, por exemplo, as famílias trabalhadoras acessam exclusivamente por meio de suas famílias.

Mesmo assim, não deixa de ser curioso observar que, segundo os dados do censo, o declínio populacional nas cidades rurais da região central da Pensilvânia vem acontecendo há pelo menos cinco décadas. Então, qual poderia ser a novidade que torna o presente diferente do passado? Para Melody, a percepção de que a cidade está morrendo está muito associada ao declínio econômico e ao fechamento dos pequenos negócios. Além disso, ela diz que ninguém se preocupa mais em "cuidar da cidade": "Sinto esse desânimo. Só os velhos ficam. Os mais jovens trabalham fora"[43].

A sensação que tive ao entrevistar Melody é muito parecida com a que identifiquei ao entrevistar trabalhadores em Tyrone: um sentimento melancólico ligado à perda de sua comunidade. Por um lado, eles sentiam-se desorientados devido ao declínio econômico e tudo aquilo que suas cidades haviam perdido em negócios, lazer e oportunidades. Por outro, manifestaram a disposição de trabalhar para que suas cidades conseguissem se recuperar desse momento difícil. Daquilo que testemunhei, posso afirmar que os moradores das cidades rurais do centro da Pensilvânia desejam preservar suas comunidades e seu modo de vida tradicional. Porém não sabem como.

---

[41] Idem.
[42] Idem.
[43] Idem.

Jimmy Yurick é assistente social e mora em State College. Já trabalhou em diferentes projetos de assistência para jovens na região. Para ele, as cidades rurais estão passando por um momento no qual a maioria daqueles que terminam o ensino médio circulam por diferentes cidades em busca de empregos temporários no setor de comércio e de restaurantes. Entretanto, um jovem com diploma universitário com certeza irá se mudar para um centro urbano maior:

> Os governos locais que antes contratavam universitários da região para trabalhar em diferentes departamentos falam apenas em cortar programas e enxugar gastos. Se você não for médico ou advogado, não há boas oportunidades no setor privado. Uma enfermeira recém-graduada vai receber, no máximo, 35 mil dólares por ano. [...]. Existem muitos empregos para jovens com o ensino médio, mas apenas no comércio e em restaurantes. É uma situação muito complicada para um jovem com diploma universitário entrar no mercado de trabalho daqui. Por isso, eles costumam tentar a sorte em cidades maiores.[44]

Quando os bons empregos que exigem faculdade estão em outros lugares, é improvável que os empregos disponíveis sejam bem remunerados ou seguros. Os empregos administrativos são raros. As oportunidades concentram-se nas fábricas, na construção civil, em hotéis e em restaurantes, além de hospitais e prisões. Logicamente, a incapacidade dessas comunidades de reter os jovens qualificados é um reflexo das dificuldades econômicas. No entanto, isso também significa um duro golpe na autoestima das cidades.

Cada um ao seu modo, o fechamento de uma agência bancária, de uma loja de conveniência, de um prédio comercial ou de um restaurante parece confirmar aquilo que todos já sabem: a cidade está desaparecendo. Além da angústia relacionada à ameaça da perda do emprego, o fracasso da cidade em manter e atrair novos negócios anuncia outros infortúnios: a demolição de prédios históricos, o fechamento de espaços públicos, a fusão das escolas

Quando um prédio que fazia parte da identidade da comunidade fecha, parece que a cidade inteira fracassou. Em Tyrone, por exemplo, o antigo prédio da Fraternidade do Alce, uma rede de clubes sociais criada no século XIX no Kentucky e que se notabilizou por organizar campanhas de caridade em diferentes regiões dos Estados Unidos, ainda mantém sua imponente presença numa rua que margeia o riacho Bald Eagle, com paredes altas de tijolos vermelhos e cabeças de alces esculpidas em pedra nas duas fachadas principais.

Construído em 1927, mesmo ano em que a cidade registrou seu pico populacional, ou seja, 9.084 moradores, o prédio fechou as portas em julho de 2007, quando o antigo gerente foi flagrado no local vendendo substâncias ilícitas para jovens da cidade. Mesmo antes de ser fechado, o prédio não funcionava mais

---

[44] Jimmy Yurick, cit.

como alojamento, porém o salão de festas, o bar e o restaurante ainda recebiam os associados. Hoje em dia, as portas e as grandes janelas que marcam as fachadas do edifício estão lacradas com tapumes e ninguém na cidade sabe ao certo o que será feito do prédio:

> Disseram que o prédio iria virar um museu militar. Mas acho que vai acabar sendo demolido, assim como o YMCA, que ficava ao lado do Moose. Não tem como reformar, pois está tudo estragado. [...]. Claro que me lembro dos bailes. Eram muitos animados. Vinha gente de fora que ficava hospedada nos alojamentos. Porém, isso foi nos anos 1980. O clube já estava decadente há um bom tempo. No final, servia mais como um ponto de encontro de rapazes que queriam comprar drogas.[45]

Sarah refere-se a um tempo em que "gente de fora" ajudava a animar a cidade. Isso nos remete a uma questão que, com certa frequência, aparece nas entrevistas: a tensão mais ou menos elaborada entre os antigos habitantes, mais ensimesmados e conservadores, e os jovens ou recém-chegados, mais liberais e interessados em questões como diversidade racial, feminismo e regulação ambiental. Trata-se de uma tensão que incomoda os antigos moradores, que se esforçaram para manter os valores tradicionais das pequenas cidades rurais intactos, porém viveram tempo suficiente para assistir à mudança chegar, ainda que de forma lenta.

O medo da mudança

Em relação à definição do significado desses valores, é possível notar, como fez Sherman, que "tradição" significava usualmente valores familiares, isto é, tudo aquilo que pode ajudar uma família biparental rural que se esforça por levar uma vida estável, atribuindo um alto valor aos cuidados de seus membros, a permanecer unida. Para pessoas cujos empregos não são prestigiados, "a família vem em primeiro lugar"[46]. Assim, quando valores progressistas começam a envolver as novas gerações, a mudança passa a ser especialmente preocupante.

Em Millheim, Melanie Zeigler percebeu a importância dessa tensão quando decidiu começar a participar com regularidade das reuniões do conselho da escola de seus filhos. Após o projeto de educação para a diversidade apresentado por ela ter sido recusado, ela propôs que os professores incorporassem conteúdos relacionados ao racismo e ao feminismo às aulas. Segundo Melanie, a reação da maioria dos pais foi negativa:

> Enquanto eu tentava sugerir conteúdos para o conselho, percebi que alguns dos pais com quem conversava desejavam que seus filhos ficassem o mais longe possível

---

[45] Sarah Mills, faxineira, entrevistada em 15 fev. 2022.
[46] Ver Jennifer Sherman, *Those Who Work, Those Who Don't*, cit.

dessas discussões [feminismo e racismo]. Na verdade, queriam que os filhos jamais deixassem o vale. Se deixassem, eles ansiavam para que seus filhos fracassassem tão profundamente que isso faria com que eles voltassem para cá dispostos a aceitar os valores de suas famílias. [...]. Isso [conservadorismo] só piorou com a pandemia, pois as crianças ficaram em casa escutando seus pais e a Fox News. [...]. A ponto de meu filho de dezessete anos ter adoecido devido ao ambiente escolar. [...]. Muitos pais e alunos falam abertamente que nós somos os "outros". Por isso, decidi enviar meus filhos para uma universidade historicamente negra para que eles tenham essa experiência de se sentirem "normais" em algum momento de suas vidas.[47]

Ao mesmo tempo, Melanie conta com o apoio de parte da comunidade, tendo sido eleita recentemente representante no conselho municipal do distrito, o equivalente à câmara de vereadores da cidade. Melanie atribui esse reconhecimento ao fato de que existem muitas pessoas na escola, incluindo estudantes, professores e funcionários, que apoiam sua agenda progressista, além de haver moradores de Millheim interessados em dinamizar a economia local com novos negócios, como lojas e restaurantes.

Juntamente com uma pequena comunidade de artistas que se mudou há alguns anos para a região de Penns Valley, ela batizou esses novos negócios que estão surgindo na comunidade de "utopia *hipster*":

As famílias da área rural de Penns Valley são muito conservadoras e, infelizmente, elas são a maioria no distrito onde fica a escola. Porém, quando você olha para a cidade de Millheim, percebe que existem muitas pessoas interessadas em fazer algo diferente. Estão montando novos cafés, restaurantes e lojas. Estão produzindo alimentos orgânicos para vender nas feiras da região [...]. Muitos desses novos moradores não têm a intenção de fazer amizade com as famílias rurais, mas acho que devemos continuar nos esforçando para que isso aconteça. Apenas assim teremos mudanças realmente sérias no vale.[48]

O relato de Melanie apontou para uma direção diferente de certo senso comum explorado por forças nacionalistas autoritárias que estimulam os trabalhadores a buscarem um bode expiatório para seus infortúnios, canalizando seu ressentimento contra o governo ou contra as minorias étnico-raciais. Na realidade, os moradores das cidades rurais que visitei revelaram visões muito pragmáticas a respeito dos desafios que suas comunidades enfrentavam. Eles percebiam que algumas mudanças ameaçavam seu modo de vida tradicional. No entanto, é importante observar que as cidades rurais são conservadoras, porém não inflexíveis. Nelas, muitos estão dispostos a aceitar inovações que pareçam promissoras para revitalizar sua economia moral: "Quando cheguei, eu era considerada o 'diabo', com meu cabelo curto e minhas roupas de couro apertadas. Hoje em dia, os jovens me adoram e tenho uma ótima relação com muita gente que trabalha na escola. [...].

---

[47] Melanie Zeigler, cit.
[48] Idem.

No começo, as famílias rurais não apareciam nos restaurantes. Hoje em dia, eles são os principais clientes"⁴⁹.

Além de não serem impermeáveis à mudança, vale destacar que essas comunidades cultivam um forte sentimento de autodeterminação. E, muitas vezes, o desejo de arregaçar as mangas e fazer as coisas localmente é o aspecto mais saliente da identidade e do orgulho de uma cidade rural. Muitos trabalhadores com quem falei lamentavam o fato de não terem mais tempo de realizar trabalhos voluntários, como plantar flores em áreas públicas, ajudar a limpar um terreno baldio ou participar da distribuição de alimentos arrecadados pelas igrejas. Infelizmente, as longas jornadas, os muitos empregos e a necessidade do deslocamento para outras cidades impediam que os trabalhadores participassem da vida cívica de suas comunidades da forma como gostariam:

> Eu viajo todos os dias, pois tenho clientes em várias cidades. Ontem estive em Altoona. Anteontem, passei o dia todo trabalhando em State College. Há alguns anos, eu me recusava a trabalhar nos fins de semana. Preferia ajudar nos projetos da igreja. Mas, hoje em dia, aceito qualquer horário. [...]. Antigamente, eu fazia 30 mil dólares por ano e estava tranquilo. Hoje em dia, preciso fazer 50 mil para sobreviver, pois tudo aumentou de preço e preciso pagar meu seguro-saúde. [...]. Sinto muita falta de ajudar as pessoas na minha igreja.⁵⁰

Na medida em que as cidades rurais contam menos com o trabalho voluntário de seus moradores, aumentou sua dependência em relação aos gastos dos governos estadual e federal, que, por sua vez, se revelam excessivamente burocráticos:

> Eu trabalho com distritos que precisam da ajuda do governo estadual para desenvolver projetos locais. A maior dificuldade é que muitas cidades não sabem como entrar em contato, com quem falar para conseguir apresentar uma proposta. Trabalho na elaboração dos projetos e no contato com o governo. [...]. Com os cortes orçamentários, se uma proposta não for apresentada de maneira muito acertada, ela com certeza será recusada. É preciso conhecer todos os regulamentos e requisitos, pois se trata de uma quantidade considerável de trabalho burocrático. Muitas vezes escuto as pessoas reclamando que nada está sendo feito é não bem assim. Esse trabalho burocrático complexo e minucioso é fundamental para que o projeto tenha chances de ser aprovado pelo governo estadual. Só que isso leva tempo.⁵¹

A falta de investimentos em projetos sociais capazes de acolher os mais jovens enquanto seus pais precisam viajar 40 ou 50 quilômetros para trabalhar é uma reclamação frequente: "Nunca vi o governo fazer nada para manter nossos filhos longe

---

⁴⁹ Idem.
⁵⁰ Stephen Beckwith, encanador, entrevistado em 11 jan. 2022.
⁵¹ Jimmy Yurick, cit.

das drogas. Nem a polícia faz alguma coisa. Não sei por que pagamos impostos"[52]. Além disso, muitas famílias trabalhadoras subempregadas não ganham o suficiente para manter suas contas em dia ou mesmo comer de maneira adequada. Em geral, as cidades rurais asseguram a assistência social por meio da iniciativa das igrejas.

No entanto, com a queda do trabalho voluntário nas igrejas, a crise dos opioides que esgarçou os laços de confiança entre vizinhos e a atual pandemia de coronavírus que manteve muitos confinados em casa, a dependência da assistência social pública aumentou consideravelmente. No entanto, nos Estados Unidos, as políticas públicas assistenciais não são universais, mas desenhadas para focar em determinados grupos localizados abaixo de um determinado nível de renda, que pode variar bastante entre os estados e que acabam excluindo grupos localizados imediatamente acima do patamar de renda definido como limítrofe.

Isso acaba semeando a desconfiança entre os trabalhadores não assistidos em relação àqueles aptos a receber a ajuda do governo. Para Stephen, "o governo só está interessado em ajudar os pobres. Mas, o que ele faz para ajudar quem trabalha todos os dias e não tem tempo nem de ver os filhos crescendo?"[53]. Ele admite que, durante a pandemia, o governo fez bem em distribuir os cheques para as famílias, mas, agora, isso não era mais necessário. Para ele, a assistência aos pobres desestimula a procura por trabalho, obrigando a "classe média" a pagar altos impostos: "Hoje não há mais desculpa. Só não está trabalhando quem não quer"[54].

Como inúmeros estudos têm demonstrado, é verdade que muitas mães pobres preferem ficar em casa cuidando dos filhos, pois o salário mínimo em certos estados é tão baixo que, se elas trabalhassem fora de casa, certamente perderiam dinheiro, pois precisariam colocar as crianças em creches ou gastar com o combustível do carro, estacionamentos pagos etc.[55] Além disso, é sabido que trabalhadores pobres têm dificuldade de encontrar trabalho em tempo integral porque os empregos intermitentes permitem que os empregadores evitem pagar o seguro-saúde[56]. No entanto, quando se trata da percepção que muitos trabalhadores estadunidenses têm da pobreza, é a imagem do beneficiário da política assistencial que não deseja trabalhar que tende a prevalecer.

É possível dizer que o tradicional sentimento de autodeterminação existente nas cidades rurais constitui o eixo sobre o qual a relação entre as comunidades

---

[52] Stephen Beckwith, cit.
[53] Idem.
[54] Idem.
[55] Ver Lisa Dodson, "Wage-Poor Mothers and Moral Economy", *Social Politics: International Studies in Gender, State & Society*, v. 14, n. 2, 2007, p. 258-80.
[56] Ver Arne L. Kalleberg, Barbara F. Reskin e Ken Hudson, "Bad Jobs in America: Standard and Nonstandard Employment Relations and Job Quality in the United States", *American Sociological Review*, v. 65, n. 2, abr. 2000, p. 256-78.

e o governo se apoia. Ao depender de recursos assistenciais normalmente muito difíceis de serem acessados, as cidades rurais reagem fortalecendo a desconfiança em relação aos verdadeiros interesses do governo. Os moradores da região central da Pensilvânia se sentem deixados de lado pelo governo, que, supostamente, preferiria ajudar aqueles que não querem trabalhar duro como eles.

Podendo contar apenas com suas próprias forças, as comunidades rurais se sentem ameaçadas por forças cada vez mais incontroláveis. No entanto, ao contrário do passado, elas não mais confiam em sua habilidade de defender seu modo de vida. Manietados por uma crise sociorreprodutiva que já dura uma década e meia, os moradores dessas cidades temem que suas trajetórias balizadas pelo trabalho árduo e por valores familiares tenham entrado definitivamente em rota de colisão com as decisões políticas adotadas em Washington. E, mesmo desconfiando das ambições por trás dos dois partidos, eles tendem a se aproximar de quem afirma que "o governo é parte do problema, não da solução"[57].

---

[57] Stephen Beckwith, cit.

8
O elo perdido

Assim como outras comunidades rurais dos Apalaches, Tyrone está localizada em um pequeno vale entre montanhas. A rua principal é enfeitada com cartazes que celebram sua origem irlandesa. Alguns prédios de tijolos vermelhos são imponentes e lembram que a cidade já viveu dias melhores. Com exceção de um café, uma loja de doces, uma loja de vestidos para festas, duas pizzarias, um restaurante *fast-food* e dois salões de tatuagem, não há outros pontos comerciais funcionando no centro. Como muitos moradores precisam se deslocar diariamente para outras cidades a fim de trabalhar, mesmo durante a semana as ruas ficam vazias. Em geral, sua aparência é bastante melancólica.

Uma melancolia que emana de causas profundas. Desde o advento da crise da globalização neoliberal, a combinação entre o aprofundamento de políticas "austericidas", a difusão dos empregos precários, a epidemia de opioides e a recente pandemia do novo coronavírus desmanchou o sistema de solidariedades práticas que por décadas protegeu os grupos subalternos nas cidades rurais. Ao rebaixar o patamar civilizatório da reprodução dos trabalhadores inseridos nessas comunidades, a atual crise sociorreprodutiva semeou a desconfiança entre os moradores, afastando-os de soluções propriamente coletivas capazes de confrontar seus dilemas existenciais.

O resultado é a multiplicação de comunidades agônicas sem muitas perspectivas em relação ao futuro. Essa agonia se manifesta de formas até certo ponto surpreendentes, como na desconfiança generalizada em relação às reais intenções dos desempregados, dos encarcerados e dos inválidos para o trabalho. Em lugares onde assumir a responsabilidade sobre si mesmo é a norma e a maioria dos moradores começa a trabalhar muito cedo em ocupações fisicamente exigentes, não há tolerância com aqueles que supostamente estariam fazendo "corpo mole":

"Não estou dizendo que elas são pessoas ruins. Mas fazem corpo mole. Vivem dos benefícios pagos pelo governo. Acho isso errado"[1].

Samantha Melius julgava que seu filho dependente de heroína estaria melhor se não recebesse a aposentadoria por invalidez e fosse obrigado a voltar para o trabalho. Quando atuava na prisão estadual, Tammala Leeper percebeu que alguns detentos enganavam o sistema previdenciário: em liberdade, eram considerados inválidos, mas, encarcerados, voltavam a trabalhar a fim de encurtar suas penas. Logicamente, a solução seria simplesmente eliminar o sistema de redução de pena que beneficia quem trabalha. Quem não trabalha duro não merece perdão.

Donna Stroup nasceu em Altoona, mas viveu toda sua vida em Tyrone. Com um filho pequeno de quatro anos para cuidar, ela diz que não conseguiria trabalhar fora da cidade. O namorado de Donna está empregado em uma empresa de renovação de telhados e ajuda nas despesas da criança. Eles pretendem se casar, mas, por enquanto, ela continua morando na casa de sua mãe, junto com a irmã. O pai de Donna abandonou a família quando ela era adolescente e se mudou para Indianápolis, onde constituiu uma nova família. Ela diz ter pouco contato com o pai. Donna trabalha em uma pizzaria na cidade. Trata-se de um emprego em tempo parcial. Sua mãe é empregada em um depósito em State College. E sua irmã é recepcionista em um hotel em Altoona: "Eu conheço pessoas que vieram trabalhar nas rodovias, na construção de pontes e outros projetos e acabaram ficando por conta do valor do aluguel, que é bem baixo. Mas não há oportunidades de trabalho com pagamento de benefícios na cidade. Em tempo integral, você pode arranjar trabalho na fábrica de doces, na fábrica de papel ou nas escolas. O resto é trabalho sem registro [*under the table*]"[2].

Donna afirma que todos em sua família trabalham e que, por não ter com quem deixar as crianças, ela não consegue pegar muitos turnos na pizzaria. Para trabalhar nos fins de semana, conta com a ajuda da mãe. Como sua renda é muito modesta, depende da ajuda do namorado para sustentar seu filho. E sua mãe paga as despesas principais da casa. Donna diz que o namorado é um trabalhador muito sério e que está empenhado em começar o próprio negócio. Além disso, ela diz que eles estão economizando para dar entrada no financiamento de uma casa. No entanto, devido à pandemia, tiveram que adiar os planos de morar juntos:

> Os últimos anos foram difíceis para todo mundo. Em 2021, fiquei vários meses sem poder trabalhar. Minha irmã foi demitida do hotel. Por sorte, minha mãe continuou trabalhando no armazém e minha irmã foi readmitida pouco tempo depois. As coisas foram voltando ao normal. [...]. Recebemos os cheques do governo. Eu me senti mal

---

[1] Samantha Melius, faxineira, entrevistada em 15 fev. 2022.
[2] Donna Stroup, atendente de restaurante, entrevistada em 26 jul. 2022.

quando recebi. Trabalho desde meus catorze anos e me senti um pouco culpada por receber sem trabalhar.[3]

Donna entende que existe uma linha que separa aqueles que não podem trabalhar daqueles que não querem trabalhar: "Eu sempre trabalhei. Não estou brincando com o sistema [de assistência social]". Devido à crise sanitária, ela parece ter percebido a importância da ajuda do governo e aceitou algo que, em outra ocasião, jamais cogitaria receber: "[O cheque] ajudou, é verdade". Apesar de se sentir um pouco culpada, ela pegou o dinheiro enviado pelo governo. Porém, Donna entendia estar do lado daqueles que desejavam, mas não podiam trabalhar. Ela sabia que não era como aquelas pessoas que fazem compras com os cupons de alimentos.

Ao mesmo tempo, ela afirma que, apesar de admirar sua mãe, preferia não ter que trabalhar o tempo todo. Para Donna, a situação precária na qual se encontrava sua família era responsabilidade de seu pai, que não foi capaz de manter todos unidos: "Ele [pai] nos abandonou. [...]. Para mim, a família deveria vir em primeiro lugar". Ela pensa que, quando tiver a oportunidade de morar junto com seu namorado, sua história será diferente: "Gostaria de poder cuidar de meu filho enquanto Derek cuida das contas. Eu realmente penso que ter uma mãe por perto pode fazer a diferença na educação de uma criança"[4]. Ainda assim, ela pretende continuar trabalhando em tempo parcial, pois não vê alternativa no curto prazo.

Ao conversar com trabalhadores de pequenas cidades rurais na região central da Pensilvânia é possível perceber que uma das vitórias políticas mais duráveis de Ronald Reagan foi enraizar na classe trabalhadora estadunidense a percepção de que "o governo não é a resposta; o governo é o problema". Somada ao valor do trabalho árduo e ao sistema de solidariedades práticas que molda o estilo de vida nas cidades rurais, a noção difusa de que o governo sempre atrapalha se revela bastante presente na consciência dos trabalhadores entrevistados.

Depender da assistência federal ou estadual é simplesmente impensável, pois desloca quem recebe o benefício para um reino complacente com preguiçosos e hostil aos trabalhadores. O governo federal é percebido como um domínio em que o sistema de solidariedades práticas que mantém os trabalhadores agregados nas pequenas comunidades é quase sempre golpeado pelos "burocratas". Diante disso, os moradores necessitam se defender daqueles que os atacam e desconhecem suas reais necessidades: "Durante a pandemia, eu preferia que ajudássemos as famílias que estavam passando por necessidades. Ao mandar os cheques, os burocratas nos fizeram pensar que estava tudo bem"[5].

---

[3] Idem.
[4] Idem.
[5] Idem.

O pragmatismo dos pobres

Aqui vale uma observação. A narrativa liberal segundo a qual, desde o governo de Ronald Reagan, o Partido Republicano teria conseguido alinhar os trabalhadores aos empresários na defesa do corte de impostos, do patriotismo e dos valores tradicionais precisa ser colocada à prova. Afinal, por um lado, ela depende da reprodução da distância dos trabalhadores em relação aos pobres e demais setores dependentes da assistência social. Por outro, os cortes de impostos para os ricos precisam redundar em bons empregos para os trabalhadores. Finalmente, os sindicatos precisam ser percebidos como organizações interessadas em proteger os bons empregos de uns poucos privilegiados.

Nada disso faz muito sentido para os moradores de Tyrone. Os cortes de impostos não trouxeram bons empregos, os sindicatos praticamente não atuam na cidade e as famílias estão cada dia mais dependentes de algum tipo de ajuda federal, como os cheques que todos concordam que de alguma maneira ajudaram suas famílias no auge da pandemia. Além disso, é possível perceber que, para eles, o "governo" não é uma entidade homogênea. Muitos com quem conversei percebiam as autoridades locais como aliadas de seus interesses. Os prefeitos e os conselheiros municipais (vereadores) eram identificados como pessoas que buscavam soluções para os dilemas vividos. Em geral, eram bem avaliados:

> Nossos cidadãos são participativos e apreciam quando o trabalho está sendo bem-feito. Durante os anos em que servi como prefeito, sempre tive uma relação muito boa com os conselheiros e nunca tivemos problemas em aprovar os projetos da prefeitura. As tarefas principais são cuidar bem das escolas, manter a cidade segura e atrair bons negócios. Se você fizer isso, as coisas vão funcionar bem. [...]. Mesmo quando enfrentamos o pior momento da crise econômica, contamos com o apoio do povo de Tyrone, pois as pessoas sabiam que estávamos tentando atrair negócios e manter a cidade funcionando como antes.[6]

A avaliação do governo estadual se mostrou mais ambígua. Metade dos moradores disse que o governador, Tom Wolf, não sabia enfrentar problemas como a violência associada às drogas e outra metade afirmou que o governo estadual fez o possível para ajudar as pessoas durante a pandemia. Em geral, o governo federal recebeu mais críticas do que elogios. O governo de Joe Biden era mal avaliado devido à inflação e, segundo alguns entrevistados, por perder muito tempo perseguindo uma agenda liberal "delirante" que não ajudava em nada a região rural. No entanto, a maioria reconheceu que estava mais fácil encontrar emprego no momento da entrevista do que durante os anos de Trump.

Derek Hagenbuch mora em Tyrone e trabalha em uma empresa de reforma de telhados em State College chamada Marcon. Ele namora Donna Stroup desde o

---

[6] Jimmy Killmartin, pastor e ex-prefeito, entrevistado em 12 jan. 2023.

ensino médio. Por muitos anos, seu pai trabalhou na construção civil e sua mãe na cantina da escola da cidade. Hoje em dia, sua mãe trabalha em uma creche e seu pai reforma carros para revender. Derek já trabalhou em restaurantes de *fast-food* e diz gostar do emprego atual. Apesar de ser um trabalho fisicamente exigente, ele se dá bem com seu patrão e seus colegas: "Somos como uma família. Todos se ajudam o tempo todo"[7].

No início da pandemia, Derek temeu ser demitido. Os clientes desapareceram e a empresa ficou alguns meses parada. No entanto, a partir de final de 2020, segundo ele, os clientes voltaram a pedir orçamentos e 2021 foi um ano muito bom para os negócios: "Nunca trabalhei tanto. Nossa turma não fica parada. Viajamos o tempo todo. Nossos clientes estão principalmente em State College, mas trabalhamos em muitas cidades e em fazendas espalhadas pela região central"[8]. Após a pior fase da pandemia ter passado, a preocupação de Derek mudou. Ele está cada dia mais preocupado com a inflação: "A gasolina está muito cara. Eu tive que começar a dar carona para um colega de Tyrone para compensar minhas viagens até State College. Mas é raro cairmos na mesma turma e, quando é hora de voltar para casa, muitas vezes estamos distantes um do outro ou ainda não nos liberamos por alguma razão. A volta para Tyrone pode ficar confusa. [...]. Até consegui um pequeno aumento com meu patrão para compensar a gasolina"[9].

Durante a maior parte de nossa entrevista, Derek não falou sobre política. Subitamente, deixou escapar: "Não acho que o senhor Biden fará nada para diminuir o preço da gasolina". Senti que era uma boa oportunidade e perguntei o que ele pensava sobre os políticos. Ele me disse que seus pais não falavam muito sobre política em casa e que raramente votavam. Derek sabe que seu pai votou em Bill Clinton, mas não era democrata, e se lembra de seu pai reclamar que Barack Obama nunca se importou com os moradores das cidades rurais. Ele próprio nunca tinha votado. Perguntei qual a razão para não votar e ele respondeu: "Essas pessoas lá em Washington não se interessam em resolver os problemas, apenas em criar novos problemas. Elas não me parecem que têm bom senso. Não importa o partido, ficam o tempo todo pensando em ganhar eleições e se esquecem que nós aqui temos problemas de verdade para resolver. [...]. Não voto, pois não adianta nada"[10].

Sobre Donald Trump, Derek afirmou que muitos votaram nele pensando que ele iria trazer de volta os bons empregos para as cidades pequenas, mas que isso não aconteceu. Ele diz saber que seu patrão, a quem afirma admirar muito, pois "criou seu próprio negócio", "trabalha duro todo dia" e "emprega setenta rapazes",

---

[7] Derek Hagenbuch, reparador de telhados, entrevistado em 28 maio 2022.
[8] Idem.
[9] Idem.
[10] Idem.

é apoiador de Trump: "Eu prefiro o senhor Trump ao senhor Biden. Mas o senhor Trump também não tem bom senso. Acho que ele só se interessa por ele mesmo"[11].

Procuro explorar um pouco mais a relação entre a admiração que sente por seu patrão trumpista e a postura crítica em relação ao ex-presidente. Ele respondeu que seu patrão é alguém que trata todos de maneira muito justa e honesta e que a opinião dele foi importante para sua decisão de apoiar Trump. No entanto, não sem antes acrescentar: "Mas veja. O senhor Trump prometeu muita coisa que sabia que não iria cumprir. [...]. Acho que ele [patrão] gosta do senhor Trump por ele também ser um homem de negócios bem-sucedido. Penso que o senhor Trump defende valores tradicionais, mas eu também acho que ele fala muita bobagem"[12].

O que fazer para que as coisas melhorem em sua cidade? Derek diz que somente quem vive os problemas das pequenas cidades é que saberá valorizar seus desafios. Os políticos em Washington ou em Harrisburg não sabem nada a respeito dos moradores de Tyrone e não querem saber: "Eles apenas se interessam pelos impostos que saem daqui para fazer coisas que não nos ajudam". Mas e os cheques do governo federal que foram enviados para as famílias durante a pandemia? Segundo Derek: "Eu sei que isso ajudou muitas famílias. Mas foi por pouco tempo. Pagamos impostos a nossa vida toda e o que recebemos em troca?"[13].

Como ele parece muito interessado em destacar a falta de "bom senso" nos políticos dos dois partidos, pergunto o que isso significava para ele. Em primeiro lugar, bom senso significa "se comportar como as pessoas no mundo real se comportam", isto é, agir sempre como "alguém em quem você pode confiar". Além disso, significa saber se comunicar de uma maneira que "todos possam compreender" e "não ficar culpando os outros ou prometendo coisas que não pode cumprir"[14]. Sobre "culpar os outros", eu quis saber o que isso significava. Ele estaria se referindo aos imigrantes ou aos chineses?

Derek respondeu: "Penso que nossos problemas são nossa responsabilidade. Não dos imigrantes ou dos chineses. Se realmente quisermos, podemos tirar nossa comunidade dessa situação"[15]. Pergunto se sua falta de vontade de votar poderia mudar. Ele diz que sim: "Desde que apareça alguém em quem se possa confiar. Alguém que conheça nossos problemas de perto e não prometa coisas que não será capaz de cumprir"[16]. Trata-se de uma afirmação que merece ser destacada, pois revela uma abertura tanto para a construção de soluções políticas quanto

---

[11] Idem.
[12] Idem.
[13] Idem.
[14] Idem.
[15] Idem.
[16] Idem.

para relações vertebradas pelos valores das cidades pequenas: solidariedade, honestidade, igualdade.

De certa maneira, o que ele parece afirmar é que são os valores das pequenas cidades que podem ajudar Washington a superar sua crise de legitimidade. De fato, nas cidades rurais predominam relações pessoais. Washington é distante e burocrática. Os moradores das cidades rurais se preocupam uns com os outros. Os políticos em Washington só pensam em seus próprios interesses. Os trabalhadores que vivem em cidades rurais sabem quando ajudar. Washington se intromete na vida de todos de maneira imprópria. Os projetos dos políticos de Washington desafiam tanto o bom senso quanto o pragmatismo dos moradores das cidades rurais.

Ainda assim, Derek admite que os cheques enviados pelo governo federal ajudaram, mesmo que por pouco tempo. Ou seja, na cabeça dele, há espaço para o reconhecimento da importância de políticas públicas capazes de apoiar os trabalhadores em momentos difíceis. Um trabalhador jovem que ainda mora com os pais, mas trabalha longas horas a fim de poupar algum dinheiro para dar entrada no financiamento de uma casa para onde pretende se mudar com sua namorada e seu filho pequeno diz que, para tirar sua comunidade da crise, é necessário "assumir responsabilidades", "conhecer os problemas" e "não culpar os outros".

O outro lado dessa história é que Derek, frequentador assíduo da igreja católica Saint Matthew, é terminantemente contra o direito das mulheres ao aborto, além de manifestar uma certa hostilidade em relação ao casamento gay. Ademais, a relação de admiração por seu patrão tende a afastá-lo dos sindicatos, dos quais, de qualquer maneira, ele afirma desconhecer a atuação em State College. Por outro lado, pretende em algum momento no futuro abrir seu próprio negócio, o que tende a aproximá-lo da máxima republicana segundo a qual "o governo não é a resposta; o governo é o problema". Em suma, os valores das cidades rurais são ambíguos em relação aos posicionamentos políticos dos trabalhadores.

Provavelmente, essa ambiguidade deve-se ao fato de que viver em uma cidade rural implica que sua identificação com a comunidade molda sua compreensão a respeito de seus interesses coletivos de forma mais forte do que sua identificação com uma classe social específica. Acrescente-se a isso o fato de que a instituição vocacionada a elaborar e tornar coerente as opiniões a respeito dos problemas enfrentados cotidianamente pelos trabalhadores, isto é, os sindicatos, praticamente não investe em pequenas cidades.

Nas entrevistas, é mais fácil perceber o temor dos trabalhadores com a deterioração de seu modo de vida do que identificar coerentemente aquilo que é preciso ser feito para mudar a rota atual. Daí, muitas vezes, a diferença entre "nós" e "eles" ser elaborada mais a partir do que não gostamos "neles" do que aquilo que não apreciamos em "nós". De fato, a maioria dos trabalhadores com quem conversei, mesmo os mais jovens, não apenas demonstravam apreço pelo modo de vida rural, como faziam planos de permanecer vivendo em suas cidades.

Derek Hagenbuch e Donna Stroup estavam economizando dinheiro para comprar uma casa em Tyrone. Stephen Beckwith lamenta não ter mais tempo livre aos fins de semana para ajudar nos projetos de sua igreja. Melody Wills gostaria que a cidade pudesse oferecer oportunidades para que os jovens ficassem em Philipsburg. Melanie Zeigler foi eleita para a câmara de vereadores de Millheim. Jonathan Light aprecia caçar animais silvestres e treinou o time de futebol americano do ensino médio de Tyrone. Nenhum deles afirmou estar morando em uma cidade rural por não poder sair de lá.

Na realidade, é muito fácil perceber, a partir das entrevistas, que os trabalhadores dessas pequenas cidades compartilham valores que lhes parecem elevados: solidariedade, igualdade, trabalho árduo, honestidade etc. Ao mesmo tempo, sentem que suas pequenas cidades estão sendo ameaçadas por forças que não compreendem e não controlam. As pessoas são resilientes, porém os bons empregos estão desaparecendo. Além disso, o governo é parte do problema, não da solução. Em muitas entrevistas, é possível perceber que o sentimento de perda da comunidade está se transformando em falta de esperança no futuro dos filhos.

Em geral, as políticas públicas são destituídas de "bom senso" e os políticos desconhecem as necessidades da região. Prometem muitas coisas, porém não as cumprem. Eles não se preocupam com as drogas, a ausência de oportunidades para os jovens, os aumentos do preço da gasolina, a fusão das escolas ou o fechamento da piscina pública. Sem dúvida, a combinação entre uma lenta recuperação econômica após a grande recessão que manteve a pobreza estável com a crise pandêmica que levou ao fechamento de muitos pequenos negócios manietou duramente cidades que há décadas têm lutado para sobreviver.

Isso fortaleceu a sensação de que o modo de vida das pequenas cidades rurais nos Estados Unidos está em risco. Em geral, o contorno que delimita a ameaça confunde-se com a linha que separa a comunidade local do mundo exterior. Aqui, não estamos falando de fronteiras entre classes sociais opostas. Talvez por isso muitas vezes esses trabalhadores se sintam isolados ou mesmo impotentes diante de forças tão superiores quanto o tráfico de drogas, as decisões corporativas ou a intromissão indevida do governo em seus negócios. Eles sentem que podem contar apenas com eles mesmos.

Ainda assim, muitos trabalhadores percebiam que algumas políticas públicas estavam ajudando suas famílias. E mantinham certa esperança de que o "governo fizesse a sua parte", já que eles seguramente estavam fazendo a parte deles. Talvez isso nos auxilie a compreender melhor por que a maior parte de nossos entrevistados se mostrou inclinado a realizar ajustes pragmáticos a fim de defender o modo de vida de suas comunidades. E defender seus valores não implica necessariamente apostar em um jogo de tudo ou nada. Significa se adaptar. Ainda que os prognósticos pareçam incrivelmente sombrios para quem não tem tempo para nada, a não ser trabalhar.

Flutuações eleitorais

Consistente com os valores conservadores que vertebram a visão social de mundo de uma pequena cidade rural, a inclinação política predominante entre os moradores de Tyrone é acentuadamente republicana. Ademais, a observação das votações desde 2008 na cidade revela uma queda do apoio político ao Partido Democrata entre a segunda eleição de Obama em 2012 e a eleição de Trump em 2016. E na campanha presidencial mais disputada da história dos Estados Unidos, além de um leve aumento do comparecimento dos eleitores, é possível perceber uma pequena queda no número de votos em Trump que se traduziu numa elevação equivalente no apoio democrata.

Quadro 7: Distribuição de votos em Tyrone, eleições presidenciais (2008-2020)

Ano/Votos	Candidato Republicano	Votos	%	Candidato Democrata	Votos	%	Total
2008	McCain	1.823	63%	Obama	1.042	36%	2.865
2012	Romney	2.181	70%	Obama	902	30%	3.083
2016	Trump	2.291	77%	Clinton	677	23%	2.968
2020	Trump	2.257	73%	Biden	834	26%	3.091

Fonte: Elaboração própria com base em relatórios de votação do condado de Blair; disponível em: <www.blairco.org.>; acesso em: 5 jul. 2022.

Em Tyrone, os dados sugerem que a eleição de Trump combinou uma tendência de fortalecimento do apoio aos candidatos republicanos já verificada entre 2008 e 2016, com um colapso na tração dos candidatos democratas. Em 2020, apesar do número de votos de Trump ter sofrido uma pequena queda, a distribuição proporcional entre os dois partidos retornou a um patamar mais próximo do início dos anos 2010. Em termos do número total de votantes, vale observar que, em 2020, a população da cidade era estimada pelo censo em 5.382 habitantes. Retirando aqueles com menos de 18 anos, além dos moradores que não são cidadãos, na eleição mais disputada da história do país, 61% do público apto a votar exerceu de fato seu direito político.

Por ter morado em duas ocasiões diferentes em Berkeley, na Califórnia, decidi pesquisar os números de votantes no condado de Alameda. Da mesma maneira, retirando os jovens com menos de 18 anos e os não cidadãos, nas eleições de 2020, 72% dos moradores da região haviam exercido seu direito ao voto. Uma abstenção semelhante, por exemplo, àquela registrada no segundo turno das eleições francesas de 2022 ou no primeiro turno das eleições presidenciais brasileiras de 2022.

Imaginei que isso se devia ao fato de a região onde fica Berkeley ser inusualmente envolvida com atividades políticas. Todavia, a comparação com os números nacionais confirmou a suspeita de que os moradores de Tyrone não estavam especialmente mobilizados para eleger Trump: em 2020, 65% dos cidadãos estadunidenses aptos haviam votado para presidente. Observando o comportamento eleitoral dos moradores de Tyrone é difícil identificar a imagem de um grupo de atores politicamente ressentidos prontos a apoiar um projeto autoritário capaz de desconstruir uma era de avanços progressistas trazidos por Obama: "Penso que o presidente Obama fez algumas coisas boas na saúde. Fora isso, ele nunca se interessou pelos nossos problemas. [...]. Eu jamais votaria em Hillary e Biden é como Obama: não sabe o que faz, um presidente confuso e perdido. [...]. Trump foi um presidente realmente ruim. [...]. Eu não votei em ninguém e não me arrependo"[17].

Mesmo considerando que o colégio eleitoral nos Estados Unidos assegura aos trabalhadores vivendo em áreas rurais um peso político desproporcional ao seu tamanho, a cidade não me pareceu muito mobilizada no dia da votação. Ou seja, nem mesmo um sistema eleitoral que sobrevaloriza o voto rural é capaz de estimular a classe trabalhadora na cidade a votar em peso nos seus candidatos. De uma perspectiva histórica, sabemos se tratar da manifestação da evolução desigual da luta de classes nos Estados Unidos em relação a um sistema político que logrou repelir todas as tentativas de criação de um partido político identificado com a classe trabalhadora.

Ou seja, em larga medida, o relativo desinteresse pelas eleições é mais uma manifestação da falta de auto-organização política da classe trabalhadora estadunidense, ao menos quando comparada aos países capitalistas avançados onde se verifica a presença de partidos trabalhistas, social-democratas ou comunistas. Nas cidades rurais, essa falta de auto-organização política foi historicamente equilibrada por um notável sentimento de autodeterminação traduzida no engajamento dos trabalhadores com instituições como a igreja, as escolas e as assembleias locais.

A partir da crise de 2008, esse sentimento de autodeterminação presente nas comunidades rurais, e que alguns sociólogos chamaram de "cultura cívica", começou a emitir sinais de fadiga[18]. Em Tyrone, a erosão dessa cultura política tem implicações sociais mais amplas do que o apelo aos bons empregos do passado poderia alcançar. Aliás, a qualidade dos empregos na cidade nunca foi de fato muito alta. No máximo, eram ocupações "toleráveis". Um pouco mais estáveis do que os atuais. Porém, pouco atraentes em termos de salários e benefícios: "Pensando bem, eu sempre tolerei a fábrica. [...]. Por que eu voltaria pra lá? Um trabalho pesado, muitas vezes perigoso. Pensei: 'Já consegui ótimos clientes, vou continuar assim'"[19].

Em outras palavras, mesmo se deixássemos de lado a hipótese mais abertamente reacionária e nos concentrássemos na nostalgia do fordismo presente no bordão

---

[17] Jason Krug, ex-operador de máquinas, entrevistado em 19 maio 2022.
[18] Ver Cynthia M. Duncan, *Worlds Apart: Poverty and Politics in Rural America* (New Haven, Yale University, 1999).
[19] Don Fenton, ex-operador de máquinas, entrevistado em 18 abr. 2022.

trumpista Make America Great Again (Maga), ainda assim seria necessário explicar as razões que explicam por que o aumento do apoio ao candidato Mitt Romney, um político identificado com a Igreja mórmon, em relação a John McCain, um político republicano bastante tradicional, ter sido equivalente ao aumento do apoio recebido por Trump em relação a Romney. Em suma, não me parece que a adesão a Trump na cidade seja explicada pela expectativa da classe trabalhadora de recuperar seus supostos bons empregos.

Evidentemente, não estamos dizendo que os trabalhadores seriam de alguma maneira indiferentes à qualidade dos empregos disponíveis. Muitos entrevistados tiveram experiências prévias em empregos na indústria, associando esse período a memórias positivas: "Sempre digo que de todos os empregos que eu já tive o melhor foi trabalhar em uma fábrica de brinquedos, a Louis Marx and Company, em Erie, nos anos 1970. [...]. Eles contratavam muitos trabalhadores temporários durante o período que antecedia o Natal e eu sempre dava um jeito de me liberar para ficar disponível para eles, pois gostava muito da empresa e dos colegas de trabalho"[20].

Além disso, é possível perceber uma mudança na avaliação geral a respeito do movimento sindical: "Eu achava que o sindicato iria nos atrapalhar. Quando me demitiram [...] fiquei com a sensação de que talvez não tenha recebido o que mereça [...]. Nessa hora, percebi que o sindicato até que não era uma ideia ruim"[21]. Ou seja, existe algum espaço para a ampliação da presença dos sindicatos nas cidades rurais. No entanto, em geral, as lembranças dos empregos fabris não eram boas o suficiente a ponto de fixar um afeto nostálgico.

Na realidade, quando comparamos os argumentos de analistas que creditam a crise da democracia estadunidense ao suposto ressentimento dos trabalhadores brancos com os dados eleitorais e as entrevistas realizadas na cidade de Tyrone, percebemos a presença de uma explicação politicamente conveniente para os dois partidos. O Partido Republicano pode alegar representar os sentimentos nostálgicos da "América profunda" e o Partido Democrata declarar estar enfrentando uma onda reacionária que ameaça a democracia estadunidense. Evidentemente, as duas declarações servem para mascarar o óbvio: a crise de hegemonia vivida pelo sistema bipartidário de representação política em cidades rurais como Tyrone.

Aliás, ao focarem na suposta "rebelião dos trabalhadores brancos", ambos os partidos desviam a atenção de suas próprias responsabilidades na reprodução dessa crise de autoridade. A questão que desafia Tyrone não é exatamente ter sido expulsa de um pacto protetivo que nunca de fato a integrou ou abandonada por sindicatos que nunca estiveram realmente presentes em áreas rurais. A história de cidades rurais como Tyrone é a história da reprodução de uma classe trabalhadora em condições sempre muito difíceis de subsistência: "O sistema de água da cidade

---

[20] Idem.

[21] Melody Wills, faxineira, entrevistada em 24 mar. 2022.

foi declarado impróprio para beber por causa dos rejeitos químicos. [...]. Então, você apenas fervia, coava com um pano, e torcia para que não saísse da torneira água cor de laranja"[22].

Ao contrário da nostalgia dos bons empregos, os trabalhadores se sentem abandonados por suas próprias comunidades devido à erosão de seu modo de vida tradicional, abatido pela sobreposição de crise econômica, epidemia de opioides e pandemia. Ainda que se refira à cidade de Philipsburg, Melody Wills capta uma sensação que poderia ser facilmente encontrada em Tyrone: "Não reconheço mais minha cidade. Eu ainda estou morando aqui. Mas parece que a cidade se mudou para longe"[23].

Quando muitos analistas enfatizam de forma unilateral o peso que a suposta exclusão dos trabalhadores brancos do pacto protetivo fordista teria em suas aspirações de participar da classe média, eles demonstram desconhecer a verdadeira fonte da angústia dos moradores das pequenas cidades rurais[24]. Antes de tudo, observamos a erosão de um modo de vida baseado na autodeterminação das comunidades e na solidariedade tradicionalmente existente entre os moradores.

Sem dúvida, um emprego que pague bem é parte das aspirações da classe trabalhadora na região central da Pensilvânia. No entanto, trata-se antes de um meio para reproduzir seu modo de vida ameaçado do que uma forma de mimetizar o estilo de vida das camadas gerenciais ou das elites econômicas. Nesse sentido, cabe observar que a classe trabalhadora deseja antes de tudo preservar aquilo que a classe média não tem: uma comunidade solidária inserida em uma sólida economia moral. Algo que vem colapsando desde a crise de 2008. É um erro grosseiro de análise imaginar que um político vai chegar a Tyrone prometendo bons empregos e angariar apoios apenas por conta disso.

"Não confio em político"

Na verdade, o relativo desinteresse dos trabalhadores das cidades rurais na região central da Pensilvânia em relação às eleições exige ser compreendido não pela qualidade das promessas, mas pela falta de opções políticas. Muitas vezes, os trabalhadores não percebem nos dois partidos o reconhecimento daquilo que eles são, ou seja, cidadãos orgulhosos de sua história de autodeterminação e que jamais poderiam ser reduzidos a recipientes vazios nos quais de tempos em tempos algum político que não os conhece vem derramar promessas oportunistas.

---

[22] Chris Townsend, sindicalista, entrevistado em 3 fev. 2023.
[23] Melody Wills, cit.
[24] Ver Joan C. Williams, *White Working Class*, cit.

Ao contrário do que imaginam alguns analistas, os resultados eleitorais em cidades rurais não se explicam pelo ressentimento ou pela raiva dos trabalhadores contra as elites econômicas. De maneira geral, os entrevistados se mostravam, no pior dos casos, indiferentes ao estilo de vida dessas elites. Muitos inclusive expressaram admiração por seus patrões. Alguns revelaram um sentimento de gratidão pela oportunidade de, por exemplo, trabalhar em uma empresa como a Walmart:

> Trabalho de segunda a sexta na Penn State e nos finais de semana no Walmart. Eu gosto muito do ambiente de trabalho do estoque e não posso reclamar de minha supervisora. Ela sempre conversa conosco sobre os nossos turnos e é bem acessível. Acho que ela tem medo de ficar sem a nossa ajuda. [...]. Se não fosse a Walmart, eu não conseguiria complementar minha renda, pagar meu plano de saúde e ajudar minha netinha. [...]. Fico cansada, mas o trabalho no estoque é mais leve do que fazer a limpeza na universidade. Além disso, quem contrataria alguém na minha idade?[25]

Tal apreço reflete parcialmente a vontade de continuar na região sustentada pelo próprio trabalho. Com efeito, não conheci nenhum trabalhador do centro da Pensilvânia que não demonstrasse profunda preocupação com o destino de suas comunidades, de seu modo de vida tradicional e de suas famílias. É compreensível. A maioria dos entrevistados não desejava ou não podia se mudar de suas cidades. Ou seja, a migração para os centros urbanos maiores não configura uma solução realmente plausível para seus dilemas. Permanecer em suas cidades contando com a tradicional rede de apoio mútuo existente entre vizinhos e familiares é uma opção lógica.

Porém, o que fazer quando essa rede protetiva se esgarça devido às longas jornadas de trabalho que não deixam tempo para atividades coletivas ou ao aumento da violência ligada ao tráfico de drogas? Os trabalhadores nas cidades rurais vivem aprisionados em um autêntico dilema, pois, é difícil ficar, mas não é possível partir: "Se eu fosse jovem, não iria querer ficar em Tyrone. [...]. Mas [...] para onde ir quando você não tem um diploma universitário? [...]. É por isso que os jovens estão se drogando"[26].

Na realidade, trata-se de um dilema que se revela em diferentes camadas. A primeira é a do declínio econômico que faz os trabalhadores viajarem distâncias mais longas para assegurar alguma renda em empregos precários e informais. A segunda camada é a da pobreza persistente, que impede que os trabalhadores vislumbrem qualquer possibilidade de progresso ocupacional. Assim, eles compreendem que estão mais dependentes da assistência social, o que ameaça sua autopercepção de pessoas que vivem de seu próprio trabalho duro. A terceira camada é a da crise sociorreprodutiva, que superpôs a insuficiência de renda, a epidemia de drogas,

---

[25] Samantha Melius, cit.
[26] Sarah Mills, faxineira, entrevistada em 15 fev. 2022.

a crise pandêmica e o esgotamento das redes informais de ajuda mútua, como familiares, vizinhos e igrejas.

Evidentemente, a combinação entre exploração econômica, pobreza e desigualdade não é nova na região central da Pensilvânia. Exatamente por isso, trabalhadores vivendo em cidades como Bellefonte, Millheim, Osceola Mills, Philipsburg, Tipton ou Tyrone, sempre dependeram de casamentos estáveis, amizades, igrejas e associações civis a fim de assegurarem a reprodução usual de suas comunidades. Quando as instituições e as redes informais que são centrais para isso falham, elas deixam para trás uma espécie de vazio normativo.

As categorias que tradicionalmente eram usadas para definir a geração anterior, como confiança, justiça econômica e fraternidade, fragmentam-se, perdendo grande parte de sua força agregadora. O que fazer quando parece que a sua própria comunidade o abandonou e, ao mesmo tempo, você não tem um lugar melhor para ir? A resposta parece vir na forma do fortalecimento do individualismo. Em suma, a maioria dos trabalhadores entrevistados segue apostando no trabalho árduo em ocupações fisicamente exigentes como forma de protelar uma decisão concludente a respeito do dilema: ficar ou partir? Assim, ganham tempo e apostam na recuperação de suas cidades:

> Meu marido está louco para se mudar. Mas eu já disse que não saio de Tyrone. Estou grávida e moro na mesma rua de minha mãe. Como vou me virar com uma criança pequena na Filadélfia? Ele pensa que pode ganhar muito mais trabalhando em uma empresa de entregas, pagar uma creche, essas coisas. Eu não quero me arriscar. Pelo menos não agora que vamos ter um bebê. É muita coisa para pensar. [...]. Sinceramente, acho que o pior já passou. Todo mundo que eu conheço está empregado. Acho que podemos esperar mais um pouco.[27]

Logicamente, o aumento do individualismo enfraqueceu o sentimento de pertencimento a uma classe mais ampla e muitos entrevistados expressaram um desejo de serem reconhecidos apenas por seus esforços individuais: "Acho que [a classe operária] faz parte do passado. Hoje em dia ninguém quer mais saber de trabalhar nas fábricas da região. Todo mundo só pensa em dar duro no seu próprio negócio"[28].

No caso das mulheres trabalhadoras, o individualismo também emergiu nas entrevistas a partir das narrativas de sofrimento familiar que acabam reverberando em visões mais amplas de uma cena política irrelevante para suas vidas. Usualmente, elas preferem recorrer à reflexão solitária e ao autocrescimento:

> Não confio em político, apenas em mim mesma. [...]. As pessoas dizem que os democratas são a favor dos pobres. Eles são é a favor de controlar os pobres com assistência

---

[27] Terry Weaver, cabeleireira, entrevistada em 4 fev. 2023.
[28] Don Fenton, cit.

social. [...]. Dizem que os republicanos são a favor do povo trabalhador. Eles são é a favor de seus eleitores ricos. [...]. Eu tenho aprendido muito com o vício de meu filho. E aprendi que só posso contar comigo mesma e que sou mais forte do que imaginava.[29]

De fato, Don e Samantha parecem se sentir fortalecidos por não depender da ajuda de ninguém, em especial da assistência social, para continuar seguindo em frente, mesmo diante das enormes dificuldades pessoais: "Não confio em governos. Toda vez que me entusiasmei com algum político eu me frustrei. Prefiro confiar em mim mesmo"[30]. Samantha concentra-se em seu trabalho como forma de ajudar a pagar as contas de Betsy, sua netinha de oito anos: "Eu me sinto muito cansada, mas é um sacrifício que faço para ajudar nas despesas dela [Betsy]. Você sabe, eu não posso contar com meu filho para nada"[31]. O individualismo apareceu como uma prova da vontade pessoal no caminho de construir uma identidade pessoal de alguém que sobrevive por sua própria conta.

Em geral, as entrevistas revelaram trabalhadores buscando ressignificar suas trajetórias individuais a partir da ênfase na perseverança pessoal. E como seria diferente quando o neoliberalismo, a partir da década de 1970, transferiu o fardo do risco do governo para indivíduos e famílias, desconstruindo a proteção trabalhista em favor da mercantilização do trabalho, da natureza e do dinheiro? No lugar de direitos sociais universais, os trabalhadores estadunidenses foram sendo submetidos a mais exigências de trabalho sub-remunerado como contrapartida ao acesso à assistência social. Assim, qualquer forma de vinculação das famílias que lutam para sobreviver à assistência social se transformou em motivo de repulsa social.

O enraizamento da noção de esforço individual como única solução aparente à ameaça da pobreza é o resultado previsível da ampliação das políticas neoliberais. Além disso, como observa Jennifer M. Silva:

> As proteções sociais de meados do século XX foram cuidadosamente elaboradas para excluir muitos trabalhadores negros e latinos da promessa de justiça econômica coletiva. Tentativas de corrigir as exclusões inerentes ao New Deal – para abrir suas proteções para afro-americanos, mulheres e imigrantes na década de 1970 – foram recebidas com hostilidade por políticos do Partido Democrata que achavam que seu partido estava protegendo novos grupos à custa de seus eleitores. Com o tempo, muitas pessoas brancas da classe trabalhadora que antes viam seus interesses como fundamentalmente alinhados à política redistributiva do fordismo passaram a acreditar que o governo estava promovendo os interesses de grupos menos merecedores em detrimento dos seus interesses.[32]

---

[29] Samantha Melius, cit.
[30] Don Fenton, cit.
[31] Samantha Melius, cit.
[32] Jennifer M. Silva, *We're Still Here: Pain and Politics in the Heart of America* (Nova York, Oxford University, 2019).

Samantha trabalha todos os dias da semana e não tem tempo para nada. Don gosta de planejar suas viagens e afirma estar economizando para poder passar uma temporada na África do Sul. Desligar-se do mundo não é uma simples manifestação de apatia. Trata-se de uma estratégia prática para chegar ao fim do dia controlando a angústia existencial derivada da atual crise sociorreprodutiva. Ambos desconfiam de instituições que poderiam criar uma ponte entre seus dilemas individuais e a ação coletiva. Estão certos de que nenhum político se importa com seus problemas, empenhando-se em alcançar um acordo individual com as mudanças que abalam a estabilidade de seu modo de vida.

De fato, a desorganização das famílias trabalhadoras impulsionada pela difusão dos empregos precários, da ofensiva contra os sindicatos e da ampliação das políticas públicas neoliberais nos anos 1980 e 1990 semeou não apenas o medo relativo à mobilidade social descendente, especialmente presente no meio operário, como ajudou a desmanchar o sistema de solidariedades práticas presente entre os trabalhadores que vivem em cidades rurais. Conforme argumentamos, o resultado foi o fortalecimento de comportamentos individualistas entre os trabalhadores ligados à angústia em relação ao futuro.

No caso de Jason Krug, um ex-operário que nunca conheceu um contrato coletivo assinado por um sindicato que o representasse, o trabalho duro e o autossacrifício permanecem no centro de sua personalidade. Embora ele se identifique orgulhosamente como "trabalhador", Jason não se representa como parte de uma classe que compartilha um destino comum: "Hoje estou por mim mesmo. Às vezes isso me assusta, mas procuro não pensar muito nisso"[33]. Trabalhando com manutenção de jardins, segundo ele uma atividade "mais leve" que o trabalho fabril, seu olhar crítico se volta para quem não se sacrifica no trabalho:

> O trabalho na fábrica é muito pesado, você sabe, o ritmo é intenso e você precisa ficar atento o tempo todo para não sofrer um acidente. [...]. Eu olhava [para um novo contratado] e sabia logo se ele iria ficar ou não. Começou a fazer corpo mole, não fica. [...]. Para dar certo na fábrica você precisa estar disposto a se sacrificar. Não é como fritar um hambúrguer no Burger King. Mesmo quando não estava satisfeito eu me quebrava todo e terminava o turno sem reclamar. [...]. Conquistei tudo o que preciso para manter minha família com meu trabalho e me recuso a ficar reclamando, como muita gente por aí.[34]

Jason pensa que valores como o trabalho duro ou a disposição para fazer escolhas difíceis, sacrificando-se por sua família ou pela empresa, estão em baixa. Para ele, se você for alguém honesto disposto a se "quebrar todo" irá receber nada em troca, pois todos "só pensam em si mesmos". Se você não for um "egoísta

---

[33] Jason Krug, cit.
[34] Idem.

safado" será deixado para trás. No entanto, é enganoso identificar na opinião de Jason apenas a presença de um instinto individualista de sobrevivência diante da combinação avassaladora entre crise econômica, epidemia de drogas e crise pandêmica. Ou seja, a crise sociorreprodutiva não reforçou apenas o individualismo ou desacreditou os partidos políticos aos olhos dos trabalhadores. Ela também estimulou o florescimento de formas embrionárias de consciência política que se alimentam dos valores de solidariedade e igualdade característicos do modo de vida das cidades rurais:

> Quando fui demitido, passei a dar mais valor a um sindicato, pois eles [a empresa] não cumpriram com aquilo que haviam prometido [manter os benefícios por seis meses]. Saí quase sem nenhuma compensação. Daí, pensei: "Se tivéssemos alguma representação, eles iriam cumprir". [...]. Não saí magoado pois estava querendo montar meu negócio [de manutenção de jardins]. Mas acho que eles deveriam ter cumprido com a palavra e, na minha opinião, não cumpriram. Em Tyrone, sua palavra importa.[35]

Renovando escolhas

Don Fenton é um democrata registrado e, após se abster nas últimas eleições, diz ter votado em Joe Biden em 2020. Nem por isso endossa a administração do atual presidente: "Pensei que, por ele ser de Scranton [cidade da Pensilvânia], iria olhar para nossos problemas, mas ele é uma decepção. Não fez nada até agora. Não votaria nele novamente"[36]. Don afirma que seu "pior pesadelo" seria passar a depender da assistência pública. Mas disse ter mudado sua visão negativa dos beneficiários durante a pandemia:

> Eu faço a faxina de um banco de alimentos e vi muitas mães com crianças indo buscar cestas no inverno. Percebi que era gente que estava passando por um momento realmente muito difícil. Isso faz você pensar que apenas o governo está ajudando. [...]. Claro, sou totalmente a favor [de mais impostos sobre os ricos para financiar a ajuda aos mais pobres]. Algumas pessoas deveriam ganhar mais do que outras? Sem dúvida. Mas deveria haver um patamar mínimo decente. Ninguém deveria passar fome.[37]

Assim como a maioria dos trabalhadores que entrevistei, Don não se sente seduzido pelas soluções do mercado, não defende o partido no qual é registrado, nem se envolveu em grupos comunitários a fim de expressar suas demandas econômicas em termos mais claramente políticos. Na realidade, a rotina de trabalho de Don o afasta de qualquer forma organizada de engajamento político. Dizendo-se

---

[35] Idem.
[36] Don Fenton, cit.
[37] Idem.

um "americano orgulhoso", ele lamenta que os Estados Unidos não representem mais um valor coletivo, algo maior do que a simples "ganância pessoal". Porém, ele mesmo prega os valores individuais como força motriz da mudança: "Acredito naquela frase: 'Seja a mudança que quer ver no mundo'. Seja gentil, honesto, trabalhador, e as coisas vão mudar para você"[38].

O depoimento de Don aproximou-o daquilo que Jennifer M. Silva chamou de "eu terapêutico", isto é, uma representação de si orientada para dentro e preocupada com sua própria cura e transformação[39]. No entanto, a exemplo de outras pessoas com as quais conversei, a introspecção de Don, ao contrário de muitos dos trabalhadores entrevistados por Silva, não o afastava necessariamente da ação coletiva. Afinal, ele não apenas se lembrava das lutas passadas da região, como se revelou receptivo a apoiar formas atuais de mobilização política:

> Sobre meu pai, lembro que minha mãe sempre dizia que ele tinha orgulho de jamais ter furado um piquete grevista. [...]. Ano passado, acompanhei alguns protestos que aconteceram em Bellefonte em frente ao tribunal do condado por conta do assassinato pela polícia daquele rapaz negro em State College. [...]. Eu passei por lá para mostrar o meu apoio [aos manifestantes]. [...]. Sim, tenho vontade de participar. Infelizmente, não tenho tempo.[40]

Apesar de seu individualismo, o relato de Don revela uma forma latente de solidariedade orientada por uma visão moral capaz de tensionar seu comportamento, ainda que não tenha sido capaz de superar seu desengajamento político. Ainda assim, trata-se de uma manifestação que conecta lutas passadas a presentes e que de alguma maneira aproximou-o de uma ação direta impulsionada por um coletivo ligado ao movimento BLM. Em 2022, ele afirmou que votaria, porém apenas para o Senado. O candidato escolhido foi o então vice-governador do estado, o democrata John Fetterman, um político ligado a Bernie Sanders e apoiado pelos sindicatos da Pensilvânia[41].

Segundo Don: "Ele é a nossa cara. Ele é tão a cara da Pensilvânia. [...]. Conhece a fundo os nossos problemas, pois veio de Braddock [uma cidade industrial localizada

---

[38] Idem.

[39] Ver Jennifer M. Silva, *We're Still Here*, cit.

[40] Don Fenton, cit.

[41] A vitoriosa campanha de Fetterman para o Senado americano em 2022 mesclou temas ligados à subsistência da classe trabalhadora, tais como o aumento do salário mínimo estadual, o apoio aos sindicatos e a proteção dos empregos nas comunidades pobres atingidas pela desindustrialização, com um ousado programa que incorporou demandas históricas das comunidades negras, latinas e LGBTQIA+. Unificando as agendas da redistribuição econômica e do reconhecimento social, Fetterman reconquistou uma parcela decisiva dos eleitores da classe trabalhadora da Pensilvânia perdida em 2016 para Donald Trump. Ver Alex N. Press et al., "Trump's Kryptonite: How Progressives Can Win Back the Working Class", *Jacobin*, 13 jun. 2023.

na região de Pittsburgh]"⁴². Escolher um candidato progressista ao Senado pode parecer pouco, mas, quando sabemos, a partir da pesquisa de Thomas Keil e Jacqueline Keil, que, nos condados do sul da região carbonífera da Pensilvânia, políticos que defendem projetos pró-empresariais e contra o bem-estar social conquistaram um notável apoio dos trabalhadores nas últimas décadas, a escolha eleitoral de Don representa um avanço⁴³.

Afinal, como o exemplo de seu pai sugere, ser "a cara da Pensilvânia" significa fazer parte de um movimento coletivo, isto é, o sindicalismo, que por décadas enfrentou o poder corporativo das minas e das grandes empresas siderúrgicas, redefinindo sua noção de liberdade a partir da estabilidade assegurada pelo contrato coletivo aos trabalhadores. E mesmo aqueles que não eram sindicalizados participavam da promessa do "sonho americano" ao abocanharem uma fatia maior da renda nacional proporcionada pela hegemonia da negociação coletiva e dos direitos sociais. Este era o caso de muitos moradores de Tyrone.

Além disso, um sentido mais estável de "nós" ("ele é a *nossa* cara") pode ser alcançado apenas pela construção de organizações capazes de canalizar as angústias individuais existentes, elevando-as ao patamar de soluções coletivas. Como quando o Sindicato dos Trabalhadores Mineiros dos Estado Unidos (UMW) mobilizou os trabalhadores nos anos 1930, superando as divisões étnicas e religiosas a fim de conectar os dilemas individuais às trajetórias coletivas das cidades rurais onde viviam suas famílias. Trata-se de uma história que ainda ressoa entre os trabalhadores da Pensilvânia, como registrou em 2016 a socióloga Jennifer M. Silva ao entrevistar Rachel Askey, uma especialista em recuperação de um centro de reabilitação especializado em drogas e álcool:

> Meu bisavô, quando se mudou para cá, era mineiro de carvão, e então meu avô e seus irmãos eram mineiros de carvão, e o primeiro marido da minha avó, o pai da minha mãe e o pai da minha avó eram mineiros. [...]. Sei que meu avô tinha a doença do pulmão negro e morreu por causa disso. Sei que ele morreu muito jovem, quero dizer que talvez em seus trinta e poucos anos. Não foi nada heroico, ninguém sendo preso ou algo assim, mas sei que foi muito difícil. Sei que eles tinham que comprar suas coisas na loja da empresa, então eram meio que escravos da empresa de carvão. [...]. E sei que muitas pessoas foram enganadas para deixar suas terras pelas companhias de carvão. As empresas eram gananciosas e os sindicatos as protegiam. [...]. Eu amo Bernie Sanders. Ele é um cara tão bom, e ele é o único candidato que realmente senti que estava defendendo pessoas como eu.⁴⁴

No entanto, ainda que esporadicamente opiniões favoráveis a um político como Bernie Sanders surgissem em sua etnografia da classe trabalhadora da região

---

⁴² Idem.

⁴³ Ver Thomas Keil e Jacqueline Keil, *Anthracite's Demise and the Post-Coal Economy of Northeastern Pennsylvania* (Bethlehem, Lehigh University, 2015).

⁴⁴ Rachel Askey citada em Jennifer M. Silva, *We're Still Here*, cit., p. 143.

carbonífera da Pensilvânia realizada em 2016, Jennifer M. Silva registrou, predominantemente, o desengajamento eleitoral de seus interlocutores:

> Enquanto conduzia minha pesquisa, era difícil encontrar pessoas engajadas e francas sobre política. Em vez disso, encontrei indivíduos que estavam desconectados dos tipos de instituições que antes conectavam o eu privado à esfera política. Além disso, em todas as linhas de idade, raça e gênero, as pessoas que conheci desconfiavam profundamente do governo, de instituições sociais como educação e saúde, e de outras pessoas a tal ponto que participar da política convencional parecia uma piada.[45]

Ainda assim, ela foi capaz de perceber um certo entusiasmo mais ou menos velado por Donald Trump. Para muitos trabalhadores com quem ela conversou, o candidato do Partido Republicano à época conseguiu associar a recusa em abandonar o "sonho americano" ao reconhecimento do orgulho de ser um trabalhador nacional. Além disso, sua imagem de empresário bem-sucedido que vinha de fora da política e iria receber apenas um dólar como salário fez com que muitos trabalhadores masculinos que estavam lutando para sustentar suas famílias se afastassem finalmente da herança democrata de seus pais e votassem pela primeira vez em um candidato republicano.

A qualidade dos depoimentos colhidos por Silva e a diversidade de pontos de vista registrados em sua pesquisa de campo não deixam dúvidas de que Trump insuflou oportunisticamente um certo "espírito rebelde" há muito adormecido na classe trabalhadora do país. No entanto, seis anos após sua eleição, e diante da frustração com os resultados de seu governo, a situação mudou consideravelmente. A nostalgia do fordismo capturada por seu lema *Make America Great Again* revelou-se menos um retorno aos bons e velhos tempos do passado e mais um aprofundamento da crise iniciada em 2008 e aumentada pela pandemia.

Comunidades agônicas

Vale observar que minhas próprias observações a respeito de como os trabalhadores da região central da Pensilvânia interpretam suas trajetórias individuais à luz do destino de suas cidades rurais, em nada serviu para corroborar as conclusões de J. D. Vance contidas em seu livro de memórias sobre o modo de vida da classe trabalhadora "branca"[46]. Trata-se de um relato da infância do autor em Middletown, Ohio, marcada pela pobreza e pela negligência de sua mãe dependente de opioides e de heroína.

---

[45] Jennifer M. Silva, *We're Still Here*, cit., p. 161.
[46] Ver J. D. Vance, *Era uma vez o sonho: a história de uma família da classe operária e da crise da sociedade americana* (São Paulo, Leya, 2017).

Candidato endossado por Trump para concorrer ao Senado em 2022, Vance apontou em seu livro para o "desamparo aprendido" de seus familiares e amigos, isto é, a disposição de sempre culpar o governo por seus problemas, como a principal causa da pobreza da classe trabalhadora. Ou seja, a explicação principal para o sofrimento das comunidades operárias seria a incapacidade dos indivíduos de resistir por conta própria, abraçando a compreensão de que apenas o trabalho árduo é capaz de restabelecer seu senso de autoestima.

De fato, se existe algo que pude perceber em minha pesquisa de campo foi exatamente a disposição dos trabalhadores de cidades rurais em *não culpar o governo, assumir responsabilidades individuais* e *celebrar o trabalho árduo como esteio de suas famílias e comunidades*. Se o "desamparo aprendido" está presente no centro da Pensilvânia é como exceção, não como regra. De fato, a esmagadora maioria das pessoas que conheci na região se mostrou implacável com seus próprios defeitos, extraindo seu sentido de dignidade pessoal do trabalho árduo que realizam todos os dias.

Os moradores do centro da Pensilvânia não apenas se revelaram defensores intransigentes de um modo de vida em flagrante desconstrução, como desejosos de permanecer pessoas com as quais seus vizinhos e familiares podiam contar. De certa maneira, seus sofrimentos individuais ajudaram a forjar uma comunidade agônica no interior da qual se mesclam sentimentos como o desalento a respeito do presente e a ansiedade em relação ao futuro.

Na realidade, observando o modo de vida tradicional das pequenas cidades rurais na Pensilvânia central, é possível perceber que a ansiedade em relação ao futuro que marca o cotidiano de seus moradores deriva em grande medida da desestabilização de sua economia moral cada vez mais dependente de respostas individualistas ao grande desafio imposto pela atual crise sociorreprodutiva.

Se, no passado, valores como autodisciplina e trabalho árduo integravam os trabalhadores num sistema de solidariedades práticas que assegurava a reprodução da comunidade, hoje em dia esses mesmos valores se transformaram em meios impulsionadores de comportamentos individualistas que ameaçam as forças agregadoras. Uma comunidade agônica é aquela na qual os meios de integração social, como os valores tradicionais, por exemplo, se transformaram em veículos desestruturadores da vida social. Em vez de solidariedade, os moradores colhem alienação. Abre-se uma fratura profunda entre a cultura das camadas gerenciais e a dos trabalhadores.

Ignorantes dessa dialética, alguns analistas não são capazes de identificar adequadamente a contradição existente entre as aspirações individuais e a realidade da crise social. J. D. Vance narrou sua transformação num bem-sucedido advogado de São Francisco se apoiando na estabilidade emocional proporcionada por sua avó materna, na autodisciplina aprendida no Exército e na fé religiosa legada por seu pai. Salvo o fato de ser um profissional disputado, os valores presentes em sua exitosa trajetória em nada diferem dos depoimentos colhidos entre os moradores de Tyrone.

Contudo, *Era uma vez o sonho* julgou impiedosamente todos aqueles que não tiveram a mesma sorte que seu autor. À revelia dos estudos que demonstram uma forte ligação entre a epidemia de opioides e a desindustrialização enfrentada por antigas comunidades operárias[47], Vance interpretou a epidemia exclusivamente à luz da fraqueza de caráter de certas pessoas. Ou seja, nunca como uma crise de saúde pública. Os fracos padecem, os fortes sobrevivem. Trata-se de uma visão exterior, insensível e arrogante, que os trabalhadores de Tyrone associariam imediatamente ao desprezo que as elites econômicas dos centros urbanos sentem pelas cidades rurais.

A apertada vitória de Vance sobre o candidato democrata Tim Ryan para o Senado demonstrou que o nacionalismo autoritário ainda está vivo em Ohio, ainda que a conjuntura pareça estar mudando com certa rapidez. Em Tyrone, por exemplo, Trump viu seu apoio eleitoral diminuir em 2020, mesmo estando no poder. Ao fim e ao cabo, a tarefa de reconquistar o orgulho de ser parte da classe trabalhadora estadunidense não cabe a nenhum político cumprir. Ainda que as angústias individuais dificultem a reconstrução do sistema de solidariedades práticas esgarçado por décadas de neoliberalismo, essa tarefa somente pode ser obra da própria classe trabalhadora, vivendo e lutando em suas comunidades e em seus locais de trabalho.

De fato, a maioria dos moradores com quem conversei não defendeu o livre mercado ou sustentou uma visão minimalista do Estado. Na realidade, muitos demonstraram admiração pelos serviços públicos prestados pelo Exército, uma instituição de grande prestígio entre os trabalhadores, desejando alcançar algo semelhante, como o acesso às creches e aos serviços médicos. Como era de se esperar, as famílias de trabalhadores cujos filhos tiveram a oportunidade de se formar na universidade pública apoiados pelo Exército são visivelmente gratas à instituição. Por outro lado, os cursos ofertados pelo mercado de faculdades baratas locais são criticados por descumprirem suas promessas de progresso ocupacional.

Quando afirmam que os governos deveriam apoiar os negócios locais, trata-se antes de tudo da manifestação do desejo de que suas comunidades voltem a ser locais atraentes para se morar. As críticas às instituições e às empresas são precisas: a polícia não protege contra o tráfico de drogas, a gerência da fábrica foi incompetente, o governo não apoia os negócios locais e os administradores locais não pensam nos problemas que causam para os jovens quando ameaçam fechar a piscina pública.

---

[47] Ver Anne Case e Angus Deaton, "Rising Morbidity and Mortality in Midlife among White Non-Hispanic Americans in the 21st Century", *Proceedings of the National Academy of Sciences*, n. 49, 2015, p. 15.078-83.

Em geral, os trabalhadores consideram errado que os ricos mantenham os políticos "no seu bolso" e muitos entendem que as dificuldades que suas famílias e comunidades estão enfrentando não foram causadas por eles. Mas contam apenas com suas próprias forças para superar seus dilemas. Em geral, os trabalhadores mostram-se favoráveis ao aumento dos impostos sobre os ricos como forma de assegurar o mínimo de justiça social para os pobres.

Todavia, a estratégia redistributiva preferida em Tyrone seguramente não é a assistência social via distribuição de cupons de alimentação, vale aluguel ou o apoio financeiro condicionado às famílias necessitadas. Os cheques distribuídos durante a pandemia foram, em geral, bem aceitos, demonstrando que os trabalhadores sabem reconhecer a importância do apoio do Estado quando excepcionalmente necessário. Ainda assim, seguem muito insatisfeitos com os rumos da política nas esferas estadual e federal, além de distantes da participação na vida dos dois principais partidos do país.

Mesmo que divididos pela fronteira existente entre os que são "de dentro" e os que são "de fora" da comunidade, entre os que ficam e os que estão "de passagem", divisão que tende a se sobrepor a outras, como o preconceito racial, por exemplo, os trabalhadores entrevistados são unânimes em afirmar que não é possível manter uma família com um salário mínimo de pouco mais de 7 dólares por hora, que a desigualdade degrada seu orgulho de ser "americano" e que as comunidades onde eles moram perderam nas últimas décadas muitos laços vitais que garantiam o sentimento de viver com dignidade.

Os trabalhadores com os quais conversei são perfeitamente capazes de refletir a respeito das razões para o aumento das desigualdades cujos impactos invadem suas rotinas na forma de uma busca interminável por longas jornadas em outras cidades em troca de salários que os mantêm sempre apenas um pouco acima da linha oficial da pobreza. E, apesar de se mostrarem hostis às políticas de assistência social, preferindo que a questão social seja tratada nas igrejas de suas comunidades, eles manifestam forte apoio às políticas que expandem as oportunidades em educação, saúde, remuneração justa e bons empregos. Nesse sentido, três temas merecem destaque: a preocupação com a qualidade da educação de seus filhos, o seguro-saúde que não conseguem pagar e os salários que não acompanham a inflação dos preços, sobretudo dos combustíveis.

A crise sociorreprodutiva vivida pelas cidades rurais no centro da Pensilvânia resulta da conjugação de três processos distintos: a crise da globalização neoliberal iniciada em 2008, a lenta recuperação econômica que se seguiu e a pandemia do novo coronavírus que esfrangalhou o tecido econômico das comunidades de trabalhadores. Trata-se de uma mudança dramática que pode oferecer a oportunidade para que eles repensem suas antigas identidades coletivas, desafiando eventualmente o desânimo em relação à intervenção na vida política do país.

Antirracismo em uma cidade rural

Aqui, talvez um evento consiga revelar a existência de algo se movendo debaixo da camada de relativo desinteresse dos moradores de Tyrone pela cena política partidária. Quando o movimento BLM ganhou repercussão mundial após George Floyd ser assassinado por um policial branco em Mineápolis no dia 25 de maio de 2020, Richie Bonsell-Walter, um jovem operário de 22 anos, resolveu protestar em frente à delegacia de polícia da cidade: "Eu estava com muita raiva, pois parecia que ninguém mais estava indignado com aquilo. [...]. As pessoas ao meu redor estavam se concentrando em comentar sobre os saques e não no motivo de as pessoas terem decido protestar em primeiro lugar. [...]. Suspeito que foi a primeira manifestação pelos direitos civis de Tyrone, exceto quando as ferrovias estavam fazendo alguma coisa sindical"[48].

Richie trabalha na fábrica de doces Gardners Candies, onde é supervisionado por sua mãe. Ele recebe 10 dólares por hora, mais alguns benefícios, como o seguro-saúde. Além disso, é um jovem trans não binário que prefere pronomes masculinos. Após perceber que sua manifestação solitária havia recebido tanto apoio quanto desaprovação na cidade, ele decidiu criar uma página no Facebook por meio da qual foi planejada uma semana de protestos em frente à prefeitura da cidade.

No dia 2 de junho de 2020, uma semana após o assassinato de Floyd, cerca de duas dúzias de manifestantes convocados pelo perfil "BLM Tyrone" do Facebook reuniu-se com cartazes em frente à prefeitura por cerca de duas horas, promovendo um ato pacífico que terminou com todos os participantes ajoelhados por 8 minutos e 46 segundos, tempo que durou o estrangulamento de Floyd. A partir de então, as manifestações se repetiram por cinco dias, atraindo muitas dezenas de apoiadores e recebendo bastante atenção de jornais e telejornais da região. Afinal, noventa anos após os protestos grevistas liderados por trabalhadores ferroviários, uma manifestação pública estava acontecendo na principal rua da pequena cidade.

O sucesso do protesto levou à organização de uma pequena comunidade insurgente em Tyrone formada sobretudo por estudantes e suas famílias, com atividades agendadas ao longo de todo o ano de 2020. Durante a primeira semana de junho, Richie percebeu que seu pequeno movimento estava causando algum impacto na cena política local à medida que conseguia atrair apoios de jovens. Ao mesmo tempo, a iniciativa também despertou reações contrárias, algumas explicitamente racistas: "Várias pessoas davam uma volta no quarteirão para uma segunda provocação. [...]. Eu diria que 50% dos moradores ignoraram o protesto, 25% mostraram apoio e 25% odiaram a manifestação"[49].

---

[48] Richie Bonsell-Walter, operário da fábrica de doces, entrevistado em 18 ago. 2022.
[49] Idem.

Segundo ele, um dos momentos mais assustadores ocorreu no dia 6 de junho quando uma caminhonete desacelerou na parada obrigatória do cruzamento de vias em frente ao prédio da prefeitura, acelerando subitamente a seguir, e lançando uma nuvem de fumaça de óleo diesel no ar. Em Tyrone, esse ato é conhecido como "carvão rolante" e, segundo as regras locais, significa completa desaprovação. O jovem que estava dirigindo a caminhonete ainda fez um inconfundível movimento de cortar a garganta com o dedo para os manifestantes e, após a manifestação, seguiu Richie até sua casa. Além disso, ao longo das semanas, vários moradores passaram pelo protesto gritando frases de apoio à polícia.

Os manifestantes eram quase todos brancos, com uma única exceção: Duncan Oliver, um cultivador de *cannabis* de 27 anos e, à época, um dos poucos residentes negros de Tyrone. Quando o movimento BLM ganhou tração mundial, Duncan estava se mudando com sua esposa e filha de dezoito meses para a cidade vizinha de Altoona. Nascido em Pittsburgh, ele se mudou para Tyrone ainda criança, acompanhando o pai e a madrasta, que arranjaram empregos nas fábricas da cidade. Após se formar em 2011 no ensino médio, Duncan decidiu se alistar na Marinha, voltando para Tyrone em 2016. Pretendia se mudar rapidamente da cidade após o término do serviço militar, mas ficou em Tyrone para cuidar de sua sogra e de sua madrasta:

> Eu não poderia estar mais animado para dar o fora de Tyrone. Não foi fácil [crescer em Tyrone]. Fui agredido em jogos de futebol. Fui ameaçado porque gostava de uma garota branca. Me disseram: "Você tira nossas mulheres, nós tiramos suas vidas". Eu tive cordas penduradas na frente do meu armário. Praticamente as coisas mais grotescas que você pode pensar, menos ser pendurado em uma árvore. [...]. Eu vi uma foto desses garotos brancos fazendo uma bela vigília por George Floyd. Ouvi sobre o que aconteceu com eles sendo chamados de "amantes de negros" e encarando gestos de corte na garganta. Eu me senti profundamente atingido. [...]. Eles estavam lá dizendo simplesmente que todos devemos ser tratados como iguais, não importa a cor de sua pele. [...]. Acho que as pessoas daqui nem ao menos sabem que são racistas. É pura ignorância. Se você olhar para nossos livros de história, eles ainda ensinam o quão grande o Sul foi com a escravidão e o preço da guerra civil para o Sul. As pessoas foram sistematicamente alimentadas com essa merda a vida inteira. Eles estão defendendo tudo o que pensam que sabem. [...]. Você tem pessoas aqui que só trabalharam a vida inteira. Nunca viajaram para fora do estado. Só se relacionam com pessoas brancas. Eu entrei na Marinha e conheci alguns países, fiz amigos no exterior. Por aqui, você só tem esses caipiras cristãos superdurões, do tipo "não reclame e trabalhe duro". Os pescoços das pessoas estão queimados de sol porque eles se matam de trabalhar todos os dias de suas vidas. Quando ouvem termos como "privilégio branco" e "racismo estrutural", simplesmente não entendem nada, pois não sentem que têm algum privilégio. E, na verdade, eles não têm nenhum poder mesmo.[50]

---

[50] Duncan Oliver, ex-militar, entrevistado em 19 ago. 2022.

A atitude de Richie encorajou o envolvimento de Duncan, que, sendo um dos únicos moradores negros de Tyrone, não havia planejado liderar um protesto na cidade: "Não é covardia ser inteligente". Porém, diante da pequena multidão de cinquenta pessoas marchando pelo centro de Tyrone para se ajoelhar em frente à delegacia, ele se sentiu pela primeira vez acolhido por uma pequena comunidade insurgente que se importava em defender a justiça racial:

> Eu simplesmente precisava mostrar a eles que nós [negros] os estávamos apoiando, mostrar que o que eles estavam fazendo era importante e que eles estavam certos em se indignar. [...]. Foi lindo o que Richie fez. Ele mandou um recado muito forte para a cidade. Se a primeira coisa que você vir quando entrar lá é um cartaz onde se lê "Vidas Negras Importam", e você não acredita nisso, isso vai mexer com sua alma. E se você acredita, você se sentirá acolhido. Nós fizemos isso lá em Tyrone. Foi incrível, pois ninguém podia imaginar. Já pensou? Black Lives Matter? Só tem branco naquela cidade. Acho que sacudimos as almas deles. Acolhemos os indignados e mexemos com os racistas. Depois dos protestos, eles pensarão duas vezes antes de colocar uma bandeira confederada em frente da casa.[51]

A pequena comunidade insurgente se desenvolveu à medida que as pessoas iam se sentindo mais seguras em participar dos protestos. Para Richie,

> a marcha mostrou que as pessoas se importavam, que estávamos causando impacto. Aos poucos, percebemos que o apoio ao protesto começou a crescer. Muita gente começou a fazer gestos de aprovação quando passavam pelo protesto. O prefeito veio até nós e fez um discurso nos apoiando, dizendo que aquilo que estávamos fazendo era o certo e que ele também se sentia indignado com o assassinato de Floyd. [...]. Quando Duncan apareceu na marcha, essa foi a primeira vez que algum negro da cidade decidiu participar. Eu fiquei feliz, pois ele se sentiu seguro para aparecer e esse era nosso objetivo: que as pessoas negras se sentissem seguras e acolhidas em qualquer lugar.[52]

A disposição ativista de Richie nasceu no período em que ele viveu em Seattle e frequentou a universidade local, militando em uma pequena organização anarquista do *campus*. Richie se lembra quando participou do bloqueio da entrada de uma agência bancária enquanto seus camaradas protestavam contra a construção de um oleoduto no estado de Washington. Além disso, seu grupo também ajudou a organizar alguns trabalhadores imigrantes empregados em hotéis:

> Eu queria fazer isso porque durante meus estudos precisei trabalhar na limpeza para me manter em Seattle. Eu era contratado por uma empresa que explorava os imigrantes. Era a única pessoa branca da equipe. Eles eram latinos e filipinos, por isso decidi aperfeiçoar meu espanhol, para me comunicar com eles. [...]. Meu grupo circulou panfletos em espanhol, explicando sobre o que eram os sindicatos, os direitos e os benefícios que eles mereciam, mas aos quais não tinham acesso. Foi um período muito

---

[51] Idem.
[52] Richie Bonsell-Walter, cit.

intenso de minha vida. [...]. Em Tyrone a vida é muito diferente, pois as pessoas vivem do trabalho para casa. Não há vida social fora das igrejas.[53]

E, mesmo não planejando ficar muito mais tempo vivendo em Tyrone, Richie considera que vale a pena lutar por sua cidade natal:

> Mesmo se eu voltar para Seattle, quando alguém me perguntar de onde sou, sempre vou dizer: eu sou de Tyrone, Pensilvânia. Sinto orgulho de onde eu nasci. Gosto de ser parte de uma comunidade de gente trabalhadora que dá duro todo dia. É quem eu sou. Dou duro na fábrica e quero poder voltar para casa e me sentir tão seguro e protegido quanto qualquer pessoa. [...]. Esta ainda é minha cidade. Minha família mora aqui há muito tempo e tenho um monte de parentes espalhados pela região. É onde eu me sinto em casa e penso que você sempre deve se sentir seguro em sua casa. O movimento "BLM Tyrone" foi sobre isso: sentir-se seguro em sua casa. A cor de sua pele não importa.[54]

Após julho de 2020, os protestos diminuíram em todo o país, fazendo com que Richie se sentisse menos encorajado a continuar com sua rotina de levar seus cartazes para pontos estratégicos de circulação. O ativismo manteve-se nas redes sociais, mas sem o impacto público de antes. Apesar disso, entende que sua iniciativa em defesa da igualdade racial em uma cidade onde 98% da população é branca não foi em vão. Ele se lembra que, em 2016, seria impossível ver placas em apoio a Hillary Clinton em Tyrone. Em 2020, a situação havia mudado: várias placas em apoio a Joe Biden podiam ser vistas decorando as fachadas das casas:

> As pessoas estão falando e dizendo: "Ei, nós também nascemos e crescemos aqui. Tyrone não pertence a apenas um tipo de pessoa". [...]. Ao contrário da campanha de Hillary, em 2020 você podia ver vários cartazes de Biden e hoje veja quantos cartazes de Fetterman estão em frente das casas ao lado de cartazes que dizem: "Vidas negras importam". Nada do que fizemos foi em vão. [...]. O protesto foi o melhor momento da minha vida. Quando fico angustiado, penso em como as pessoas que promovem mudanças são as que não desistem. A mudança pode não vir para mim, mas posso ajudar a garantir que o próximo grupo de pessoas se aproxime.[55]

De fato, no início dos protestos em Tyrone, Richie se lembra que alguns jovens contramanifestantes apareceram do outro lado da rua segurando cartazes onde se lia: "Todas as vidas importam" e "Trump 2020". Eles se envolveram em um debate amistoso e Richie observou que os jovens se juntaram à multidão na noite de quinta-feira, dia 4 de junho de 2020. Apesar de algumas provocações agressivas, o que motivou os manifestantes a permanecer protestando por quase três semanas foram os apoios espontâneos recebidos de amigos, parentes ou de pessoas totalmente desconhecidas que, ao avistarem a pequena multidão, levantavam os punhos ou os polegares.

---

[53] Idem.
[54] Idem.
[55] Idem.

Cerca de 25 quilômetros ao norte de Tyrone, em Philipsburg, centenas de moradores também organizaram uma marcha e um comício no dia 6 de junho de 2020 em defesa das vidas negras. O sucesso do protesto motivou um comentário considerado racista de uma vereadora em uma rede social. Em reação, os manifestantes reuniram-se alguns dias depois em frente à Câmara de Vereadores, forçando os políticos a aprovarem por unanimidade uma moção repreendendo a vereadora e a suspendendo temporariamente de suas funções políticas. Philipsburg também é uma cidade com 98% da população branca[56].

Vale observar que, em diferentes cidades da Pensilvânia central, como em Hollidaysburg, Huntingdon e Lewistown, foram registrados saques e conflitos violentos durante os protestos que se seguiram ao assassinato de George Floyd. Em Tyrone e em Philipsburg, ao contrário, os protestos se mantiveram sempre pacíficos, a ponto de contarem com o apoio de Bill Latchford, então prefeito da cidade: "O grupo está se reunindo e protestando pacificamente como garante a Primeira Emenda. [...]. Eles estão praticando o direito de liberdade de expressão e a liberdade de reunião, e estão fazendo um belo trabalho, mostrando o que deve ser feito. [...]. Eu também senti uma profunda indignação ao ver o vídeo do assassinato de George Floyd. Nunca mais me esquecerei daqueles minutos angustiantes"[57].

O apoio que o movimento "BLM Tyrone" recebeu de alguns moradores talvez não tenha sido suficientemente forte para alterar de maneira profunda o racismo existente na cidade. No entanto, a trajetória do movimento revelou que as sementes da mudança não caíram em solo estéril. A iniciativa de um jovem operário branco transgênero não binário e não sindicalizado mostrou que o relativo desinteresse pela política partidária observado na cidade não significa uma recusa do engajamento político. Aliás, o afastamento de uma vereadora em Philipsburg devido a um comentário racista revelou que a política institucional nas cidades rurais não está alheia à agenda da justiça racial.

Além disso, o reconhecimento de que a insegurança vivida pelos negros nos Estados Unidos ressoa de alguma forma em sua própria experiência como jovem transgênero aponta para uma importante intersecção entre raça e sexualidade. Finalmente, a experiência de Richie como organizador sindical em Seattle revelou que tradições consideradas esquecidas do movimento trabalhista estadunidense, como o anarcossindicalismo, não desapareceram completamente, podendo voltar a brotar numa pequena cidade rural bem no meio da Pensilvânia.

Na avaliação de Richie, "50% dos moradores ignoraram o protesto, 25% mostraram apoio e 25% odiaram a manifestação". Isso indica que ainda existe

---

[56] Ver Tyler Kolesar, "Philipsburg Councilwoman Denounced for Social Media Comments", *The Progress*, 16 jun. 2020.

[57] Bill Latchford citado em Adeena Harbst, "Locals Gather to Bring Attention to Racism, 'Social Injustice'", *The Daily Herald*, 4 jun. 2020.

um longo caminho pela frente. Porém, essa estimativa também revela que estamos muito longe de uma cidade onde o "ódio branco" voltado contra os supostos avanços trazidos pela era Obama justificaria o deslocamento do "povo americano" para a extrema direita do espectro político.

Nas entrevistas, mesmo aqueles que disseram preferir Trump a Biden, nunca se mostraram fanáticos apoiadores incondicionais. Ao contrário, sua simpatia pelo político republicano era sempre condicional e refletida. Por vezes, abertamente crítica: "Eu prefiro o senhor Trump ao senhor Biden. Mas o senhor Trump também não tem bom senso. Acho que ele só se interessa por ele mesmo. [...]. Penso que o senhor Trump defende valores tradicionais, mas eu também acho que ele fala muita bobagem"[58].

Ao fim e ao cabo, as disposições solidárias dos moradores de Tyrone identificadas em nossa pesquisa de campo sugerem que o tradicional modo de vida das cidades rurais favorece mais do que dificulta a defesa do regime democrático liberal. No entanto, a crise socioreprodutiva somada à fadiga do sistema bipartidário de representação ampliaram o descrédito numa solução política para o impasse vivido pelas comunidades rurais, fortalecendo atitudes individualistas entre os trabalhadores.

Ainda assim, não devemos subestimar a resiliência do sistema de solidariedades práticas característico das cidades rurais. Inesperadamente, uma típica comunidade agônica marcada por incontáveis respostas solitárias à crise socioreprodutiva gerou uma pequena comunidade insurgente orientada pela pauta da justiça racial. É certo que a maior parte dos manifestantes do movimento "BLM Tyrone" era bastante jovem e que os protestos duraram poucas semanas, sem ter conquistado um acúmulo político mais consistente. No entanto, pela primeira vez na história, um movimento de luta por justiça social tomou conta das ruas da cidade.

Para a maioria das pessoas, organizar um protesto em defesa dos negros em uma cidade onde não moram negros pode parecer uma atitude bastante excêntrica. Mas não para Richie. Na realidade, ele decidiu organizar o movimento "BLM Tyrone" por entender que existe uma estreita relação entre a defesa da vida dos negros e a crise de drogas que castiga sua cidade natal:

> Quando morei em Seattle, eu vi a mesma coisa acontecendo nos bairros onde vivem os negros e os imigrantes. Também aqui as pessoas acabam na cadeia quando mais precisam de ajuda. Elas são demonizadas em vez de apoiadas. Sabe, aqui as pessoas traficam apenas para sustentar o vício. Ninguém está nisso para fazer dinheiro. Tive amigos presos por tráfico que nunca mais conseguirão viver uma vida normal. Tem muita gente sofrendo em silêncio em casa sem poder sair na rua por vergonha. Onde isso tudo vai parar? Sabe, o movimento BLM é sobre vidas negras, mas também é sobre tantas outras coisas. É também sobre Tyrone.[59]

---

[58] Derek Hagenbuch, reparador de telhados, entrevistado em 28 maio 2022.
[59] Richie Bonsell-Walter, cit.

Parte 3
Emancipando a Solidariedade

A ONU entenderá os apelos dos negros nos bairros segregados de Makakoba, Mzilikazi e Mpopoma, nos arredores da cidade de Bulawayo, onde na maioria das vezes três a quatro famílias vivem em um cômodo do tamanho da sua cozinha? [...].
E a fome, a desnutrição, as surras, a humilhação?
A ONU entenderá os efeitos disso sobre essas pessoas?
A África entende, a Ásia entende, você, eu e os milhões de negros nos Estados Unidos, no Brasil e nas Índias Ocidentais entendemos, não porque somos negros ou pardos, mas porque vivemos isso todos os dias de nossas vidas.

Cedric Robinson, *On Racial Capitalism, Black Internationalism, and Cultures of Resistance* (Londres, Pluto, 2019)

9
Os direitos do antivalor

Em seu estudo de caso sobre a mineração de cobre em Zâmbia conduzido durante o processo de independência nacional do país no final dos anos 1960, Michael Burawoy encontrou uma oportunidade ímpar de observar a estrutura do conflito social decorrente da reprodução de um regime racializado de acumulação. Concentrando-se no destino da "linha de cor", para usarmos a conhecida expressão de W. E. B. Du Bois, logo após a nacionalização das minas de cobre, ele percebeu algo verdadeiramente desconcertante: tanto a substituição de supervisores brancos por negros nas minas quanto a formação de uma burguesia negra introduziam inovações, porém sem alterar substantivamente a reprodução do capitalismo racial no país[1].

Na realidade, apesar de o discurso do regime político pós-colonial celebrar a nacionalização das minas sob o controle dos africanos, Burawoy descobriu que, mesmo quando funções de supervisão eram atribuídas a negros, os feitores brancos conservavam seu poder ao serem promovidos para níveis hierárquicos superiores. Ao deslocar os antigos feitores para posições de comando na superfície, a empresa mineradora reinventava a "linha de cor", em vez de eliminá-la.

Assim, o sociólogo inglês provava a tese de Fanon segundo a qual mesmo uma profunda mudança política liderada por uma recém-formada burguesia nacional negra não seria capaz de superar o capitalismo racial. De certa forma, *The Colour of Class on the Copper Mines* pode ser considerado um dos livros precursores daquilo que se tornou conhecido como "marxismo negro" a partir da publicação do notável estudo de Cedric Robinson em 1983 e cuja essência consistia em mapear

---

[1] Ver Michael Burawoy, *The Colour of Class on the Copper Mines: From African Advancement to Zambianization* (Lusaka, University of Zambia, 1972).

a "tradição marxista negra" que analisou a interdependência entre o capitalismo e o racismo modernos[2].

Esse programa de pesquisa ganhou tração quando Harold Wolpe decidiu estudar o sistema de trabalho migrante na África do Sul. Esquematicamente, ele considerava que a opressão racial respondia à necessidade capitalista de acumular explorando trabalhadores racializados. Na medida em que suas famílias permaneciam vivendo em comunidades rurais mantidas politicamente segregadas pelo Estado racista, a expropriação política das populações africanas assegurada pelo *apartheid* permitia às empresas não pagar pelos custos de reprodução da força de trabalho negra[3].

Excluídos dos direitos da cidadania e proibidos de participar de sindicatos, os trabalhadores africanos permaneciam indefinidamente na condição de imigrantes, sobrevivendo com baixíssimos salários enquanto suas famílias eram oprimidas nas "terras ancestrais" pela reprodução de relações tribais de dominação. Dessa forma, o capitalismo racial na África do Sul combinou a exploração econômica nas minas com a expropriação política das comunidades onde viviam as famílias dos trabalhadores, reproduzindo sistematicamente a classe operária negra sul-africana abaixo de seu valor[4].

Ao se mudar para os Estados Unidos, Burawoy decidiu ampliar esse programa por meio da comparação entre os sistemas de trabalho imigrante sul-africano e californiano. As convergências entre os dois casos o levaram a concluir que, a exemplo da África do Sul, também na Califórnia a expropriação política dos trabalhadores latinos assegurada pela exclusão dos direitos da cidadania impulsionava o abuso econômico. Em suma, a moderna exploração do trabalhador combinava-se à arcaica opressão étnico-racial a fim de garantir a apropriação capitalista do tempo de trabalho excedente[5].

É sabido que, quando o neoliberalismo de Reagan decretou guerra ao trabalho organizado nos Estados Unidos, o aumento das desigualdades sociais daí decorrente

---

[2] Ver Cedric J. Robinson, *Black Marxism: The Making of the Black Radical Tradition* (Chapel Hill, University of North Carolina, 2000). [Ed. bras.: *Marxismo negro: a criação da tradição radical negra* (trad. Fernanda Silva e Sousa, Caio Netto dos Santos, Margarida Goldsztajn e Daniela Gomes, São Paulo, Perspectiva, 2023).]

[3] Ver Harold Wolpe, "Capitalism and Cheap Labour-Power in South Africa: From Segregation to Apartheid", *Economy and Society*, v. 1, n. 4, 1972, p. 425-56.

[4] Idem. Para uma análise das idas e vindas do desenvolvimento da teoria do capitalismo racial entre a África do Sul e os Estados Unidos, ver Zachary Levenson e Marcel Paret, "The Three Dialectics of Racial Capitalism: From South Africa to the U. S. and Back Again", *Du Bois Review: Social Science Research on Race*, v. 19, n. 2, dez. 2022, p. 1-19; disponível em: <https://www.cambridge.org/core/journals/du-bois-review-social-science-research-on-race/article/three-dialectics-of-racial-capitalism-from-south-africa-to-the-us-and-back-again/6EA3F32C306D4896938000199B8E87A6>; acesso em: 23 jun. 2023.

[5] Ver Michael Burawoy, "The Functions and Reproduction of Migrant Labor: Comparative Material from Southern Africa and the United States", *American Journal of Sociology*, v. 82, n. 5, 1976, p. 1.050-87.

castigou de maneira mais sofrida as comunidades onde vivem e se reproduzem as famílias trabalhadoras negras e latinas. Manietados pela crise econômica, elas viram seus valiosos recursos protetivos desaparecerem junto com o declínio dos bons empregos industriais e o colapso dos sindicatos[6].

Desde então, a devastação dos bairros operários negros do sul de Chicago tem se repetido nas comunidades operárias brancas do Cinturão da Ferrugem, impulsionando o aumento da criminalidade e da pobreza. Quatro décadas após finalizar sua celebrada etnografia operária no sul de Chicago, Burawoy descreveu os efeitos deletérios do desmanche neoliberal do fordismo estadunidense nos seguintes termos:

> Com o fechamento das fábricas, o conjunto da zona sul de Chicago se tornou um cemitério industrial. A Allied Tubes foi uma das últimas empresas em atividade. Em vez da periferia operária de outrora, existe hoje um gueto, habitado majoritariamente por afro-americanos. [...]. Os prédios foram destruídos e transformados em habitações de "renda mista", enquanto muitos dos antigos residentes foram realocados para terras abandonadas no sul da cidade. [...]. De fato, esta é também uma história que se repetiu inúmeras vezes no Cinturão da Ferrugem, consequência do fechamento das fábricas ou de sua transferência para o exterior, parcialmente substituídas por uma economia de serviço e pela revolução da informática. [...]. Este é o legado da era Reagan.[7]

O colapso do modo de vida operário nos bairros negros do sul de Chicago e nas comunidades brancas do Cinturão da Ferrugem permite assinalar uma qualidade comum aos diferentes regimes racializados de acumulação, isto é, sua dependência da regulação política. Ao controlar os interesses conflitantes, reproduzindo as bases da apropriação capitalista do trabalho excedente, o Estado define politicamente as fronteiras que separam os grupos de trabalhadores submetidos à exploração baseada na troca de equivalentes mercantis dos grupos expropriados pela troca de não equivalentes. Para tanto, a racialização dos grupos sociais subalternos é imprescindível[8].

Durante o fordismo, o regime racializado de acumulação estava apoiado numa rígida separação do mercado de trabalho entre um núcleo formado por trabalhadores brancos, adultos, nacionais e masculinos organizados sindicalmente, e uma ampla periferia da qual faziam parte trabalhadores pobres não sindicalizados isolados em pequenas cidades rurais e trabalhadores racializados vivendo nos centros urbanos do país.

---

[6] Ver William Julius Wilson, *When Work Disappears: The World of the New Urban Poor* (Nova York, Vintage, 1997).

[7] Michael Burawoy, "*Manufacturing Consent* revisitado: uma nova aproximação", *Outubro*, n. 29, nov. 2017, p. 100.

[8] Ver Klaus Dörre, *Teorema da expropriação capitalista* (trad. Cesar Mortari Barreira e Iasmin Goes, São Paulo, Boitempo, 2022, coleção Mundo do Trabalho).

O neoliberalismo redefiniu essa fronteira ao deslocar grupos de trabalhadores outrora protegidos pelos direitos trabalhistas para fora do pacto protetivo. Além disso, muitas cidades rurais que se beneficiavam indiretamente da relativa estabilidade e dos bons salários praticados pelas indústrias experimentaram com a desindustrialização dos anos 1980 e 1990 uma rápida deterioração de suas condições sociais de reprodução. Dispensável lembrar que os bairros negros foram os mais atingidos pelo desaparecimento dos empregos fordistas[9].

Caminhos paralelos

A história da relação entre trabalhadores negros e trabalhadores brancos nos Estados Unidos sempre foi marcada por incontáveis conflitos em grande medida relacionados à herança da escravidão e às origens de um país colonizado por produtores rurais vindos da Europa. Ainda assim, antes da Guerra Civil (1861), embora se verificasse a existência de uma discriminação generalizada contra os negros nos escassos serviços públicos, os empregadores privados no Norte do país tendiam a comprar força de trabalho de forma relativamente indiferente às considerações de ordem racial[10].

No entanto, após a Guerra Civil, os empregadores do Norte passaram a adotar a discriminação racial na indústria como estratégia de recrutamento de trabalhadores, fortalecendo a competição entre negros e imigrantes recém-chegados, especialmente os irlandeses. Esse conflito desembocou na exigência do privilégio irlandês de não ser explorado como um trabalhador negro. Em pouco tempo, esse privilégio abarcou o conjunto dos trabalhadores brancos: "Nos tumultos no Brooklin e em Nova York aos quais me referi (1860), as turbas compostas principalmente de irlandeses-americanos não expressaram suas demandas e objetivos em termos irlandeses, mas em nome de todos os 'trabalhadores brancos'"[11].

Por outro lado, era do interesse dos empregadores que a diferença entre os salários pagos aos dois grupos não ultrapassasse aquele mínimo necessário capaz de reproduzir os trabalhadores brancos apenas um pouco acima de sua subsistência. Em poucas palavras, aos trabalhadores brancos pagava-se algo próximo ao equivalente do valor de sua força de trabalho, enquanto os trabalhadores negros deslocados para ocupações menos qualificadas enfrentavam condições subnormais de reprodução[12].

Aqui está a diferença fundamental entre exploração econômica e expropriação política que não apenas segmentou historicamente o mercado de trabalho estadunidense como definiu os contornos da "linha de cor" que regulou o modo de

---

[9] William Julius Wilson, *When Work Disappears*, cit.
[10] Ver Theodore W. Allen, *The Invention of the White Race*, cit.
[11] Ibidem, p. 196.
[12] Idem.

apropriação capitalista do país. Trata-se do núcleo de uma relação estrutural apoiada na combinação entre o legado histórico da escravidão, as diferenças nacionais e étnicas da própria classe trabalhadora e os interesses dos empregadores privados.

Com o fim do período conhecido como Reconstrução (1877), os trabalhadores negros passaram a se mover por uma via paralela aos trabalhadores brancos. Repetidamente, os encontros entre os dois grupos seriam marcados mais pelo antagonismo que pela solidariedade. E, como vimos na primeira parte deste livro, mesmo a bem-sucedida sindicalização dos trabalhadores negros que impulsionou a criação do CIO nos anos 1930 foi realizada sob a liderança inconteste de uma burocracia sindical branca.

A existência desses caminhos paralelos separando os dois grupos sedimentou uma espécie de *apartheid* urbano, moldando por meio do assédio policial das comunidades negras e do acesso desigual aos bons empregos o regime racializado fordista de acumulação de capital. Esquematicamente, a expropriação política dos trabalhadores negros manifesta-se no subemprego profuso, na dependência das famílias em relação à assistência social, na elevada criminalidade nos bairros e no encarceramento em massa dos jovens negros. E o estado mais ou menos permanente de inquietação social gerado por essa estrutura de opressão se transforma com frequência em potentes insurgências plebeias[13].

Em meados dos anos 1940, Gunnar Myrdal já havia alertado para os perigos do "entrelaçamento circular" entre o desemprego, o subemprego e as condições precárias de reprodução das comunidades pobres nos Estados Unidos. O economista sueco percebeu aí o grande dilema das relações raciais no país, ameaçando não apenas a subsistência das famílias negras como as comunidades rurais onde vivem os trabalhadores brancos empobrecidos. Para Myrdal, a pobreza verificada nas comunidades de trabalhadores brancos e negros constituía a principal ameaça para a estabilidade da democracia liberal estadunidense[14].

E caso uma vigorosa política pública capaz de promover a multiplicação de empregos de qualidade falhasse, a cristalização de uma ampla camada de trabalhadores subempregados seria acompanhada pelo aumento da criminalidade, pela desmoralização das famílias trabalhadoras e pelo isolamento social. Nos anos 1980, a ascensão do neoliberalismo confirmou os temores de Myrdal. Desde então, governos democratas e republicanos competem para saber quem irá atacar mais o polo protetivo do trabalho, ampliando de forma inédita a desigualdade social.

Nesse contexto, o refazer-se das identidades coletivas dos trabalhadores não poderia deixar de assumir a forma da luta tanto pela igualdade nas condições de

---

[13] Ver Mark Baldassare et al., *The Los Angeles Riots: Lessons for the Urban Future* (Nova York, Routledge, 2019).
[14] Ver Gunnar Myrdal, *An American Dilemma: The Negro Problem and Modern Democracy* (Nova York, Harper & Brothers Publishers, 1944).

troca mercantil quanto pelo fim da violência política contra as comunidades negras. Em ambos os casos, os trabalhadores pobres devem enfrentar o encolhimento da rede de segurança social que ameaça sua economia moral desde a aprovação da contrarreforma da previdência no governo de Bill Clinton.

As suposições básicas por trás dessa contrarreforma são que os trabalhadores pobres, particularmente os negros, carecem de ética de trabalho e desejam levar uma vida de indolência à custa do governo. Muito embora pesquisas de campo tenham provado conclusivamente que os benefícios pagos pela assistência social sempre foram muito escassos para que as famílias pobres pudessem sobreviver sem o recurso aos empregos precários, às redes de parentesco e ao comércio de rua, a justificativa para a reforma acabou se concentrando na suposta dependência assistencial de mulheres negras pobres[15].

Com os cortes nos gastos previdenciários, a contrarreforma combinou a reação conservadora aos avanços feitos pelos trabalhadores nos anos 1960, quando o salário mínimo e a participação dos salários na renda nacional atingiram seu pico histórico, com uma reação contra as conquistas alcançadas pelo movimento pelos direitos civis nos anos 1950 e 1960[16].

Se, durante o fordismo, o sentido das lutas sociais apontava para a diminuição da pobreza e a estabilização das condições de reprodução do conjunto da classe trabalhadora americana, o advento do neoliberalismo implicou uma guinada na direção da ampliação da pobreza acompanhada pela institucionalização da precariedade laboral. Alguns efeitos imediatos da mudança da orientação da política pública foram a criminalização dos trabalhadores sem documentos e a repressão das comunidades onde vivem os trabalhadores não brancos[17].

Nessas condições, qualquer mobilização coletiva mais ou menos organizada dos trabalhadores pobres tende a se chocar com a segmentação racializada dos mercados de trabalho e de habitação popular. Assim, é compreensível que a combinação entre o subinvestimento nas comunidades onde vivem e se reproduzem os trabalhadores pobres, em especial os não brancos, somada ao sobreinvestimento no complexo industrial de encarceramento em massa tenha elevado o precariado urbano ao papel de principal força social contrária à onda de mercantilização do trabalho, das terras e do dinheiro nos Estados Unidos.

---

[15] Ver Ellen Reese, *Backlash against Welfare Mothers: Past and Present* (Oakland, University of California, 2005).
[16] Idem.
[17] Idem.

Entre expectativas frustradas e novas esperanças

Entre os anos 2000 e 2010, a mobilização política dos trabalhadores precários em defesa de seus direitos da cidadania acompanhou em linhas gerais a frustração com a manutenção de uma política anti-imigrante apoiada em deportações massivas realizada pelo governo de um presidente negro eleito com o *slogan* inspirado pelo movimento de defesa dos direitos dos trabalhadores imigrantes: "*Yes, we can!*"[18]. A partir de então, ativistas dos direitos dos trabalhadores sem documentos radicalizaram suas iniciativas, apoiando campanhas contrárias ao "colonialismo interno" e em favor da justiça global[19].

Na primeira metade dos anos 2010, em um contexto marcado pela nacionalização do movimento Occupy Wall Street (OWS), as mobilizações de imigrantes por justiça social e por igualdade racial se multiplicaram, assumindo a forma de uma vibrante campanha nacional em favor do projeto de lei conhecido como "DREAM Act" (Development, Relief, and Education for Alien Minors Act/ Desenvolvimento, Alívio e Educação para Menores Estrangeiros). Caso fosse aprovado, o projeto de lei garantiria aos estudantes imigrantes que cresceram nos Estados Unidos o acesso à cidadania estadunidense[20].

Entre o final de 2011 e o início de 2012, além de estabelecer laços de colaboração com diferentes movimentos de imigrantes, o OWS recebeu apoio de muitos sindicatos espalhados pelo país, tais como a Federação Estadunidense dos Empregados Municipais (American Federation of State, County and Municipal Employees – AFSCME), a Federação dos Trabalhadores da Educação (United Federation of Teachers – UFT), o Sindicato dos Trabalhadores dos Transportes da América (Transport Workers Union of América – TWU), o Sindicato Internacional dos Empregados do Setor de Serviços (Seiu) e o Sindicato Internacional dos Estivadores (ILWU). Infelizmente, apesar de o movimento sindical ter se mostrado um aliado fundamental do OWS, a aliança entre os sindicatos e seus ativistas não chegou a desenvolver todo o seu potencial[21].

Por sua vez, a incessante violência policial contra as comunidades negras e os imigrantes inflamou uma juventude negra cujas expectativas de superar a pobreza

---

[18] No dia 10 de março de 2006, centenas de milhares de manifestantes tomaram as ruas de cidades como Chicago, Los Angeles e Nova York, naquele que se tornou conhecido como o maior protesto pelos direitos dos imigrantes da história dos Estados Unidos. Como é notório, o *slogan* "*Si, se puede!*" foi posteriormente apropriado pela campanha do então candidato democrata à Casa Branca. Ver Kim Voss e Irene Bloemraad (orgs.), *Rallying for Immigrant Rights: The Fight for Inclusion in 21st Century America* (Oakland, University of California, 2011).

[19] Idem.

[20] Ver Ruth Milkman, "A New Political Generation: Millennials and the Post-2008 Wave of Protest", *American Sociological Review*, v. 82, n. 1, 2017, p. 1-31.

[21] Ver Ruth Milkman, "Millennial Movements: Occupy Wall Street and the Dreamers", *Dissent*, v. 61, n. 3, 2014, p. 55-9.

se evaporaram após a crise econômica de 2008. A nova onda de protestos diferiu da estratégia conhecida como "Rostos negros em lugares de poder" que a partir dos anos 1970 priorizou a via eleitoral, alcançando alguns resultados expressivos, como a eleição de Harold Washington em 1984 para a prefeitura de Chicago. Logicamente, a vitória presidencial de Obama representou o ponto culminante dessa estratégia[22].

Ao mesmo tempo, ela também revelou seus limites ao transformar o primeiro presidente negro da história do país no principal guardião de um modo de apropriação capitalista cada dia mais dependente da expropriação política de trabalhadores racializados. Ademais, a eleição de Obama fortaleceu a opinião daqueles setores liberais que consideravam o racismo parte do passado da sociedade americana[23]. Evidentemente, trata-se de uma posição fartamente contraditada pela recente deterioração de vários indicadores de acesso à moradia decente, de desemprego e de subemprego, de desigualdade de renda e de pobreza, relacionados às famílias negras[24].

O conflito entre o modo de regulação liderado por um presidente negro e o regime racializado de acumulação abriu uma brecha para que o problema da opressão étnico-racial fosse de novo levantado pelo movimento negro estadunidense. Ao fim e ao cabo, se nem mesmo a eleição de um presidente negro foi capaz de mudar de forma significativa a precária reprodução das comunidades negras no país, então, a estratégia "Rostos negros em lugares de poder" exigia uma profunda revisão[25].

Muito embora a mobilização em Jena, Luisiana, em 2007, já tivesse apontado para essa direção, foi apenas após a absolvição em 2012 do vigilante George Zimmerman, assassino confesso de Trayvon Martin, que o movimento BLM começou a ganhar tração nacional. Se a violência policial serviu como faísca, deflagrando o ciclo de protestos na primeira metade dos anos 2010, foi a crítica ao regime racializado de acumulação com sua mistura tóxica de subemprego, baixos salários e encarceramento em massa que manteve os jovens ativistas ligados ao movimento[26].

De fato, no centro da dinâmica do conflito racial contemporâneo dos Estados Unidos está a indústria do encarceramento em massa, sobretudo de jovens. Já no final dos anos 1990, a rápida ascensão dessa indústria revelava um deslocamento no modo de apropriação capitalista: a desvalorização da força de trabalho por meio da degradação e da repressão das comunidades negras já não era suficiente. Era preciso alcançar lucros com a criminalização dos negros pobres. Em 2010,

---

[22] Ver Gary Rivlin, *Fire on the Prairie: Harold Washington, Chicago Politics, and the Roots of the Obama Presidency* (Filadélfia, Temple University, 2012).
[23] Ver Paul Banahene Adjei e Jagjeet Kaur Gill, "What Has Barack Obama's Election Victory Got to Do with Race? A Closer Look at Post-Racial Rhetoric and its Implication for Antiracism Education", *Race Ethnicity and Education*, v. 16, n. 1, 2013, p. 134-53.
[24] Ver Brandon Terry, "Racial Politics after Obama", *Dissent*, v. 63 n. 3, 2016, p. 47-54.
[25] Ver Bilal Dabir Sekou, "The Limits of Black Politics in the Post-Civil Rights Era", *Sociological Forum*, v. 35, n. S1, set. 2020, p. 954-73.
[26] Ver Barbara Ransby, "The Class Politics of Black Lives Matter", *Dissent*, v. 62, n. 4, 2015, p. 31-5.

mais homens negros estavam sob a custódia do complexo industrial-prisional estadunidense que o número total de escravizados na década de 1850[27].

Após o cumprimento das sentenças, sobretudo, por delitos não violentos ligados a posse ou comércio de substâncias ilícitas, os direitos políticos desses jovens são cassados, as oportunidades de educação desaparecem e o acesso ao crédito bancário para aquisição de uma moradia é bloqueado. Na maioria dos casos, eles são empurrados para a informalidade, em que os empregos são sub-remunerados e desprotegidos[28].

Nessas condições, é compreensível que o protesto coletivo aconteça fora das instituições tradicionais de representação dos interesses dos trabalhadores. Trata-se de uma situação conhecida pelos trabalhadores negros. Durante os anos 1980 e 1990, especialmente após o declínio dos sindicatos e a diminuição dos empregos nas indústrias, as comunidades negras perceberam seu modo de vida se deteriorar à medida que a "estrutura de oportunidades" erodia[29].

Como demonstrou William Julius Wilson, as estratégias de subsistência das comunidades negras empobrecidas foram colapsando em razão não apenas do desaparecimento dos empregos mais estáveis, mas, igualmente, do declínio do gasto social após a reforma previdenciária de 1996. Somada ao encarceramento em massa da juventude negra, a devastação criada pela crise de 2008 alimentou as expectativas de que o governo Obama revertesse algumas das tendências associadas à desmoralização da economia de subsistência das comunidades pobres.

Todavia, isso não aconteceu. Exceto pela aprovação da ampliação da cobertura do Medicare para famílias pobres, o governo de Obama jamais esteve à altura dessas expectativas. Mesmo tendo um amplo apoio eleitoral dos trabalhadores brancos e negros, além do massivo entusiasmo dos jovens, Obama não priorizou investimentos em assistência social. Apesar de contar com o forte alinhamento dos sindicatos, em especial do Seiu, a seu governo, ele nada fez para ajudar a reverter o declínio do sindicalismo. Uma família negra na Casa Branca poderia até contentar a pequena elite negra do país. Mas, definitivamente, não seria capaz de acalmar os trabalhadores negros:

> Obama declarou que em 2016 era hora de parar de "gritar" e passar a oferecer soluções pragmáticas que pudessem ser postas em prática. Essa resposta revelou sua própria impaciência com a continuação do Black Lives Matter, agora ameaçando prejudicar o Partido Democrata nas eleições presidenciais de 2016. [...]. A repressão de Obama revelou mais do que divergências estratégicas sobre o objetivo dos movimentos sociais. Dos muitos problemas na sociedade estadunidense que o Black Lives Matter expôs destaca-se a forte divisão no interior da política negra. A queixa de Obama refletia em

---

[27] Ver Michelle Alexander, *A nova segregação: racismo e encarceramento em massa* (trad. Pedro Davoglio, São Paulo, Boitempo, 2018).
[28] Idem.
[29] Ver William Julius Wilson, *When Work Disappears*, cit.

parte uma divisão geracional, mas também mostrava uma cisão entre a raiva da classe trabalhadora negra e o otimismo de uma pequena elite negra.[30]

Não estamos afirmando que não houve progresso algum para os negros durante a era Obama. Em seus governos, muitos profissionais negros ascenderam a posições de poder nas empresas, além de sua retórica progressista ter facilitado o surgimento de alguns bilionários negros no país[31]. Sem mencionar que inúmeras celebridades negras passaram a ser mais valorizadas pela indústria cultural, ajudando a criar uma imagem positiva da luta dos negros por igualdade. Ainda assim, a desigualdade de renda entre brancos e negros simplesmente seguiu o tradicional padrão americano de diminuir de forma muito lenta[32].

Em suma, apesar do progresso ocupacional experimentado por profissionais negros, os trabalhadores negros seguiram ocupando as posições mais precárias do mercado de trabalho, além de se tornarem alvos preferenciais de um bilionário complexo industrial-prisional. E a decepção com os resultados trazidos por Obama estimulou o movimento negro a adotar uma estratégia de mobilização alternativa à simples participação eleitoral defendida pela elite negra do Partido Democrata. O novo padrão articulou uma miríade de ações diretas em defesa das vidas negras no interior de comunidades devastadas pela crise da globalização neoliberal[33].

Como não poderia ser diferente, a evolução da plataforma de ações diretas do BLM alimentou-se de diferentes tradições políticas e organizativas. Além das associações comunitárias focadas na luta contra a violência policial, é possível perceber a presença de um movimento cultural e de uma retórica política associados ao movimento. Tendo em vista sua plasticidade, o BLM atraiu muitos jovens que nunca haviam militado em um movimento social. Além de pressionar os políticos democratas a apoiar a agenda da justiça racial, muitas associações ligadas à plataforma decidiram investir na educação política dessa nova geração de ativistas[34].

Ao longo dos anos 2010, a atuação política desses jovens extrapolou a crítica à violência policial e ao encarceramento em massa dos negros, aproximando-se, por exemplo, de campanhas como a "Lute por 15 dólares" organizada pelo movimento

---

[30] Keeanga-Yamahtta Taylor, "Five Years Later, Do Black Lives Matter?", *Jacobin*, 30 set. 2019; disponível em: <https://jacobin.com/2019/09/black-lives-matter-laquan-mcdonald-mike-brown-eric-garner>; acesso em: 23 jun. 2023.

[31] Ver Lara Monticelli, "Progressive Neoliberalism Isn't the Solution. We Need a Radical, Counter-Hegemonic and Anti-Capitalist Alliance. A Conversation with Nancy Fraser", *Emancipations: A Journal of Critical Social Analysis*, v. 1, n. 1, set. 2021; disponível em: <https://scholarsjunction.msstate.edu/cgi/viewcontent.cgi?article=1002&context=emancipations>; acesso em: 23 jun. 2023.

[32] Robert A. Margo, "Obama, Katrina, and the Persistence of Racial Inequality", *Journal of Economic History*, v. 76, n. 2, jun. 2016, p. 301-41.

[33] Ver Barbara Ransby, *Making All Black Lives Matter: Reimagining Freedom in the Twenty-First Century* (Oakland, University of California, 2018).

[34] Ver Keeanga-Yamahtta Taylor, "Five Years Later, Do Black Lives Matter?", cit.

sindical e que advoga o aumento do piso nacional do salário mínimo[35]. Além disso, é possível identificar a presença de jovens ativistas do movimento BLM nas mobilizações em defesa dos direitos dos trabalhadores sem documentos e nas campanhas de sindicalização de empresas como a Amazon e a Starbucks[36]. Mais recentemente, a estratégia de formar lideranças comprometidas com a justiça racial ampliou-se na direção da criação de programas de educação antirracista nas escolas[37].

Inicialmente impulsionada pela indignação decorrente da falta de condenação de policiais em casos de violência contra cidadãos negros, a plataforma BLM politizou o debate público sobre o racismo nos Estados Unidos associando a criminalização da pobreza negra aos investimentos no complexo industrial-prisional feitos por um Estado punitivista. Assim, a plataforma trouxe para o centro da cena política a experiência cotidiana do assédio e da opressão do precariado negro americano:

> Este movimento [BLM] rejeitou a política heteropatriarcal hierárquica focada na respeitabilidade. Os organizadores evitaram valores que privilegiam os chamados "melhores e mais brilhantes", enfatizando as necessidades dos setores mais marginais e muitas vezes difamados da comunidade negra: aqueles que carregam o peso da violência do Estado, desde balas e cassetetes policiais até políticas neoliberais de abandono e encarceramento.[38]

Recapitulando... Eric Garner foi abordado pela polícia em Staten Island enquanto vendia cigarros soltos; Alton Sterling, enquanto vendia CDs numa calçada da cidade de Baton Rouge, Luisiana; George Floyd, desempregado após trabalhar por anos como segurança de um restaurante fechado durante a pandemia, foi assassinado após tentar trocar uma nota supostamente falsa de vinte dólares em Mineápolis. Nenhum desses homens representava qualquer ameaça para a segurança pública.

No entanto, todos eles estavam desempregados ou subempregados, tentando sobreviver como trabalhadores por conta própria. Do agregado de casos, é possível notar o surgimento de um padrão que modifica o conteúdo da política de segurança. Os trabalhadores informais tornaram-se o alvo preferencial do complexo industrial-prisional e, portanto, são muito visados pela polícia, que os detém por infrações fúteis.

---

[35] Ver Associated Press, "Fight for $15, Black Lives Matter Groups Join Forces", *VOA*, 24 mar. 2017; disponível em: <https://www.voanews.com/a/fight-for-15-black-lives-matter-groups-join-forces/3780009.html>; acesso em: 11 ago. 2022.
[36] Ver Annabelle Williams, "Black Lives Matter Helped Inspire Amazon Workers' Push to Unionize in Alabama, Union President Says", *Insider*, 1º mar. 2021.
[37] Ver Denisha Jones e Jesse Hagopian (orgs.), *Black Lives Matter at School: An Uprising for Educational Justice* (Chicago, Haymarket, 2020).
[38] Barbara Ransby, *Making All Black Lives Matter*, cit., p. 3.

Por um lado, da gestão fordista da pobreza passamos à acumulação por expropriação característica do neoliberalismo. O Estado transformou-se de antigo aliado em principal ameaça da economia moral das comunidades negras, ajudando a criar um novo contexto político marcado pela guerra às drogas, pela militarização da polícia, por um sistema de tributação regressivo e por sucessivos cortes de recursos assistenciais[39].

Por outro lado, a experiência política dos jovens ativistas do movimento BLM também foi influenciada por uma nova onda de estudos acadêmicos focados em questões étnicas, de gênero, negras e *queer*, carentes de uma interação com públicos extra-acadêmicos. Alguns estudiosos passaram a teorizar aquilo que existiria de comum nesse conjunto de reflexões, chegando à elaboração da teoria interseccional[40].

Decerto, a liderança da plataforma BLM tem buscado construir uma abordagem interseccional da ação política dos grupos sociais subalternos. Recentemente, aliás, a intersecção entre antirracismo e sindicalismo estimulou a criação de novas coalizões entre organizações locais ligadas à plataforma BLM e o movimento sindical de professores. Em julho de 2016, por exemplo, no congresso da Federação Americana de Professores (American Federation of Teachers – AFT) realizada em Mineápolis, milhares de professores se somaram ao protesto contra o assassinato de Philando Castile pela polícia, marchando atrás de uma faixa na qual se lia "Teachers4BlackLives"[41].

Não parece exagero afirmar que a onda grevista de professores que começou em fevereiro de 2018 na Virgínia Ocidental e englobou educadores de estados de maioria republicana como Arizona, Carolina do Norte, Colorado, Kentucky e Oklahoma não alcançaria essa abrangência sem o apoio das comunidades e dos estudantes mobilizados pelo movimento BLM[42]. Em suma, a intersecção entre as lutas sindical e antirracista nas escolas e nas comunidades racializadas parece estar aproximando os trabalhadores da luta por justiça social: a eleição em abril de 2023 de Brandon Johnson, professor negro de estudos sociais e líder do Sindicato de Professores de Chicago (Chicago Teachers Union – CTU), prefeito da terceira maior cidade do país demonstra a potência dessa intersecção.

Finalmente, conforme destacado por diferentes analistas, vale notar que as mulheres negras assumiram a liderança do atual movimento negro estadunidense. Elas não apenas se encontram na linha de frente da defesa dos jovens assediados pela polícia como têm protegido outros grupos subalternos ameaçados pela violência política, como a comunidade LGBTQIA+. O protagonismo do feminismo negro

---

[39] Ver Michelle Alexander, *A nova segregação*, cit.
[40] Ver Patricia Hill Collins e Sirma Bilge, *Interseccionalidade* (trad. Rane Souza, São Paulo, Boitempo, 2021).
[41] Ver Denisha Jones e Jesse Hagopian (orgs.), *Black Lives Matter at School*, cit.
[42] Ver Eric Blanc, *Red State Revolt: The Teachers' Strike Wave and Working-Class Politics* (Nova York, Verso, 2019).

é um forte indício de que o sistema de solidariedades práticas responsável pela reprodução da economia moral das comunidades racializadas tem se fortalecido com a plataforma BLM[43].

Comunidades insurgentes

Em 2012, o assassinato de Trayvon Martin desencadeou uma série de protestos na Flórida, inspirando a formação de diferentes organizações pelo país que desempenharam um papel decisivo na formação da plataforma BLM.

> O movimento Black Lives Matter começou como uma *hashtag* de mídia social em 2013 em resposta à violência do Estado e de vigilantes contra os negros. A história da origem da *hashtag* do Twitter #BlackLivesMatter foi bem documentada. Após a absolvição de George Zimmerman pelo assassinato do adolescente negro desarmado Trayvon Martin na Flórida em 2012, a ativista de Oakland, Alicia Garza, como milhões de outras pessoas, ficou com o coração partido, frustrada e irritada quando escreveu o que chamou de uma carta de amor para pessoas negras, terminando com uma versão da frase "Black Lives Matter". Ela então juntou forças com duas outras ativistas, Opal Tometi e Patrisse Cullors (agora Patrisse Khan-Cullors), para criar uma *hashtag* e uma plataforma de mídia social. Em agosto de 2014, o termo decolou no Twitter e no Facebook com o surgimento da ação coletiva em Ferguson, Missouri.[44]

O levante de Ferguson que se seguiu ao assassinato de Michael Brown, um jovem de dezoito anos, por um policial branco, é usualmente identificado como o evento impulsionador da onda de protestos sociais que se espalhou pelo país. Logicamente, Ferguson não inaugurou a nova onda de mobilização do movimento negro nos Estados Unidos. Porém, os acontecimentos no Missouri asseguraram à "luta de massa dos negros", para usarmos a expressão de Ransby, uma visibilidade nacional[45].

A nacionalização do protesto negro apoiou-se em pequenas organizações locais focadas na denúncia da violência policial. Para tanto, os coletivos ligados à plataforma BLM organizaram manifestações na frente de prédios públicos, ocupações de praças e bloqueios de ruas dentro das comunidades negras. Concomitantemente, os ativistas exigiam justiça social para todas as comunidades formadas por indígenas, imigrantes, latinos, LGBTQIA+ e pobres[46].

Assim, o movimento foi ganhando tração não apenas entre os negros, mas entre os demais grupos sociais subalternos e racializados do país. Nesse sentido, Ferguson significou um momento de politização no qual a denúncia da violência policial foi superada pela crítica à expropriação política que castiga o conjunto

---

[43] Ver Barbara Ransby, *Making All Black Lives Matter*, cit.
[44] Ibidem, p. 5.
[45] Idem.
[46] Idem.

das comunidades pobres. No decorrer do levante, consolidou-se entre os ativistas a percepção segundo a qual, se o assassinato de Brown foi o catalisador, a indignação com a desmoralização das condições de subsistência da classe trabalhadora da cidade era o verdadeiro combustível dos protestos.

Entre as expectativas frustradas com a era Obama e as novas esperanças trazidas pelos apoios recebidos de várias cidades do país, os ativistas de Ferguson optaram pela formação de uma comunidade insurgente dedicada à organização de ações diretas de protesto. A escolha parece ter sido acertada. Afinal, de 2014 a 2016, a agitação social em Ferguson se manteve ativa, espalhando-se para outras cidades e estados. E o levante negro foi duramente golpeado por grupos supremacistas apoiados pelo então candidato do Partido Republicano: a eleição de Trump marcou o momento do refluxo dessa onda insurgente.

A mobilização de grupos supremacistas havia começado ainda durante a campanha presidencial quando um atirador negro matou cinco policiais em Dallas, galvanizando setores racistas da sociedade americana que passaram a culpar o movimento BLM pelas mortes dos policiais. Recém-escolhido candidato do Partido Republicano, Trump não apenas endossou os ataques supremacistas, chamando os ativistas negros de terroristas, como passou a atacar muçulmanos, mulheres e mexicanos em seus concorridos comícios. Após sua vitória, em agosto de 2017, um dos maiores protestos supremacistas da história recente do país ocorreu em Charlottesville, Virginia[47].

A eleição de Trump impactou diretamente os rumos da plataforma BLM. Desde então, as mobilizações têm se concentrado na construção de novas coalizões com outros movimentos sociais e grupos subalternos. Em 2017, por exemplo, a plataforma BLM organizou uma campanha batizada de "Além do Momento", procurando atrair outras organizações para debater qual deveria ser a orientação geral da resistência ao nacionalismo autoritário do presidente republicano[48].

Vale lembrar que a disposição da plataforma BLM de fortalecer novas coalizões não é uma novidade: muitos ativistas do movimento haviam apoiado o OWS. No entanto, embora as forças antirracistas estivessem presentes no OWS, o movimento não se organizou em torno dessa agenda, mantendo-se majoritariamente branco. Ainda assim, o OWS ajudou a colocar a ação direta no centro da luta política de uma nova geração de ativistas sociais[49]. Trata-se de um componente importante

---

[47] Ver Pei Shaohua, "White Supremacism and Racial Conflict in the Trump Era", *International Critical Thought*, v. 7, n. 4, dez. 2017, p. 592-601; disponível em: <https://www.researchgate.net/publication/321933836_White_Supremacism_and_Racial_Conflict_in_the_Trump_Era>; acesso em: 23 jun. 2023.

[48] Ver Douglas Kellner e Roslyn M. Satchel, "Resisting Youth: From Occupy through Black Lives Matter to the Trump Resistance", em Shirley Steinberg e Barry Downs (orgs.), *The Sage Handbook of Critical Pedagogies* (Londres, Sage, 2020).

[49] Ver Ruth Milkman, "A New Political Generation", cit.

do contexto político no qual o movimento BLM passou a se mover na segunda metade dos anos 2010: "A ação direta como tática é aquela que os negros vêm usando há centenas de anos, desde a lentidão no cumprimento do trabalho até protestos. Vemos nosso trabalho em íntima conexão com essa tradição. De nossa base em Oakland, as ativistas viajam pelo país fazendo treinamento de ação direta e preparação. Elas ajudaram os organizadores locais a fechar pontes, rodovias, edifícios e reuniões"[50].

Além de defender as comunidades do assédio policial, a plataforma BLM nutriu-se da indignação com a precariedade das condições de vida da classe trabalhadora negra do país. O levante de Ferguson, por exemplo, lidou com uma ampla gama de problemas associados à reprodução das famílias trabalhadoras. Nesse sentido, como observa Alicia Garza, a indignação derivava do fato de que os trabalhadores negros na informalidade eram frequentemente considerados "descartáveis por uma sociedade que não tinha lugar para eles em um mercado de trabalho cada dia mais segregado"[51].

Portanto, para que possamos apreciar a importância da plataforma BLM, é necessário compreendermos o sentido da desvalorização das vidas negras como parte do modo de apropriação capitalista do trabalho excedente nos Estados Unidos. Em suma, no intuito de comprimir os custos de reprodução da força de trabalho, o Estado intensifica o "austericídio", subinvestindo nas comunidades a fim de impedir o acesso dos trabalhadores às boas escolas, às moradias de qualidade, aos empregos estáveis e aos supermercados que vendem alimentos frescos. Para Ruth Wilson Gilmore, "desencadeado pelo assassinato policial na virada neoliberal do capitalismo, o movimento pós-Ferguson pode, portanto, ser entendido como protestos contra o austericídio e o punho de ferro necessário para impô-lo. [...]. Assim, o movimento deve resistir à pressão para estreitar ou restringir seus objetivos, descontextualizando-os do cenário político mais amplo da reprodução do capitalismo racial"[52].

Nesse sentido, pode-se afirmar que o estado de subinvestimento crônico nos bairros pobres, somado ao desaparecimento dos empregos estáveis nessas regiões, constituem os principais responsáveis pelo declínio das comunidades negras nos Estados Unidos[53]. Como não poderia ser diferente, o resultado é a banalização de um modo de vida marcado pela combinação entre segregação espacial e precarização do trabalho:

---

[50] Chinyere Tutashinda citado em Barbara Ransby, *Making All Black Lives Matter*, cit., p. 155.
[51] Ver Alicia Garza, *The Purpose of Power: How We Come Together When We Fall Apart* (Nova York, One World, 2020), p. 15.
[52] Ruth Wilson Gilmore, *Change Everything: Racial Capitalism and the Case for Abolition* (Chicago, Haymarket, 2023), p. 29.
[53] William Julius Wilson, *When Work Disappears*, cit.

St. Louis é uma cidade industrial que sofreu economicamente nas últimas décadas. A perda de empregos e moradias atingiu duramente a cidade. A área ao redor do centro comunitário onde a Organização para a Luta Negra tem sua sede está fisicamente devastada: casas em ruínas, terrenos baldios e vitrines vazias. Esse bairro é uma extensão de Ferguson. Esse é o pano de fundo contra o qual a violência policial e a resistência da comunidade se desenrolaram. [...]. Onde há grandes populações negras, sempre encontramos um alto índice de desemprego.[54]

Entre uma infraestrutura urbana em ruínas e uma economia moral semiclandestina, encontramos a presença de forças policiais cada dia mais militarizadas, cujas ações reprimem as comunidades onde vivem as famílias trabalhadoras negras, confinando-as num estado mais ou menos permanente de angústia social. Nesse contexto, os casos de violência policial injustificada se multiplicam. Eis a descrição de Andrea S. Boyles, que testemunhou o início da agitação em Ferguson imediatamente após o assassinato de Michael Brown Jr.:

No sábado, 9 de agosto de 2014, pouco depois do meio-dia, Michael Brown Jr., de dezoito anos, e seu amigo Dorian Johnson estavam voltando de uma loja local, a Sam's Meat, andando no meio da rua que atravessa um complexo de apartamentos. O policial de Ferguson Darren Wilson parou e supostamente disse a eles para "andarem na m. da calçada". Aparentemente, algumas palavras foram trocadas entre Wilson e Brown, e uma luta se seguiu, colocando Brown em fuga, com Wilson atirando nele. [...]. Apenas algumas horas depois, parecia claro que uma linha de oposição extraordinariamente endurecida e combativa já havia sido traçada por ambos os lados – cidadãos negros e policiais.[55]

Em Ferguson, a multiplicação dos casos de violência policial injustificada se deve, sobretudo, ao fato de tanto a polícia quanto o Poder Judiciário funcionarem como organizações com fins lucrativos. Em 2015, uma investigação do Ministério Público Federal concluiu que os policiais detinham cidadãos negros sem justa causa a fim de aplicar multas e realizar prisões por infrações menores para encher os cofres da prefeitura: "Para muitos negros, a agitação civil e a ação direta tiveram precedência sobre a destruição de propriedade, pois o movimento priorizava a salvaguarda da vida dos negros. O verdadeiro problema subjacente era o lucro do sistema de justiça criminal, que solidificou especialmente a receita por meio da criminalização desproporcional de cidadãos negros pobres"[56].

Ao chocar-se contra o complexo industrial-prisional, a rebelião em Ferguson transformou a cidade em um território politicamente ingovernável, a ponto de, no dia 18 de agosto de 2014, Jay Nixon, então governador do Missouri, ter convocado a Guarda Nacional para reprimir o levante. Logicamente, a magnitude dessa crise

---

[54] Andrea S. Boyles, *You Can't Stop the Revolution: Community Disorder and Social Ties in Post-Ferguson America* (Oakland, University of California, 2019), p. 18.
[55] Ibidem, p. 3.
[56] Ibidem, p. 52.

não se limita ao âmbito local. Se o assassinato de um jovem negro desarmado por um policial branco foi o estopim, a crise sociorreprodutiva das comunidades negras em todo o país foi o verdadeiro motor da rápida nacionalização do protesto. Ainda assim, enganam-se aqueles que pensam que essa ampliação tenha ocorrido sem a mobilização de ativistas locais que já atuavam no movimento sindical:

> Rasheed Aldridge, um jovem pequeno e magro que manca um pouco, cresceu em St. Louis e trabalhava em uma locadora de carros no aeroporto de St. Louis quando ocorreu o assassinato de Brown. Ele conheceu sua amiga Janina, que ele considera como uma irmã, na campanha pelo aumento do salário mínimo, "Lute por 15 dólares". Janina trabalhava num McDonald's em Ferguson e foi uma das primeiras pessoas para quem ele ligou quando a notícia do assassinato de Brown explodiu no Twitter. Ele ligou no dia 2 para ela dizendo: "Precisamos pegar as habilidades que aprendemos na campanha 'Lute por 15 dólares' e ajudar". Ele relatou ainda que "a situação era muito volátil para os modos mais tradicionais de organização". Ainda assim, eles se juntaram aos protestos, sendo recompensados pelo reconhecimento de uma comunidade política ampliada. [...]. Rasheed Aldridge acabou deixando seu emprego para se tornar um organizador em tempo integral. Ele foi o membro mais jovem da Comissão Ferguson, órgão criado pelo governador do Missouri para avaliar as queixas que deram origem aos protestos, e integrou a delegação que visitou a Casa Branca em dezembro de 2014 para se reunir com o presidente Obama e sua equipe, e discutir as implicações de Ferguson para a nação.[57]

Além de mostrar a importância do sindicalismo para a formação de quadros do protesto negro, a história de Rasheed Aldridge também revela o protagonismo do jovem precariado na condução da atual onda do protesto negro[58]. Na realidade, a campanha "Lute por 15 dólares", cujo foco são trabalhadoras de cafés, creches, lojas de conveniência, postos de gasolina, redes de *fast-food* e dos cuidados domiciliares, alinhou-se às feministas interseccionais que elaboraram politicamente os desafios apresentados pelas comunidades negras. Para Sa'ed Atshan e Darnell L. Moore, "nem todos os lutadores da liberdade são homens negros. Nem todos são cisgêneros, heterossexuais e saudáveis. Muitas de nós são mulheres. Muitas de nós são estranhas. Muitas de nós são trans. Muitas de nós são pobres. Muitas de nós são trabalhadoras. Muitas de nós são deficientes. E, no entanto, nós desejamos o mesmo: o fim das políticas, práticas e ideologias antinegros"[59].

Ao relacionar classe social, raça, gênero e orientação sexual, a partir de uma perspectiva feminista interseccional, o levante de Ferguson revitalizou o movimento da emancipação negra nos Estados Unidos:

---

[57] Barbara Ransby, *Making All Black Lives Matter*, cit., p. 55-6.
[58] Ver Annie Shields, "Fast Food Workers Strike in St. Louis", *The Nation*, 9 maio 2013; disponível em: <https://www.thenation.com/article/archive/fast-food-workers-strike-st-louis/>; acesso em: 23 jun. 2023.
[59] Sa'ed Atshan e Darnell L. Moore, "Reciprocal Solidarity: Where the Black and Palestinian Queer Struggles Meet", *Biography*, v. 37, n. 2, 2014, p. 680-705.

Quando saí em 9 de agosto [de 2014], não foi porque estava preocupada com o feminismo. Foi porque estava preocupada com a situação dos negros. Daí, quando era a hora de ter as reuniões e fazer os telefonemas e as coisas que são feitas nos bastidores, eu ia a esses lugares e eles eram predominantemente dominados por homens negros, predominantemente heterossexuais. [...]. Sempre tinha algum homem para responder a uma pergunta no meu lugar, enquanto eu estava tentando falar. [...]. Isso tudo me deixou com raiva e o feminismo negro me ajudou a entender isso tudo. [...]. No movimento, conheci algumas das mulheres negras mais brilhantes, inteligentes e bonitas de todos os tempos. E elas mudaram minha vida. Nunca me senti tão empoderada antes na vida. [...]. É bom ter uma irmandade na luta.[60]

Ou, nas palavras de um dos principais organizadores dos protestos de Ferguson, o reverendo e músico Osagyefo Sekou: "É admirável! Recebo minhas ordens de uma mulher *queer* de 23 anos"[61]. Logicamente, se essa diversidade de trajetórias fortaleceu o levante de Ferguson foi por estar enraizada em algo comum às diferentes formas de opressão do precariado negro: a expropriação política a qual são submetidas as comunidades onde vivem e se reproduzem os trabalhadores racializados.

---

[60] Michelle, liderança comunitária negra, citada em Andrea S. Boyles, *You Can't Stop the Revolution*, cit., p. 100.
[61] Osagyefo Sekou, reverendo da Igreja Congregacional Lemuel Haynes de Nova York, citado em ibidem, p. 62.

10
A pulsão plebeia

> *A pobreza em si não torna ninguém parte da plebe: esta é determinada somente pelo estado de ânimo que se combina com a pobreza, pela revolta interna contra os ricos, contra a sociedade, contra o governo.*
> G. W. F. Hegel, *Linhas fundamentais da filosofia do direito*
> (São Paulo, Editora 34, 2022)

Amiúde, a expropriação política que impede o desenvolvimento das comunidades negras na América se manifesta num estado de ânimo insurgente associado à pobreza. Assim, quando os trabalhadores sem-teto ocupam um prédio abandonado, eles são duramente castigados pela polícia por violar os direitos de propriedade. Ou, quando grupos subalternos invadem mercados locais a fim de alimentar seus filhos, eles são reprimidos, mesmo que o estoque esteja em vias de ser descartado. Enfim, o direito de propriedade se sobrepõe ao direito à existência numa clara violação da racionalidade do "direito da miséria", aquele que define a contingência do direito para Hegel[1].

Nessa lógica, a violência política contra os negros corrompe o Estado. O complexo industrial-prisional força o preço da força de trabalho racializada para um nível abaixo de seu valor, ajudando a arrochar indiretamente os salários dos trabalhadores brancos. A violência política passa a funcionar como condição da reprodução da exploração econômica. Ao fim e ao cabo, ela protege não as vidas dos cidadãos, mas os lucros daqueles capitais que dependem de uma oferta abundante de trabalhadores que atuam, por exemplo, em aeroportos, na construção civil, no setor de cuidados pessoais, em entregas, em hospitais, nas atividades de limpeza, na manutenção predial, em restaurantes, no transporte de carga e no turismo.

---

[1] Ver G. W. F. Hegel, *Linhas fundamentais da filosofia do direito* (trad. Marcos Lutz Müller, São Paulo, Editora 34, 2022).

Contraditoriamente, a violência política também pode fortalecer um sistema de solidariedades práticas capaz de recriar um sentimento compartilhado de comunidade. Durante o levante de Ferguson, os ativistas negros mobilizaram essas práticas solidárias ao transformar a West Florissant Boulevard, marco zero da ação direta em Ferguson, numa espécie de "comunidade insurgente":

> As relações se formaram por meio da comunicação e da reciprocidade, sobretudo entre aqueles que se tornaram participantes constantes da ação direta. Ao passar dias e noites sem fim com as mesmas pessoas, os manifestantes se uniram como uma comunidade. [...]. A comunidade insurgente principalmente negra de Ferguson age assim, muitas vezes se referindo uns aos outros como "família", exatamente porque existe um entendimento informal de que os membros estão cuidando uns dos outros.[2]

A "família" criada durante o ciclo de protesto se alimenta do sistema de solidariedades práticas difuso nas comunidades negras. Ao observar a dinâmica cotidiana das atitudes protetivas existentes no interior dos bairros, comparando-as à lógica dos protestos, Boyles percebeu se tratar da mesma razão subjacente: a defesa da autodeterminação de seu modo de vida tradicional por meio da luta pela proteção das vidas dos trabalhadores: "Ao entrar em locais de protesto, às vezes pode-se encontrar alguém sutilmente agindo como um protetor. [...]. Essas ações condizem com as dos já citados cidadãos negros que relataram vigiar, informar e prestar assistência para proteger bens, crianças, idosos e outros de sua vizinhança"[3].

Michelle é uma dessas mulheres que se dedica a fortalecer a proteção da comunidade por meio da atuação em um centro comunitário, contrapondo-se ao estado permanente de subinvestimento público nos bairros onde vivem as famílias negras:

> Eu sou uma dessas vizinhas que não têm medo de chegar e falar: "Ei, hoje temos essa aula [no centro comunitário]. Você gostaria de participar dessa aula?". E se eles [viciados e prostitutas] dizem não, então eles apenas dizem não. Mas eu gosto que seja um centro comunitário aberto, onde posso trazer eles aqui e eles podem fazer uma aula de arte, e posso trazer eles aqui para se alimentarem. [...]. Eles só têm de estar dispostos a participar de uma aula. [...]. No centro, temos aulas gratuitas de GED [Matemática, Ciências, Estudos Sociais e Raciocínio através da Linguagem Artística] e tudo isso.[4]

A atitude de Michelle ajuda a humanizar os grupos mais expostos à violência social que corrói o bairro desde dentro e cujo coroamento é a repressão policial desde fora. A solidariedade de Michelle serve de contraponto à violência organizada pelo Estado, ajudando a fortalecer a autodeterminação de sua comunidade. Nesse sentido, a humanização dos viciados em substâncias psicoativas e das prostitutas não deixa de representar uma iniciativa política análoga àquela desenvolvida pelos manifestantes:

---

[2] Andrea S. Boyles, *You Can't Stop the Revolution: Community Disorder and Social Ties in Post-Ferguson America* (Oakland, University of California, 2019), p. 63.
[3] Ibidem, p. 97.
[4] Michelle, liderança comunitária negra, citada em ibidem, p. 99.

Este é o meu trabalho e eu faço de graça. [...]. Às vezes, estou andando pelo bairro e penso: "Bem, talvez essa pessoa me permita falar com ela hoje". Vou ter a chance de falar com eles. Então eles se sentirão confortáveis o suficiente mais tarde para eu dizer: "Vamos, deixe-me dizer onde é o centro [comunitário], onde você pode se lavar ou como a cantina abre em um determinado horário". [...]. Algumas pessoas dizem: "Basta prendê-los!". Mas como você os está ajudando se você os está prendendo? [...]. É muita gente com medo de fazer alguma coisa. [...]. Mas não tenho medo de nada, pois sou crente e só temo a Deus.[5]

"Cadê a justiça? Cadê a igualdade?"

Nos bairros pobres, a violência policial enseja o protesto público e a violência interpessoal desperta a solidariedade. Diante da brutalidade policial e da vitimização interpessoal que assediam e dilaceram sua comunidade, Michelle trabalha de graça em um centro comunitário. A contradição entre o sistema de solidariedades práticas subjacente à sua atitude e o sistema de repressão política que assedia sua comunidade não poderia ser mais flagrante.

Em Ferguson, o conflito entre moradores e policiais mobilizou as técnicas policiais usadas para a dispersão de manifestantes. No entanto, após a convocação da Guarda Nacional pelo governador Jay Nixon, a violência política alcançou um patamar de militarização comparável às ocupações de territórios estrangeiros. A militarização do conflito reforçou a segregação espacial das comunidades negras por meio dos constantes bloqueios das ruas.

De fato, não se trata de nenhuma novidade. A escalada na repressão militarizada durante o levante escancarou um estado mais ou menos permanente de exceção que se manifesta por meio de um policiamento agressivo rotineiro. Fatalmente, isso gera uma acumulação de multas e de outras despesas judiciais impostas aos trabalhadores pobres, enchendo os cofres da prefeitura.

A agitação social que se seguiu ao assassinato de Michael Brown Jr. serviu para expor esse mecanismo de expropriação política das comunidades pelos governos locais. Assim, ao denunciar a injustiça social inerente à espoliação cotidiana, o levante de Ferguson implicou uma certa mudança na dinâmica mais fragmentada de resistências que predominou na primeira metade da década de 2010. Além disso, seus objetivos estratégicos foram se tornando mais e mais claros conforme o levante foi se prolongando: a mobilização das comunidades negras por meio da nacionalização da luta por justiça racial[6].

A exemplo de Ferguson, outras comunidades negras do país puderam se orientar a fim de fortalecer a resistência à expropriação política, criando uma onda de mobilização que se espalhou em diferentes direções:

---

[5] Michelle, liderança comunitária negra, citada em ibidem, p. 100.
[6] Ver Andrea S. Boyles, *You Can't Stop the Revolution*, cit.

McHarris lembrou o cuidado com as sessões diárias de planejamento que antecederam os protestos em massa planejados para coincidir com a decisão do grande júri sobre se iria indiciar ou não o policial assassino. McHarris conta que ela e seus companheiros instaram os líderes locais a "nacionalizar" a luta, sabendo que, quando os ativistas de outras cidades chegassem para o protesto, eles se sentiriam estimulados e inspirados. [...]. Após a absolvição do policial, ativistas se reuniram em Nova York em dezembro de 2014 para uma reunião estratégica na qual a coalizão Movimento pelas Vidas Negras foi criada. [...]. A partir daí, a coalizão organizou sete grupos de trabalho nacionais destinados a coordenar as forças do movimento. Esses grupos – estratégia, ação, comunicações, política, organização, estratégia eleitoral e recursos – acolheram representantes de diferentes organizações, tais como o BYP100, os Defensores do Sonho, a Rede Mundial Vidas Negras Importam, a Organização pela Luta Negra, além de dezenas de outras organizações locais.[7]

Na base da nacionalização do protesto, encontramos um sistema de solidariedades práticas alimentado por um forte desejo de autodeterminação em favor da proteção das comunidades. Amiúde, procura-se conquistar a igualdade de tratamento em relação aos bairros brancos. E, apesar da brutalidade da repressão policial, é importante destacar que Ferguson não foi um movimento impulsionado pelo ódio à polícia: "Mesmo descrevendo a brutalidade policial como 'execuções públicas pagas com impostos', os manifestantes não diziam odiar a polícia. Em vez disso, eles queriam a mesma proteção assegurada aos brancos"[8].

Trata-se de uma questão realmente crucial: Ferguson foi um levante por justiça social que denunciou o rebaixamento das condições de reprodução do conjunto das famílias trabalhadoras pobres. Comunidades insurgentes com participação de manifestantes brancos e latinos inspiradas pela coalizão Movimento pelas Vidas Negras se multiplicaram pelo país. Após 2014, essa dinâmica política pôde ser observada em cidades tão diferentes como Anaheim, Baltimore, Baton Rouge, Charlotte, Chicago, Milwaukee, Nova York, Oakland e St. Paul. Até que, em 2020, o assassinato de George Floyd detonou uma onda inédita, atingindo 2 mil cidades em cerca de sessenta países[9].

Com efeito, no verão de 2020, especialistas estimam que entre 15 milhões e 26 milhões de pessoas participaram das manifestações em defesa das vidas negras nos Estados Unidos, transformando a indignação contra o assassinato de George Floyd na maior onda de protesto social da história americana[10]. Logicamente, a defesa

---

[7] Barbara Ransby, *Making All Black Lives Matter: Reimagining Freedom in the Twenty-First Century* (Oakland, University of California, 2018), p. 152.
[8] Andrea S. Boyles, *You Can't Stop the Revolution*, cit., p. 157.
[9] Lara Putnam, Jeremy Pressma e Erica Chenoweth, "Black Lives Matter Beyond America's Big Cities", *Washington Post*, 8 jul. 2020; disponível em: <https://www.washingtonpost.com/politics/2020/07/08/black-lives-matter-beyond-americas-big-cities/>; acesso em: 23 jun. 2023.
[10] Ver Larry Buchanan, Quoctrung Bui e Jugal K. Patel, "Black Lives Matter May Be the Largest Movement in U. S. History", *New York Times*, 3 jul. 2020; disponível em: <https://www.nytimes.com/interactive/2020/07/03/us/george-floyd-protests-crowd-size.html>; acesso em: 23 jun. 2023.

das vidas negras contra a violência da polícia estadunidense é a motivação essencial. No entanto, uma reação internacional nessa escala só pode ser compreendida a partir de um marco mais amplo: a luta por justiça cujo eixo estruturador é a denúncia da opressão racial.

Afinal, além do abuso da força, a expropriação política dos grupos racializados opera por outros meios: o déficit de moradias decentes, a dificuldade de acesso à comida fresca, o endividamento das famílias, as escolas de baixa qualidade, a falta de cuidados com a saúde, além do subinvestimento permanente em serviços urbanos essenciais, como limpeza urbana. Diante dessa variada gama de efeitos da opressão racial, percebe-se que a exigência da reforma das forças policiais é o ponto de partida, porém não o ponto de chegada do protesto negro:

> Veja, essa é a coisa sobre St. Louis. Parece que no topo eles não têm dinheiro para isso, não têm dinheiro para aquilo. [...]. Nunca têm dinheiro para nada. Queremos oportunidades e nunca recebemos nada. Mas, assim que surge o crime [assassinato de Brown] e é um grande ato criminoso, então os fundos aparecem. [...]. Aí vêm os fundos, não importa o que aconteça. Por que eles foram nos dar os fundos agora? Porque eles querem que nós nos acalmemos e fiquemos quietinhos, que paremos de protestar contra essa pobreza.[11]

O desabafo de Bess não apenas reprova as soluções improvisadas pela prefeitura, como aponta para o avanço da pobreza que acompanhou o desaparecimento dos empregos mais bem remunerados das comunidades negras. Khareen, por exemplo, conseguiu um emprego em tempo parcial em uma loja em um bairro rico de St. Louis. No entanto, ele acabou desistindo do emprego para trabalhar perto de sua casa na venda de substâncias ilícitas:

> Eu ia trabalhar todos os dias, pois tive que assumir as contas de casa. Gostei da sensação de ser alguém que finalmente está ganhando seu próprio dinheiro. Finalmente, eu podia comprar algumas roupas que nunca tive. [...]. É meio triste ter que desistir, mas eu estava sob muito estresse. [...]. Estava trabalhando em um emprego que era racista e fisicamente desgastante, além de muito longe do meu bairro. Os colegas e os clientes eram rudes. Eles sentiam que podiam falar mal de mim o tempo todo. [...]. O tráfico me ofereceu uma oportunidade de levantar uma boa grana e rápido, sem precisar sair de meu bairro. Aqui, todos me conhecem e eu sou alguém.[12]

O relato de Khareen indica que a concentração de empregos precários nos bairros brancos afasta ainda mais os jovens negros do trabalho formal. Além disso, o trabalho no tráfico o transforma em um alvo da polícia. Ao fim e ao cabo, a precarização do trabalho coloca muitos jovens como Khareen em rota de colisão com a violência policial. Na verdade, as comunidades negras são sempre as primeiras a experimentar a convergência devastadora entre assédio policial,

---

[11] Bess citada em Andrea S. Boyles, *You Can't Stop the Revolution*, cit., p. 85.
[12] Khareen citado em ibidem, p. 116.

condições subnormais de reprodução, criminalidade e encarceramento em massa. A conclusão não poderia ser diferente:

> Os poderosos querem que o crime aumente. Eles querem que seja assim porque é um grande negócio. A prisão é um grande negócio. [...]. Os poderosos sabem o que estão fazendo. [...]. As coisas são feitas de propósito. Você diz, ok, mas como podemos parar a violência? Bem, parem de encher nossas ruas com armas e drogas. Precisamos de negócios locais e oportunidades de emprego. [...]. Sinceramente, não é assim tão difícil. Mas muitas pessoas não querem lidar com essa realidade. [...]. Vou simplificar bastante para você: a América foi construída sobre o roubo e o assassinato. Eu só não entendo por que as pessoas ficam tão surpresas por isso continuar acontecendo nos dias atuais. É a mesma coisa.[13]

O diagnóstico de Ted insere a atual crise social em uma longa história marcada pela combinação entre exploração econômica ("a prisão é um grande negócio") e expropriação política ("a América foi construída sobre o roubo e o assassinato"). Diante disso, a conclusão mais lógica consiste em exigir que o Estado pare de atacar a economia moral que assegura a reprodução da comunidade.

Decerto, além de enfrentar os policiais nas ruas, os manifestantes em Ferguson protestaram em frente à prefeitura, organizaram marchas demandando mais e melhores serviços urbanos, participaram de fóruns e debates dedicados a impulsionar os investimentos em suas comunidades, além de mobilizar igrejas e organizações comunitárias em favor da distribuição de alimentos e roupas. E essas iniciativas que visavam proteger a subsistência da comunidade em meio à escalada da violência policial foram amplamente impulsionadas pelo princípio da igualdade racial:

> Acho que o sistema é injusto para um determinado grupo demográfico. Lutamos apenas para sobreviver. Não acho isso certo. Se todos fazemos o mesmo, como qualquer outro cidadão americano, por que as regras parecem não nos apoiar [cidadãos negros]? [...]. Quando tudo o que pedimos é paz e segurança?!? Não está certo. [...]. Quero que todos os meus irmãos e irmãs tenham paz e justiça. Porque não haverá paz até que haja justiça. [...]. Por que eles dariam a esse policial pagamento e libertação [sem prisão]? Se fosse um negro [que matasse alguém], eles o teriam trancado. Cadê a justiça? Cadê a igualdade?[14]

"Este é um movimento, não um momento"

Em Ferguson, a crise política produzida pelo atrito entre lideranças negras, militantes dos sindicatos, associações de moradores, policiais e representantes da prefeitura produziu um acúmulo reflexivo que posteriormente foi usado em outros conflitos pelo país. Lutar para que as comunidades consigam superar a

---

[13] Ted, manifestante negro, citado em ibidem, p. 119-20.
[14] Cody, manifestante negro de Ferguson, citado em ibidem, p. 57.

crise sociorreprodutiva que as ameaça implica assegurar a reprodução normal das famílias trabalhadoras por meio da abertura de supermercados, do incremento da limpeza pública, dos investimentos do poder público na melhoria das escolas e da revitalização das residências: "Como nossas comunidades continuam sempre cheias de drogas, mas não temos boas casas, escolas decentes, lojas e supermercados? Como podemos cuidar de nós mesmos assim?"[15].

As questões levantadas por Lauren sugerem a presença de um anseio por autodeterminação. De certa forma, seu projeto para o bairro onde decidiu abrir seu pequeno negócio ilumina a relação entre a política dos cuidados e o necessário declínio das práticas discriminatórias que impedem que as condições sociais de reprodução das comunidades negras possam alcançar o nível dos bairros onde vivem os brancos:

> Eu queria ter um lugar aberto para a comunidade em que nós [seu pequeno negócio] assumiríamos a responsabilidade. [...]. Nós o construiríamos e o manteríamos. [...]. Eu queria ter um lugar seguro onde as crianças pudessem brincar. A comunidade compartilharia a responsabilidade de garantir que ele permanecesse seguro, limpo e livre de destroços. [...]. Eu trabalho aqui na comunidade. Estes são meus vizinhos, então não quero ter uma atitude do tipo "estou aqui para ganhar dinheiro". [...]. É claro que exijo que a prefeitura faça o dever dela, mas sinto que também é meu dever retribuir.[16]

O levante de Ferguson significou um momento excepcional da luta cotidiana por justiça social que enfrenta o desemprego, a falta de oportunidades, a repressão militarizada ao consumo de drogas, a segregação territorial e o subemprego nas comunidades negras. Essa experiência comum aos trabalhadores pobres da América levou à formação de novas coalizões por justiça racial num contexto político permeável à ação direta dos manifestantes. Politizando os territórios, a ação coletiva do precariado negro balizou a luta popular no país, trazendo para o centro da cena política o debate público a respeito da resiliência da opressão racial, mesmo sob um presidente negro.

Nesse sentido, Ferguson estimulou os trabalhadores negros a se organizarem como parte de uma grande família oprimida pela combinação entre precarização do trabalho e violência policial. Ao cuidarem uns dos outros, os manifestantes fortaleceram seu sistema de solidariedades práticas por meio da construção de laços afetivos que estão na base da própria reprodução social. Daí a importância da referência aos laços familiares simbolicamente existentes entre os manifestantes: "Como se parece a liberdade? Não sabemos ao certo... Sabemos apenas que alguém está com seu joelho no nosso pescoço e estamos tentando tirar esse joelho dali. E sabemos que faremos isso juntos, como irmãos e irmãs que somos"[17].

---

[15] Lauren citada em ibidem, p. 84.
[16] Ibidem, p. 129.
[17] Kavion, liderança comunitária de Ferguson, citado em ibidem, p. 167.

"Tirar esse joelho dali" também significa que a família ampliada criada pelo protesto social está disposta a defender sua subsistência recorrendo ao saque de lojas de grandes redes varejistas. Dessa maneira, os manifestantes buscam subverter politicamente o sentido da expropriação de suas próprias comunidades. Nesse caso, a desordem não seria causada pelos manifestantes, mas por governos e empresas que atacam por meio da especulação imobiliária e da repressão policial o direito à subsistência dos grupos subalternos pobres e racializados:

> Os cidadãos negros, especialmente os trabalhadores pobres, estão preocupados e frustrados com suas condições de vida. [...]. As pessoas estão cansadas de se sentirem permanentemente acuadas. Desde que me lembro, o destino de nossos bairros está nas mãos de estranhos. São especuladores que controlam a terra, se apropriam dos bairros, engolem nossos negócios e criam planos para nossa comunidade sem nunca nos ouvir. Isso precisa mudar![18]

A segregação territorial que oprime os bairros negros nos Estados Unidos sugere o entrelaçamento entre interesses econômicos e políticos. Afinal, as decisões de política urbana são definidas considerando os interesses de bancos, empresas terceirizadas contratadas pelos municípios, incorporadoras imobiliárias e seguradoras. Assim, a expropriação urbana, reforçada pela prática dos bancos de negar sistematicamente empréstimos imobiliários aos trabalhadores negros, fortalece a opressão de suas comunidades, obrigando-os a permanecerem em áreas decadentes e sistematicamente reprimidas pela polícia.

Como resultado, os bairros negros se transformam em territórios que repelem os investimentos imobiliários e desestimulam a abertura de novos negócios, recursos logicamente necessários para que os bairros superem sua condição degradada. O círculo vicioso se fecha e a reprodução subnormal das condições de produção da força de trabalho racializada aprisiona os trabalhadores em territórios segregados, forçando-os na direção dos subempregos ou das ocupações marginais.

A precariedade das vidas negras é politicamente fabricada pelo conluio entre governos e empresas. Além dos lucros auferidos pelo complexo industrial-prisional e pelo setor financeiro, que depende do endividamento das famílias trabalhadoras, o regime racializado de acumulação se beneficia dos baixos custos de reprodução da força de trabalho empregada em setores como comércio, cuidados médicos e pessoais, manutenção predial e serviços de limpeza. Nesse sentido, a violência policial que mantém as comunidades de trabalhadores segregadas desempenha um papel indiretamente econômico.

Ao identificarem essa afinidade eletiva entre a economia e a política (ou seria a polícia?) do capitalismo racial, ativistas e intelectuais ligados à plataforma BLM começaram a defender a diminuição do financiamento das forças policiais como

---

[18] Ted, liderança comunitária de Ferguson, citado em ibidem, p. 148.

maneira de limitar o crescimento desmedido do complexo prisional-militar[19]. Os recursos poupados com a repressão seriam investidos nas comunidades racializadas. Paralelamente, temas como a ampliação dos direitos dos imigrantes, o aumento do salário mínimo, a criação de novos sindicatos e a eliminação das dívidas estudantis floresceram como forma de revigorar a economia moral das comunidades racializadas.

Empurrada por levantes como o de Ferguson, a evolução política da plataforma BLM logrou articular o trabalho afetivo daqueles que se dedicam a cuidar diariamente das comunidades às práticas ativistas ligadas à proteção das vidas ameaçadas pela polícia. A combinação dessas duas formas de resistência à expropriação política, uma mais interna e cotidiana, outra mais externa e episódica, é o elemento crucial para compreendermos por que mais de 150 cidades no país registraram manifestações e protestos multirraciais liderados por negros no ano seguinte ao assassinato de Michael Brown Jr. De fato, incontáveis indícios corroboram a hipótese segundo a qual o levante de Ferguson foi o momento da nacionalização do movimento BLM nos Estados Unidos. O sucesso das grandes marchas em apoio ao levante no Missouri anunciou em alto e bom som: "Este é um movimento, não um momento"[20].

Na condição de um movimento social emergente em escala nacional, a plataforma BLM começou a colher sucessivos apoios oriundos dos setores mais progressistas do sindicalismo estadunidense. Ao marchar em agosto de 2014 ao lado dos ativistas de Ferguson, a presidenta do Seiu, Mary Kay Henry, declarou: "Estamos com nossos irmãos e irmãs em Ferguson. E vamos com eles até a vitória"[21]. Além disso, o Seiu financiou manifestações em tribunais em todo o país a fim de exigir a condenação do policial que assassinou Michael Brown Jr.

Formando novas coalizões

A nacionalização dos protestos impulsionados pela plataforma BLM contou ainda com a marcante participação de uma rede formada por organizações militantes em Chicago, Los Angeles, Mineápolis, Oakland e São Francisco. No verão de 2015, em Cleveland, milhares de manifestantes marcharam pelas ruas e avenidas da cidade atrás de uma imensa faixa do movimento BLM. O protesto foi seguido pela criação de uma nova coalizão formada pelos coletivos Blackbird, BLMGN

---

[19] Ver Barbara Ransby, *Making All Black Lives Matter*, cit.
[20] Ver Jelani Cobb, "Ferguson October: A Movement Goes on Offense", *The New Yorker*, 15 out. 2014; disponível em: <https://www.newyorker.com/news/news-desk/ferguson-october>; acesso em: 23 jun. 2023.
[21] Ver Mary Kay Henry, "The True Meaning of Labor Day", *The Nation*, 29 ago. 2014.

(Black Lives Matter Global Network Foundation), BYP100 (Black Youth Project 100), Dream Defenders e Million Hoodies[22].

Realmente, o levante de Ferguson inspirou não apenas a mobilização política das comunidades negras. As comunidades latinas engajadas no movimento pela ampliação dos direitos de cidadania aos jovens indocumentados nascidos nos Estados Unidos também foram atraídas pelo levante negro. Como consequência, a "unidade preto-marrom" passou a ser debatida entre diferentes ativistas em cidades onde as duas comunidades praticamente não se comunicavam[23].

Trata-se de uma aproximação lógica, considerando que o assédio policial atinge as duas comunidades de forma semelhante. Vale lembrar que a Agência de Fiscalização de Imigração (Immigration and Customs Enforcement – ICE) é uma das principais instituições de investigação criminal dos Estados Unidos, com um longo histórico de detenções que serve para alimentar o complexo industrial-prisional do país[24]. As experiências de formação de novas alianças evoluíram na direção de uma conferência que reuniu milhares de ativistas negros de diferentes gerações no *campus* da Universidade Estadual de Cleveland de 24 a 26 de julho de 2015: "O objetivo desse encontro intergeracional, que incluiu o ícone do movimento pelos direitos civis Bob Moses, o líder sindical Gerry Hudson, os anciãos do movimento Makani Themba e Jamala Rogers, e eu, assim como centenas de outros, era compartilhar análises, tentar entender o momento e determinar se um consenso mais forte poderia ser alcançado entre as diversas forças que estavam ali reunidas"[25].

A agitação estudantil impulsionada pela formação de novas coalizões alcançou visibilidade nacional com os protestos de 2015 ocorridos no *campus* da Universidade do Missouri em Columbia. Além disso, protestos menores floresceram em aproximadamente oitenta *campi* universitários localizados em diferentes cidades espalhadas pelo país, como Berkeley, Chicago, Nova York, Oakland e São Francisco[26].

O Coletivo de Libertação Negra (Black Liberation Collective – BLC), uma rede nacional de ativistas estudantis negros com marcante atuação entre estudantes do ensino médio, surgiu nesse momento, aproximando-se também de sindicatos progressistas e internacionalizando suas iniciativas rumo ao Canadá. Após a desilusão de parte considerável dos ativistas do movimento negro com os governos de Barack Obama, a formação de novas coalizões revelou uma reaproximação da luta antirracista com a resistência anticapitalista.

---

[22] Ver Barbara Ransby, *Making All Black Lives Matter*, cit.
[23] Ver idem.
[24] Ver Ruth Milkman, *Imigrant Labor and the New Precariat* (Cambridge, Polity, 2020).
[25] Barbara Ransby, *Making All Black Lives Matter*, cit., p. 80.
[26] Entre os anos de 2015 e 2016, quando morava em Berkeley, acompanhei *in loco* a onda de protestos de estudantes negros apoiada por uma coalizão multirracial formada após o levante de Ferguson.

Um indício importante da reaproximação entre antirracismo e anticapitalismo ocorreu em Baltimore durante os protestos em reação à morte do jovem Freddie Gray em decorrência de um brutal espancamento executado por seis policiais, três deles negros, no dia 19 de abril de 2015. Considerando essa circunstância, seria compreensível alguma hesitação por parte dos manifestantes. No entanto, após os assassinatos pela polícia de Eric Garner, John Crawford, Tamir Rice e Walter Johnson, os manifestantes de Baltimore não hesitaram. E uma onda de protestos denunciando o assédio policial e a pobreza que vitimam as comunidades negras tomou conta de diversos bairros da cidade[27].

A exemplo de Ferguson, o levante de Baltimore estimulou a formação de novas coalizões, como a Baltimore Unida pela Mudança (Baltimore United for Change – BUC), focadas na defesa das condições de subsistência das famílias dos trabalhadores pobres. No dia 14 de outubro de 2015, as novas coalizões iniciaram uma ocupação, que durou várias semanas, do prédio da prefeitura da cidade. Nas palavras de Dayvon Love, um dos líderes da nova coalizão:

> Os mais pobres devem estar na liderança do movimento ao lado dos moradores das comunidades mais afetadas pela violência policial. [...]. As pessoas reduzem o racismo a indivíduos brancos na liderança. Baltimore mostra a sofisticação da supremacia branca, elevando figuras negras, colocando-as em posições de poder institucional para dar um verniz de justiça, quando realmente o que existe é o mesmo arranjo institucional racista de sempre.[28]

O fluxo de insurgências plebeias desaguou em conquistas eleitorais. Em 2017, Chokwe Antar Lumumba, advogado ligado ao movimento de libertação dos negros, foi eleito prefeito de Jackson City, capital e maior cidade do Mississippi, com uma impressionante votação de 93% dos votos. Em seu primeiro discurso como prefeito, Lumumba declarou que pretendia transformar Jackson City na "cidade mais radical do planeta"[29].

Ainda que a vitória de Lumumba tenha sido muito celebrada pelo movimento BLM, o consenso entre seus ativistas é que disputas eleitorais não devem substituir o trabalho de base na construção do movimento por justiça racial. Para tanto, iniciativas como o Projeto de Justiça Eleitoral (Electoral Justice Project – EJP) surgiram em diferentes cidades a fim articular a luta parlamentar

---

[27] Ver Linda Steiner e Silvio Waisbord (orgs.), *News of Baltimore: Race, Rage and the City* (Nova York, Routledge, 2017).
[28] Dayvon Love citado por Stuart Allan e Lina Dencik, "'It's Not a Pretty Picture': Visualizing the Baltimore Crisis on Social Media", em Linda Steiner e Silvio Waisbord (orgs.), *News of Baltimore*, cit., p. 116.
[29] Chokwe Antar Lumumba citado em Amy Goodman, "Mayor-Elect Chokwe Lumumba: I Plan to Build the 'Most Radical City on the Planet'", *Democracy Now!*, 26 jun. 2017; disponível em: <https://www.democracynow.org/2017/6/26/jackson_miss_mayor_elect_chokwe_lumumba>; acesso em: 23 jun. 2023.

e a luta social, salvaguardando as deliberações democráticas pela base. Em Jackson City, por exemplo, "mesmo após a vitória [de Lumumba], centenas de membros do movimento BLM seguiram participando das reuniões [do EJP], discutindo estratégias e táticas, estabelecendo práticas democráticas de tomada de decisão, construindo uma base de membros e forjando consenso a respeito de quais políticas apresentar publicamente"[30].

Antes de tudo, trata-se de uma pulsão plebeia e radical que se alimenta da vitalidade trazida pelo ativismo dos jovens: "Nós, jovens, somos fortes e vamos lutar por nossa liberdade a noite toda". Esse canto dos manifestantes de Ferguson reverberou em outras cidades americanas, transformando-se no *slogan* do conjunto do movimento.

Em Chicago, por exemplo, no verão de 2016, o coletivo Deixe-nos Respirar (#LetUsBreathe Collective), formado por jovens ativistas, montou um acampamento em frente à infame praça Homan. Trata-se do local onde a polícia de Chicago costuma torturar cidadãos negros a fim de extrair confissões falsas. Durante 41 dias, o acampamento batizado Praça da Liberdade tornou-se um espaço para a prática de deliberações coletivas, resolução de disputas, construção de uma economia compartilhada e incorporação da arte aos protestos na cidade[31].

Essa disposição militante dos jovens inspirou ativistas experientes do movimento negro, como Jamala Rogers, fundadora da Organização pela Luta Negra (Organization for Black Struggle – OBS), Linda Burnham, coordenadora da Aliança Nacional das Trabalhadoras Domésticas (National Domestic Workers Alliance – NDWA) e Makani Themba, diretora do Projeto Praxis, que se tornaram conselheiras da plataforma BLM.

O fio que ligou as diferentes gerações de ativistas foi, sem dúvida, a tradição interseccional do feminismo negro dos anos 1970, legada à nova geração por meio de biografias, imagens, livros e poemas, além do contato com escritoras e ativistas como Angela Davis, Barbara Smith, bell hooks, Beth Richie, Beverly Guy-Sheftall, Cathy Cohen e Paula Giddings[32].

Essas feministas foram as principais responsáveis por legar aos mais jovens as referências políticas, como Assata Shakur, líder nos anos 1970 do Exército de Libertação Negra, ou Audrey Geraldine Lorde, escritora feminista e ativista dos direitos dos negros e dos grupos LGBTQIA+ nos anos 1980. A formação de novas identidades políticas foi balizada pelo resgate de mulheres radicais quase totalmente banidas da memória do ativismo político nos Estados Unidos. "Assata

---

[30] Barbara Ransby, *Making All Black Lives Matter*, cit., p. 103.
[31] Ver Alayna Eagle Shield, Django Paris, Rae Paris e Timothy San Pedro (orgs.), *Education in Movement Spaces: Standing Rock to Chicago Freedom Square* (Nova York, Routledge, 2020).
[32] Ver Jozie Nummi, Carly Jennings e Joe Feagin, "#BlackLivesMatter: Innovative Black Resistance", *Sociological Forum*, v. 34, n. S1, dez. 2019, p. 1.042-64.

me ensinou", por exemplo, tornou-se um lema popular largamente estampado nas camisetas usadas pelos organizadores do movimento BLM[33].

A construção desse novo referencial político alinhou-se à formação de novas coalizões focadas nas lutas pela ampliação e pela efetivação dos direitos de cidadania dos grupos LGBTQIA+, dos imigrantes, das mulheres e dos negros. Talvez a tradução mais sintética dessa nova orientação política seja a criação do movimento de defesa das mulheres negras vítimas da violência policial. As feministas negras se concentraram na denúncia de casos de mulheres vitimadas pelo Estado, como Ayanna Stanley, Marissa Alexander, Mya Hall, Rekia Boyd e Sandra Bland, alcançando, finalmente, alguma repercussão pública[34].

O risco da fragmentação

Como resultado desses esforços, é possível perceber o fortalecimento das relações entre diferentes grupos, incluindo a aproximação entre comunidades negras e latinas, ilustrado pela aliança entre o Mijente, um agrupamento nacional politicamente orientado à esquerda, e o BYP100. Em 2017, a nova coalizão incorporou a campanha nacional organizada por coletivos LGBTQIA+ para acabar com a fiança em dinheiro. Trata-se de uma reivindicação que fortalece a igualdade racial perante a lei na medida em que a maioria dos negros e dos latinos não consegue pagar a fiança e aguardar o julgamento em liberdade. Ao focar nos grupos encarcerados e nas comunidades pobres, os ativistas enfrentam os efeitos da combinação entre exploração econômica e expropriação política.

Como observou Cedric Robinson, o novo momento da luta pela libertação dos trabalhadores negros estadunidenses deverá ser capaz de reconhecer que a oposição ao capitalismo racial nos Estados Unidos impelirá necessariamente o movimento para a luta contra a globalização neoliberal[35]. Nessa direção, o manifesto da organização Movement for Black Lives (M4BL) intitulado "Visão para as vidas negras", além de reconhecer a centralidade política e axiológica da experiência dos grupos subalternos racializados, afirma:

> Embora esta plataforma esteja focada em políticas domésticas, sabemos que o cis--heteropatriarcado, o capitalismo racial explorador, o imperialismo, o militarismo, a supremacia branca e o etnonacionalismo são estruturas globais. Somos solidários com nossa família internacional na luta contra os estragos causados pelo capitalismo racial

---

[33] Ver Donna Murch, *Assata Taught Me: State Violence, Racial Capitalism, and the Movement for Black Lives* (Chicago, Haymarket, 2022).
[34] Ver Kimberlé Crenshaw et al., *Say her Name: Resisting Police Brutality against Black Women* (Nova York, African American Policy Forum/Center for Intersectionality and Social Policy Studies, 2015).
[35] Ver Cedric Robinson, *The Panthers Can't Save Us Now: Debating Left Politics and Black Lives Matter* (Nova York, Verso, 2022).

global, pelo racismo antinegro, pela mudança climática produzida pelo homem, pela islamofobia, pelas guerras e pela exploração econômica. Nós nos unimos aos descendentes de africanos em todo o mundo num amplo apelo à luta contínua por reparações pelos danos históricos causados pelo colonialismo e pela escravidão, incluindo as estruturais e sistêmicas violências sexual e de gênero, e reconhecemos e honramos os direitos de nossa família indígena global por reparações, terra, soberania e autodeterminação.[36]

Vale observar que muitos ativistas do M4BL apoiam organizações políticas socialistas e democráticas e nelas atuam, como os Socialistas Democráticos da América (Democratic Socialists of America – DSA), a Organização Socialista Internacional (International Socialist Organization – ISO) e a organização política Nossa Revolução (Our Revolution), liderado por Bernie Sanders. Recentemente, além da defesa dos trabalhadores negros e latinos contra a criminalização impulsionada por governos e departamentos de polícia, o movimento BLM tem investido na formação de lideranças comunitárias capazes de fortalecer tanto a integração quanto a articulação entre diferentes grupos vítimas da opressão racial.

Os esforços de formação política do movimento capacitaram milhares de ativistas em todo o país por meio do desenvolvimento de lideranças comunitárias. Apesar da diversidade existente entre as novas coalizões integrantes do ecossistema BLM, organizar as comunidades negras a fim de lutar por igualdade racial foi a forma encontrada pelo movimento para resistir à expropriação política que rebaixa as condições de reprodução das famílias trabalhadoras.

Ainda assim, após o levante de Ferguson, muitos viram na estratégia da organização local um risco de fragmentar a luta pela efetivação e pela ampliação dos direitos da cidadania para os grupos subalternos racializados. O fortalecimento de coletivos feministas, latinos, LGBTQIA+, nativo-americanos e negros ao redor de pautas plurais talvez dificultasse a ação de encontrar aquilo que há de comum nas diferentes formas de opressão política e de exploração econômica.

Asad Haider, por exemplo, identificou uma questão desafiadora: a luta contra a opressão racial não poderia dificultar o desenvolvimento da consciência de classe trabalhadora nos Estados Unidos? O argumento é o seguinte: por um lado, Haider reconheceu que a luta pelos direitos civis impulsionou o movimento dos trabalhadores nos Estados Unidos no pós-Segunda Guerra Mundial. No entanto, quando a luta contra o supremacismo branco assumiu centralidade política entre os grupos subalternos do país, ela teria fortalecido a divisão ao longo da linha racial, impedindo que o movimento dos trabalhadores na América se aproximasse dos movimentos de trabalhadores de massa na Europa[37].

---

[36] Ver "Vision for Black Lives: Policy Platform", *M4BL*; disponível em: <https://m4bl.org/policy-platforms>; acesso em: 12 set. 2022.
[37] Ver Asad Haider, *Mistaken Identity: Race and Class in the Age of Trump* (Nova York, Verso, 2018). [Ed. bras.: *Armadilha da identidade: raça e classe nos dias de hoje* (trad. Leo Vinicius Liberato, São Paulo, Veneta, 2019).]

Em contraposição, vale observar que a classe trabalhadora europeia ocidental jamais alcançou uma unidade monolítica, mantendo-se em geral dividida por linhas étnicas, nacionais e, sobretudo, por diferentes projetos hegemônicos de cariz social-democrata, comunista, socialista e democrata-cristão. Além disso, a exploração econômica foi sempre experimentada de formas muito desiguais pelos trabalhadores europeus quando pensamos nas diferentes opressões de gênero, idade, nacionalidade e etnia[38].

Ou seja, aos nossos olhos, é equivocado supor que a luta contra a opressão racial tenha de alguma forma dificultado o desenvolvimento da consciência de classe trabalhadora nos Estados Unidos. O contrário é mais plausível. Como vimos no caso do fordismo estadunidense, a intersecção entre raça e classe vertebrou a revolta das bases operárias que desafiou não apenas as gerências como as burocracias sindicais nos anos 1960 e 1970[39].

Na realidade, superar a realidade histórica da fragmentação da classe trabalhadora é o grande desafio identificado por uma perspectiva politicamente interseccional que compreende a luta de classes como intimamente ligada à luta contra todas as formas de opressão. Superar a fragmentação dos grupos sociais subalternos por meio da formação de um movimento interseccional dirigido pelos trabalhadores pobres é a tarefa histórica imposta pela crise da globalização neoliberal ao movimento BLM.

Erguido num momento histórico no qual as identidades coletivas dos trabalhadores estão sendo abertamente redefinidas, o movimento BLM apoia-se na experiência coletiva de resistência cotidiana à expropriação política das comunidades subalternas racializadas nos Estados Unidos. Daí a insistência de suas lideranças na articulação entre diferentes lutas por justiça racial e por justiça econômica[40]. Não poderia ser diferente. Afinal, defender as vidas negras da violência política supõe, entre outras coisas, integrar os trabalhadores ao sistema de troca de equivalentes, afastando-os do trabalho precário.

O assassinato de Eric Garner em julho de 2014, após uma abordagem policial motivada pela venda de cigarros avulsos, revela a interconexão entre injustiça racial e injustiça econômica. Comércio típico de países periféricos – em Joanesburgo, por exemplo, lembro-me de ter assistido a disputas violentas entre trabalhadores nacionais e estrangeiros por pontos de venda de cigarros avulsos –, esse comércio informal corresponde àquele último recurso para aproveitar ao máximo a fragmentação de uma determinada mercadoria. Ou seja, não há melhor exemplo de trabalho precário.

---

[38] Ver Étienne Balibar e Immanuel Wallerstein, *Raça, nação, classe: as identidades ambíguas* (trad. Wanda Nogueira Caldeira Brant, São Paulo, Boitempo, 2021).
[39] Ver Aaron Brenner, Robert Brenner e Cal Winslow, *Rebel Rank and File: Labor Militancy and Revolt from Below During the Long 1970s* (Nova York, Verso, 2010).
[40] Ver "Vision for Black Lives: Policy Platform", cit.

Ainda assim, essa prática laboral tipicamente associada a trabalhadores racializados é violentamente reprimida pelo Estado, a ponto de assassinar um antigo funcionário do departamento de conservação de parques da cidade de Nova York, pai de seis filhos, sem antecedentes criminais, descrito por amigos e vizinhos como uma pessoa generosa e gentil[41]. A relação entre justiça racial e justiça econômica perseguida pela liderança do movimento BLM revela-se presente na reflexão de Gwen Carr, a mãe de Eric Garner: "Meu filho morreu no ano passado nas mãos de homens que deveriam protegê-lo. Na época, ele vendia cigarros avulsos para sustentar a família. [...]. Minha esperança é que juntos possamos mudar esse sistema que aprisionou meu filho e tantos outros negros e negras na pobreza em nossa cidade e em nosso país"[42].

---

[41] Ver Joseph Goldstein e Nate Schweber, "Man's Death after Chokehold Raises Old Issue for the Police", *The New York Times*, 18 jul. 2014; disponível em: <https://www.nytimes.com/2014/07/19/nyregion/staten-island-man-dies-after-he-is-put-in-chokehold-during-arrest.html>; acesso em: 23 jun. 2023.

[42] Gwen Carr citada em Barbara Ransby, *Making All Black Lives Matter*, cit., p. 162.

11
Os cavaleiros do antiapocalipse

À medida que o movimento BLM se nacionalizava, ampliando seu arco de alianças para organizações focadas em articular justiça racial e justiça econômica, seus ativistas passaram a problematizar as múltiplas dimensões da relação entre o capitalismo e o racismo no interior das próprias comunidades negras. Politicamente audaciosa, essa atitude compreende que a reprodução social é o domínio em que as identidades coletivas dos grupos sociais subalternos são ressignificadas. Logicamente, isso transforma o âmbito reprodutivo no campo primordial de disputas no qual as fronteiras do pertencimento coletivo são redefinidas[1].

Ao contrário das lutas em torno do preço da força de trabalho, os conflitos reprodutivos são mediados por afetos, pelo sentimento de pertencimento e por relações de proximidade. Afinal, os trabalhadores vivem suas experiências sociais cotidianas balizados por uma estrutura moral de sentimentos no interior da qual são elaboradas as angústias relativas à precarização de suas condições de existência.

Por ser nas comunidades que essa estrutura moral de sentimentos se enraíza, elas se transformam em espaços vitais do refazer-se das identidades coletivas dos trabalhadores. Nas comunidades, os conflitos morais se convertem em um processo cultural ativo capaz de redefinir valores e preparar os grupos sociais para as diferentes formas de mobilização coletiva[2].

É nesses espaços que as fronteiras que separam os diferentes grupos sociais subalternos são negociadas e, eventualmente, modificadas. Assim, é compreensível que as formas mais ou menos embrionárias de resistência à exploração econômica e à expropriação política prosperem de início em territórios moldados

---

[1] Ver Tithi Bhattacharya, "O que é a teoria da reprodução social?", *Outubro*, n. 32, mar. 2019.
[2] Ver E. P. Thompson, *A miséria da teoria e outros ensaios* (trad. Adail Sobral, Petrópolis, Vozes, 2021).

pela pessoalidade e pela afetividade. Nesse sentido, as comunidades são campos privilegiados para a observação da resistência à expropriação capitalista.

Foi Klaus Dörre quem enfatizou pioneiramente a reconfiguração do regime de expropriação como forma de interpretar a precarização das condições de reprodução da classe trabalhadora no contexto da crise da globalização neoliberal. Para o sociólogo alemão, esse processo depende em essência da violência política[3].

Sabemos que a base desse raciocínio é a análise de Marx da "população excedente relativa": em períodos de acumulação acelerada, as indústrias absorvem uma massa trabalhadora disponibilizada por leis que mercantilizam o trabalho e criminalizam a pobreza; em momentos de acumulação desacelerada, as indústrias desmercantilizam o trabalho, demitindo os trabalhadores e produzindo um exército de reserva[4].

Visto que uma massa de trabalhadores desempregados e subempregados passa a competir com o exército ativo, o preço da força de trabalho cai abaixo de seu valor, forçando o conjunto dos trabalhadores a se submeter a condições de reprodução cada vez mais precárias. Por fim, o rebaixamento dos salários estimula a remercantilização do trabalho, isto é, a recontratação de parte dos trabalhadores demitidos, ainda que em condições mais despóticas de consumo de sua mercadoria[5].

Numa sociedade capitalista, o poder sindical é um dos poucos contrapontos existentes ao aumento dessa competição. No entanto, com frequência, isso ocorre à custa da exclusão dos trabalhadores precários das fileiras sindicais, o que ajuda a consolidar mercados de trabalho dualizados nos quais o núcleo da força de trabalho se mantém relativamente protegido enquanto a periferia se submete a condições subnormais de exploração. Usualmente, o núcleo é formado por trabalhadores nacionais, enquanto a periferia recebe trabalhadores imigrantes e racializados. A "dialética das conquistas parciais", para lembrarmos a expressão usada por Ernest Mandel, é o motor que impulsiona a dualização desses mercados de trabalho[6].

À medida que as lutas de classes institucionalizam direitos trabalhistas e sociais, regulando o impulso da mercantilização, um mercado "externo" é criado por meio da relativa desmercantilização de determinados setores das classes subalternas. A expropriação capitalista é a força por trás da remercantilização desses setores outrora protegidos da classe trabalhadora. Por meio do Estado, o regime racializado de

---

[3] Ver Klaus Dörre, *Teorema da expropriação capitalista* (trad. Cesar Mortari Barreira e Iasmin Goes, São Paulo, Boitempo, 2022, Coleção Mundo do Trabalho).
[4] Ver Karl Marx, *O capital: crítica da economia política*. Livro 1: *O processo de produção do capital* (trad. Rubens Enderle, Celso Naoto Kashiura Jr. e Márcio Bilharinho Naves, São Paulo, Boitempo, 2023, coleção Marx-Engels).
[5] Na conhecida síntese de Marx: "A redução forçada do salário abaixo do valor da força de trabalho transforma, dentro de certos limites, o fundo necessário de consumo do trabalhador num fundo de acumulação de capital". Idem, p. 675.
[6] Ver Ernest Mandel, *Power and Money: A Marxist Theory of Bureaucracy* (Nova York, Verso, 1992).

acumulação redefine os limites que separam os setores exploráveis e expropriáveis das classes trabalhadoras.

O impacto da remercantilização do trabalho sobre as condições gerais de reprodução das famílias trabalhadoras é imediato. Nos Estados Unidos, por exemplo, a combinação entre a desregulação do mercado de crédito imobiliário e a mercantilização da habitação popular levou à crise de 2008, inaugurando um período marcado por um crescimento lento devido à falta de demanda efetiva que acabou aprofundando a desigualdade de renda.

A maioria dos trabalhadores viu-se, então, condenada às ocupações menos qualificadas e que pagam pouco, usualmente distantes da representação sindical e precisando se endividar a fim de reproduzir suas famílias e comunidades. Assim, é possível perceber uma crescente polarização que opõe grupos profissionais que ainda conseguem vender sua força de trabalho por seu valor e a massa dos trabalhadores submetidos ao despotismo da troca de não equivalentes[7].

Enquanto as altas camadas gerenciais e a pequena burguesia tradicional seguem se movendo pelo circuito da troca de equivalentes, submetendo-se a mecanismos predominantemente econômicos de exploração, o grosso dos trabalhadores precários permanece sujeito à violência política exercida sobre suas comunidades, distante dos sindicatos e experimentando condições subnormais de reprodução. Os trabalhadores precários encontram-se entre os alvos principais da racialização, da segregação e do sexismo. Afinal, o objetivo da expropriação capitalista consiste em deslocar politicamente o preço da força de trabalho para aquém de seu valor[8].

Para tanto, o Estado neoliberal rebaixa as condições de reprodução das comunidades onde vivem as famílias trabalhadoras, atacando sua economia moral por meio da remercantilização. A fim de assegurar esse objetivo, o regime racializado de acumulação deve desmantelar as formas de regulação do conflito classista resultantes da institucionalização das lutas sociais passadas. Nos Estados Unidos, a partir da contrarreforma previdenciária do governo de Bill Clinton, o Estado neoliberal passou a exigir de todos os trabalhadores nacionais considerados qualificados para receber algum benefício da assistência social que trabalhassem em subempregos.

A assistência social passou então a subsidiar a exploração privada, contribuindo com o disciplinamento da força de trabalho precária do país. Trata-se do momento culminante da mudança da abordagem do Estado em relação à pobreza nos Estados Unidos iniciada durante o governo de Ronald Reagan[9]. Esquematicamente, passou-se de uma visão paternalista de apoio burocrático aos pobres para uma postura de combate ativo às "atitudes contrárias ao trabalho" de alguns setores

---

[7] Ver Arne L. Kalleberg, *Good Jobs, Bad Jobs: The Rise of Polarized and Precarious Employment Systems in the United States 1970s to 2000s* (Nova York, Russell Sage Foundation, 2013).
[8] Ver Klaus Dörre, *Teorema da expropriação capitalista*, cit.
[9] Ver Herbert J. Gans, *The War against the Poor: The Underclass and Antipoverty Policy* (Nova York, Basic, 1996).

empobrecidos, em especial os negros: "Por que eles (negros) preferem receber assistência social a trabalhar? Não sei. Esse é realmente o mistério final"[10].

Além de obrigar as mães solteiras beneficiárias da assistência social a trabalharem em subempregos, essa abordagem contribuiu para a naturalização da violência policial exercida sobre comunidades vulneráveis ao supostamente inibir que seus moradores fossem atraídos por práticas ilícitas. Desse modo, aqueles trabalhadores intermitentes que complementam seus rendimentos com o seguro-desemprego passaram a ser explorados como força de trabalho barata pelo setor privado.

Ademais, suas comunidades foram submetidas ao assédio policial sistemático. Ao fim e ao cabo, o Estado assumiu as tarefas de reproduzir e de controlar pela violência política uma população excedente diretamente atada às reconfigurações do regime racializado de acumulação. E isso tudo no momento em que vários grupos de trabalhadores outrora protegidos pelo compromisso fordista estavam sendo expulsos da proteção trabalhista pela desindustrialização fomentada pela globalização neoliberal, cujos efeitos deletérios para a solidariedade dos trabalhadores não foram desafiados pela reforma do sindicalismo dos anos 1990.

Interseccionalidade pelo alto

As reconfigurações contemporâneas do regime racializado de acumulação revolveram de forma profunda o terreno no qual as identidades coletivas dos trabalhadores estadunidenses tradicionalmente se assentavam. Confrontado com o desmanche da classe operária fordista impulsionado pela globalização neoliberal, o sindicalismo na América reagiu no primeiro momento apostando no esforço reformista arquitetado em torno da "interseccionalidade"... Mas pelo alto!

Apesar de a liderança sindical reformista nos anos 2000 seguir nas mãos de homens brancos, Andy Stern, Bruce Raynor e John Wilhelm à frente, é inegável que novas lideranças sindicais recrutadas entre mulheres e negros emergiram em sindicatos como o Seiu e o Unite Here!. Logicamente, essa sensibilidade política inusual para o padrão sindical fordista nasceu durante o ciclo da rebelião das bases dos anos 1960 e 1970. À época estudantes universitários radicalizados pelo espírito do tempo, os líderes sindicais reformistas dos anos 2000 mantiveram a estratégia de apostar na diversidade de gênero e étnico-racial como forma de revitalizar o poder sindical no país.

No entanto, a orientação fortemente centralizadora do novo programa reformista dos anos 2000, focado sobretudo na fusão de sindicatos menores em maiores e no aumento do poder de negociação da burocracia sindical, transformou o Seiu,

---

[10] Lawrence Mead, *The New Politics of Poverty: The Nonworking Poor in America* (Nova York, Basic, 1993), p. 127.

principal defensor da interseccionalidade no meio trabalhista, num *agente renovador das práticas burocráticas características do sindicalismo de negócios estadunidense*. Alinhado à agenda do "neoliberalismo progressista" trazida pelo governo de Bill Clinton, o Seiu incorporou de fato a diversidade como eixo de sua reorganização. Ainda que à custa da *redistribuição*...

Para Nancy Fraser, o "neoliberalismo progressista" consiste em uma aliança política entre correntes dominantes dos movimentos sociais com setores empresariais ligados aos bancos, às empresas de tecnologia e à indústria cultural. Politicamente, o neoliberalismo progressista buscou conciliar práticas econômicas neoliberais com uma estrutura discursiva centrada na promoção da igualdade racial, da justiça social e da diversidade cultural. No entanto, a despeito de sua retórica progressista, os efeitos desse tipo de neoliberalismo tendem a reproduzir as desigualdades sociais, beneficiando especialmente os setores empresariais financeirizados:

> A vitória do neoliberalismo progressista sacrificou centros fabris decadentes, especialmente no chamado Cinturão da Ferrugem. Essa região, juntamente com os novos centros industriais do Sul, sofreu um grande golpe graças a uma tríade de políticas de Bill Clinton: o Tratado de Livre Comércio da América do Norte (Nafta), a adesão da China à Organização Mundial do Comércio e a revogação do Glass-Steagall Act, que afrouxou a regulação financeira. [...]. Em duas décadas de hegemonia do neoliberalismo progressista, nenhum dos dois blocos principais fez nenhum esforço sério para apoiar as comunidades localizadas nessas regiões industriais. Para os neoliberais, essas economias não eram competitivas e deveriam ser sujeitas ao "ajuste do mercado". Para os progressistas, suas culturas estavam presas ao passado, ligadas aos valores paroquiais obsoletos que iriam em breve desaparecer em uma nova dispersão cosmopolita. Em nenhum dos dois campos – distribuição ou reconhecimento – os neoliberais progressistas poderiam encontrar qualquer razão para defender o Cinturão da Ferrugem.[11]

De fato, não obstante a ênfase no *reconhecimento* da importância de mulheres, imigrantes e negros, a reforma do sindicalismo foi acompanhada pelo enfraquecimento da preocupação com a *redistribuição* de renda, especialmente saliente no apoio do sindicato à contrarreforma da previdência realizada durante o primeiro mandato presidencial de Bill Clinton. A escolha do reconhecimento no lugar da redistribuição gerou tensões no movimento, afastando o Seiu dos sindicatos que representam os trabalhadores industriais em sua maioria brancos, como o UAW e o USW, por exemplo[12].

Ademais, o apoio à contrarreforma da previdência feita por Bill Clinton também alienou o Seiu do precariado desorganizado sindicalmente, em geral formado por famílias negras residentes nos centros urbanos e por famílias brancas moradoras

---

[11] Nancy Fraser, *The Old Is Dying and the New Cannot Be Born* (Nova York, Verso, 2019), p. 17. [Ed. bras.: *O velho está morrendo e o novo não pode nascer* (trad. Gabriel Landi Fazzio, São Paulo, Autonomia Literária, 2019).]

[12] Ver Steve Early, "The Crisis in Organized Labor", *New Politics*, v. 12, n. 1, 2008, p. 110-5.

nos bolsões rurais de pobreza. Entre outros efeitos deletérios, essa contrarreforma serviu, na expressão de Robert Castel, para "institucionalizar o precariado", pois passou a exigir que o pagamento dos benefícios estivesse condicionado à busca ativa por subempregos pelos trabalhadores pobres[13].

Após a aprovação da contrarreforma, o governo estadunidense não apenas passou a subsidiar os baixos salários pagos pelos empregadores, como os formuladores de políticas públicas, ao focarem exclusivamente em grupos sociais "vulneráveis", em "famílias fragilizadas", além de moradores de pequenas comunidades localizadas nos bolsões rurais de pobreza, reforçaram o estigma social dos beneficiários dos programas. Além de estigmatizar as comunidades pobres, a contrarreforma previdenciária ajudou a consolidar o novo regime racializado de acumulação no país, ao forçar a pobreza urbana negra e a pobreza rural branca na direção dos subempregos[14].

Enquanto a contrarreforma previdenciária institucionalizava o precariado americano, fundindo as pobrezas branca e negra em um novo regime de *workfare*, o Seiu, sindicato cujas bases sociais são majoritariamente formadas por mulheres e negros, afastou-se dos sindicatos industriais cujas bases sociais são majoritariamente formadas por homens brancos. Por um lado, se o Seiu nos anos 1990 e 2000 conseguiu romper com o imobilismo que vigorava no meio sindical desde a destruição do Patco, por outro sua estratégia de fortalecer o poder de negociação da burocracia sindical com as empresas acabou por afastar o sindicato das comunidades onde vivem os trabalhadores precários.

Dessa forma, o Seiu perdeu força justamente na organização dos trabalhadores não organizados, chocando-se com o espírito da campanha Justice for Janitors que o havia ajudado a romper com o imobilismo sindical. Essa contradição revela que uma reforma do sindicalismo de negócios capaz de gerar um projeto de sindicalismo de justiça social requer uma mudança muito mais profunda que a cogitada pela burocracia sindical.

Uma renovação dessa natureza deve se apoiar em movimentos democráticos liderados pelas bases e vocacionados para resistir aos efeitos da onda de mercantilização do trabalho reforçada pela crise da globalização. E a visão complacente do neoliberalismo mantida por Stern ao longo dos anos 1990 e 2000 favoreceu o descompasso entre o sindicalismo e o movimento por justiça social nos Estados Unidos: "Apesar de os protestos de Seattle em 1999 mostrarem que uma unidade entre os dois movimentos (sindical e por justiça social) era possível, ela teve vida curta e o movimento não foi capaz de integrar essas lições na teoria ou na

---

[13] Ver Robert Castel, "Au-delà du salariat ou en deçà de l'emploi? L'institutionnalisation du précariat", em Serge Paugam, *Repenser la solidarité: L'apport des sciences sociales* (Paris, Presses Universitaires de France, 2007).

[14] Ver Vijay Prashad, *Keeping Up with the Dow Joneses: Stocks, Jails, Welfare* (Boston, South End, 2003).

prática. Dessa maneira, o esforço de Seattle foi um exemplo de unidade tática, mas não estratégica"[15].

Coroando o alinhamento do Seiu ao neoliberalismo progressista, o sindicato tornou-se o maior doador da campanha presidencial de Barack Obama. Em troca, o primeiro presidente negro da história americana contratou Patrick Gaspard, vice-presidente do Seiu 1199 de Nova York, como seu assessor político[16]. As frequentes visitas de Andy Stern à Casa Branca durante o primeiro governo de Obama foram consideradas pela imprensa como provas de sua influência no governo democrata[17].

Todavia, a proximidade do Seiu com Obama não foi capaz de conter a erosão das bases sociais do sindicalismo: nem a estagnação dos rendimentos do trabalho foi revertida, nem o declínio da taxa de sindicalização foi contida. Durante o governo democrata, se foi possível perceber um avanço da agenda do *reconhecimento*, o mesmo não pode ser dito a respeito da *redistribuição*[18].

Não obstante o reconhecimento político de imigrantes, mulheres e negros, o reformismo sindical dos anos 1990 e 2000 acabou atualizando a dominação das bases sociais do movimento trabalhista pelas direções burocráticas. Independentemente da retórica inspirada na luta pela igualdade e pelo reconhecimento dos movimentos sociais dos anos 1960 e 1970, o projeto reformista fracassou em fortalecer uma política interseccional capaz de ultrapassar as fronteiras que mantêm os grupos e comunidades de trabalhadores isolados uns dos outros.

Em larga medida, isso se deveu ao fato de a burocracia sindical ter aderido acriticamente ao projeto neoliberal progressista liderado por Barack Obama. De início, a esperança do movimento sindical era que, se eleito, o então candidato democrata aprovasse uma lei trabalhista que facilitasse a sindicalização e a negociação coletiva no país. De acordo com Stern, a nova lei permitiria que o Seiu sindicalizasse cerca de 1 milhão de trabalhadores por ano, tendo em vista a facilidade de se criar um sindicato apenas por meio da verificação da assinatura dos cartões sindicais.

Para tanto, o Seiu mobilizou 100 mil membros e investiu 82 milhões de dólares na campanha presidencial de Obama, tornando-se o principal doador da candidatura democrata. Em 2008, Obama participou por videoconferência do congresso sindical sediado em San Juan sendo longamente aplaudido por delegados entusiasmados com o compromisso assumido durante o evento de, caso eleito, apoiar as reformas trabalhista e do sistema de saúde[19]. Cem dias após a eleição, Stern encaminhou um vídeo para os filiados do Seiu assegurando que o sindicato era

---

[15] Bill Fletcher Jr. e Fernando Gapasin, *Solidarity Divided: The Crisis in Organized Labor and a New Path Toward Social Justice* (Oakland, University of California, 2008), p. 194.
[16] Ver Stuart Elliott, "Obama's People': A Who's Who", *New York Times Magazine*, 18 jan. 2009.
[17] Ver Susan Davis, "Seiu's Stern Tops White House Visitor List", *Wall Street Journal*, 30 out. 2009.
[18] Ver Nancy Fraser, *The Old Is Dying and the New Cannot Be Born*, cit.
[19] Ver Steve Early, *Civil Wars in U. S. Labor: Birth of a New Workers' Movement or Death Throes of the Old?* (Chicago, Haymarket, 2011).

parte do governo e que os trabalhadores deveriam "descobrir o que o presidente quer que seja feito e garantir que será feito"[20].

A participação do sindicato no governo reforçou a determinação da direção do Seiu de aproximar suas estratégias organizativas do modelo das grandes corporações capitalistas. Em 2008, Stern convidou Howard Schultz, o fundador da Starbucks, uma empresa reconhecidamente hostil aos sindicatos, para apresentar ideias ao comitê executivo do sindicato. Além disso, ele atuou ao lado de Lee Scott, o presidente do Walmart e inimigo declarado do Sindicato dos Trabalhadores Comerciários e do Setor de Alimentação (United Food and Commercial Workers – UFCW), em ações que visavam favorecer empresas privadas na área da saúde[21].

À medida que buscava implementar uma estratégia cooperativa com as empresas, o sindicato foi se tornando cada vez mais hostil à participação das bases nas decisões da direção. Steve Lerner, principal estrategista do Seiu, por exemplo, argumentou que a reconstrução da densidade sindical era um objetivo estratégico incomparavelmente mais importante que democratizar os sindicatos locais[22]. Inspirados pelo modelo do Seiu, muitos sindicalistas abandonaram o apoio à participação democrática das bases em favorecimento de uma estrutura de poder verticalizada que impede os trabalhadores de controlar suas próprias organizações[23].

Os resultados colhidos pela participação do sindicato no governo foram decepcionantes. Obama não apenas não apoiou a reforma sindical como aprovou uma ampliação do programa Medicare, cujo modelo foi criticado pela maioria do movimento sindical. De fato, a única concessão feita por ele aos trabalhadores foi uma composição do Conselho Nacional de Relações Trabalhistas (NLRB) mais amistosa aos sindicatos[24].

A decepção dos sindicalistas com o governo Obama, em especial quando considerados os limites da reforma do sistema de saúde para a maioria dos trabalhadores precários, foi notória:

> O movimento sindical colocou tanto dinheiro na eleição de Obama e de vários democratas e veja qual foi o resultado. Era uma enorme oportunidade no momento em que estávamos mais fortes. Não conquistamos nossa reforma trabalhista e ficamos com um plano de saúde de merda. Todos os sonhos que tivemos de construir uma maioria progressista e tratar de todos aqueles pontos importantes para a classe trabalhadora nunca irão se realizar a não ser que tenhamos um movimento de baixo para cima capaz

---

[20] Ibidem, p. 260.
[21] Ver ibidem.
[22] Ibidem.
[23] Ver Kim Moody, "The Direction of Union Mergers in the United States: The Rise of Conglomerate Unionism", *British Journal of Industrial Relations*, v. 47, n. 4, dez. 2009, p. 676-700.
[24] Ver Anne Marie Lofaso, "Promises, Promises: Assessing the Obama Administration's Record on Labor Reform", *New Labor Forum*, v. 20, n. 2, 2011, p. 65-72.

de pressionar seriamente o governo de volta para a mesa de negociação. Exatamente como o movimento pelos direitos civis fez nos anos 1960.[25]

Por que sindicalismo de justiça social?

É comum imaginar que o movimento pelos direitos civis nos Estados Unidos não teve relações orgânicas com o sindicalismo. Porém, isso é um equívoco. Por décadas, o meio milhão de trabalhadores negros que aderiu aos sindicatos afiliados ao Congresso de Organizações Industriais (CIO) nos anos 1930 e 1940 esteve na vanguarda da luta por justiça racial na América. Ao menos até o início dos anos 1960, a sindicalização de trabalhadores negros representou a espinha dorsal da luta pelos direitos civis no país, a ponto de alguns autores usarem a noção de "sindicalismo de direitos civis" para descrever esse momento da história da classe trabalhadora estadunidense:

> O sindicalismo de direitos civis representou uma união de trabalhadores, ativistas dos direitos civis, reformistas progressistas ligados ao New Deal e radicais negros e brancos, alguns dos quais filiados ao Partido Comunista. Esse foi um movimento nacional, com uma ala sulista engajada e, como tal, esse sindicalismo não foi um precursor do movimento moderno dos direitos civis, mas representou sua primeira fase crítica. Muitos líderes, eventos e organizações estão sob a égide do sindicalismo dos direitos civis: a campanha Double V e a Marcha em Washington por Empregos e Liberdade organizadas por A. Philip Randolph.[26]

Na base do sindicalismo de direitos civis está a relação entre sindicatos e movimentos sociais com pautas mais abrangentes que salários e condições de trabalho, tradicionalmente condensada na noção de "sindicalismo de movimento social". Apesar de circular com muita frequência entre sociólogos nos Estados Unidos, coube a Gay Seidman definir os contornos gerais dessa noção a partir de uma inovadora análise comparativa da história recente do sindicalismo na África do Sul e no Brasil. Seidman argumentou que o sindicalismo de movimento social seria mais bem compreendido como um esforço para "elevar os padrões de vida do conjunto da classe trabalhadora, em vez de proteger interesses corporativamente definidos pelos membros do sindicato"[27].

Ao observar os processos de agitação trabalhista na África do Sul e no Brasil durante a luta pela democratização desses países, Seidman concluiu que a flagrante

---

[25] Sal Rosselli, "NUHW and the Fight for Union Democracy", entrevista concedida a Lee Sustar, *Socialist Worker*, 27 maio 2010; disponível em: <https://socialistworker.org/2010/05/27/nuhw-and-fight-union-democracy>; acesso em: 23 jun. 2023.
[26] Ver Robert Korstad, "Civil Rights Unionism and the Black Freedom Struggle", *American Communist History*, v. 7, n. 2, dez. 2008, p. 255-8.
[27] Gay Seidman, *Manufacturing Militance: Workers' Movements in Brazil and South Africa, 1970-1985* (Oakland, University of California, 1994), p. 2.

inclinação do movimento sindical a aderir e apoiar os movimentos sociais surgidos nas comunidades onde se reproduziam as famílias trabalhadoras em sua luta por moradia, saúde, creches e saneamento básico, por exemplo, fortalecia as reivindicações sindicais feitas às empresas, ao mesmo tempo que desafiava o regime autoritário estabelecido.

Tendo em vista o entrelaçamento de interesses entre o regime autoritário e os capitais privados, as agitações nas fábricas logo se transformavam em rebeliões sociais, radicalizando a organização dos trabalhadores. Nesse sentido, a formação de coalizões mais ou menos espontâneas entre sindicatos e movimentos sociais dos grupos sociais subalternos decorria da quase impossibilidade de dirigentes sindicais lograrem êxito em suas demandas sem desafiar o regime autoritário. Por sua vez, isso implicava que os trabalhadores dependiam do apoio de suas comunidades para resistirem à violência política.

A solução encontrada pelos trabalhadores para os desafios do autoritarismo fordista periférico foi a transformação dos sindicatos em organizações democráticas e militantes focadas na resistência à exploração econômica e à expropriação política, mirando uma mudança radical não apenas do despotismo fabril, mas, sobretudo, do próprio regime político. Em suma, a noção de "sindicalismo de movimento social" emergiu atada à defesa da elevação dos padrões de reprodução global da classe trabalhadora e à luta pela democratização de regimes políticos autoritários[28].

No intuito de caracterizar os esforços reformistas de alguns sindicatos estadunidenses nos anos 1980 e 1990, Kim Moody ampliou a utilização da noção de "sindicalismo de movimento social", identificando-a esquematicamente à articulação entre democracia interna e defesa de interesses mais gerais dos trabalhadores[29]. No entanto, ao contrário de seu significado original, a circulação da noção nos Estados Unidos afastou-se de qualquer relação mais próxima com a contestação do regime político vigente.

Na medida em que sabemos que a expressão "sindicalismo de movimento social" tornou-se uma noção-chave da comparação entre movimentos de trabalhadores no Sul e no Norte globais, cabe manifestar certo desconforto com essa tendência. Afinal, a despeito de existirem aspectos convergentes entre as lutas dos trabalhadores pela democratização de seus sindicatos em países como África do Sul, Brasil e Estados Unidos, a verdade pura e simples é que o movimento sindical nesses países não se desenvolveu em uma direção convergente.

Nos anos 1970 e 1980, o novo sindicalismo de movimento social brasileiro criou um partido político de massas, o Partido dos Trabalhadores (PT), e uma atuante central sindical nacional, a Central Única dos Trabalhadores (CUT),

---

[28] Ver ibidem.
[29] Ver Kim Moody, *Workers in a Lean World: Unions in the International Economy* (Nova York, Verso, 1997).

ajudando, assim, a redemocratizar o país, além de imprimir uma forte preocupação com a proteção social na Constituição de 1988. Na África do Sul, o sindicalismo de movimento social representado pelo Congresso dos Sindicatos Sul-Africanos (Congress of South African Trade Unions – Cosatu) entre os anos 1970 e 1990 colaborou com o Partido Comunista Sul-Africano (South African Communist Party – SACP) e com o Congresso Nacional Africano (African National Congress – ANC), atuando frequentemente como a principal força política por trás da resistência ao regime do *apartheid*[30].

Por sua vez, a noção de "sindicalismo de movimento social" foi associada por um número crescente de analistas aos esforços reformistas da AFL-CIO liderados por John Sweeney após sua eleição para a presidência da federação, a primeira verdadeiramente democrática em cerca de quatro décadas. Desde então, emergiu a ideia segundo a qual a revitalização do sindicalismo estadunidense sob a hegemonia neoliberal de alguma forma estaria relacionada ao sindicalismo de movimento social do Sul global[31].

Apesar de haver algum sentido nessa associação, sobretudo quando pensamos no apoio dado pela direção reformista da AFL-CIO à reorganização dos conselhos locais de trabalhadores e na aproximação com os movimentos sociais altermundialistas, ainda falta um aspecto definidor da noção original de "sindicalismo de movimento social": a luta pela transformação do regime político existente. Evidentemente, trata-se de uma lacuna que poderia ser perfeitamente relevada se comparássemos o projeto reformista da AFL-CIO com a atual orientação política da CUT ou do Cosatu.

Ainda assim, não é possível ignorar que a maior parte da literatura sobre sindicalismo de movimento social nos Estados Unidos emprega a noção a partir da comparação com o passado dessas organizações. Ou seja, a mesma noção está sendo usada para caracterizar fenômenos sociais qualitativamente distintos. A fim de desfazer eventuais equívocos interpretativos, em geral celebratórios do projeto de reforma da burocracia sindical, parece-nos mais conveniente utilizar outra noção a fim de analisar o movimento sindical estadunidense desde a eleição de Sweeney.

Nesse sentido, parece-nos que a noção de "sindicalismo de justiça social" seria uma solução mais adequada para designar o sindicalismo progressista que se desenvolveu nos Estados Unidos a partir de meados dos anos 1990. Em primeiro lugar, trata-se de uma noção que dialoga com a história do sindicalismo de direitos civis que nos anos 1930 e 1940 integrou centenas de milhares de trabalhadores negros às fileiras do CIO. Além disso, essa noção permite captar melhor a atual

---

[30] Ver Karl von Holdt, *Transition from Below: Forging Trade Unionism and Workplace Change in South Africa* (Durban, University of KwaZulu-Natal, 2003).
[31] Ver Ian Robinson, "Neoliberal Restructuring and US Unions: Toward Social Movement Unionism?", *Critical Sociology*, v. 26, n. 1-2, jan. 2000, p. 109-38.

orientação democratizante dos sindicatos não apenas em termos da organização das campanhas salariais como no âmbito mais geral da luta pela igualdade substantiva para trabalhadores imigrantes, negros e mulheres[32].

Entre o velho e o novo sindicalismo

Ainda assim, considerando tanto a ruptura da AFL-CIO em julho de 2005 quanto a nova onda de criação de sindicatos independentes durante a epidemia da covid-19, é importante diferenciar dois tipos de sindicalismo de justiça social. Em primeiro lugar, temos o já tradicional modelo representado pelo Seiu, que até recentemente apostava em campanhas corporativas de filiação negociadas com as empresas, além da incorporação de sindicatos já existentes, como forma de enfrentar o declínio da taxa de densidade sindical no país. Propomos chamar esse modelo de "velho" sindicalismo de justiça social.

Em contrapartida, por razões que deverão ficar mais claras adiante, sugiro chamar de "novo" sindicalismo de justiça social o movimento recente de criação de sindicatos independentes liderados por trabalhadores das empresas Amazon e Starbucks, além de esforços de novas direções de sindicatos nacionais e internacionais em reconstruir a representação sindical pela base, caso, por exemplo, dos Teamsters sob a liderança de Sean O'Brien.

Observando a evolução da história recente do sindicalismo nos Estados Unidos, é possível dizer que tanto o velho quanto o novo sindicalismo de justiça social orientaram suas mobilizações coletivas pela luta em defesa da igualdade substantiva para mulheres, negros e imigrantes. Por igualdade substantiva entendemos um tipo de igualdade que vai além da igualdade formal, envolvendo a garantia de condições de reprodução dignas aos trabalhadores por meio do acesso aos bens e aos serviços necessários à realização plena das múltiplas potencialidades humanas. Logicamente, o capitalismo é incapaz de assegurar essa igualdade por depender da combinação entre exploração econômica e expropriação política para se reproduzir de maneira ampliada[33].

Desse modo, para que a igualdade substantiva seja assegurada a todos os trabalhadores, é necessária uma transformação radical das relações de poder na sociedade, incluindo a democratização das instituições políticas e econômicas. Enquanto no velho sindicalismo predominou a capacidade de sindicalistas dirigirem a ação, o novo sindicalismo tem apostado na auto-organização da própria

---

[32] Ver Kim Scipes, "Social Movement Unionism or Social Justice Unionism? Disentangling Theoretical Confusion within the Global Labor Movement", *Class, Race and Corporate Power*, v. 2, n. 3, 2014, art. 9.
[33] Ver István Mészáros, *O desafio e o fardo do tempo histórico: o socialismo no século XXI* (trad. Ana Cotrim e Vera Cotrim, São Paulo, Boitempo, 2007, coleção Mundo do Trabalho).

base, alinhando-se de forma mais determinada à promoção da autodeterminação dos grupos sociais subalternos e das comunidades onde vivem os trabalhadores advogada pelo princípio da igualdade substantiva.

Considerando as diferenças nas ênfases da ação coletiva e nos propósitos das mobilizações dos trabalhadores, é possível classificar os principais estilos de sindicalismo nos Estados Unidos analisados neste livro conforme o Quadro 8.

Quadro 8: Os agentes e os propósitos da representação dos trabalhadores nos Estados Unidos

Agentes/Propósitos	Local de trabalho	Arena social
Sindicalistas	Sindicalismo de negócios (AFL-CIO)	Velho sindicalismo de justiça social (Seiu)
Bases	Sindicalismo de negócios controlado pela base (Patco)	Novo sindicalismo de justiça social (Amazon Labor Union – ALU, Starbucks Workers United – SWU)

Fonte: Elaboração própria, adaptado de John W. Budd, Labor Relations: *Striking a Balance* (Nova York, McGraw-Hill/Irwin, 2010), p. 163.

A nosso ver, a emergência do novo sindicalismo de justiça social nos Estados Unidos nasceu da derrota da campanha de sindicalização dos trabalhadores do armazém de distribuição da Amazon da cidade de Bessemer, localizada no estado do Alabama e liderada pelo Sindicato do Varejo, do Atacado e das Lojas de Departamento (Retail, Wholesale and Department Store Union – RWDSU). Filiado ao Sindicato dos Trabalhadores Comerciários e do Setor da Alimentação (United Food and Commercial Workers – UFCW), a campanha organizada pelo RWDSU seguiu diligentemente as orientações do velho sindicalismo de justiça social: foco em um setor estratégico da economia, uso de retórica alinhada ao apelo por justiça social, mobilização de trabalhadores racializados e protagonismo dos dirigentes sindicais.

Apesar do apoio público do presidente Joe Biden à sindicalização da Amazon, sua gerência conseguiu derrotar o RWDSU por uma margem confortável de 1.798 votos contra e 738 a favor da filiação ao sindicato. Mesmo após o Conselho Nacional de Relações Trabalhistas (NLRB) ordenar uma nova eleição diante dos inúmeros indícios de violação da lei por parte da gerência, a empresa voltou a derrotar o RWDSU, ainda que por uma margem menor de votos: 993 votos contra e 875 a favor da filiação ao sindicato[34].

Além do presidente Biden, a campanha de sindicalização dos trabalhadores em Bessemer contou com amplo apoio dos moradores do condado de Jefferson, onde fica a cidade de Bessemer: de acordo com uma pesquisa de opinião encomendada

---

[34] Ver Alex N. Press, "The Fight to Organize Amazon Is Just Getting Started", *Jacobin*, 13 abr. 2021; disponível em: <https://jacobin.com/2021/04/amazon-warehouses-fulfillment-centers-unionize-vote-rwdsu>; acesso em: 23 jun. 2023.

pelo Institute for Policy Studies, 62% dos moradores do condado manifestaram-se favoravelmente ao movimento, incluindo 49% dos moradores brancos e uma maioria esmagadora de 78% de residentes negros[35]. Somada à composição majoritariamente negra da força de trabalho do armazém da empresa, o apoio dos moradores negros ajudou a sensibilizar organizações ligadas à plataforma BLM, transformando a campanha em Bessemer num importante momento da luta por justiça racial[36].

A decepção dos ativistas sindicais com o resultado da segunda eleição em Bessemer no começo de março de 2022 logo se transformou em euforia no dia 1º de abril de 2022, quando foi anunciado o resultado vitorioso da eleição que decidiu a filiação dos trabalhadores do armazém da Amazon em Staten Island ao recém-criado Sindicato dos Trabalhadores da Amazon (ALU)[37].

Na ocasião, o novíssimo sindicato organizado pela base derrotou a mesma consultoria multimilionária especializada em impedir vitórias sindicais contratada pela empresa para enfrentar o RWDSU em Bessemer por uma margem confortável de 2.654 votos favoráveis diante de 2.131 votos contrários à filiação. A votação final surpreendeu os mais experientes analistas do sindicalismo nos Estados Unidos: "Quando vi a contagem final pela primeira vez, pensei que poderia estar alucinando"[38].

Ao lado de Derrick Palmer, Chris Smalls, um jovem trabalhador demitido da Amazon por exigir medidas de segurança sanitária mais enérgicas durante o auge da pandemia em Nova York, havia criado o ALU apenas um ano antes do anúncio da votação vitoriosa. Tendo participado da campanha em Bessemer, Smalls teve a oportunidade de avaliar os principais erros e acertos cometidos pelo RWDSU no Alabama, apostando em uma abordagem organizativa diferente em Staten Island:

> [Em Bessemer] nós víamos os ônibus [com apoiadores de fora da cidade] chegando o tempo todo. Víamos os políticos aparecerem para fazer discursos e pedir apoio para suas campanhas. Víamos o sindicato celebrando esses apoios. Víamos o sindicato organizando os grupos de convencimento longe da entrada da empresa, na estrada. Víamos os materiais do sindicato circulando fora do armazém... Só não víamos os trabalhadores da Amazon [envolvidos] na campanha. [...]. O comitê interno era muito pequeno para um armazém com 6 mil trabalhadores. [...]. Esta era a conexão que

---

[35] Ver Luke Savage, "Despite Amazon's Propaganda, Local Alabamans Overwhelmingly Support the Bessemer Union Drive", *Jacobin*, 2 mar. 2022; disponível em: <https://bit.ly/3JtiBB4>; acesso em: 23 jun. 2023.

[36] Ver Matthew Cunningham-Cook e Marc D. Bayard, "In Bessemer and the South, Black Workers Hold the Key", *The American Prospect*, 18 fev. 2022; disponível em: <https://prospect.org/labor/in-bessemer-and-the-south-black-workers-hold-the-key/>; acesso em: 23 jun. 2023.

[37] Ver Alex N. Press, "A Stunning New Chapter Begins for Amazon Warehouse Workers", *Jacobin*, 1º abr. 2022; disponível em: <https://jacobin.com/2022/04/amazon-labor-union-victory-jfk8-staten-island-bessemer>; acesso em: 23 jun. 2023.

[38] Ruth Milkman, "The Amazon Labor Union's Historic Breakthrough", *Dissent*, v. 69, n. 3, 2022, p. 97.

estávamos tentando fazer: trabalhadores para trabalhadores. [Em Bessemer] parecia que o sindicato não queria isso. [...]. Em Staten Island, decidimos fazer diferente. Ficaríamos independentes [dos sindicatos nacionais] e focamos nos próprios trabalhadores do armazém.[39]

Em linhas gerais, a campanha antissindical organizada pela Amazon adotou a mesma estratégia que havia sido bem-sucedida em Bessemer. A empresa deslocou os consultores do Alabama para Staten Island liderados por Brad Moss, o presidente da The Burke Group (TBG), uma empresa especializada em destruir campanhas de filiação sindical. Além disso, a gerência recorreu à polícia e ao corpo de bombeiros no intuito de reprimir os protestos em frente ao armazém e desocupar o acampamento.

A gerência apelou ainda aos motoristas de ônibus para que embarcassem e desembarcassem os trabalhadores em uma área privada, evitando o contato direto com Smalls. Finalmente, a empresa tentou amealhar apoio de operários da construção civil que trabalhavam em suas instalações a fim de intimidar o acampamento do ALU.

No entanto, ao contrário de Bessemer, em Staten Island, os bombeiros, os motoristas de ônibus, os policiais e os trabalhadores da construção civil que trabalham nas instalações da empresa são sindicalizados. Rodeada por diferentes sindicatos, a estratégia gerencial naufragou na medida em que os trabalhadores sindicalizados se recusaram a atacar o ALU. Dessa forma, Chris Smalls conseguiu manter seu acampamento por seis meses, convencendo os trabalhadores da importância do sindicato:

> Como eu havia sido demitido, acampei por seis meses no ponto de ônibus aonde chegam os trabalhadores. Montei minha tenda e fiquei numa via pública, onde não poderiam me impedir de permanecer. [...]. Todos os dias era a mesma rotina: dia e noite conversando, denunciando a negligência da gerência na pandemia, explicando a necessidade de termos um sindicato, dizendo que eu não tinha comprado uma Lamborghini com o dinheiro das doações, que eu não era um assassino, que eu não era um traficante de drogas, que nós éramos uma comunidade e que, como uma comunidade, tínhamos a obrigação de cuidar uns dos outros.[40]

---

[39] Chris Smalls, presidente do Sindicato dos Trabalhadores da Amazon (ALU), entrevistado em 2 nov. 2022.
[40] Idem.

12
A política do precariado

Além da criação "de baixo para cima" de uma nova organização, a instabilidade social causada pela pandemia de coronavírus é um fator crucial para compreendermos o poder de atração da mobilização sindical sobre os trabalhadores da Amazon. Tendo em vista a explosão das vendas *on-line*, a intensificação do ritmo do trabalho durante os primeiros meses da pandemia nos armazéns da empresa foi notável. Além disso, considerando-se as dificuldades de encontrar força de trabalho disponível, a Amazon demorou para contratar novos trabalhadores[1].

Quando os primeiros casos de covid-19 começaram a aparecer no armazém da empresa em Staten Island, a insatisfação com as condições de trabalho já havia despertado nos trabalhadores o desejo de aderir às primeiras paralisações da história do armazém. E muitos deles ajudaram a formar o comitê interno de filiação ao sindicato: "No início, o foco na segurança dos trabalhadores durante a pandemia serviu para atrair os primeiros apoios ao sindicato. [...]. Formamos um comitê interno forte com esses trabalhadores [participantes da primeira paralisação] e, conforme a campanha foi se desenvolvendo, a solidariedade aumentou"[2].

Parte do apoio dos trabalhadores ao comitê de filiação deveu-se à agressividade com a qual os consultores antissindicais da Amazon tratavam as lideranças operárias. Brad Moss, o líder da campanha antissindical, por exemplo, frequentemente se gabava do que havia feito em Bessemer, chamando os ativistas sindicais, quase todos negros, de "bandidos", "maconheiros" e "manifestantes do Black Lives Matter". Isso fez os ativistas enfatizarem a retórica contra a opressão racial, destacando a

---

[1] Ruth Milkman, "The Amazon Labor Union's Historic Breakthrough", *Dissent*, v. 69, n. 3, 2022, p. 96-101.
[2] Chris Smalls, presidente do Sindicato dos Trabalhadores da Amazon (ALU), entrevistado em 2 nov. 2022.

negligência da empresa em relação à proteção das vidas dos trabalhadores negros. A intersecção entre opressão racial e exploração econômica estimulou a solidariedade de outros sindicatos e movimentos sociais:

> Algumas organizações e sindicatos apareceram no nosso acampamento, como os Teamsters Local 804 e o DSA, por exemplo. Além disso, fomos visitados por Bernie Sanders e [pela deputada federal Alexandria] Ocasio-Cortez algumas vezes. Bernie e Ocasio-Cortez, inclusive, participaram do último comício da campanha de filiação manifestando sua solidariedade. [...]. Mark Dimondstein [presidente do Sindicato dos Trabalhadores dos Correios dos Estados Unidos – APWU] e Randi Weingarten [presidente da Federação Americana dos Professores – AFT] também participaram de nossa campanha. [...]. Os ativistas do Black Lives Matter of Greater New York estiveram conosco em vários momentos e foram muito importantes para impulsionar nossa campanha de financiamento coletivo *on-line*. A Kshama Sawant [vereadora da câmara municipal de Seattle], por exemplo, esteve conosco no acampamento e doou 20 mil dólares para o sindicato.[3]

Durante a campanha de filiação sindical, o despotismo gerencial e a opressão racial no interior da Amazon foram revelados por meio de uma detalhada reportagem publicada pelo jornal *The New York Times*. Resultado de um trabalho de jornalismo investigativo de cerca de um ano, a matéria não apenas denunciava o regime fabril despótico da empresa como revelava a discriminação racial no cotidiano do armazém onde Smalls trabalhava[4].

A existência de uma força de trabalho majoritariamente negra, mestiça e sub-remunerada, gerenciada exclusivamente por pessoas brancas, não passou despercebida pela matéria. A opressão racial na Amazon não apenas moldava as experiências cotidianas dos trabalhadores como alimentava o sentimento de indignação que eclodiu durante a campanha de filiação ao sindicato:

> Durante o treinamento eles [gerentes] nos levaram para um hotel e passaram vários filmes e *slides*, mostrando os processos da Amazon e dizendo que teríamos muitas chances de crescer na empresa. [...]. No início, você trabalha com aquele equipamento moderno, ao lado de robôs, é tudo muito interessante. Eu estava tão motivado que chegava sempre meia hora antes do meu turno para organizar meu espaço e me preparar melhor para o trabalho. [...]. A partir de um certo momento, comecei a me sentir frustrado, pois eu me sentia roubado o tempo todo. [...]. No segundo prédio, eu passava a maior parte do meu tempo treinando os novatos brancos com diplomas universitários que iriam se tornar meus gerentes. [...]. Eu me candidatei 49 vezes para uma vaga de gerente e nunca consegui descobrir por que eu, mesmo tendo todas as qualificações, nunca era selecionado. Fiz bem o meu trabalho, abri três prédios, trabalhei, passei muito tempo longe da minha família e dos meus filhos. Então, comecei a perceber que eles tinham um sistema projetado para impedir que negros subissem na

---

[3] Idem.
[4] Ver Jodi Kantor, Karen Weise e Grace Ashford, "Inside Amazon's Employment Machine", *The New York Times*, 15 jun. 2021.

empresa. [...]. A campanha [de sindicalização] se fortaleceu muito, pois os trabalhadores sentiam que nós estávamos fazendo algo para enfrentar isso [o racismo].[5]

Cuidando uns dos outros

Com a vitória da campanha, Smalls se transformou imediatamente em uma celebridade nacional. O jornal *The New York Times* publicou artigos sobre suas escolhas de roupas – Smalls é um ex-*rapper* e costuma se vestir de acordo –, a revista *Time* elegeu-o uma das cem personalidades mais influentes do ano de 2022, a revista *New York* dedicou-lhe uma matéria de capa, e o presidente Joe Biden o convidou para uma reunião na Casa Branca. A repercussão pública foi proporcional ao tamanho da façanha. Um grupo de ativistas sem apoio de nenhum sindicato nacional ou internacional havia derrotado o segundo maior empregador privado do país:

[De onde veio a ideia do sindicato?] Bem, eu encontrei com uma trabalhadora que estava visivelmente doente e ela me disse que havia testado positivo para covid-19. Eu a mandei para casa e levei o caso para a liderança. Disse: "Ei, há algo errado aqui. Se ela está com sintomas já deve ter espalhado para outros. Precisamos fechar este prédio e colocar todos em quarentena por duas semanas pelo menos, com pagamento". Eles nem ouviram. Nesse momento, saí e disse: "Eu não vou sentar aqui e ficar observando as pessoas adoecerem e começarem a morrer sem vocês fazerem algo sobre isso". A partir daí, passei a ligar diariamente para o departamento de saúde e para o Centro de Controle de Doenças (CDC). Também mandei vários *e-mails* para a imprensa. [...]. O Bezos dizia que estávamos ajudando nossas comunidades a manter os negócios funcionando. Mas não à custa de nossas vidas. A descrição do meu trabalho dizia que eu precisava de um diploma de ensino médio e ser capaz de levantar cinquenta libras. Não dizia que teria que arriscar minha vida trabalhando durante uma pandemia. [...]. Tentei fazer o melhor que pude para conscientizar a liderança sobre essa situação. [...]. Eu estava pensando no meu povo, nas pessoas com quem trabalhava quarenta, cinquenta ou sessenta horas por semana, e que se tornaram minha família. Eles estavam adoecendo no armazém, sem ninguém fazer nada. [...]. Daí eles decidiram me colocar em quarentena. [...]. Eu decidi continuar indo para o trabalho para denunciar a situação e eles me demitiram. [...]. A ideia do sindicato veio nesse momento, quando me demitiram por apontar para o problema da segurança daqueles que trabalhavam comigo e que eram minha responsabilidade. Pensei assim: "Precisamos de uma voz".[6]

Contando apenas com um financiamento coletivo *on-line* (cerca de 120 mil dólares), os recursos do ALU eram minúsculos se comparados aos mais de 4 milhões de dólares gastos pela Amazon com consultores ao longo da campanha antissindical em Staten Island. Além do aconselhamento gratuito de alguns advogados

---

[5] Chris Smalls, cit.
[6] Idem.

trabalhistas, a partir do início de 2022 o novo sindicato passou a contar com um espaço oferecido pelo Unite Here!, que acabou se transformando no ponto de encontro de um grupo de ativistas veteranos que se aproximou do novo sindicato a fim de apoiar a mobilização no final da campanha:

> Não temos milhões de dólares, mas acho que o poder dos trabalhadores e do povo é maior do que qualquer quantia de dinheiro que poderíamos obter. E até agora isso tem funcionado. Precisamos de um pouco de dinheiro, mas precisamos apenas do suficiente para realizar nossos churrascos, comícios e eventos. Não precisamos de milhões de dólares. Precisamos apenas da experiência dos ativistas mais velhos, do entusiasmo dos ativistas mais jovens e da força de nossas comunidades nos apoiando. É isso que estamos fazendo agora em San Leandro [Califórnia] e em outros lugares interessados em organizar sindicatos da Amazon: espalhando a mensagem.[7]

Em contrapartida, a empresa cobriu o armazém com placas de "Vote Não" e bombardeou os trabalhadores com argumentos contra o sindicato, realizando reuniões de que os funcionários eram obrigados a participar. A gerência ridicularizou abertamente Smalls, espalhando toda sorte de mentiras a seu respeito e dizendo que ele não seria "inteligente ou suficientemente articulado" para liderar uma campanha bem-sucedida de filiação sindical contra a empresa[8]. Nesse sentido, a reação da Amazon foi tão brutal que acabou por confirmar um antigo ditado do movimento sindical estadunidense, segundo o qual, "o melhor organizador é o patrão":

> Sabíamos que a alta rotatividade estava contra nós, que o relógio estava contra nós. Quando assinávamos os cartões [de filiação], não sabíamos quanto tempo os trabalhadores iriam durar [empregados na empresa]. Tivemos trabalhadores que assinaram o cartão e foram demitidos no dia seguinte. Acontece. A beleza disso é que o JFK8 [armazém da Amazon em Staten Island] existe há três anos, enquanto o prédio em Bessemer existe há apenas um ano. Alguns de nossos principais organizadores estavam na empresa havia mais de três anos. Outros foram transferidos de outros prédios que existem há cinco, seis, sete anos. Portanto, tínhamos muito mais influência entre os trabalhadores de Staten Island que no Alabama. Isso jogou a nosso favor.[9]

Além da experiência dos organizadores sindicais, o despotismo gerencial praticado pela Amazon ajudou a impulsionar a campanha: alta taxa de rotatividade, baixos salários, demissões por algoritmo sem a oportunidade de discutir as razões com um supervisor humano, eliminação de folgas, intensificação do ritmo de trabalho sem ganho salarial, punição em caso de descumprimento das metas e

---

[7] Derrick Palmer, dirigente do Sindicato dos Trabalhadores da Amazon (ALU), entrevistado em 2 nov. 2022.
[8] Ver Alex N. Press, "Amazon and Jeff Bezos's Worst Enemy Is Chris Smalls", *Jacobin*, 12 jul. 2021; disponível em: <https://jacobin.com/2021/07/amazon-staten-island-jfk8-chris-smalls-jeff-bezos-union-organizing-working-class>; acesso em: 23 jun. 2023.
[9] Derrick Palmer, cit.

vigilância eletrônica para monitorar a produtividade são alguns dos procedimentos mais conhecidos do regime fabril da empresa[10].

Assim, além da indignação dos trabalhadores motivada pela indiferença da Amazon em relação à proteção da saúde dos trabalhadores durante a pandemia, não surpreende que o lema "Não somos robôs!" tenha sido muito empregado pelos ativistas durante a campanha de filiação. Logicamente, outras razões pesarão para que o ALU alcançasse seu objetivo.

A pandemia não apenas evidenciou a essencialidade dos trabalhadores subalternos para a reprodução das cidades, como pressionou o mercado de trabalho, fazendo com que o risco de ser demitido caísse consideravelmente. Ademais, o apoio de Biden à campanha de Bessemer também parece ter pesado positivamente na disposição dos trabalhadores em se aproximar do sindicato. Tudo somado, a campanha em Staten Island focou em "aplicar a lei", isto é, explorar todas as brechas existentes de uma legislação trabalhista conhecida por ser amplamente desfavorável aos sindicatos: "[Diante da repressão da empresa] os trabalhadores começaram a se perguntar: 'Por que eles estão fazendo isso? Se é realmente algo que eles não querem, provavelmente é algo de que precisamos'. É por isso que conseguimos seguir na coleta de assinaturas, sabendo que estávamos na direção certa. [...]. A Amazon foi muito dura conosco o tempo todo e nós permanecemos sempre muito calmos, apenas seguindo o caminho jurídico, legal"[11].

Isso não quer dizer que a campanha não tenha produzido inovações táticas e organizacionais. O ALU fez um uso amplo das mídias sociais, especialmente o TikTok e o Telegram, além de distribuir comida e maconha gratuitamente aos trabalhadores como forma de aproximar a base dos ativistas. Dessa maneira, ou seja, por meio das mídias sociais e do contato direto com os trabalhadores, os sindicalistas souberam explorar referências culturais comuns a um grupo formado em sua maioria por moradores de comunidades negras e latinas territorialmente segregadas e assediadas pela polícia.

O uso criativo das mídias sociais associado a uma prática política vertebrada pela intersecção entre exploração classista e opressão étnico-racial provavelmente foi estimulado pelo fato de os ativistas sindicais serem jovens que tinham começado a trabalhar depois da crise de 2008. Trata-se de uma geração de trabalhadores que se aproximou tanto do movimento Occupy Wall Street quanto do movimento BLM, o que parece ter favorecido sua disposição de participar de formas de ação coletiva:

> Nunca antes na minha vida eu tinha participado de um movimento social. E nem tinha intenção de participar. Você sabe: é trabalho, doze, treze horas por dia. Quando você chega em casa está exausto. Não quer pensar em mais nada, só descansar. [...]. Não. Ninguém

---

[10] Ver Jake Alimahomed-Wilson e Ellen Reese (orgs.), *The Cost of Free Shipping: Amazon in the Global Economy* (Londres, Pluto, 2020).

[11] Derrick Palmer, cit.

[da minha família] participava de nenhum tipo de organização política. [...]. Mas, como cidadão negro, eu sempre vi as injustiças contra nossas irmãs e nossos irmãos de cor. [...]. Sim, acompanhei com interesse os acontecimentos em Ferguson e em Baltimore. É claro que o movimento BLM é parte da minha história. Afinal, como qualquer cidadão negro neste país, eu sei o que é ser visado pela polícia. [...]. Eu conversei com ele [Smalls] rapidamente na sessão e decidi ajudar na primeira paralisação no armazém. [...]. Nossa paralisação começou por volta de meio-dia e cerca de duzentos trabalhadores saíram do armazém. Comecei a conversar com todo mundo que eu conhecia. E conversei com o [jornal] *New York Post*, o que fez com que mais pessoas viessem e aceitassem falar comigo. [...]. Quando ele [Smalls] foi demitido, senti que o sindicato era a única coisa que eu realmente podia fazer para tentar mudar essa injustiça. Era uma maneira de proteger as vidas negras de outro jeito. Não da violência da polícia, mas da violência da empresa.[12]

"A Amazon me treinou para isso"

De fato, se levarmos em consideração a série de vitórias de campanhas de filiação sindical entre jovens trabalhadores, em especial professores universitários submetidos a contratos precários e instrutores de pós-graduação, mas também atendentes das lojas da Apple e da REI, por exemplo, perceberemos indícios de uma importante mudança de atitude em relação aos sindicatos nos Estados Unidos. Trata-se de uma verdadeira guinada no ânimo dos trabalhadores, confirmada por uma pesquisa de opinião recente: a aprovação de 71% dos americanos aos sindicatos é simplesmente a maior dos últimos 57 anos[13]!

Sem dúvida, isso nos ajuda a contextualizar a vitória do ALU em Staten Island. Alguns analistas chegaram a comparar a campanha da Amazon com a vitória em 1937 do Sindicato dos Trabalhadores das Montadoras de Carros (UAW) sobre a General Motors (GM) que, após uma longa greve, acabou reconhecendo o sindicato[14]. No entanto, ao contrário da GM, a Amazon não apenas não reconheceu o resultado da eleição como acusou o Conselho Nacional de Relações Trabalhistas (NLRB) de influenciar ilegalmente o voto dos trabalhadores. Após contestar sem sucesso o resultado da eleição sindical na justiça, a direção da empresa demitiu um grande número de lideranças sindicais[15].

Para Jeff Bezos, conter a onda de sindicalização é uma questão estratégica. Com mais de 1 milhão de funcionários, a Amazon não é apenas o segundo maior empregador dos Estados Unidos, mas uma empresa que conta com operações que

---

[12] Idem.
[13] Ver Justin McCarthy, "U. S. Approval of Labor Unions at Highest Point Since 1965", *Gallup News*, 30 ago. 2022.
[14] Ruth Milkman, "The Amazon Labor Union's Historic Breakthrough", cit.
[15] Ver Jake Johnson, "'Great Day for Labor': NLRB Rejects Amazon Attempt to Overturn Union Win", *Common Dreams*, 2 set. 2022.

envolvem inúmeras indústrias diferentes. No setor de entregas, por exemplo, os trabalhadores ligados à empresa recebem salários significativamente inferiores aos de seus colegas sindicalizados da UPS. Ou seja, o sucesso da Amazon nas entregas ameaça diretamente as condições de reprodução de outros grupos sociais subalternos.

Sean O'Brien, o novo presidente dos Teamsters, sindicato que representa os trabalhadores da UPS, sabe bem disso e, imediatamente após o anúncio da vitória em Staten Island, anunciou que iria se reunir com Chris Smalls em Washington para planejar estratégias coordenadas visando à ampliação do número de trabalhadores sindicalizados[16]. Uma das consequências dessa união foi a criação de uma unidade especial do sindicato voltada exclusivamente para apoiar a sindicalização dos trabalhadores da Amazon no Canadá e nos Estados Unidos[17].

Logo após a vitoriosa votação que criou o ALU, Smalls anunciou a pauta reivindicativa para o primeiro contrato com a empresa. Além da tradicional preocupação com o salário e as condições de trabalho, casos da elevação do salário mínimo para 30 dólares por hora, do aumento das folgas e dias de férias remunerados, da existência de pausas remuneradas durante o dia e da representação sindical em quaisquer reuniões disciplinares, a pauta do novo sindicato também incorporou preocupações relacionadas ao combate ao racismo, por transparência nos critérios de progressão na carreira, além de estímulos aos cuidados infantis que beneficiam diretamente as trabalhadoras[18].

Se a vitoriosa campanha em Staten Island, um armazém onde trabalham cerca de 8 mil pessoas, significa ou não o início de um novo capítulo da história do sindicalismo nos Estados Unidos, só o tempo dirá. No entanto, não há nenhuma dúvida de que se trata de uma conquista sem paralelo na história da classe trabalhadora estadunidense. Ou seja, trata-se de um indício importante de que algumas placas tectônicas do mundo do trabalho se movimentaram numa direção imprevista durante a pandemia de coronavírus.

A novidade advém do fato de a abordagem escolhida pelos ativistas do ALU contrariar o senso comum relativo às campanhas bem-sucedidas de sindicalização no país. Ao contrário do modelo de organização do Seiu, por exemplo, que preconiza a iniciativa de ativistas profissionais, o ALU praticamente não tinha funcionários remunerados. O novo sindicato candidatou-se à eleição com muito menos cartões sindicais assinados do que prega o manual das boas práticas de campanha de filiação. Além disso, os ativistas contavam com uma assessoria jurídica gratuita e inexperiente em relação à negociação trabalhista.

---

[16] Ver Steven Greenhouse, "Union Chief Vows to Pressure Amazon after Historic New York Vote", *The Guardian*, 2 abr. 2022.
[17] Ver Sarah Jones, "Big Labor's Next Big Fight", *New York Magazine*, 10 out. 2022.
[18] Ver Alex N. Press, "A Stunning New Chapter Begins for Amazon Warehouse Workers", *Jacobin*, 1º abr. 2022; disponível em: <https://jacobin.com/2022/04/amazon-labor-union-victory-jfk8-staten-island-bessemer>; acesso em: 23 jun. 2023.

Em contrapartida, do outro lado estava um exército incrivelmente bem remunerado de consultores especializados em esmagar o movimento sindical. Nessa luta de Davi contra Golias, a empresa simplesmente não foi capaz de caracterizar o ALU como uma organização estranha ao ambiente da empresa e interessada apenas no recolhimento do imposto sindical. Mais correto seria afirmar que ocorreu o contrário:

> Quando começamos a expor aos trabalhadores o quanto a Amazon estava pagando para aqueles consultores, nossos colegas ficaram muito irritados. Eles diziam: "O quê? Quatro milhões? Por que eles não nos dão um bônus nesse valor? Ficamos aqui o dia inteiro ralando por trocados e eles ganham isso?". Na reta final da campanha, o ambiente para os consultores foi ficando muito difícil. A primeira coisa que nossos colegas perguntavam a eles nas reuniões [organizadas pela empresa] era: "Quanto vocês estão ganhando?". Nesse momento, eu percebi que iríamos vencer.[19]

Finalmente, é importante destacar o papel desempenhado pela liderança de Chris Smalls. Ele é um jovem *rapper* criado por uma mãe auxiliar de enfermagem que militou por muitos anos na base do sindicato 1199 Seiu de Nova York, uma organização nacionalmente conhecida por sua participação na luta pelos direitos civis dos anos 1950 e 1960 e por ter sido politicamente ligada ao pastor Martin Luther King. Além disso, antes de ser contratado pela Amazon, Smalls já havia atuado como trabalhador sindicalizado em outras empresas de logística em Nova Jersey e em Nova York. Conhecia suficientemente o sindicalismo para saber que se tratava de uma alternativa ao despotismo da Amazon.

Ainda assim, segundo ele, a ideia da organização de um sindicato surgiu apenas durante a crise pandêmica, isto é, quando suas responsabilidades como supervisor chocaram-se com a negligência da empresa em relação à proteção da saúde de seus supervisionados:

> É engraçado porque eu digo isso o tempo todo: a Amazon me treinou para isso. Mesmo não sendo um gerente, como supervisor eu estava fazendo o trabalho de um gerente nos últimos quatro anos e meio. Os princípios de liderança que eu tinha aprendido nos treinamentos na Amazon tornaram mais fácil para mim a transição para o ativismo sindical. Estou usando muitos dos princípios que aprendi como supervisor na Amazon contra eles. O meu favorito é: "Tenha coragem e se comprometa com seus liderados". Eles odiavam o fato de eu usar isso o tempo todo. Mas é provavelmente por isso que nunca fui promovido: eu tinha uma atitude de comprometimento com meus colegas, defendi o que achava certo durante o pior momento da pandemia e estou vendo as coisas mudarem.[20]

Além de usar as lições de liderança da Amazon contra ela, Smalls soube explorar as declarações da empresa em favor da justiça racial quando do assassinato de George Floyd a fim de denunciar a contradição existente entre o discurso público

---

[19] Derrick Palmer, cit.
[20] Chris Smalls, cit.

e as práticas gerenciais. Durante a onda mundial de protestos antirracistas, a empresa manifestou por meio do Twitter seu apoio à luta por igualdade racial, advogando que "o tratamento desigual e brutal dos negros em nosso país deve parar. Juntos, nos solidarizamos com a comunidade negra – nossos funcionários, clientes e parceiros – na luta contra o racismo sistêmico e a injustiça"[21].

Quando Smalls soube da postagem, ele decidiu debater com seus companheiros formas de constranger a empresa usando a mesma declaração:

> Era vergonhoso para eles dizerem uma coisa dessas. Em 2020, todos os demitidos no JFK8 eram negros, pardos, mulheres. [...]. Então, começamos a denunciar o racismo e o cinismo da empresa em nossas redes sociais, simplesmente perguntando: "Quantos negros ocupam posições de poder na empresa? Quantos negros chegaram a vice-presidente? Quantos negros foram promovidos a gerentes regionais?". Nenhum. E isso é uma vergonha! [...]. Muitas vezes, usei meu próprio exemplo, por ter me candidatado 49 vezes sem sucesso para uma posição de gerência. Os trabalhadores entendiam, pois tinham experiências semelhantes.[22]

Nos Estados Unidos, o Dia da Consciência Negra é comemorado em 19 de junho, data que marca a abolição da escravidão no país. Em 2020, após o assassinato de George Floyd, Jeff Bezos enviou uma mensagem encorajando seus gerentes a desmarcarem reuniões a fim de refletir sobre a importância da celebração: "Por favor, reserve um tempo para aprender, refletir e apoiar uns aos outros. A escravidão acabou há muito tempo, mas o racismo não"[23]. A mensagem enfureceu os ativistas do ALU: "Jeff Bezos dizer que era solidário com os negros quando ele, mais que qualquer pessoa no país, poderia fazer algo para preservar as vidas negras e não fez foi um insulto. [...]. Começamos a perceber com os protestos de George Floyd que as questões do tipo "o policial se sentiu ameaçado?" tinham acabado. Agora queríamos discutir as questões sistêmicas. E o ponto é que os Estados Unidos desprezam as vidas negras"[24].

Essa conclusão está na origem do movimento BLM. A mensagem transmitida pelo levante interseccional de Ferguson foi vertida para a linguagem sindical. A defesa das comunidades ameaçadas pela violência política encorajou a disposição de resistir à violência econômica. Os ruídos da ação direta nas ruas reverberaram dentro do armazém da Amazon. Finalmente, a luta por justiça racial ajudou a

---

[21] Ver Alex N. Press, "Amazon Is No Ally in the Fight for Racial Justice", *Jacobin*, 1º jun. 2020; disponível em: <https://jacobin.com/2020/06/amazon-racial-justice-worker-organizing-union>; acesso em: 23 jun. 2023.
[22] Chris Smalls, cit.
[23] Jeff Bezos citado em Alex N. Press, "Jeff Bezos Wants Amazon Employees to 'Reflect' on Juneteenth. Warehouse Workers Are Organizing Instead", *Jacobin*, 19 jun. 2020; disponível em: <https://jacobin.com/2020/06/juneteenth-amazon-warehouse-jeff-bezos>; acesso em: 23 jun. 2023.
[24] Derrick Palmer, cit.

aproximar os trabalhadores da pregação dos ativistas do ALU: "Nós dizíamos para eles: o sindicato é uma família. Ele [Bezos] não sabe nada a nosso respeito, onde vivemos ou quais são as nossas dificuldades. Ele não está nem aí para os problemas das nossas comunidades. Por isso, só podemos contar com nossos irmãos e irmãs"[25].

Visivelmente, o sucesso da campanha de sindicalização mostrou que o recado foi bem entendido. Contra todos os prognósticos, os trabalhadores do armazém de Staten Island provaram não apenas ser possível vencer a gerência como apontaram o caminho: a auto-organização pela base deles próprios. A notícia logo atravessou o país. Para John Hopkins, por exemplo, um trabalhador negro da Amazon de San Leandro, Califórnia:

> Eu realmente acho importante unir todas as maneiras pelas quais o racismo funciona. Aquilo que o conselho geral disse sobre Chris ["não ser inteligente ou articulado"] realmente me ofendeu, porque é um estereótipo sobre homens negros. Vejo paralelos lá e na conversa em torno de George Floyd, também. O que espero trazer à consciência das pessoas é o fato de que o preconceito implícito é o fio que une tudo isso. [...]. Estou trabalhando com vários outros companheiros nesse momento, e estamos trabalhando para fortalecer uma organização guarda-chuva que ajude os trabalhadores a se organizarem. Chama-se "Coletivo de Trabalhadores" e não são apenas trabalhadores da Amazon. A intenção é não ser deliberadamente parte de nenhum dos sindicatos estabelecidos, apenas um movimento liderado pelos próprios trabalhadores.[26]

Apesar de inspirar outros trabalhadores a se organizarem de forma independente, a vitória do ALU também evidenciou o tamanho do desafio que seus ativistas têm pela frente. Afinal, na condição de segundo maior empregador do país, a Amazon emprega cerca de 1 milhão de trabalhadores apenas nos Estados Unidos e tem avançado rapidamente sobre outros setores econômicos, como transporte e entregas domiciliares. O armazém JFK8 conta com 8 mil trabalhadores. Evidentemente, a consolidação da vitória em Staten Island depende da solidariedade do conjunto do movimento trabalhista.

Trata-se de uma questão ainda mais importante quando consideramos a reação padrão das empresas estadunidenses ao serem derrotadas em eleições sindicais: elas apelam indefinidamente contra o resultado contando com a complacência do judiciário e da ineficácia do NLRB em aplicar a lei. Na condição de vanguarda do antissindicalismo e do despotismo gerencial, após o anúncio da vitória do ALU, a Amazon divulgou um comunicado em que manifestava sua "decepção com o resultado da eleição em Staten Island" e afirmava sua disposição em "apresentar contestações às cortes com base na influência indevida do NLRB na eleição".

Na base dessa disposição antissindical está o desejo das gerências de manter intocado seu "direito de administrar", isto é, seu poder de contratar e demitir à

---

[25] Idem.
[26] John Hopkins citado em Alex N. Press, "Amazon Is No Ally in the Fight for Racial Justice", cit.

vontade, de fechar uma operação ou uma instalação sem indenizar os trabalhadores prejudicados e de reestruturar o processo de trabalho sem a intromissão do sindicato. Para conservar o regime despótico restaurado após a destruição do Patco, as empresas protelam a negociação até que os trabalhadores que votaram favoravelmente ao sindicato sejam demitidos ou os ativistas sindicais fiquem desmoralizados tendo em vista a demora na assinatura do contrato[27].

Ainda assim, após a vitória em Staten Island, mais de cem armazéns espalhados pelo país entraram em contato com o ALU interessados em aprender a organizar uma campanha de sindicalização bem-sucedida. A direção da Amazon sabe que, uma vez que os trabalhadores de um armazém conquistam um sindicato, isso tende a inspirar a criação de outros. O alcance do efeito contágio é difícil de prever. Porém, quando observamos a onda de sindicalização dos baristas da rede Starbucks, percebemos que talvez estejamos diante de uma importante mudança no cenário usualmente sombrio do trabalho organizado nos Estados Unidos.

Novo sindicalismo de justiça social: "Como podemos fazer isso aqui?"

Com uma presença global que abrange 33 mil lojas espalhadas por cerca de oitenta países, a Starbucks é conhecida por seu regime despótico de trabalho marcado por alta rotatividade, baixos salários e longas jornadas. Megan DiMotta é parte do exército de cerca de 190 mil baristas da gigante americana de cafeterias. Localizada num centro comercial em Nova York, a loja onde Megan trabalha aprovou em 2022 a sindicalização de seus empregados no Sindicato dos Trabalhadores da Starbucks (SWU). Em sua opinião, "Chris [Smalls] é um líder incrível! Quando foi demitido, ele procurou pessoas para aprender sobre a história dos trabalhadores. Eu sei o que ele fez se preparando para este momento. Ele foi estratégico e realmente construiu uma comunidade do jeito certo"[28].

A comunidade insurgente que Smalls ajudou a construir em Staten Island aflorou num período oportuno para o sindicalismo no país. Além da aprovação pública em alta, os sindicatos vivem uma conjuntura marcada tanto pela renovação de suas lideranças quanto pelo apoio político do governo federal. Durante a campanha presidencial, Joe Biden prometeu ser "o presidente mais pró-sindicato da história americana"[29]. E, apesar de o projeto de lei capaz de facilitar a filiação sindical e penalizar empresas

---

[27] Ver Lawrence Richards, *Union-Free America: Workers and Antiunion Culture* (Chicago, University of Illinois, 2010).
[28] Megan DiMotta citada em Alex N. Press, "The Class War Is Raging at Amazon's Staten Island Complex", *Jacobin*, 25 abr. 2022; disponível em:<https://jacobin.com/2022/04/amazon-labor-union-staten-island-ldj5-rally>; acesso em: 23 jun. 2023.
[29] Ver Robert Kuttner, *Going Big: FDR's Legacy, Biden's New Deal, and the Struggle to Save Democracy* (Nova York, New Press, 2022).

que não barganharem de boa-fé continuar parado no Congresso, é claro que o apoio presidencial mais ajuda que atrapalha a formação de novos sindicatos.

Nesse sentido, a recente trajetória do SWU é capaz de revelar alguns aspectos centrais do momento vivido pelo movimento trabalhista nos Estados Unidos. Em agosto de 2022, ao celebrar seu primeiro aniversário, o SWU havia vencido eleições sindicais em 225 lojas, organizando mais de 6 mil trabalhadores em 30 estados. Um terço dessas lojas já havia experimentado ao menos uma greve e centenas de outros locais tinham iniciado o processo de organização do sindicato[30].

No início da campanha, poucos teriam imaginado que o SWU acumularia tantas conquistas em tão pouco tempo. No entanto, desde que a primeira campanha sindical surgiu em Buffalo no verão de 2021, as vitórias se multiplicaram em um ritmo intenso, tornando-se uma onda nacional. Em apenas seis meses, mais de 150 sindicatos foram criados[31]. Em 2022, o sindicato seguiu colhendo ótimos resultados quase diários em todo o país, inclusive em estados localizados no Sul, onde é muito raro qualquer ação sindical bem-sucedida: "Na Starbucks, os organizadores do Seiu interpretaram seu papel como o de simples orientadores dos novos ativistas de base. Eles mostraram vontade de ajudar, mas apenas a pedido dos trabalhadores. Assim, sindicalistas em tempo integral não organizaram os trabalhadores na Starbucks; os trabalhadores se auto-organizaram"[32].

Em 27 de maio de 2022, a campanha alcançou uma conquista simbólica importante quando trabalhadores de uma loja localizada em Seattle, onde fica a sede mundial da empresa, aprovaram a filiação ao sindicato. Tratava-se da centésima eleição sindical vencida pelo SWU. Imediatamente após essa vitória, o sindicato organizou outras três lojas em Seattle, além de sindicalizar a principal torrefação da empresa na cidade. Como as torrefações são locais que reúnem um número muito maior de trabalhadores que as lojas, elas são consideradas estratégicas para o crescimento do SWU.

Sem dúvidas, a auto-organização de trabalhadores jovens e entusiasmados pelos êxitos de seus colegas é um fator crucial para compreendermos a onda de nacionalização do novo sindicato. Além disso, vale lembrar que as redes sociais ajudaram a repercutir as primeiras vitórias, contribuindo para que trabalhadores de todo o país tomassem conhecimento do que estava se passando no nível local e entrassem em contato com as lojas já sindicalizadas. A campanha de sindicalização da Starbucks ajudou a mudar a opinião dos trabalhadores jovens a respeito do movimento sindical. Nas palavras de Jaz Brisack, uma ativista do SWU: "Hoje em dia, os sindicatos são atraentes"[33].

---

[30] Ver John Logan, "High-Octane Organizing at Starbucks", *New Labor Forum*, v. 31, n. 3, 2022, p. 36-42.
[31] Ibidem.
[32] Ibidem, p. 36.
[33] Jaz Brisack citado em Eric Blanc, "Workers Want to Unionize. Will Union Leaders Respond?" *Jacobin*, 27 out. 2022; disponível em: <https://jacobin.com/2022/10/workers-labor-movement-union-leaders-organizing>; acesso em: 23 jun. 2023.

Duzentas e vinte e cinco campanhas vitoriosas podem parecer um número modesto diante da quantidade de lojas da Starbucks existentes nos Estados Unidos: em 2022, a rede era formada por mais de 15 mil lojas. Porém, em um país que dificulta ao máximo a filiação dos trabalhadores aos sindicatos, cada loja sindicalizada representa um inegável triunfo da auto-organização dos trabalhadores. Ademais, o ritmo de sindicalização não parece dar sinais de queda, mesmo diante da dura contraofensiva imposta pela empresa aos trabalhadores interessados em se juntar ao sindicato[34].

Ao contrário, ao longo de 2022, o sindicato colheu inúmeras vitórias em cidades do Sul dos Estados Unidos, notoriamente refratárias a qualquer atividade sindical, como em Anderson, Carolina do Sul, Augusta, Geórgia, Birmingham, Alabama, Boone, Carolina do Norte, Greenville, Carolina do Sul, Knoxville, e Memphis, Tennessee. Trata-se de um conjunto de triunfos que apenas pôde ser alcançado devido ao ritmo acelerado de treinamento de novos ativistas via Zoom realizado pelo SWU.

Esse esforço para fortalecer a organização nos locais de trabalho ocorreu concomitantemente à criação de um comitê nacional de negociação responsável pela unificação das demandas de negociação com a gerência. Segundo Daisy Pitkin, diretora nacional de organização do SWU:

> Vamos pedir à empresa que se reúna com o comitê nacional de negociação. Estou supondo que eles vão dizer não. Querem negociar loja por loja. Assim, os trabalhadores planejam se coordenar e apresentar a mesma proposta repetidas vezes. Vai ser preciso muita ação coletiva militante e solidariedade envolvendo movimento sindical, comunidades, estudantes, aliados e clientes, para conquistarmos o direito a uma mesa de negociação.[35]

A exemplo da Amazon, a Starbucks também é famosa por sua postura intransigentemente antissindical. A fim de deter a onda de sindicalização, a empresa decidiu afrontar abertamente a legislação trabalhista, demitindo, ameaçando e oferecendo benefícios indevidos aos trabalhadores. Além disso, a gerência fechou lojas favoráveis à filiação sindical, o que levou à abertura de 400 queixas de práticas trabalhistas injustas em 19 estados até novembro de 2022. Em suma, enquanto os trabalhadores lutam para fazer com que a lei seja cumprida, a empresa faz de tudo para afrontá-la[36].

Para tanto, a gerência da Starbucks decidiu contratar um dos principais escritórios de advocacia do país para explorar todas as brechas existentes na legislação

---

[34] Ver ibidem.
[35] Daisy Pitkin, "Interview: Starbucks Workers Are in the Fight of their Lives for a Contract", *Labor Notes*, 25 ago. 2022.
[36] Ver John Logan, "Starbucks Is the Country's Worst Labor Law Violator. Joe Biden Should Rein it in", *Jacobin*, 25 maio 2022; disponível em: <https://jacobin.com/2022/05/starbucks-nlrb-biden-illegal-union-busting/>; acesso em: 23 jun. 2023.

trabalhista a fim de protelar o direito dos trabalhadores de ver seu sindicato reconhecido pela empresa. Na realidade, um dos objetivos da estratégia protelatória consiste em empurrar os processos para a justiça federal, em que inúmeros juízes inclinados a favorecer as grandes corporações em suas decisões foram indicados durante o governo de Donald Trump[37].

Ainda que o desafio seja hercúleo, a atual onda de sindicalização parece estar se alastrando. Entre 2020 e 2021, os pedidos para organização de eleições sindicais protocolados no NLBR aumentaram 58%. Além disso, em 2022, centenas de trabalhadores de grandes empresas, como Apple (em Atlanta e Maryland), REI (em Nova York), Target (na Virgínia) e Trader Joe's (em Massachusetts e Mineápolis), entraram com pedidos para a organização de eleições apoiados por sindicatos independentes[38].

E mesmo setores considerados hostis aos sindicatos começaram a se organizar. Os trabalhadores de uma subsidiária da Activision Blizzard formaram o primeiro sindicato de uma grande empresa de videogames em maio de 2022 e os trabalhadores de tecnologia do jornal *The New York Times* se organizaram em junho de 2022[39]. Trata-se de um efeito contágio no qual exemplos de sucessos organizativos locais são reproduzidos em outras cidades.

E, apesar de contar com o apoio de sindicatos nacionais e internacionais estabelecidos, a principal novidade trazida pela atual onda de criação de sindicatos é o forte sentimento de autodeterminação presente entre os trabalhadores, sobretudo os mais jovens. Para Daisy Pitkin:

> Com a pandemia, os trabalhadores estão exigindo mais e, enquanto isso, a aprovação dos sindicatos está no auge desde a década de 1960. Como transformamos isso em um momento em que as pessoas realmente consigam construir seus sindicatos? Acho que a campanha da Starbucks é realmente um teste de fogo. É uma campanha centrada no trabalhador, pois os trabalhadores estão no centro dela. Há muita energia entre os jovens. Como organizadores de equipe, nosso trabalho é não atrapalhar isso.[40]

De acordo com Casey Moore, trabalhador recém-sindicalizado de uma loja da Starbucks em Buffalo, "o mais bonito de todo esse movimento é que só precisamos ganhar uma loja para mostrar que é possível. [...]. Assim que a notícia [da eleição vitoriosa] se espalhou, começamos a ser inundados com e-mails e mensagens diretas nas redes sociais dizendo: 'Estamos tão inspirados, como podemos fazer isso aqui?'"[41].

---

[37] Idem.
[38] Ver Dan DiMaggio e Angela Bunay, "A New Sense of Possibility: Starbucks and Amazon Wins Inspire Organizing at Trader Joe's, REI, Target, and Apple", *Labor Notes*, 30 jun. 2022.
[39] Idem.
[40] Daisy Pitkin citada em Paige Oamek, "How to Build Fierce and Worker-Centered Unions", *In These Times*, 29 mar. 2022.
[41] Casey Moore citado em Dan DiMaggio e Angela Bunay, "A New Sense of Possibility", cit.

Conclusão
A era da indeterminação

Neste livro testamos a hipótese segundo a qual a crise da globalização neoliberal iniciada em 2008 fomentou um ciclo de agitações trabalhistas que sobrepôs conflitos enraizados nos locais de trabalho, particularmente ligados à formação de novas classes trabalhadoras, aos anseios por proteção social de antigos grupos operários em via de desaparecimento. Expandindo nossa premissa original, diríamos que a chance de superação das enrascadas que atualmente inquietam as democracias liberais em diferentes países depende da propensão mais ou menos progressista da reconfiguração das identidades coletivas desses grupos sociais subalternos.

Nos Estados Unidos, não é difícil perceber como a cidadania salarial conquistada nos anos 1930 ajudou a proteger certos grupos de trabalhadores, impulsionando a democracia liberal por aproximadamente três décadas. No entanto, a chegada da crise de lucratividade em meados dos anos 1960 assegurou às gerências a oportunidade de exigir seu "direito de administrar" sem a interferência dos sindicatos. O abandono pelas empresas das negociações coletivas com os sindicatos anunciou o advento de uma devastadora onda de mercantilização do trabalho, das terras e do dinheiro, cujos efeitos mais lesivos concentraram-se nos grupos sociais racializados.

No início dos anos 1980, quando a reação empresarial e o neoliberalismo da era Reagan mundializaram essa onda, os sindicatos e a proteção social transformaram-se nos principais alvos do ataque do regime racializado de acumulação. Nesse contexto, conforme o trabalho precário realizado, sobretudo por mulheres e negros, foi progressivamente substituindo os empregos sindicalizados, o preço da força de trabalho caiu abaixo de seu valor, dificultando sua reprodução em termos "normais".

A solução oferecida pelo neoliberalismo triunfante para a contradição entre a acumulação econômica e a reprodução social foi o endividamento dos grupos subalternos. Por meio do recurso ao crédito, as famílias trabalhadoras buscam recompor parte de sua renda a fim de adquirir meios de subsistência e acessar serviços básicos. O resultado é a formação de uma classe social disciplinada pela dívida bancária e que se reproduz em comunidades cada dia mais ameaçadas pelo avanço da pobreza. Ademais, a crise de 2008 rebaixou as condições de reprodução das comunidades onde vivem as famílias trabalhadoras brancas e negras, forçando-as a uma aproximação indesejada. Em suma, a solução neoliberal não fez outra coisa senão aprofundar a crise sociorreprodutiva que castiga o conjunto da classe trabalhadora[1].

Se é bem verdade que toda reestruturação gera seu próprio antagonista, nos anos 1990 um novo ciclo de mobilizações lideradas por movimentos sociais de moradia e em favor dos direitos dos trabalhadores imigrantes acercou-se de campanhas dirigidas por sindicatos como o Seiu que tentavam organizar grupos racializados de trabalhadores no setor de serviços privados. Ainda que limitado por práticas burocráticas, o sindicalismo de justiça social decorrente dessa aproximação fortaleceu o poder de barganha de trabalhadores terceirizados ocupados em asilos, creches, hospitais, atividades de limpeza predial e serviços de segurança patrimonial[2].

De mais a mais, a renovação do sindicalismo proporcionada pela aproximação com os movimentos sociais nos anos 1990 e 2000 estimulou o surgimento de novas campanhas, como a "Lute por 15 dólares", planejadas para atrair o apoio de grupos de trabalhadores precários espalhados pelo país. Focando nesses setores, os sindicatos souberam renovar suas demandas por justiça social articulando a campanha por salários dignos às exigências relativas à luta contra as opressões racial e de gênero.

Os recentes sucessos organizativos conquistados pelos trabalhadores da Amazon, Apple, Chipotle, Geico, Home Depot, REI, Starbucks, Target e Trader Joe's, apenas para ficarmos nos casos mais conhecidos de criação de sindicatos independentes, conectaram a resistência à exploração econômica nos locais de trabalho ao levante contra a expropriação política nas comunidades. Por um lado, eles foram impulsionados pela mobilização de jovens trabalhadores inseridos em condições precárias de trabalho. Por outro, os esforços de criação dos novos sindicatos foram sustentados por organizações enraizadas em comunidades insurgentes formadas por ativistas no bojo da ação direta.

Devido ao aquecimento do mercado de trabalho, essa convergência ocorreu numa conjuntura econômica mais favorável à mobilização trabalhista. No início de 2023, por exemplo, a taxa de desemprego americana era de apenas 3,4%, a menor das últimas cinco décadas. Com a diminuição do risco de perder o emprego

---

[1] Ver Nancy Fraser, *Cannibal Capitalism: How Our System Is Devouring Democracy, Care, and the Planet – and What We Can Do About It* (Nova York, Verso, 2022).
[2] Ver Luís L. M. Aguiar e Joseph McCartin, *Purple Power: The History and Global Impact of Seiu* (Urbana, University of Illinois, 2023).

tendo em vista a multiplicação das oportunidades de um novo recrutamento, a ideia da criação do próprio sindicato foi se tornando mais atraente aos olhos da juventude trabalhadora:

> Quando liguei para minha mãe e disse que estava apoiando o sindicato, a única coisa que ela disse foi: "Eles vão te demitir". Eu respondi: "De jeito nenhum, meu gerente me ama, acabei de ser premiada pela empresa". Então fiquei surpresa quando me disseram que fui demitida. Fiquei com medo porque eu tinha acabado de descobrir que meu carro precisava de 900 dólares de reparos para passar na inspeção veicular. Mas a pizzaria ao lado da loja Starbucks em que eu trabalhava me ofereceu um emprego quase imediatamente. E pude continuar na campanha [sindical], mesmo tendo sido demitida.[3]

Além do mercado de trabalho aquecido, não devemos subestimar a força da indignação da juventude trabalhadora quanto ao desprezo pela segurança dos trabalhadores essenciais demonstrado por governos e empresas durante os piores momentos da pandemia[4]. Dispensável dizer que a maioria dos trabalhadores essenciais é racializada. Na realidade, a combinação da massificação de um movimento focado na proteção das vidas negras com o aumento das desigualdades sociais fomentado pela crise sanitária acabou favorecendo a ação coletiva dos trabalhadores estadunidenses:

> Todos esses protestos recentes nos ensinaram uma lição: você precisa se defender e precisa de seus colegas de trabalho ao seu lado, pois a cavalaria não está vindo para nos resgatar. [...]. As pessoas que trabalham na Starbucks estavam nas ruas durante o movimento BLM. Acho que muitos viram a ação acontecendo nas ruas e disseram: "Podemos fazer isso acontecer também nos locais de trabalho". Crescemos em um mundo que está literalmente pegando fogo e você não pode fazer quase nada a respeito. Ao contrário, essa campanha [de sindicalização] foi a primeira vez na minha vida que senti que realmente eu poderia ajudar a corrigir algo.[5]

As campanhas lideradas pelo ALU e pelo SWU podem significar, nas palavras de Eric Blanc: "O mais importante renascimento do movimento dos trabalhadores nos Estados Unidos em gerações"[6]. Desde o início da campanha, em média, cinco lojas por semana votaram favoravelmente à filiação sindical. Até novembro

---

[3] Tori Tambellini citada em Chris Isidore, "These Baristas Are Leading a Nationwide Campaign to Unionize Starbucks. It Came at a Cost", *CNN Business*, 2 nov. 2022.

[4] Ver Jamie K. McCallum, *Essential: How the Pandemic Transformed the Long Fight for Worker Justice* (Nova York, Basic, 2022).

[5] Casey Moore citado em Dan DiMaggio e Angela Bunay, "A New Sense of Possibility: Starbucks and Amazon Wins Inspire Organizing at Trader Joe's, REI, Target, and Apple", *Labor Notes*, 30 jun. 2022.

[6] Eric Blanc, "Workers Want to Unionize. Will Union Leaders Respond?" *Jacobin*, 27 out. 2022; disponível em: <https://jacobin.com/2022/10/workers-labor-movement-union-leaders-organizing>; acesso em: 23 jun. 2023.

de 2022, a taxa de sucesso do sindicato era de impressionantes 83% entre as lojas onde a votação já havia sido concluída[7].

Esse notável esforço de auto-organização das bases criou um momento muito especial na história recente do movimento dos trabalhadores nos Estados Unidos. O desejo de jovens trabalhadores de se sentirem engajados nas decisões que afetam seus ambientes de trabalho alimentou muitos sucessos organizativos. Não surpreende que esses jovens se sintam entusiasmados com suas novas e bem-sucedidas experiências coletivas: "O movimento literalmente mudou minha vida. [...]. Não tenho intenção de deixar minha loja pelo menos até conseguirmos um primeiro contrato. Quero estar envolvida em como meu local de trabalho funciona"[8].

Na realidade, pesquisas recentes de opinião têm demonstrado que os jovens em torno de 25 anos estão entre os que mais aprovam a atuação dos sindicatos (64,3%)[9]. Além disso, os dados revelam que a maior diversidade racial verificada entre os jovens contribuiu para o alto apoio e que a posse de um diploma universitário não interferiu na aprovação sindical desses grupos[10].

Sem dúvida, é a juventude trabalhadora a principal força motriz da atual onda de sindicalização nos Estados Unidos. Logicamente, isso faz com que ela necessite de todo o apoio que puder contar dos sindicatos estabelecidos. Afinal, enfrentar os maiores empregadores estadunidenses requer necessariamente um aporte considerável de recursos financeiros, em especial quando as empresas decidem protelar o reconhecimento dos novos sindicatos a fim de desmoralizar os ativistas e os trabalhadores.

Felizmente, alguns sindicatos têm se mostrado sensíveis à auto-organização da juventude trabalhadora. Pressionado pelas vitórias do novo sindicalismo, o velho sindicalismo de justiça social pôs-se em movimento. O Seiu decidiu apoiar campanhas independentes por meio da Fundação Trabalhadores Unidos (Workers United – WU). O Sindicato dos Trabalhadores em Telecomunicações dos Estados Unidos (Communications Workers of America – CWA) e os Teamsters também estão desenvolvendo iniciativas semelhantes. Além disso, a AFL-CIO anunciou um investimento de 11 milhões de dólares na criação do Centro de Organização Transformacional (Center for Transformational Organizing – CTO), cuja meta é filiar 1 milhão de novos trabalhadores em todos os setores econômicos nos próximos anos[11].

---

[7] Ver Chris Isidore, "These Baristas Are Leading a Nationwide Campaign to Unionize Starbucks. It Came at a Cost", *CNN Business*, 2 nov. 2022.
[8] Naomi Martinez, barista da Starbucks na cidade de Phoenix, citada em idem.
[9] Ver Aurelia Glass, "The Closing Gender, Education, and Ideological Divides Behind Gen Z's Union Movement", *Center for American Progress*, 5 out. 2022.
[10] Idem.
[11] Ver Steven Greenhouse, "AFL-CIO Unveils Plan to Grow but some Union Leaders Underwhelmed", *The Guardian*, 15 jun. 2022.

Desde que os primeiros casos de covid-19 começaram a ser diagnosticados nos Estados Unidos, a transformação da cena política para os trabalhadores foi notável. Questionamentos relativos à proteção sanitária dos trabalhadores essenciais durante a quarentena alimentaram uma indignação crescente com as condições de trabalho do precariado ocupado em armazéns, entregas, farmácias, fazendas, hospitais, restaurantes, supermercados e nos transportes. Os trabalhadores precários foram submetidos a longas jornadas, tendo de lidar os riscos do adoecimento por covid-19 sem poder se proteger como os funcionários de escritório que passaram a trabalhar em casa.

Aliás, o fato de muitos trabalhadores imigrantes e racializados serem inelegíveis para o auxílio emergencial pago pelo governo federal afigurou-se particularmente injusto aos olhos da juventude trabalhadora. Com efeito, à medida que a crise pandêmica se agravou, a designação "trabalhadores essenciais" firmou-se como uma autêntica identidade política para o precariado, deslocando a discussão a respeito da desigualdade existente entre o trabalho protegido e o trabalho desprotegido nos Estados Unidos para o centro do debate público[12].

Não deixa de ser tentador comparar a atual atitude insubmissa da juventude trabalhadora à rebelião das bases que desafiou tanto os sindicatos quanto as gerências nos anos 1960 e 1970. Em certa medida, a onda dos anos 1970 do "pegue esse emprego e enfie" parece ter renascido durante a pandemia. Assim como a rebelião das bases do passado apoiou-se em décadas de experiências com os limites do sindicalismo fordista, a atual onda de criação de organizações independentes também se apoia no velho sindicalismo de justiça social dos anos 1990 e 2000.

Vale lembrar que a campanha "Lute por 15 dólares" em favor do aumento do salário mínimo federal ganhou repercussão nacional somente após alguns sindicatos progressistas terem se aproximado em meados dos anos 2010 da plataforma BLM. Impulsionada por trabalhadores negros, a campanha buscou aliados em câmaras municipais e assembleias estaduais a fim de aprovar leis que aumentavam o salário mínimo. Após uma década do início da campanha, os resultados alcançados são considerados um grande sucesso pela direção do movimento sindical:

> A principal conquista da campanha [Lute por 15 dólares] liderada por trabalhadores negros e imigrantes em todo o país foi ensinar ao conjunto dos trabalhadores que quando você se une pode conquistar mudanças reais em seus empregos e em suas vidas. [...]. Vinte e seis milhões de trabalhadores viram seus salários subir para 15 dólares a hora. Este é um patamar que foi ridicularizado no início, mas ele agora está sendo desafiado por demandas por um mínimo cada vez mais alto, o que é um indicador real de sucesso.[13]

---

[12] Ver Jamie K. McCallum, *Essential*, cit.
[13] Mary Kay Henry, presidente do Seiu, citada em Steven Greenhouse, "'The Success Is Inspirational': The Fight for $15 Movement 10 Years on", *The Guardian*, 23 nov. 2022.

Êxitos como esse nos ajudam a delinear melhor os contornos do atual refazer-se classista nos Estados Unidos: diferentes segmentos da classe trabalhadora estão mobilizando uma ampla gama de valores e linguagens a fim de expressar suas reivindicações por justiça social. No interior desse movimento, diferentes grupos de trabalhadores, em geral jovens e racializados, participam de ações trabalhistas filiando-se a sindicatos já estabelecidos ou criando suas próprias organizações independentes em torno de campanhas de mobilização coletiva democraticamente dirigidas pelas bases.

Em nome da justiça social, esses grupos pressionam a fronteira que separa a exploração econômica da expropriação política, vendo-se obrigados a elaborar e a tornar coerente sua própria identidade coletiva. Sabemos que, no capitalismo racial estadunidense, os trabalhadores negros e brancos trilharam caminhos historicamente separados.

No entanto, a combinação entre a crise da globalização neoliberal e a pandemia rebaixou as condições de subsistência das comunidades negras e brancas, forçando esses diferentes grupos subalternos a uma aproximação indesejada. A epidemia de opioides que tem assolado as comunidades operárias nos Montes Apalaches é uma maneira muito evidente de perceber essa aproximação: "Mortes de desespero [decorrentes de *overdoses*] agora abundam em comunidades brancas, negras e pardas nos Estados Unidos. Compreendê-las efetivamente exige que reconheçamos o capitalismo racial como a raiz comum do desespero e priorizemos a justiça racial em benefício de todos"[14].

Diferentemente do fordismo, quando os conflitos classistas favoreceram a inclusão dos trabalhadores negros nos direitos de cidadania, o neoliberalismo manietou tanto os trabalhadores nacionais quanto os racializados, submetendo-os à deterioração de suas condições sociais socioreprodutivas. Aliado da luta pelos direitos civis nos anos 1950 e 1960, o sindicalismo estadunidense, apesar de seu declínio histórico, segue ainda hoje desempenhando um papel de relativo destaque na resistência à degradação das condições de subsistência das famílias trabalhadoras.

Num país onde inexiste um partido político capaz de representar os interesses coletivos dos trabalhadores e onde os movimentos sociais, apesar de sua tradição de mobilizações bem-sucedidas, enfrentam dificuldades em atuar nacionalmente, qualquer esforço de organização dos grupos sociais subalternos em defesa de suas condições de vida tenderá a assumir a forma da criação de um sindicato independente ou da aproximação a um sindicato já estabelecido.

Em meio à atual crise de hegemonia, apoiar esse esforço auto-organizativo talvez seja o maior desafio vivido pelo movimento trabalhista na América em muitas décadas. Para tanto, é necessário que os sindicatos estabelecidos se mostrem

---

[14] Helena Hansen, Jules Netherland e David Herzberg, *Whiteout: How Racial Capitalism Changed the Color of Opioids in America* (Oakland, University of California, 2023), p. 257.

abertos ao diálogo não hierarquizado com diferentes identidades subalternas de forma a elaborar e a tornar coerente a experiência vivida dos trabalhadores em seus locais de trabalho e em suas comunidades. Trata-se do denominador comum da articulação entre trabalhadores explorados e expropriados, organizados e desorganizados, negros e brancos, homens e mulheres, imigrantes e nacionais, cisgêneros e transgêneros.

Até o momento, o velho sindicalismo de justiça social tem se mostrado permeável ao diálogo com jovens trabalhadores atraídos pela onda de criação de novos sindicatos. Do sucesso ou do fracasso dessa articulação entre o velho e o novo dependem as formas de cooperação, o sistema de solidariedades práticas e as disposições afetivas que podem garantir algum futuro para a organização dos trabalhadores. E não apenas nos Estados Unidos.

Somada ao risco de um possível retorno de Donald Trump à Casa Branca, a baixa popularidade de Joe Biden ao longo de todo o mandato não nos deixa esquecer que o espectro da extrema direita continuará oprimindo o cérebro dos vivos como um pesadelo[15]. E mesmo sem poder contar com o "Trump dos trópicos" até 2030, é indiscutível que a extrema direita brasileira terá sua tração seriamente fortalecida caso o político republicano vença as eleições presidenciais de 2024.

Em razão disso, permitam-me insistir neste ponto: *a solução para a atual crise hegemônica depende da capacidade da classe trabalhadora se refazer como o principal agente de democratização das sociedades modernas*. Para tanto, necessitamos da formação de amplas coalizões entre velhos e novos ativismos verdadeiramente comprometidos com esse objetivo estratégico. No Norte e no Sul globais, exorcizar o fantasma do nacionalismo autoritário é uma tarefa para décadas de lutas sociais numa era de indeterminação política. Ganhar eleições por margens apertadíssimas e derrotar tentativas de golpe de Estado configuram simplesmente as primeiras batalhas de uma longa e renhida guerra de classes.

---

[15] Evidentemente, o presidente democrata tem consciência da enrascada na qual está metido e, ao longo de sua administração, perseguiu uma política econômica alinhada aos interesses materiais dos trabalhadores pobres que vivem em pequenas cidades do interior do país. Em junho de 2023, por exemplo, ao definir o significado do termo "bidenomics" durante um discurso na cidade de Chicago, ele declarou: "Acredito que todo americano disposto a trabalhar duro deveria poder dizer onde cresceu e permanecer onde cresceu. [...]. Isso é 'bidenomics'. [...]. Acredito que todo americano disposto a trabalhar duro deveria conseguir um emprego, não importa onde esteja – no interior, em cidades pequenas, em todas as partes deste país –, para criar seus filhos com um bom salário e manter suas raízes onde cresceu". Joe Biden citado por Ezra Klein, "Biden Is Taking Aim at Trump's Biggest Strength", *The New York Times*, 2 jul. 2023.

Agradecimentos

Entre dezembro de 2021 e fevereiro de 2023, desenvolvi atividades no Centro para os Direitos dos Trabalhadores Globais (Center for Global Workers' Rights – CGWR), ligado à Escola de Trabalho e Relações de Emprego (School of Labor and Employment Relations –LER) da Universidade Estadual da Pensilvânia (Penn State). Em primeiro lugar, gostaria de agradecer à equipe do Centro pela recepção amistosa e solidária que me proporcionou condições verdadeiramente ideais para desenvolver minha pesquisa de campo na Pensilvânia.

No CGWR, tive o privilégio de trabalhar ao lado de Manuel Rosaldo, que, com amizade, competência e generosidade, orientou minhas leituras a respeito da história da classe trabalhadora estadunidense, apresentou-me aos meus primeiros entrevistados, introduziu-me na campanha de sindicalização das enfermeiras da região levada adiante pelo Seiu, além de me convidar para as inúmeras iniciativas promovidas pelas associações Estudante Trabalha na Penn State (Swaps) e Estudantes Unidos contra Oficinas de Trabalho Precário (Usas). A Manuel devo incontáveis lições que se relevaram determinantes para a boa consecução da pesquisa.

Por sua vez, Rebecca Tarlau me acolheu em seu curso sobre movimentos sociais camponeses, orientou minhas leituras a respeito da opressão racial na América, emprestou-me livros, apresentou-me aos camaradas da organização antirracista 3/20 Coalition, organizou meus seminários no CGWR e estimulou todas as minhas decisões relativas ao desenvolvimento da pesquisa. Além disso, Manuel, Rebecca e o pequeno Antonio significaram uma inesgotável fonte de afeto e de cumplicidade para minha família durante o tempo em que moramos em State College. É difícil encontrar palavras para agradecer aos três por nossos inesquecíveis momentos juntos.

Além de célebre expoente do campo de estudos do trabalho global, Mark Anner é conhecido internacionalmente por sua generosidade e gentileza verdadeiramente únicas. Com seu espírito agregador e sua incrível capacidade de trabalho, Mark é o coração do CGWR, sempre me guiando com um sorriso no rosto e uma conversa enriquecedora pelos meandros burocráticos da universidade. Ainda no CGWR, Jana Silverman foi uma interlocutora muito sagaz e uma companheira incansável na luta contra a ascensão do autoritarismo no Brasil e nos Estados Unidos.

Com a inigualável ternura e o bom humor que o distinguem, Michael Burawoy nos visitou na Pensilvânia e nos recebeu em seu apartamento em Oakland. Ademais, consciente de minha completa e absoluta ignorância a respeito de W. E. B. Du Bois, Michael me presenteou com dicas de leituras e análises que se revelaram centrais para o desenvolvimento dos principais argumentos deste livro. Apesar do anúncio de sua merecida aposentadoria ter me surpreendido, confesso que fiquei animado por saber que talvez agora ele tenha tempo para nos visitar com mais frequência em São Paulo.

Ainda em State College, eu e minha família fomos recebidos de braços abertos por uma incrível comunidade que rapidamente se transformou em nossa família ampliada. Cada um a seu modo, Anna Kaiper-Marquez, Cody Stephens, Dan DiMaggio, Eileen Senn, Elaine Farndale, Elaine Hui, Hee Man Park, Jamie Andreson, Jimmy Tarlau, Jody Beder, Jonatas Campelo, Katherine Eva Maich, Kathryn Dlugos, May Bellman, Paul Clark e Sasha Coles tornaram nossa aventura na Pensilvânia uma experiência realmente especial: *We are*!

No Brasil, quero agradecer tanto à Fundação de Amparo à Pesquisa do Estado de São Paulo (processo identificado pelo número 2021/06524-8) quanto à Coordenação de Aperfeiçoamento de Pessoal de Nível Superior (processo identificado pelo número 88887.694760/2022-00) pelos apoios sem os quais minha estadia na Pensilvânia não teria sido possível.

Também gostaria de agradecer ao Departamento de Sociologia da Universidade de São Paulo (USP) por todo o amparo ao longo do período em que me mantive afastado das tarefas acadêmicas habituais. Em especial, agradeço a Leci Reis e a José Antônio Nascimento pelo pronto e atencioso suporte nas questões burocráticas que surgiram durante minha ausência.

A Alvaro Bianchi e Maria Arminda do Nascimento Arruda agradeço pela amizade incondicional, o compadrio afetuoso e a cumplicidade intelectual que me motivam ao longo de anos que já se contam em décadas.

Este é meu primeiro livro publicado desde que Chico de Oliveira nos deixou. Inesgotável fonte de inspiração para a sociologia marxista brasileira e latino-americana, parte de meu esforço aqui consistiu em argumentar que sua teoria crítica continua atual. Daí a ideia de nomear os capítulos mesclando títulos de seus livros aos meus próprios trabalhos como forma de evocar seu legado e expressar minha saudade.

Uma vez mais, Aline, Nina e Bia aceitaram deixar em São Paulo afetos, escolas e projetos para me acompanhar em outra longa jornada. Sei bem que esses desafios requerem o melhor de nossas forças. Mas, no final, alegra-me mais que tudo saber que, a seu próprio modo, meus três amores souberam estimar as amizades, as cores, as emoções, as paisagens e os sabores que os Apalaches reservam àqueles que não estão simplesmente "de passagem" por suas antigas estradas rurais...

# ARMAS DA CRÍTICA

O CLUBE DO LIVRO DA **BOITEMPO**

UMA BIBLIOTECA PARA **INTERPRETAR** E **TRANSFORMAR** O MUNDO

Lançamentos antecipados
Receba nossos lançamentos em primeira mão, em versão impressa e digital, sem pagar o frete!

Recebido camarada
Todo mês, uma caixa com um lançamento, um marcador e um brinde. Em duas caixas por ano, as novas edições da Margem Esquerda, revista semestral da Boitempo.

Fora da caixa
Além da caixa, a assinatura inclui uma versão digital do livro do mês*, um guia de leitura exclusivo no Blog da Boitempo, um vídeo antecipado na TV Boitempo e 30% de desconto na loja virtual da Boitempo.

Quando começo a receber?
As caixas são entregues na segunda quinzena de cada mês. Para receber a caixa do mês, é necessário assinar até o dia 15!

FAÇA SUA ASSINATURA EM
ARMASDACRITICA.COM.BR

*Para fazer o resgate do e-book, é necessário se cadastrar na loja virtual da Kobo.

E. P. Thompson, por Josh Brown/Mahro:
The Radical Historians Organization

O lançamento desta publicação coincide com os trinta anos do falecimento de Edward Palmer Thompson, historiador e marxista romântico que revolucionou os estudos do trabalho e cuja obra inspirou a hipótese que orientou este *A angústia do precariado*. Foi composto em Adobe Garamond Pro, corpo 11/13,2, e impresso em papel Pólen Natural 80 g/m², pela gráfica Rettec para a Boitempo com tiragem de 4 mil exemplares.